Ulrich Stauf

Was noch kommen wird

Ein Endzeitszenario

Buch

Weltweit wird an zahlreichen epidemiologischen Instituten und Einrichtungen Tag und Nacht gearbeitet, um den Ausbruch gefährlicher Pandemien für den Menschen möglichst schon im Keim zu ersticken. Diese Bemühungen waren bis zu dem Tag, als sich in Ho-Chi-Minh-Stadt, dem früheren Saigon, ein Chemieunfall ereignet, auch mit Erfolg gekrönt.

Aber nun ist möglicherweise ein Virus freigesetzt worden, das die gesamte Menschheit vernichten könnte, wenn es nicht rechtzeitig bekämpft wird.

Von dieser Gefahr ahnt Konrad Meyer zunächst nichts, als er sich mit seiner vietnamesischen Frau bei einem Verwandtenbesuch in Ho-Chi-Minh-Stadt aufhält. Und er weiß auch nichts von den weltweiten Bemühungen, den Ausbruch einer Todespandemie zu verhindern. Hinter den Kulissen beginnt ein Wettlauf mit der Zeit.

Autor

Ulrich Stauf wurde 1952 in Stuttgart geboren. Nach Schulbesuch und kaufmännischer Ausbildung Studium der Sozialpädagogik und der Rechtswissenschaften in Berlin. Seit 1976 schreibt er für verschiedene Zeitschriften kleinere Abhandlungen und gegenwärtig Kolumnen für eine Berliner Stadtteilzeitung.

Ulrich Stauf

Was noch kommen wird

Ein Endzeitszenario

Roman

Made in Germany
© 2006 by ULSTA-Verlag, Berlin
Druck und Umschlaggestaltung: Druckerei H. Schlesener KG
Lektorat und Satz: Dr. Barbara Seelig
ISBN-13: 978-3-00-018566-3
ISBN-10: 3-00-018566-6
www.ULSTA-VERLAG.de

Meinem Vater

Für Tuyet, meine Frau

Dieses Buch ist auch den Ärzten
und dem gesamten Pflegepersonal der Station 6 der DRK-
Kliniken Berlin – Mark Brandenburg gewidmet,
die mir durch eine sehr aufwendige Operation
und eine hervorragende Pflege
eine weitere Lebensperspektive eröffnet haben.

Als die verheerenden Fluten
über Asien einbrachen und Hunderttausende
von Opfern forderten, glaubten viele,
dass sie ein größeres Unheil
nicht erleben werden.

Doch liegt es in der Natur des Menschen,
manchmal zu irren.

Die wichtigsten Personen
nach Handlungsabschnitten geordnet

Konrad	Konrad Meyer alias Konni
Lanh	Konrads Frau
Ngan	Schwägerin von Konrad
Hung	Ehemann von Ngan
Khai	Schwägerin von Konrad
Vinh	Ehemann von Khai
Di Hang	Schwester der Schwiegermutter
Nguyen	Ehemann von Di Hang

———————

Frank Warner	Chef der Niederlassung der CEI in Ho-Chi-Minh-Stadt
Dr. Nguyen	Chefchemiker bei der CEI in Ho-Chi-Minh Stadt
Jake Dennewitz	Inhaber des CEI-Konzerns in Houston (genannt Big Denn)
Dr. Doug Tenner	rechte Hand von Jake Dennewitz
Ted Wright	leitender Mitarbeiter bei der Niederlassung der CEI in Peking

———————

Ernst Wagner	Bundeskanzler der Bundesrepublik Deutschland
Andrew Morgan	Präsident der USA

Sharon Davis	Sicherheitsberaterin des Präsidenten
Mark West	technischer Direktor der Colorado-Chemicals-Werke
Norman Goodwill	stellvertretender CIA-Chef
Matt Lynch	Verteidigungsminister der USA

Ai Ling	gute Bekannte von Konrad und Lanh in Peking

Carl	Freund und Geschäftspartner von Konrad
Max	Freund und Angestellter von Konrad

Long	Schwager von Konrad in den USA
Hoa	Frau von Long

Walter	ehemaliges Mitglied der Centralia
Michael	graue Eminenz der Centralia
Marlies	Mitarbeiterin bei der Centralia

Erster Teil
Das Ende

23. Mai Sonntag 07:32 Uhr Ho-Chi-Minh-City Local Time
Im Landeanflug auf den Flughafen Tan Son Nhat

»Meine Damen und Herren, in Kürze werden wir auf dem internationalen Flughafen in Ho-Chi-Minh-Stadt landen. Bitte begeben Sie sich jetzt zu Ihren Plätzen, klappen Sie die Tische hoch und bringen Sie Ihre Rückenlehne in eine aufrechte Stellung. Vielen Dank!«

Endlich, nach langer, fast zwölfstündiger Flugzeit nähert sich die Reise ihrem Ende. Die viermotorige Maschine vom Typ Airbus A 340-300 der Air France beginnt mit dem Sinkflug. Noch sind ihre Landeklappen nicht ausgefahren, und manchmal ruckelt es, wenn sie durch Wolken stößt, die mehrere hundert Meter hoch sind. Es sind keine zusammenhängenden Gebilde, sondern, in loser Reihenfolge aneinandergereiht, turmhohe Formationen, wie ein Gebirge mit tiefen Tälern und hohen Gipfeln. Manchmal sind sie ganz nahe, so nahe, wie man sie sonst nur sehen kann, wenn man die Höhen selbst erklimmt. Wolkengebirge in diesen Ausmaßen habe ich bisher nur in Südostasien gesehen. In Europa gibt es sie nur sehr selten, und dann wesentlich kleiner. Ich kann mich an diesem Naturschauspiel nicht sattsehen, obwohl ich nicht genau weiß, warum.

Meine Schwiegermutter sieht es jetzt nach zwanzig Jahren zum ersten Mal wieder. So lange war sie nicht in ihrem Heimatland. Immer hatte sie Bedenken gehabt, Vietnam noch einmal zu besuchen, weil ihr mittlerweile verstorbener Ehemann, mein Schwiegervater, Ende der siebziger Jahre mit ihrer jüngsten Tochter Khai von dort geflohen war. Sie befürchtete, vielleicht deswegen noch von den Behörden zur Rechenschaft gezogen zu werden.

Khai sitzt neben ihrer Mutter und teilt ein wenig ihre Angst, obwohl sie damals noch ein Kind war und man ihr die Flucht als illegales Verlassen des Landes bestimmt nicht anlasten würde. Ihr selbst geschehe bei der Einreise sicher nichts, meinte sie noch vor ein paar Tagen. Aber eigentlich hat sie ein ganz anderes Problem. Nur mit Mühe war sie zu bewegen gewesen, die Gelegenheit wahrzunehmen, auch einmal ihr Geburtsland zu besuchen. Das Opfer schien ihr manchmal zu groß zu sein, für vier Wochen auf ihren fünfjährigen Sohn Ronny, den sie abgöttisch liebt, und auf Vinh, ihren Ehemann, verzichten zu müssen.

Lanh, meine Frau, macht sich keinerlei Gedanken über irgendwelche Unannehmlichkeiten bei der Einreise. War sie doch vor knapp siebzehn Jahren im Rahmen der Familienzusammenführung legal ausgereist und mit mir schon einige Male in Vietnam. Das letzte Mal vor zwei Jahren. Auch sie weiß, dass es in den letzten Jahren nur in ganz wenigen vergleichbaren Fällen Probleme gab. Es wird nichts, gar nichts passieren. Und erst recht nichts ihrer Mutter. Das hatte sie immer wieder betont. So viele Vietnamesen, die in der zweiten Hälfte der siebziger bis in die achtziger Jahre dem Land bei Nacht und Nebel den Rücken gekehrt hatten, besuchten es später wieder und hatten keinerlei Schwierigkeiten. Was soll also schiefgehen?

23. Mai Sonntag 7:48 Uhr Ho-Chi-Minh-City Local Time
Auf einem Feldweg nahe dem Flughafen Tan Son Nhat

Für den 28-jährigen Luu Phuong Huy begann der heutige Tag früher als sonst. Schuld daran war dieses Mal nicht der jüngste Spross, der ihn und seine Frau jeden Morgen sehr zeitig weckte und unerbittlich seine Bedürfnisse einforderte, sondern ein unverhofft erlangter Auftrag, den er erledigen wollte.

Gestern Abend, als es schon dunkel war, kam ein entfernter Verwandter zu Besuch und handelte mit ihm den Preis für den Transport von ein paar Kisten aus. Huy sollte am nächsten Tag mit seinem Xe Lam zu einer am südlichen Stadtrand gelegenen Niederlassung einer vietnamesisch-amerikanischen Firma fahren. Um sechs Uhr morgens würde ihn dort ein Dr. Nguyen erwarten und ihm die Kisten übergeben, die zum Cargo-Bereich des Flughafens transportiert werden sollten. Dafür könnte er fünfundzwanzig US-Dollar bekommen. Viel zu wenig, hatte Huy heftig protestiert, obwohl dieser Betrag für seine Verhältnisse enorm viel Geld war. Fünfzig müssten es schon sein, aber das war seinem Verwandten wiederum zu viel. Letzten Endes einigten sie sich nach einer längeren, manchmal sogar etwas lautstarken Debatte dann auf fünfunddreißig Dollar.

Für Huy war es ein sehr willkommenes Geschäft. Er wusste jetzt seine vierköpfige Familie für die nächsten Wochen versorgt. Für seine Frau würde er endlich den von ihr lange schon gewünschten Kosmetikspiegel erstehen und für sein Xe Lam ein dringend benötigtes Ersatzteil. Auch die Kinder sollten kleine Geschenke bekommen.

Kurz nach halb fünf, als es schon anfing zu dämmern, verließ er das Haus und fuhr mit seinem Fahrzeug durch eine lange enge Gasse auf die Straße. Ihm bot sich ein vertrautes Bild – Hunderte waren schon um diese Zeit mit ihren Hondas auf den Straßen unterwegs. Vorsichtig reihte er sich mit seinem knatternden Fahrzeug in den Verkehr ein, der immer dichter wurde. Nur selten überholten ihn die wenigen Autos und größeren LKWs. Näherten sich aber bisweilen dann doch einige Laster, so benutzten diese gerne die meist pressluftbetriebenen Hupen, um ihre Anwesenheit, vor allem aber ihre Eile im Straßenverkehr kund zu tun.

An diese manchmal schmerzhaft laute Huperei konnte sich Huy nie gewöhnen. Früher, als er noch Cyclo-Fahrer war, hatte es ihm allerdings noch mehr ausgemacht. Jetzt – als stolzer Besitzer eines eigenen Kleinstlastwagens – verstand er die LKW-Fahrer eher. Vielleicht auch deshalb, weil er sie nun als seine Kollegen betrachtete, auch wenn er sich nach wie vor fast jedes Mal zu Tode erschreckte, wenn sie das Horn benutzten.

In dem kaum noch zu steigernden Strom von Mopeds und wenigen Autos mitschwimmend, gelangte er nach gut einer Stunde zu dem Ort, an dem sich die Firma befinden sollte. Zunächst suchte er das Gebäude vergebens. Dann wurde ihm klar, dass er ja unmittelbar davor stand. Er sah auf ein Schild, das neben einem großen Eingangstor angebracht war. Als »Sozialistischer Kooperativbetrieb Vietnams« wurde dieser Betrieb geführt und damit wurde gleichzeitig verschleiert, wie jeder wusste, dass es sich eigentlich um eine ausländische Firma handelte, denn sonst hätte man sie als »Volkseigenen Betrieb« bezeichnet.

Am Eingangstor musste Huy fast zwanzig Minuten warten, bis der missmutige Pförtner endlich bereit war, ihn mit seinem Xe Lam in den Hof zu lassen. Anstelle von Dr. Nguyen traf er nur eine Arbeiterin an. Sie wusste aber Bescheid und zeigte ihm das Transportgut. Mit vier sehr schweren Kisten belud er sein Fahrzeug. Als er sich dann, vor Anstrengung keuchend, zu seinem Fahrzeug begeben wollte, um loszufahren, hielt ihn die Arbeiterin jedoch noch auf und reichte ihm ein Glas Tee.

»Hör mal«, sagte sie in belehrendem Ton, »ich soll dir noch etwas Wichtiges mitteilen. In den vier Kisten, die du geladen hast, befinden sich Chemikalien, die sehr vorsichtig transportiert werden müssen. Sie dürfen auf gar keinen Fall auslaufen! Fahr also nicht zu schnell und geh kein Risiko ein! Die Kisten vertragen keine großen Erschütterungen und dürfen auf gar keinen Fall geöffnet werden. Sollte die Cong An am Flughafen wissen wollen, was in den Kisten ist, übergibst du den Beamten einfach diesen Brief.« Sie reichte ihm einen roten mit einigen Stempeln versehenen Umschlag und er steckte ihn ein.

»Ja, ist gut, mach ich. Aber was ist, wenn doch etwas passiert und dabei etwas ausläuft?«

Die Arbeiterin machte ein erstauntes Gesicht, weil sie diese die Frage nicht erwartet hatte.

»Ja, das weiß ich auch nicht«, sagte sie zunächst nachdenklich, doch dann scherzte sie, »vielleicht geht dann die Welt unter?«

Huy musste lachen: »Ja, dann werde ich eben schön langsam und vorsichtig zum Flughafen fahren. Ich will ja nicht, dass Bac Ho sich noch im Grabe umdreht. Mach's gut und vielen Dank für den Tee!« Er reichte ihr das leere Glas zurück und winkte ihr im Losfahren zu.

Nachdem er sich schon über eine Stunde durch den Verkehr gequält hatte, fährt er jetzt auf einem verlassenen Feldweg zwischen Reisfeldern in Richtung Norden. Es ist eine Abkürzung zum Flughafen, die er noch aus seiner Jugendzeit kennt. Bald bin ich am Ziel, denkt er zufrieden mit sich selbst und sucht in seiner Jacke nach Zigaretten. Plötzlich gibt es einen heftigen Ruck und ein kurzes, lautes metallisches Knacken. Das Fahrzeug setzt vorne auf den Boden auf, und mit lautem Knirschen und Schaben schlittert es auf einen Straßengraben zu. Huy weiß nicht, wie ihm geschieht. Er versucht zu lenken, doch es herrschen Kräfte, die er nicht beherrschen kann. Im letzten Moment kann er sich mit einem gewaltigen Satz aus dem Führerhaus retten, bevor sein Xe Lam in den Graben rutscht und sich dort krachend überschlägt. Als er sich nach dem Sprung umdreht, genügt ein Blick, um zu wissen, dass er es nie wieder fahren wird.

Es ist ein Bild des Jammers! Die schon rostigen Holme sind gebrochen, die Hinterachse ist verbogen und der Aufbau ist völlig eingedrückt. Hier ist beim besten Willen nichts mehr zu machen. Und dann entdeckt er, dass die Gabel mit dem Vorderrad in einem Schlagloch steckt. Betroffen betrachtet er das alles und langsam wird ihm klar, was passiert ist: Als er nach den Zigaretten suchte, hatte er sich nicht voll auf die Fahrbahn konzentriert und war mit dem Vorderrad in dieses Loch geraten. Wegen des schweren Gewichts der Ladung konnte die Federung der Gabel diese Unebenheit nicht mehr auffangen und riss mit samt dem Rad ab.

Als ihm richtig bewusst wird, dass es nicht zu dem Unfall gekommen wäre, wenn er ein bisschen mehr aufgepasst hätte, kommen ihm die Tränen. Was habe ich getan? Hätte ich doch ein wenig mehr auf den Weg geachtet! Meine Existenz ist dahin! Wie stehe ich jetzt vor meiner Familie da? Wie soll ich sie nun ernähren?

Während er sich mit diesen Selbstvorwürfen quält, fällt sein Blick auf die Kisten, die er in der Fabrik geladen hatte. Sie sind beim Sturz in den Graben offensichtlich aus dem Fahrzeug geschleudert worden. Äußerlich sehen sie unversehrt aus. Wenigstens ist der Ladung nichts passiert, denkt er, vielleicht kann ich ja doch noch etwas von den fünfunddreißig Dollar retten, wenn ich jemanden finde, der sie mir zum Flughafen fährt! Doch dann sieht er, wie aus einer der Kisten ein ganz kleiner weißer Rauchschwaden wie Zigarettenqualm emporsteigt. Huy nimmt einen sehr intensiven Salmiakgeruch wahr.

23. Mai Sonntag 7:51 Uhr Ho-Chi-Minh-City Local Time
Tan-Son-Nhat-Airport

Meine Gedanken werden von der Lautsprecheransage unterbrochen, dass wir in wenigen Minuten landen werden. Ich schaue durch das kleine Flugzeugfenster nach draußen. Das Land rückt merklich näher. Das satte Grün des Dschungels wechselt sich ab mit den Armen des weit verzweigten Mekongdeltas. Vereinzelt sind Dörfer zu erkennen, und je näher wir dem Flughafen Tan Son Nhat kommen, desto dichter wird die Bebauung. Gleich ist es so weit. Die Rollbahn kommt in Sicht und schon setzt die Maschine auf. Endlich sind wir da! Nach einigen Minuten gelangen wir zur Pass- und Visakontrolle. Mir fällt auf, dass meine Schwiegermutter zunehmend unruhig geworden ist. Sie hat Angst! Aber es ist ihr nur anzumerken, wenn man sie kennt. Vor uns lichtet sich schon die Schlange, aber noch müssen wir an einer auf dem Boden aufgezeichneten Linie warten, bis der Einreisebeamte winkt und man sich seinem Schalter nähern darf.

Es ist ähnlich wie in den USA und auch sonst wo auf der Welt. Die für die Einreise zuständigen Beamten sitzen, Göttern gleich, erhöht und schauen auf die Passagiere herab. Mit einem Pokergesicht fragen sie nach dem Grund der Einreise, wollen Papiere, Tickets und vielleicht auch Geld sehen, damit der Aufenthalt und in jedem Fall auch die Ausreise des Besuchers sichergestellt ist. Ja, man ist nur willkommen auf Zeit – wenn überhaupt. Einen netten Satz wie beispielsweise »Seien Sie herzlich willkommen!« oder nur »Willkommen!« oder »Wie geht es Ihnen?« oder einen Scherz habe ich nur sehr selten gehört. Irgendwie habe ich immer den Eindruck, in gewisser Weise unerwünscht zu sein, wenn ich an einen Einreiseschalter stehe, ganz gleich, in welchem Land.

Zuerst geht Khai mit ihrer Mutter vor und – in Windeseile werden sie abgefertigt. Danach folgen Lanh und ich. Und auch bei uns dauert es nicht lange. Unser erhöht sitzender Halbgott scheint keine so gute Nacht gehabt zu haben. Er sieht müde aus und hat keine Lust, irgendwelche Fragen zu stellen. Auch die anschließende Zollkontrolle erweist sich als äußerst harmlos. Sie beschränkt sich wider Erwarten nur darauf, das Gepäck zu durchleuchten, die gelben Zollerklärungen abzustempeln und zurückzugeben. Irgendwelche ausufernden Durchsuchungen des Reisegepäcks nach subversiven Gegenständen oder Propagandamaterial gegen die Regierung finden heute nicht statt.

Meiner Schwiegermutter ist anzusehen, dass ihr einige Zentner von Steinen vom Herzen gefallen sind, als sie mit uns den Zollbereich hinter sich gelassen hat und nun dem Ausgang zustrebt. Sie hatte sich das wirklich nicht so einfach vorgestellt. Ich habe auf der Zunge, ihr zu sagen, dass die Kommunisten doch ganz nette Menschen sind, doch dann lasse ich es. Für einen solchen Scherz hätte sie jetzt kein Ohr. Nun ist ihre Schwester angesagt, die sie seit zwei Jahrzehnten nicht mehr gesehen hat.

Draußen am Ausgang des Flughafengebäudes ist es so wie bei unserer Reise im vorletzten Jahr, als ich Lanh eine Woche später nach Vietnam folgte. Damals duftete das Land nach Räucherstäbchen. Es war ziemlich warm und die Sonne schien. Eine Unmenge von Menschen stand links und rechts vom Ausgang in einer langen Reihe Spalier und wartete auf die soeben eingetroffenen Reisenden. Es erhob sich nun für mich die Frage, wo war meine Frau, wo erwartete sie mich? Obwohl ich eigentlich nicht dazu neige, mich über Menschen allzu sehr lustig zu machen, kam mir doch der Sketch aus einer Fernseh-Comedyserie in den Sinn, deren Kernaussage darin bestand, dass alle Asiaten gleich aussehen. Daran war, wie ich feststellte, mehr als nur ein Funken Wahrheit. Die meisten von ihnen sind etwa gleich groß, Haarfarbe und Teint sind gleich, alle haben diese schönen Mandelaugen. – Also galt es, den Spieß nun einmal umzudrehen. Lanh sollte *mich* erkennen. Und das klappte dann auch. Nachdem ich einen Teil des langen Spaliers abgelaufen war, ertönte es auf einmal von links »Konneii«. Und schon hatte ich meine Frau wieder.

Heute brauchen wir diesen Trick nicht anzuwenden. Die Schwester meiner Schwiegermutter, die von Lanh als »Di Hang«, Tante Hang, angesprochen wird, und ihren Ehemann Nguyen entdecke ich hinter der Absperrung. Schon bald stehen sich die beiden Geschwister mit strahlenden Gesichtern gegenüber. Aber was ich als Europäer erwartet hätte, dass sie sich nach so langer Abwesenheit voneinander bei der Begrüßung freudig umarmen, fand nicht statt, obwohl sie nach dieser Zeit alles Recht der Welt dazu gehabt hätten. In Asien zeigt man in der Öffentlichkeit nicht all seine Gefühle.

Mit einem Taxi brauchen wir ungefähr eine halbe Stunde bis zum Haus von Lanhs Tante in der Ngo-Gia-Tu-Straße inmitten der Stadt.

Während des verwandtschaftlichen Palavers, von dem ich so gut wie nichts verstehe, habe ich Zeit, mich in Ruhe umzuschauen: Mir bietet sich ein vertrauter Anblick. Nach wie vor verkaufen unsere familiären Gastgeber die gleichen Möbel. Das Gros des angebotenen Sortiments besteht aus Klappliegen und Klapptischen, Letztere mit erstaunlichen Standeigenschaften; auch wenn sie zusammengeklappt sind, stehen sie von selbst und müssen nirgendwo angelehnt werden. Ebenfalls angeboten werden Stühle und Blumenständer sowie Sockel für Waschmaschinen und Kühlschränke.

Das alles findet in einem der für Vietnam typischen sehr schmalen Häuser statt, wie sie zu Hunderttausenden aneinandergereiht, mitunter aber auch einzeln in Städten und Dörfern anzutreffen sind: ungefähr vier Meter breit und zwanzig Meter lang.

Das Haus der Verwandten hat zwei Etagen. Oben befinden sich die Wohnräume, während das Erdgeschoss als Laden, vor allem aber als Lager dient. Alles ist sehr gedrängt auf engem Raum untergebracht. Aber damit nicht genug, auch die Fläche vor dem Haus, die nach westlicher Vorstellung ein Bürgersteig wäre, ist fast vollständig in die geschäftlichen Aktivitäten einbezogen. Hier wird die Ware unübersehbar präsentiert. So ist es überall in Saigon. Wer etwas anzubieten oder zu verkaufen hat, stellt seine Ware vorzugsweise vor dem Geschäft aus.

Die Ngo-Gia-Tu-Straße ist jedem als die Straße bekannt, wo Möbel und Einrichtungsgegenstände verkauft werden. Viele Läden bieten hier die gleichen Waren an. Nur gelegentlich wird die Reihe der Haus an Haus liegenden Geschäfte durch eine Pagode, ein Restaurant oder eine Garküche unterbrochen. Die Straße selbst wird im Abstand von etwa fünfzig Metern gesäumt von hohen Bäumen, sie verleihen ihr einen alleenhaften Charakter. Das erinnert mich an einige Straßen Berlins.

Obwohl nicht übermäßig breit, ist sie doch sehr befahren. Sie verbindet Cholon, das Chinesenviertel, mit der Innenstadt. Mehrmals in der Stunde fahren öffentliche Busse von Cholon in Richtung Zentrum und zurück. Neuerdings gibt es an der Kreuzung in der Nähe unserer Bleibe auch eine Ampel. Neben dem üblichen Rot-Gelb-Grün werden zusätzlich auf einer elektronischen Tafel die Sekunden über die Dauer der Rot- oder Grünphase angezeigt. Aber für die Hondafahrer ist die Anzeige nicht mehr als eine Empfehlung, bei Rot vielleicht einmal zu halten. Die Autofahrer nehmen die Ampel schon etwas ernster. Und wenn sie dann anhalten, bremsen sie den Zweiradverkehr ab, sodass das unentwegte Schnurren der Hondas und der anderen Fahrzeuge bisweilen fast bis zur Lautlosigkeit abebbt, um im nächsten Augenblick wieder anzuschwellen, nicht aufdringlich, aber doch merklich wahrnehmbar. Richtig diszipliniert läuft der Verkehr nur ab, wenn die Canh Sat an einer Kreuzung den Verkehr regelt. Aber die habe ich hier noch nie gesehen, auch heute nicht.

Auf vielen Hondas, die alle mit einer recht langen Sitzbank ausgerüstet sind, sitzen nicht selten drei oder vier Personen, eine ganze Familie. Ganz vorne ein Kind, dann meist der Vater, der die Honda lenkt, dann wieder ein Kind und dann die Mutter. Und ganz mitunter sitzen auch zwei Kinder zwischen Vater und Mutter – dann sind es eben fünf Personen. Ein bundesdeutscher Polizist würde im günstigsten Fall sofort das Opfer immer wiederkehrender Alpträume werden, sähe er so etwas »Ungeheuerliches« einmal bei uns. Auch in hier in Vietnam ist es verboten, aber niemand richtet sich danach, zumal es kaum zu Unfällen kommt.

Neben der Personenbeförderung findet auch der Warentransport größtenteils auf den motorisierten Zweirädern statt. Es wird eigentlich alles transportiert, was auf der Honda irgendwie befestigt oder von dem Sozius, mitunter auch mit Hilfe des Fahrers festgehalten werden kann. Allerdings geschieht das manchmal sehr abenteuerlich!

Mitunter werden auch die im »Aussterben« befindlichen Cyclos, die eigentlich nur für die Personenbeförderung vorgesehen sind, gerne als billiges Lastentaxi eingesetzt. Die Fahrer dieser Fahrzeuge überragen in der Höhe die Hondafahrer, aber sie überragen diese auch an Traurigkeit, Verzweiflung und Erschöpfung. Ständig sind sie auf der Suche nach einem der immer seltener vergebenen Fahraufträge und die Konkurrenz durch die vielen Taxis bringt sie fast um ihre Existenz. Wenn sie dann abends müde, langsam und hungrig die Ngo-Gia-Tu-Straße entlang fahren, steht ihnen ihr Los ins erschöpfte Gesicht geschrieben. Heute Abend, ich weiß es, wird es auch so sein. Später bekommen sie dann Gesellschaft von den Abfallsammlern, die auch noch in den Nachtstunden ihre Gesichter verhüllen. Auf Fahrrädern mit langen bis fast auf den Boden reichenden Reissäcken, die hinten am Gepäckträger befestigt sind, suchen sie den Straßenrand nach Verwertbarem ab. Sie nehmen alles mit, auch den Abfall, den jeder Anwohner an den Straßenrand stellt. Am nächsten Morgen sind die Straßen sauber. So funktioniert hier die Müllabfuhr.

Ich habe die Erfahrung gemacht, dass man als Fußgänger in Saigon am besten auf der Straße geht, da es ja praktisch keine freien Bürgersteig gibt. Aber wer von den Einheimischen geht schon zu Fuß? Nur jene, die durch ihren Beruf oder ihre Lebenssituation dazu gezwungen sind. Vereinzelt sind es Bettler, wesentlich häufiger Losverkäufer. Oder der Kem Ong, der Eismann, der seinen Wagen auf der Straße vor sich herschiebt. Sein Zeichen ist ein Glockenspiel. Und es sind die Masseure, die in den Abendstunden Rasseln schlagend auftauchen, um auf ihre Dienste aufmerksam zu machen.

Wenn in einem nahegelegenen Straßenrestaurant die Nudelsuppe in Kürze fertig ist, werden Kinder losgeschickt, um das Ereignis anzukündigen. Sie schlagen mit einem Löffel einen einfachen Takt auf ein Stück Holz. So erkennt jeder sofort, wer hier was anbietet, denn jedes Gewerbe hat seinen eigenen Klang.

Während ich das ständige Hin und Her auf der Straße betrachte, kommen mir für einen kurzen Moment – ich weiß nicht, warum – die USA in den Sinn, Lanh und ich waren in den letzten Jahren sehr oft dort. Ich wundere mich dabei über mich selbst, denn zu unterschiedlich sind dort die Verhältnisse, als dass man sie mit denen hier vergleichen könnte. Aber dann wird es mir klar: Hinsichtlich der Fortbewegung gibt es doch Gemeinsamkeiten. Auch in den USA gibt es kaum Fußgänger, da jeder mit dem Auto zu den Shoppingcentern, Schulen, Arbeitsstätten und den unzähligen Fastfood-Restaurants fährt und jeder unnötige Weg zu Fuß vermieden wird.

Noch vor zehn Jahren war das Fahrrad das hauptsächliche Fortbewegungsmittel der Vietnamesen. Heute ist es die Honda. Die motorisierte Fortbewegung verleitet zur Unbeweglichkeit. Es ist wie das Autofahren, der Körper wird nicht mehr gefordert. Und McDonald's und Kentucky Fried Chicken sind auch schon in Vietnam angekommen. Und, so frage ich mich, gibt es dann wie in den USA bald auch hier dicke Menschen?

23. Mai Sonntag 09:07 Uhr Ho-Chi-Minh-City Local Time
Büro der CEI in Ho-Chi-Minh-Stadt

Die CEI, Chemical & Equipment Industries, ist eine der wenigen ausländischen Firmen, die schon seit 1987 in Ho-Chi-Minh-Stadt eine Niederlassung unterhalten. Zurückzuführen war dies auf den neuen Kurs der vietnamesischen Regierung, der entscheidend von Michael Gorbatschow, dem letzten Präsidenten der im Zerfall befindlichen Sowjetunion, beeinflusst wurde. Nachdem der damalige Regierungschef Nguyen Vanh Linh einige Nachhilfestunden über wirtschaftliche Freiheit in Moskau genommen hatte, war seit dieser Zeit die Devise des Hanoier Regimes »Doi Moi«, die vietnamesische Spielart von Glasnost und Perestroika. Damit verbesserten sich die Investitionsbedingungen für ausländische Firmen wesentlich.

Die Annahme, in Vietnam wegen niedriger Löhne satte Profite einstreichen zu können, zog etliche Repräsentanten westlicher Firmen an wie die Motten das Licht. Es kamen viele. Aber die meisten verließen das Land wieder unverrichteter Dinge, weil sie dem neuen Kurs der Regierung dann doch nicht über den Weg trauten.

Erst zwölf Jahre zuvor, genau am 30. April 1975, hatten Truppen des Vietcongs nach einem langen Krieg die Republik Südvietnam besiegt und die Wiedervereinigung des Landes gewaltsam herbeigeführt, die gut ein Jahr später am 3. Juli 1976 formal besiegelt wurde. Die Kommunisten nannten es »Befreiung«. Aber sie errichteten ein Regime des Schreckens und Terrors mit der Folge, dass bis weit in die achtziger Jahre Hunderttausende Vietnamesen versuchten, das Land mit kleinen, meist seeuntüchtigen Booten zu verlassen. Zwar war der Flüchtlingsstrom bis 1987 weitestgehend abgeebbt, aber die zeitliche Nähe zu diesen Geschehnissen und die vielen Nachwirkungen bildeten keinen so guten Boden für ein günstiges Investitionsklima. Hinzu kamen die schwerfällige Bürokratie und die Korruption.

So einfach, wie es anfänglich schien, war es nun doch nicht, in Vietnam auf Anhieb hohe Gewinne einzufahren. Die CEI mit ihrer Zentrale in Houston im amerikanischen Bundesstaat Texas ließ sich aber davon nicht beirren und wagte den Schritt neben einigen anderen Firmen, insbesondere aus Japan, und eröffnete in Ho-Chi-Minh-Stadt ein kleines Büro in der Nähe des Flughafens. Von dort vertrieb sie Düngemittel und chemische Geräte wie Katalysatoren.

Einige Jahre später errichtete sie eine Fabrik am südlichen Ende der Stadt. Die kaufmännische Verwaltung allerdings blieb im Gebäude am Flughafen. Der Herstellungsbetrieb selbst war eine Kooperative zwischen der CEI und der vietnamesischen Regierung. Man begann mit der Herstellung von Düngemitteln, die nach einigen Jahren sehr erfolgreich in ganz Asien verkauft wurden, und forschte intensiv auf dem Gebiet der Agrarmittelchemie. Einige aufsehenerregende Forschungsergebnisse, die die vietnamesische Führung für sich propagandistisch ausschlachtete, wurden in den letzten Jahren hervorgebracht.

War Vietnam Mitte der achtziger Jahre noch auf Reisimporte angewiesen, so entwickelte sich das Land in den Neunzigern zum drittgrößten Reisexporteur der Welt. Und dazu hatten die Düngemittel der CEI einiges beigetragen. In der »Nhan Dan« wurden die Verdienste des bei der CEI angestellten vietnamesischen Chefchemikers hervorgehoben, der mit einer angeblich bahnbrechenden Erfindung dazu beigesteuert hatte. Gerüchten der Fachwelt zufolge aber wurde diese Erfindung dem Vietnamesen als sein eigener Verdienst untergeschoben, um weiterhin das Wohlwollen der vietnamesischen Regierung zu sichern. Und wenn es so war, kostete es ja nichts, so zu handeln, weil die Verwertungsrechte sowieso bei der CEI verblieben, schlussfolgerte der Reporter eines amerikanischen Fachblatts in einem kurzer Artikel über die CEI. Mitunter war auch das vietnamesische Fernsehen zur Stelle, um über diesen Betrieb, der nach sozialistischen Grundsätzen geführt und überwacht wurde, zu berichten. Und es war auch immer irgendein General oder Hauptmann in Uniform mit dabei, der sich die einzelnen Vorrichtungen zeigen ließ und sie anscheinend sachkundig einer Kontrolle unterzog. Die Ergebnisse solcher Überprüfungen wurden in der Berichterstattung durchgehend als ausgezeichnet dargestellt.

So positiv die CEI in der vietnamesischen Öffentlichkeit auch behandelt wurde, so wollten doch die seit ein paar Monaten unter der Hand geäußerten Vorwürfe nicht verstummen, dass die CEI bis vor kurzem ein Düngemittel mit einem Produktionsverfahren herstellte, das wegen der Entstehung eines höchst gefährlichen Abfallprodukts in jedem Industriestaat der westlichen Hemisphäre strengstens verboten war. Bis vor zwei Wochen konnte die CEI genau das noch durch Statements und Presseerklärungen mehr oder weniger gut verschleiern. Aber dann schaltete sich überraschend die Umweltorganisation Greenpeace ein. Einige sehr peinliche Interviews und angedrohte Veröffentlichungen in der internationalen Presse bewegten die Führung der CEI in Houston dann sehr schnell zu der Entscheidung, das Produktionsverfahren umgehend zu ändern. Die benötigen Gelder in sechsstelliger Höhe wurden sofort bereitgestellt und die erforderliche Technik umgehend nach Ho-Chi-Minh-Stadt geflogen und in Betrieb genommen. Und weil Greenpeace behauptete, dass dieser Abfallstoff gar zu einem Virus mutieren und infolgedessen eine mögliche Pandemie Zehntausende das Leben kosten könnte und die Forschungsabteilung dieser Organisation überdies dafür auch den Beweis liefern wollte, nahm der Firmenchef der CEI persönlich Geheimverhandlungen mit Vertretern der Umweltorganisation auf. Er drängte auf ein Stillhalteabkommen und verpflichtete sich, die Abfallstoffe, die firmenintern als ACPA 21 bezeichnet wurden, binnen zwei Wochen zurück in die USA zu bringen und zusätzlich sofort fünfzehn Millionen US-Dollar auf ein Solidaritätskonto von Greenpeace einzuzahlen. Unter allen Umständen sollte die CEI wieder aus den Schlagzeilen der Presse verschwinden. Trotz der Eile, mit der die Produktion in Ho-Chi-Minh-Stadt in weniger als drei Tagen umgestellt wurde, und der Anstrengungen, das ACPA 21 möglichst schnell und unauffällig außer Landes zu bringen, blieb das meiste davon den vietnamesischen Behörden nicht verborgen. Dafür hatten entgegen der Abmachung schon einige

Aktivisten von Greenpeace gesorgt, nachdem die CEI den als Spende deklarierten Millionenbetrag überwiesen hatte. Die Überweisung der horrenden Summe und die Umstände, die dazu führten, waren ein gefundenes Fressen für die Presse.

So enttäuschend sich Greenpeace verhalten hatte, so war doch viel schlimmer, dass die CEI dadurch weiter ins Fadenkreuz der vietnamesischen Regierung rückte. Schon in der Vergangenheit waren die Beziehungen zwischen ihr und Hanoi zeitweise gestört und konnten nur mit allergrößter Mühe wieder einigermaßen normalisiert werden.

Für die vietnamesische Regierung waren die Verdachtsmomente, dass die CEI in den siebziger Jahren noch unter anderem Namen in den USA das Entlaubungsmittel Agent Orange federführend mitentwickelt und größtenteils produziert hatte, nie völlig ausgeräumt. Diese höchst toxische Chemikalie, die hauptsächlich Dioxin enthielt, wurde während des Vietnamkrieges von den US-Streitkräften mit höchst mäßigem strategischem Erfolg vor allem an der Grenze zu Laos und Kambodscha zur schnellen Entlaubung des sogenannten Ho-Chi-Minh-Pfades eingesetzt, um die Infiltration des Gegners vom kommunistischen Norden in den Süden besser bekämpfen zu können. Eine folgenreiche Nebenwirkung des Agent Orange allerdings waren Missbildungen und Behinderungen bei Zehntausenden von neugeborenen Kindern, wie man später eindeutig nachwies; und das auch noch in den folgenden Generationen bis auf den heutigen Tag. Das belastete zeitweise das Verhältnis zwischen Regierung und CEI nachhaltig, insbesondere, wenn wieder einmal die Sozialpolitik im Hanoier Politbüro ein Thema war.

Eine Tochter des Außenministers gebar vor einigen Jahren ein Mädchen, das geistig behindert war. In schöner Regelmäßigkeit brauste er dann in den Versammlungen des

Politbüros auf und beschuldigte die CEI als Verursacher der Behinderung seiner Enkelin. Die anderen Mitglieder dieses Gremiums kannten das schon, ließen sich aber bisweilen von den Vorwürfen ihres Kollegen regelrecht mitreißen. Dann brachen jedes Mal schwere Zeiten für die CEI an. Notwendige Transportgenehmigungen wurden nicht erteilt, die Arbeiter wurden zum Teil unter Druck gesetzt, mussten zeitweise ihren Job kündigen, und im Hafen von Ho-Chi-Minh-Stadt wurden die für den Export vorgesehenen Frachtschiffe einfach nicht beladen. Technische Probleme tauchten überraschend dort auf, wo es vorher keine gegeben hatte. Und in dieser Zeit ähnelten durchgeführte Betriebskontrollen eher staatlich inszenierten Überfällen als ordentlich angesetzten Inspektionen.

Das alles schwelte hinter der nach außen schönen Fassade der Beziehung der CEI zur Hanoier Regierung. Nichts davon drang nach außen, auch nicht über das vietnamesische Staatsfernsehen. Und vor der Öffentlichkeit verborgen blieb auch, dass vor anderthalb Jahren infolge von angeblich unzureichenden Ergebnissen einer Betriebsinspektion Ausreisevisa für amerikanische Mitarbeiter der Firma mit der Begründung verweigert wurden, dass man den vertraglichen Verpflichtungen zur Errichtung und der Erhaltung einer sozialistischen Produktionsstätte nicht nachgekommen sei. Auf nichtöffentlichen diplomatischen Kanälen intervenierten umgehend die Vereinigten Staaten und schnell normalisierte sich alles wieder. Die Visa wurden erteilt und die Ergebnisse der fraglichen Inspektionen rückwirkend korrigiert. Die Regierung in Hanoi aber sah sich entsprechend internationalen Gepflogenheiten gezwungen, eine Entschuldigung an den ehemaligen Feind nach Washington zu schicken. Ein einzigartiger Fall in der vietnamesischen Außenpolitik!

Das blieb nicht ohne Wirkung. Im Politbüro empfanden viele den Erfolg der amerikanischen Intervention als

Schmach. Sie verharrten in Lauerstellung, um bei der nächsten Gelegenheit die CEI in Misskredit bringen zu können. Das Klima zwischen der Firma und der Regierung befand sich auf einem Tiefpunkt, und da half es wenig, dass die CEI einiges an Steuern und vermutlich auch beträchtliche Bestechungsgelder im Land ließ und nebenbei noch etwa zweihundertfünfzig Arbeitsplätze in der Produktion bereitstellte. Jetzt sahen die politischen Hardliner ihre Stunde gekommen, der CEI einen Schlag zu versetzen und ihre Schmach zu tilgen.

Frank Warner, ein typischer Texaner im Alter von knapp fünfzig Jahren, gekleidet mit Jeans und einem bereits speckig gewordenen Cowboyhut, dessen seitliche Krempen sich stark nach innen rollen, bremst ab, fährt in den Hof des Hauses und lässt den immerwährenden Verkehr von Motorrädern, Fahrrädern und nervtötend hupenden LKWs hinter sich. Er lässt seinen Dodge Pickup nicht zurück, ohne die Alarmanlage einzuschalten, und geht die wenigen Meter mit festem Schritt auf das kleine zweistöckige Haus zu.

Mai Li kommt immer, wenn man sie braucht, denkt er, als er sie vor dem Eingang sitzen sieht. Wie kann diese kleine zarte Frau das schwere Scherengitter, das obligatorisch für vietnamesische Häuser ist, allein und ohne Hilfe aufschieben? Es ist für ihn immer wieder ein Rätsel. Als er sie einmal gefragt hatte, wie sie es schafft, hatte sie nur geantwortet: »Ich mache Tür auf«, mehr nicht. Jetzt sitzt sie auf ihrem kleinen Hocker neben der Tür und näht an einem Kleidungsstück.

»Hi, Mai Li, sind Steve und Thomas schon da?«

»Hi, Mr. Warner, nein noch nicht!«

»Ach, vielen Dank, dass Sie heute an Ihrem freien Sonntag gekommen sind.«

»Schon gut, meine Familie versteht, wenn ich manchmal am Sonntag hier im Büro bin. Jetzt mache ich für Sie erst mal einen Kaffee.«

Als Mai Li aufsteht, um ins Haus zu gehen, schaut sie für den Bruchteil einer Sekunde an Frank Warner vorbei und ihr Gesicht hellt sich dabei für einen Moment auf.

»Mr. Warner«, sagt sie innehaltend, »ich glaube, da hinten kommen Mr. Parks und Mr. Christ.«

Frank, der gerade ins Haus gehen will, dreht sich um. Tatsächlich! Steve Parks und Thomas Christ fahren auf einer knatternden Honda die Straße entlang. Hinter ihnen eine johlende und hupende Menge jugendlicher einheimischer Hondafahrer, die den seltenen Anblick, dass zwei Weiße – so wie sie selbst – auf einer Honda unterwegs sind, nicht unkommentiert lassen können. Während die Amerikaner abbremsen und in Richtung Firmengebäude rechts abbiegen, die feixenden Jugendlichen auf der Straße jedoch weiter geradeaus fahren, schüttelt Frank leicht den Kopf.

»Hey Guys, what's up? Das glaube ich ja nun wirklich nicht! Wann wollt ihr eigentlich die vietnamesische Staatsbürgerschaft beantragen?«, begrüßt er sie lachend und wendet sich an Steve, »das mit dem Moped war bestimmt Phuongs Idee, das ist doch ihre Honda?«

»Du hast es mal wieder erfasst«, antwortet Steve schlagfertig, während er den Motor abstellt, »ich sage dir, die vietnamesischen Frauen sind manchmal sehr praktisch, speziell meine Frau. Mit der Honda sind wir wirklich schneller unterwegs als mit dem Daihatsu, auch wenn ich zuerst Thomas von zu Hause abhole. Ich habe es anfangs auch nicht glauben wollen, aber es stimmt. Man muss sich natürlich den hiesigen Fahrgewohnheiten anpassen, nicht nur mental, und man sollte auch nicht mit einem Gesetzbuch unterm Arm fahren.«

»Wie meinst du das?«, fragt Frank neugierig.

»Erinnerst du dich noch an meinen Schwager und seine Frau aus Deutschland? Sie besuchten uns doch letztes Jahr zu Weihnachten.«

Frank hebt erst fragend seine Augenbrauen, dann nickt er: »Ach, du meinst Heinz, der für den deutschen IRS gearbeitet hat, und sein Frau Eva?«

»Ja, genau! Als die beiden hier ankamen, hatten sie anfangs riesige Probleme mit dem Straßenverkehr. Heinz meinte erbost, dass nach deutschen Regeln sämtlichen Verkehrsteilnehmern wegen der andauernden Verstöße der Führerschein abgenommen werden würde.«

»Ja, ja, die Deutschen!«, wirft Thomas lachend ein, »ich kenne Heinz ja auch. Er hatte sogar Schwierigkeiten, die Straße zu überqueren, suchte dann immer nach einem Zebrastreifen und meinte, dass es doch dort möglich sein müsse, die Straße ungefährdet zu überqueren, weil man da auf Fußgänger zu achten habe und folglich die Hondas dann anhalten würden«, das allgemeine Gelächter von Frank und Steve unterbricht Thomas, »fast hätte ihn einer umgefahren, aber Eva konnte ihn noch im letzten Moment zurückhalten. Danach hatte er die Lektion gelernt und sich innerlich mit der asiatischen Art des Verkehrs angefreundet. Von da an überquerte er problemlos jede Straße.«

»Asien ist eben anders«, bemerkt Steve nachdenklich, »das lernen auch deutsche Finanzbeamte, selbst wenn es denen besonders schwerfällt!«

Mai Li, die unterdessen in der kleinen Küche des Hauses den Kaffee zubereitet, hört das alles mit Wohlwollen. Sie lässt es sich aber nicht anmerken.

»Und trotzdem«, meldet sich Frank wieder zu Wort, »werde ich euch auf Grund eurer zunehmenden Assimilierung irgendwann mal eine Büste von Ho-Chi-Minh zu eurem fünften Jahrestag, den ihr ja in Kürze bei der CEI begeht, besorgen, vielleicht sogar direkt aus dem Ho-Chi-Minh-Museum. Und das Ganze dann mit den besten Grüßen vom Alten in Houston. Der mag ihn doch so sehr«, sagt er lachend.

»So, und nun kommt ins Haus. Wie ich unsere Mai Li kenne«, er nickt ihr anerkennend zu, »hat sie schon die Klimaanlage eingeschaltet und wird uns gleich den guten Cafe Sua Da servieren.«

«Hi, Mr. Parks! Hi, Mr. Christ!«, begrüßt Mai Li Frank und Steve, nachdem beide ihr zur Begrüßung zugenickt haben. Dabei liegt kaum hörbar etwas Spöttisches in ihrer Stimme. Mit Sicherheit wird sie heute Abend ihrer Familie genüsslich und ausführlich erzählen, dass heute zwei führende Mitarbeiter der CEI zu zweit auf einer Honda wie gewöhnliche Vietnamesen zum Büro gefahren sind und dass es auch noch die Idee der vietnamesischen Frau eines dieser Angestellten war. Darauf freut sie sich schon jetzt!

Nachdem Steve und Thomas die Honda im Eingangsbereich des Hauses abgestellt haben, folgen sie Frank durch das im Erdgeschoss liegende Gemeinschaftsbüro nach oben in den ersten Stock. Dort ist die Chefetage. Wenn es nicht wie heute gerade Sonntag ist, arbeiten unten fünf Leute im Wechsel. Die Mehrzahl der Beschäftigten sind Vietnamesen, die die Produkte der Firma den einzelnen landwirtschaftlichen Kooperativen und wenigen selbständigen Bauern vorstellen und im Falle eines Vertragsabschlusses auch die Organisation des Transports übernehmen sowie den Kontakt zur Fertigungsstätte im Süden der Stadt halten. Oben angekommen, erwartet die drei CEI-Leute ein angenehm gekühlter Raum. Erwartungsgemäß hatte Mai Li an die Klimaanlage gedacht.

»So, Jungs«, sagt Frank mit wichtiger Stimme, und dabei hat er immer noch seinen Hut auf, »setzt euch mal. Wir müssen etwas besprechen, und heute haben wir am ehesten Ruhe dafür. Weswegen ich euch gebeten habe, am heiligen Sonntag hier aufzukreuzen, ist ...«, ein schwaches Klopfen an der Tür unterbricht ihn, »ja bitte!«

Mai Li tritt ein und bringt drei hohe Gläser mit Kaffee auf einem Tablett: »Bitte schön!«

»Vielen Dank, Mai Li«, und als sie die Tür hinter sich geschlossen hat, fährt Frank fort, »Houston will, dass wir auch in Hanoi ein Büro eröffnen, wenn sich hier die Lage wegen unserer Produktion beruhigt hat. Ihr wisst schon, was ich meine ...«, Steve und Thomas nicken, »da oben im Norden ist noch niemand, der uns das Wasser reichen könnte. Es gibt dort nur ein paar vietnamesische Kleinfirmen, die Dünger minderer Qualität herstellen. Wir drei sollen das Ganze alleine hinkriegen. Zuerst soll es nur eine kleine Verkaufsrepräsentanz sein, die unter einem neuen Namen geführt wird, der mit der CEI nichts zu tun hat.«

Frank schaut in verdutzt dreinblickende Gesichter. Nach einer kleinen Pause äußert sich zuerst Steve:

»Wie sollen wir das schaffen? Zu dritt ist das nicht machbar. Die Arbeit hier in Saigon wächst uns schon über den Kopf. Bekommen wir denn keine neuen Leute?«

Frank schüttelt kaum merklich den Kopf:

»Ohne weitere Leute geht es nicht, allein schaffen wir das nicht. Du weißt doch noch, wie wir hier in Saigon angefangen haben. Und wie schwer es war, das Vertrauen der Behörden und auch der Mitarbeiter zu gewinnen. Wir hätten ja beinahe den Laden hier wieder zugemacht. Daran müsste sich der Boss doch noch erinnern!«, pflichtet Thomas Steve bei.

Frank schaut seine Mitarbeiter an und nickt. Er weiß genau, dass sie recht haben, möchte es ihnen aus Loyalität zur Firmenleitung aber nicht so direkt sagen.

»Jungs«, antwortet er resigniert, »ich habe mich gestern mit Big Denn in Verbindung gesetzt und versucht, ihn davon zu überzeugen, dass wir hier mindestens fünf neue Leute brauchen. Aber er blieb stur. Er meint, wir müssten so viel Erfahrung haben, dass wir zeitweise den Betrieb hier im Süden auch ohne unsere Anwesenheit laufen lassen können. Wenn es Probleme geben würde, könnten wir uns über unsere Funktelefone ja jederzeit mit Saigon in Verbindung setzen und wären auch jederzeit erreichbar. Er gibt uns einen Monat Zeit, alles zu organisieren, vorausgesetzt, dass sich die Lage hier bis dahin beruhigt hat. Im Computer sind die ganzen E-Mails noch gespeichert. Ihr könnt sie euch gerne ansehen.«

»Shit«, sagt Steve unkontrolliert, »Phuong ist im vierten Monat. Ein Umzug, ohne ihre Familie bei sich zu haben, ist Gift für sie. Das geht so nicht!«

Frank schaut Steve fragend an. Wie soll es dann gehen, denkt er, aber bevor er diesen Gedanken äußern kann, macht Thomas einen Vorschlag.

»Wie wäre es denn, wenn nur zwei von uns nach Hanoi gehen und einer hierbleiben würde. Wir könnten uns abwechseln und Steve könnte bei seiner Frau bleiben. Carol würde das sicherlich mitmachen.«

»Danke, Thomas, ich weiß es zu schätzen, aber das geht nicht. Ich will keine Sonderrolle ...«

»Jetzt mal herhören«, fährt Frank etwas lauter dazwischen, »wir haben mindestens einen Monat Zeit, uns die Sache zu überlegen und einen entsprechenden Plan zu erstellen. Wir werden uns etwas einfallen lassen. Morgen nehme ich noch mal mit Big Denn Kontakt auf und trage ihm unsere Bedenken vor. Vielleicht hört er dann auf mich und schickt uns wenigstens zwei Leute. Die müssen zwar erst eingearbeitet ...«, das Klingeln des Telefons unterbricht Frank. Er macht ein fragendes Gesicht, steht auf, geht zum Telefon und nimmt den Hörer ab:

»This is Frank! ... Was ist passiert? ... Das kann doch wohl nicht wahr sein! ... Wo? ... Okay! Kommen Sie sofort her!«

Die letzten Worte spricht er sehr schnell. Sie klingen fast wie ein Befehl. Dann legt Frank den Hörer auf, wendet sich von seinen beiden Angestellten ab, ohne ihnen einen Blick zuzuwerfen, nimmt langsam seinen Hut vom Kopf, geht zum Fenster und starrt mit leerem Blick auf die Straße. So haben Steve und Thomas ihren Chef selten erlebt. Sie schauen sich fragend an, und noch während sie sich lautlos, nur mit Gesten streiten, wer ihn jetzt fragen soll, was los ist, dreht sich Frank um:

»Das war Dr. Nguyen. Auf dem Transport zum Flughafen mit einem LKW, der das ACPA 21 transportierte, soll sich ein Unfall ereignet haben. Am Unfallort riecht es angeblich streng nach Salmiak ...«

»Shit«, entfährt es Thomas, während Frank fortfährt: »Dr. Nguyen kommt gleich her und wird uns persönlich über den Vorfall berichten. Wenn das stimmt, gibt es gewaltigen Ärger! Das Zeug ist, soweit ich weiß, höchst brisant. Es soll bei Kontakt mit Sauerstoff zu einem Virus mutieren können. Ob wir dann alle die Grippe oder die Scheißerei bekommen oder was auch immer, weiß ich nicht. Nähere Informationen gibt es nicht. Außer denen von Greenpeace. Aber die malen immer den Teufel an die Wand!«

Frank hält einen Moment inne und schaut Steve und Thomas an. Auch sie kennen das Horrorszenario, das die Umweltorganisation für den Fall, dass es zu einem Unfall kommt, verbreitet hat.

»Wir müssen Houston sofort informieren. Jedenfalls hat das Ganze Auswirkungen bis in allerhöchste Kreise, falls es wirklich so gefährlich sein sollte. Steve, versuch doch mal Kontakt mit der Zentrale herzustellen!« Während Steve zum Telefon eilt, denkt Frank laut: »Und ich kenne diesen Nguyen – der untertreibt viel lieber, als dass er die Wahrheit sagt! Unsere Zukunft, die von der CEI hier in Saigon, steht mit diesem Vorfall auf dem Spiel, und über das Projekt in Hanoi brauchen wir gar nicht mehr zu reden! Die machen uns hier sofort die Bude dicht, wenn da wirklich etwas passiert ist ... Shit! Wir müssen sofort etwas unternehmen! Thomas, wir brauchen unsere Chemiker Gary und William, ruf die an, sie sollen den mutmaßlichen Transportweg von unserer Fabrik zum Flughafen abfahren! Irgendwann müssen sie auf die Unglücksstelle treffen. Beeil dich, sie müssten um diese Zeit noch zu Hause sein!«

»Okay, Frank, ich sag ihnen, dass sie auch die obligatorischen Schutzanzüge mitnehmen, aber noch nicht anziehen sollen, bevor sie wissen, was los ist, sonst verängstigen sie die Bevölkerung, und wir haben sofort die Schnüffler der Cong An auf dem Hals. Die kommen noch früh genug. Das Spiel kennen wir ja schon.«

»Gut«, Frank nickt Thomas zustimmend zu. Den gleichen Gedanken hatte er auch, nur Thomas hatte ihn schneller geäußert. Und wieder etwas gefasster, wendet er sich an seinen anderen Mitarbeiter: »Steve, wie sieht es mit der Leitung aus?«

»Wir kommen aus Vietnam immer noch nicht raus. Der starke Regen vorgestern hat mal wieder ganze Arbeit geleistet und das Telefonnetz absaufen lassen, so wie immer.«

»Ja, dann lass das jetzt, Steve, ich versuche es nachher noch mal, oder ich schicke Houston eine E-Mail. Das hat komischerweise bisher fast immer ...«

»Frank«, unterbricht Thomas seinen Chef, »Gary und William sind unterwegs!«

»Na, dann klappt ja endlich mal was hier«, und nach einer kleinen Pause sagt Frank etwas erleichtert, »Steve, Thomas, ihr beiden fahrt auch los und sucht die Unglücksstelle – und haltet die Augen offen! Nehmt die Mobiltelefone mit und gebt durch, was passiert ist! Aber vorsichtig und nicht im Klartext, ihr wisst schon, was ich meine. Wenn ihr den Salmiakgeruch wahrnehmt, zieht euch sofort zurück und meldet euch! Ich bleibe hier und koordiniere die ganze Aktion. Möglicherweise sind Gary und William vor euch am Unfallort. Dann informiere ich euch umgehend. Alles klar?«

»Ja, Frank, wir sind schon weg«, sagt Steve und winkt Thomas, ihm zu folgen.

Schon laufen sie im Treppenhaus nach unten, als Frank ihnen nachruft: »Kommt noch mal her!« Die beiden eilen zurück und blicken Frank fragend an.

»Ihr nehmt jetzt meinen Wagen«, flüstert er, damit Mai Li, die mit Sicherheit noch unten ist, nichts hört, »wenn ihr auf der Honda fahrt, zieht ihr nur einen Rattenschwanz von Neugierigen hinter euch her. Und die können wir jetzt am wenigsten gebrauchen. Hier sind die Autoschlüssel. Und jetzt schnell!« Er wirft ihnen die Schlüssel zu, die Steve gekonnt auffängt. »Wo bleibt denn dieser verdammte Nguyen?«, hören Steve und Thomas ihren Chef noch halblaut vor sich hersagen, bevor sie wieder im Treppenhaus angelangt sind und unten wortlos an der erstaunt dreinblickenden Mai Li vorbeieilen.

Frank folgt den beiden langsam nach unten. Als er Mai Li sieht, spürt er, dass sie etwas von der aufkommenden Hektik mitbekommen hat. Sie schaut ihn besorgt an. Doch bevor sie sich äußern kann, sagt Frank in einem ihr nicht gewohnten schroffen Ton:

»Wenn Dr. Nguyen kommt, soll er sofort nach oben kommen, sofort!« Frank dreht sich um und geht wieder nach oben, ohne das ängstliche Gesicht von Mai Li richtig wahrgenommen zu haben. Er setzt seinen Hut auf und schaut missmutig aus dem Fenster. Nach einer schier endlosen Zeit löst sich ein Zweiradfahrer aus dem endlos dahinfließenden Verkehr in Richtung der Firma und kommt schnell näher. Es ist Dr. Nguyen! Frank erkennt ihn gleich an der für Vietnamesen ungewöhnlichen Größe von knapp zwei Metern.

Er ist etwa fünfzig Jahre alt, schlank wie fast alle seine Landsleute und trägt eine Basekap. Seine Ausbildung zum Chemiker, so hatte Frank vor kurzem zufällig in seiner Personalakte gelesen, erhielt er in Nordvietnam. Anschließend promovierte er. Nach der Wiedervereinigung des Landes wurde er von der Regierung nach Ho-Chi-Minh-Stadt geschickt, um im Süden des Landes eine kleine chemische Wirtschaft aufzubauen, die in erster Linie dem einheimischen Markt zugutekommen sollte. Hier lernte er seine Frau kennen, mit der er jetzt zwei Söhne und eine Tochter hat. Vor dreieinhalb Jahren quittierte er den Regierungsdienst und nahm die Stelle als technischer Produktionsleiter bei der CEI an.

Frank hört, wie er mit schnellen Schritten, ohne stehen zu bleiben, nach oben in die Chefetage eilt. Mai Li wird ihm sicherlich durch Zeichen bedeutet haben, dass heute keine Zeit für den sonst üblichen Plausch ist.

»Da sind Sie ja endlich! Wie konnte es nur zu dem Unfall kommen?«, fährt ihn Frank ungeduldig an, die Höflichkeit, die er sonst ihm gegenüber wahrt, völlig vergessend.

Dr. Nguyen ist erschrocken, lässt sich aber nichts anmerken. Diese direkte Art, sofort auf das Thema zu kommen, ohne Begrüßung und ohne vorher ein bisschen freundlich miteinander zu reden, wie es asiatische Sitte ist, mag er überhaupt nicht.

»Mr. Warner, der Transporter zum Flughafen hatte plötzlich einen platten Reifen. Der Fahrer verlor die Gewalt über das Fahrzeug und landete im Graben. Die Ladung ist zum Teil verrutscht. Vielleicht sind einige Ampullen ausgelaufen. In der Nähe richt es nach Salmiak.«

Frank schaut ihm direkt in die Augen. Er hatte schon mit einer solchen mehrdeutigen Aussage gerechnet.

»Herr Dr. Nguyen, wenn das der Fall ist, wissen Sie, was das zu bedeuten hat. Wenn es nach Salmiak riecht, sind nicht *vielleicht*, sondern *mit Sicherheit* einige Ampullen ausgelaufen!« Frank schaut den Vietnamesen fragend, aber bestimmt an. Warum können die nicht einmal dazu stehen, wenn etwas passiert ist, was sie vielleicht zu verantworten haben? Und etwas ärgerlich fährt er fort: »Soviel ich weiß, soll das ACPA 21 bei Verbindung mit der Luft zu einem Virus mutieren! Was wissen Sie darüber?«

»Mr. Warner, das höre ich jetzt zum ersten Mal. Ich habe zwar auch in der Zeitung gelesen, wie sich Greenpeace zu dem ACPA 21 geäußert hat, aber was diese Organisation gesagt hat, kann ich nicht beurteilen, da ich es bisher im Labor noch nicht nachgeprüft habe.«

Frank stöhnt. Entweder hat Dr. Nguyen wirklich keine Ahnung oder er will davon nichts wissen. Letzteres ist sehr wahrscheinlich!

»Und wo genau ist der Unfall passiert?«

»Etwa vier Kilometer vom Flughafen entfernt. Auf dem Feldweg, kurz vor der Mekongbrücke, an den Reisfeldern und dem kleinen Buddhatempel, wo ...«

»Ja, die Gegend kenne ich, einen Moment bitte«, fällt Frank ihm ins Wort und geht zum Telefon. Er ruft Thomas an, gibt hastig den Unfallort durch und bittet ihn, sich mit den Chemikern Gary und William in Verbindung zu setzen. Dann wendet er sich wieder an Dr. Nguyen und lässt seinen

Ärger freien Lauf: »Und Sie wissen nicht, warum es überhaupt zu diesem Unfall kommen konnte? Und warum die Ladung verrutscht ist? War das Fahrzeug etwa nicht verkehrssicher? Haben Sie denn keine vernünftige Transportfirma beauftragt? Muss ich denn alles selber machen? Und wieso fuhr der LKW auf diesem Feldweg und benutzte nicht die Straße?« Frank hat sich in Rage geredet und es verfehlt nicht seine Wirkung. Sein vietnamesischer Angestellter hält seinem Blick nicht stand und schaut weg. »Sind denn 100 US-Dollar immer noch nicht genug, Herr Dr. Nguyen? Das ist doch hier ein Vermögen, auch für eine Transportfirma! Das wissen Sie doch selbst, oder nicht?«

Dr. Nguyen antwortet nicht. In Franks Stimme ist die verzweifelte Ironie nicht zu überhören, als er ihn erneut anspricht: »Herr Dr. Nguyen, Sie können ja mal zur Unglücksstelle fahren und genau diese Fragen prüfen, wenn Sie wollen. Have a nice day!« Frank wendet sich kopfschüttelnd, fast angewidert von ihm ab und sieht dabei gerade noch, wie der Vietnamese nur kurz nickt und den Raum mit gesenktem Kopf eilends verlässt.

Dr. Nguyen weiß genau, dass sein Schwager dafür verantwortlich ist. Schließlich hatte dieser ihm gegenüber daraus keinen Hehl gemacht, von dem 50-Dollar-Budget, das er ihm in Aussicht stellte, so viel wie möglich selbst zu behalten. Und dabei konnte natürlich nur ein Transport mit einem altersschwachen Xe Lam in Frage kommen. Wichtig für ihn war nur, und das schärfte er seinem Schwager eindringlich ein, dass der Fahrer unbedingt zuverlässig war und die Kisten pünktlich in der Firma abgeholt wurden. Alles Weitere würde sich von ganz allein ergeben … Aber das alles konnte er seinem Chef natürlich nicht beichten, denn dann hätte er auch zugeben müssen, dass er sich von den hundert Dollar die Hälfte in die eigene Tasche gesteckt hatte. Und das hätte sicherlich die fristlose Kündigung nach sich gezogen. Hätte er weisungsgemäß einen richtigen Transporter gemietet, wäre der Unfall sicher nicht passiert. Dann aber hätte er mit Sicherheit höchstens zwanzig Dollar als Provision für sich einstreichen können. Aber selbst wenn er für den Transport 500 Dollar bekommen hätte, wäre es trotzdem nicht anders gekommen.

Frank kennt die asiatische Art nur zu gut, Unannehmlichkeiten durch Nichtssagen, Entstellen der Wahrheit oder, wenn es nicht anders geht, auch durch Lügen aus dem Wege zu gehen. Diese Mentalität brachte ihn als Verbindungsoffizier schon Ende der Sechziger des Öfteren zur Verzweiflung, als er mit den verbündeten Streitkräften der südvietnamesischen Armee im Kampf gegen den aus dem Norden einsickernden Vietcong zu tun hatte. Fast immer fanden die Vietnamesen einen Grund, sich aus den Kämpfen herauszuhalten.

Shit, wir haben ein Problem, denkt er, es ist ziemlich sicher, dass das ACPA 21 ausgelaufen ist. Wochenlang ist mit dem Zeug nichts passiert und ausgerechnet dann, wenn es aus dem Land gebracht werden soll, gibt es Probleme! Hätte die Zentrale uns nicht einen Neutralisator schicken können, als wir ihn angefordert hatten, bevor wir diese Brühe von hier in die Staaten zurücksenden? Aber nein, das war Big Denn wohl zu teuer! Und vor allen Dingen – hätte dieser Trottel von Dr. Nguyen nicht einen vernünftigen Transport organisieren können? Für 100 US-Dollar wäre es doch sicherlich möglich gewesen, einen vernünftigen LKW mit Fahrer zu bekommen, und das für mindestens drei Tage! Aber natürlich dann nicht, wenn er sich einen Teil des Geldes in die eigene ... Frank unterbricht diesen Gedankengang, weil er sowieso nichts beweisen und das, was passiert ist, nicht ungeschehen machen kann. Ich muss sofort die Zentrale informieren, das ist viel wichtiger! Hoffentlich fällt denen etwas ein!

Big Denn wird toben, wenn er davon erfährt, aber das lässt sich jetzt nicht ändern. Ich muss sofort wissen, welche genauen Auswirkungen das Zeug hat! Ist das mit dem Virus wirklich so schlimm? Haben die uns in Houston vielleicht nicht richtig informiert oder uns nicht alles gesagt?

Frank geht in Gedanken versunken zum Fenster und schaut in den Hof, wo er noch sieht, wie Dr. Nguyen überstürzt – entgegen seiner sonstigen Art – auf seine Honda steigt, sie startet und dann mit Höchstgeschwindigkeit den Hof verlässt. Das alles gefällt mir ganz und gar nicht, denkt er und setzt sich an seinen Schreibtisch. Ich hoffe, Doug ist zu Hause. Drüben ist noch Samstagabend. Er tippt auf die Tasten des Telefons, aber nach den ersten zwei Nummern ertönt schon das Besetztzeichen. Die Verbindung ins Ausland ist immer noch gestört. Er versucht es trotzdem noch einige Male aber vergeblich. Na wunderbar, wir haben ja so viel Zeit ..., dann eben per E-Mail. Er schreibt eine Nachricht und wählt sich ins Internet ein. Dieses Mal akzeptiert das Telefonsystem die Nummer. Auf dem Bildschirm seines Computers erscheint die Meldung, dass die Nachricht gesendet wurde.

22. Mai Samstag 21:34 Uhr Houston, TX Local Time
Bei Doug Tenner zu Hause

»Jenny, es ist Zeit, ins Bett zu gehen!«

»Warum, Daddy, heute ist doch Samstag und ich muss morgen nicht in die Schule«, erwidert quengelnd Doug Tenners sechsjährige Tochter.

»Aber es ist schon sehr spät. Wenn du dich beeilst, komme ich gleich zu dir ans Bett und lese dir noch eine Geschichte vor.«

»Na gut, ich gehe schon. Du kommst aber gleich!«, sagt sie resignierend und fordernd zugleich.

»Aber erst, wenn du dir die Zähne geputzt hast!«

So geht es jedes Wochenende. Aber Doug hatte es so gewollt. Nach der Scheidung von Helen hatte er zäh für diese Besuchsregelung gekämpft.

Bis sie im Bad fertig ist, kann ich ja noch mal schauen, ob es Post gibt, kommt es ihm in den Sinn. Nach kurzem Hochfahren des Computers und wenigen Mausklicks erscheint eine ganze Reihe von neuen E-Mails. Es sind wieder die bekannten Firmen, die ihm Werbung zuschicken. *Outpost.com* senkt die Preise für Festplatten, *Circuit City* will eine Musikanlage an den Mann bringen und *Best Buy* macht Werbung für eine neue Whirlpool-Waschmaschine, ferner schreibt Paul, ein früherer Kollege, dass er im nächsten Monat einen Job in London bei der *British Petrol* annehmen wird. Und schließlich – die letzte E-Mail ist von seinem Freund Frank, der in Vietnam für die gleiche Firma arbeitet wie er.

Sie hatten sich auf der Boston University kennen gelernt. Während Doug sein Chemiestudium erfolgreich beendete und schließlich noch promovierte, wechselte Frank nach zwei Semestern die Studienrichtung, weil er sich für die chemischen Formeln nicht begeistern konnte, und studierte Betriebswissenschaften. Doch Freunde blieben beide über die Universitätszeit hinaus. Als Doug schon bei der CEI war und Frank nach seinem Studium eine Stelle suchte, vermittelte er ihm einen Posten bei der CEI im Vertrieb. Franks Grundkenntnisse in Chemie waren ihm sehr von Nutzen. Jake Dennewitz, der Chef und Inhaber der CEI, schätzte ihn sehr und lud ihn des Öfteren nach Corpus Christi zu einem Segeltörn ein, manchmal sogar mit Doug zusammen. Einige Jahre später übertrug er ihm die Verantwortung für die Firmenniederlassung in Saigon. Frank fühlte sich dort schon fast heimisch, weil er während der letzten zwei Jahre des Vietnamkriegs bis zu dessen bitterem Ende für die südvietnamesische Republik als GI zum Schutz der US-Botschaft in Saigon abkommandiert war. Er bestieg damals den letzten Helikopter, der vom Dach der US-Botschaft aus flog und sah aus der Ferne, wie sich die Panzerkolonne des Vietcong langsam, aber stetig in Richtung des Präsidentenpalastes inmitten der Stadt bewegte. Seine vietnamesische Freundin musste er zurücklassen. Eines der begehrten Ausreisetickets, die kurz vor dem Fall von Saigon ausgegeben wurden, konnte er ihr trotz aller Mühe nicht beschaffen. Als er später wieder für die CEI nach Saigon kam, suchte er sie, aber vergeblich. Niemand konnte einen Hinweis auf ihren Verbleib geben. Möglicherweise wurde sie der Kollaboration mit den Amerikanern bezichtigt und man machte mit ihr kurzen Prozess. So wie es oft in jenen Tagen geschehen ist, obwohl die neuen Machthaber damals immer wieder von der »Nationalen Versöhnung« sprachen.

Doug wundert sich, dass die Nachricht von Frank verschlüsselt ist. Frank macht das eigentlich nur, wenn er die monatlichen Umsatzzahlen an die CEI-Zentrale schickt. Aber die letzten Berichte habe ich doch bekommen und bis zum nächsten Monatsanfang ist es noch mehr als eine Woche. Vielleicht ist das ja heute auch nur eine Korrektur des letzten Umsatzberichts. Das werde ich gleich haben, denkt Doug und will gerade das Dekodierungsprogramm mit einem Mausklick starten, als es auf einmal aus Jennys Schlafzimmer ertönt:

»Daddy, ich bin fertig, kommst du?«

»Ja, ich komme gleich«, aber aus dem »Gleich« wird ein »Sofort«. Die Nachricht von Frank kann warten, Jenny hat Vorrang. Und schon ist Doug bei ihr im Schlafzimmer und liest ihr eine Geschichte vor. Nach einer Viertelstunde schläft sie ein und er verlässt leise ihr Zimmer. Zurück an seinem Computer, öffnet er die verschlüsselte Nachricht:

Hi, alter Junge,
ich habe lange nichts von Dir gehört und hoffe, es geht Dir gut. Um es ganz kurz zu machen. Wir haben hier in Saigon ein Problem, über dessen Tragweite ich mir nicht im Klaren bin. Bei der Rückführung des ACPA 21, Du wirst die Story um das Zeug besser kennen als ich, gab es auf dem Transport von unserer Fabrik zum Flughafen einen Unfall. Offensichtlich sind dabei einige Behälter ausgelaufen. Am Ort selbst sollen sich sofort kleine Nebelschwaden gebildet haben und es soll stark nach Salmiak riechen. Das Außenteam ist unterwegs und sieht sich das jetzt an. Aus den Unterlagen weiß ich, dass sich ein gefährliches Virus daraus bilden könnte, wenn das ACPA 21 mit Sauerstoff in Berührung kommt. Mehr weiß ich definitiv nicht. Greenpeace spricht, wie du sicher weißt, von einer Gefahr für Zehntausende.

Jetzt meine Fragen: Stimmt das? Was für ein Virus ist das? Was können wir jetzt machen? Warum haben wir keinen Neutralisator bekommen? Bitte informiere uns sofort. Und verschlüsselt! Ich befürchte Probleme mit den hiesigen Behörden. Über Telefon ist es zurzeit nicht möglich, dich zu erreichen. Ich rechne aber damit, dass es bald wieder funktionieren wird. Ich hoffe, dass wenigstens das Internet weiter stabil läuft.

Ab sofort rufe ich alle fünfzehn Minuten eingegangene E-Mails ab. Und denke bitte im Falle von Maßnahmen daran, dass wir hier in Saigon euch genau zwölf Stunden voraus sind.

Grüße, auch an Helen und Jenny
Frank

Doug atmet tief durch, nachdem er die Nachricht gelesen hat. Er liest sie noch einmal. Ihm fällt zwar auf, dass Frank auch Grüße an seine Frau bestellt hat, aber es stört ihn nicht sonderlich. Schließlich weiß er ja noch nicht, dass er von ihr geschieden ist. Dann lehnt er sich für einen Moment in seinem Sessel zurück.

So wie ich es sehe, geht es um ein verdammt schwerwiegendes Problem: Das ACPA 21 ist eine Gefahrenquelle erster Ordnung. Das hat Greenpeace offensichtlich richtig herausgefunden und Big Denn wurde damit wie nie unter Druck gesetzt. Shit, wenn alles planmäßig verlaufen wäre, hätten wir das Zeug innerhalb von zwei Wochen hiergehabt und niemand hätte noch ein Wort darüber verloren! Aber so ist das etwas anderes. Wenn wirklich das ACPA 21 ausgelaufen ist, könnten wir es hier mit einer jetzt schon vollendeten Geburt eines Virus zu tun haben, das nach der Ansicht der Greenpeaceleute angeblich Zehntausende das Leben kosten würde. Aber auch ich weiß einfach zu wenig darüber, und Big Denn hatte aus dieser Angelegenheit immer ein Geheimnis gemacht. Selbst dann noch, als in der Presse über die Geheimverhandlungen und die Millionenspende an Greenpeace berichtet worden war. Jetzt aber kommt er nicht darum herum, Farbe zu bekennen! Am besten rufe ich ihn sofort an. Doug drückt eine Taste auf dem Telefon, und schon tönt es fast umgehend aus der Hörmuschel.

»This is Dennewitz!«

»Hier ist Doug. Jake, entschuldige bitte die späte Störung. Es gibt ein akutes Problem in Saigon.«

»Was ist passiert, Doug?«, schallt es wie aus der Pistole geschossen aus dem Hörer, und Doug berichtet von der E-Mail, die er gerade von Frank empfangenen hat. Zwischendurch hört er Jake ungewohnt schwer atmen.

»Jake, was ist das ACPA 21 für ein Zeug? Was weißt du darüber, was ich nicht weiß?«

Jake atmet noch schwerer und will gerade anfangen zu sprechen, als Doug eine weibliche Stimme hört:

»Schatz, wer ruft noch so spät an?«

»Es ist Doug, wir haben ein kleines Problem in der Firma.«

»Hoffentlich ist es nicht so schlimm, sag bitte schöne Grüße.«

»Mach ich. Doug, du hast mitgehört?«

»Ja, danke, die Grüße gehen natürlich zurück.«

Nach einer Weile, Doug wollte schon fragen, ob sein Chef noch in der Leitung ist, meldet er sich mit schwerer Stimme zurück: »Doug, wie soll ich es dir erklären? Zum Teil weißt du über das ACPA 21 Bescheid. Aber du weißt nicht alles. Es kann schlimm, viel schlimmer kommen, als du es dir überhaupt vorstellen kannst. Es ist aber auch möglich, und das ist viel eher wahrscheinlich, dass gar nichts passiert.«

»Das versteh ich nicht!«

»Doug, es kommt darauf an, welches ACPA 21 in Saigon mit Sauerstoff in Verbindung gekommen ist. Ist es der Teil, der in Saigon schon vor zwei Wochen angefallen ist und jetzt dort in den Tanks gelagert wird, nennen wir es mal das *alte* ACPA 21, dann ist es unschädlich. Und genau dieses alte Zeug sollte ja auch zuerst auf dem Luftweg nach Houston geschafft werden. Ist es aber das *junge* ACPA 21, das erst in den letzten zwei Wochen angefallen ist, dann haben wir es mit einer Zeitbombe zu tun. Das haben die Greenpeace-Leute schon richtig herausgefunden, weiß Gott wie. Nur in einem Punkt liegen sie falsch: Wenn genau dieses Zeug mit der Luft in Berührung kommt und zu einem Virus mutiert, sterben nicht nur Zehntausende kleiner Vietnamesen. Nein, es stirbt die ganze Menschheit!«

»Waaas?«, schreit Doug ins Telefon.

Aber Jake Dennewitz spricht weiter, weil er offensichtlich mit einer solchen Reaktion gerechnet hat:

»... du hast richtig gehört. Bis vor wenigen Wochen war ich davon überzeugt, dass es sich um eine relativ ungefährliche Substanz handelt. Das haben mir auch alle Fachleute bestätigt. Dann gab es die berühmten Hinweise von Greenpeace, dass bei zu hohen Lagertemperaturen, wie wir sie in Vietnam vorfinden, sich das ACPA 21, wenn es mit Sauerstoff in Verbindung kommt, in ein gefährliches Virus verwandeln würde, und so weiter ... Das haben wir ja alle erst mal so nicht so richtig glauben wollen, weil wir gedacht haben, dass Greenpeace wie so oft völlig übertreibt.«

»Jake, warum hast du denn nicht ...?«, entfährt es Doug vor Entsetzen wieder völlig unkontrolliert.

»Ich habe von dieser schrecklichen Eigenschaft des ACPA 21 auch erst vor zwei Tagen erfahren«, unterbricht ihn Jake, »dass wir so ganz nebenbei in Vietnam das gefährlichste Weltvernichtungsmittel als Abfallprodukt in unserer Düngerfertigung herstellen. Das Gutachten über diese Untersuchung, das ich bei einem Speziallabor vor kurzem in Auftrag gegeben hatte, weil mir die Sache wegen der nicht enden wollenden Beteuerungen der Gefährlichkeit des ACPA 21 seitens Greenpeace nicht mehr aus dem Sinn ging, habe ich erst vorgestern direkt von einem Boten dieses Labors erhalten. Zwanzig Minuten später rief mich dessen Leiter, ein Professor Stevenson, an und fragte mich, ob ich es schon bekommen und gelesen hätte. Er wollte unbedingt sicherstellen, dass ich weiß, wozu das ACPA 21 fähig ist, wenn damit nicht sachgemäß umgegangen wird.«

»Oh, Jake, ...«

»Doug, es muss nicht so schlimm kommen. Es kommt jetzt wirklich nur darauf an, festzustellen, welches ACPA 21 transportiert worden ist. Wie du vielleicht weißt, habe ich gestern per E-Mail eine dringliche Order nach Saigon geschickt, dass auf gar keinen Fall das *junge* ACPA 21 zuerst verladen und auf dem Luftweg zu uns gebracht werden darf. Wenn die sich in Saigon daran gehalten haben, und ich gehe einfach mal davon aus, weil ich Frank vertraue, ist lediglich das alte Zeug ausgelaufen und dieses ist eine harmlose ...«

»Jake, woher weißt du das mit dem *alten* und *jungen* ACPA 21?«, fällt ihm Doug ins Wort.

»Auch das hat Professor Stevenson in seinem Gutachten geschrieben und mir am Telefon bestätigt«, antwortet Jake schnell, noch immer keuchend, aber anscheinend frischer, »nach zwei Wochen wird das *junge* ACPA 21 von selbst zu einer harmlosen Substanz. Das weiß ich aber erst seit vorgestern. Leider nicht schon früher, sonst hätte ich Greenpeace gegenüber ganz anders argumentieren können, und wir hätten eine Menge Geld gespart.«

»... und weil du das vorher nicht wusstest, bist du auf die Erpressung von Greenpeace eingegangen?«

»Ja, Doug, so war es«, Jake klingt jetzt etwas kleinlaut, »du hast schon recht. Ich wollte unbedingt aus den Schlagzeilen heraus. Es ist kein Ruhmesblatt in der Geschichte der CEI. Und wegen der gezielten Indiskretion von Greenpeace und des daraus folgenden immensen politischen Drucks von allen Seiten waren wir gezwungen, verbindlich zuzusagen, alle Bestände des ACPA 21 innerhalb von zwei Wochen aus dem Land zu schaffen.«

»Also geht es jetzt nur darum, ganz sicher zu sein, dass nur das *alte* ACPA 21 ausgelaufen ist und ...«

»Genau so ist es«, unterbricht ihn Jake, »nur wissen wir nach deiner und Franks Schilderung definitiv nicht, welches ACPA 21 ausgelaufen ist! Das *alte* oder das *junge*? Es gibt zurzeit keine zuverlässige Methode, es in der Atmosphäre nachzuweisen. Beide reagieren bei Sauerstoffkontakt mit den gleichen sichtbaren Zeichen: mit Rauchschwaden und einem intensiven Salmiakgeruch. Die Sache ist mir zu riskant. Wenn die da in Saigon im Lager irgendetwas verwechselt oder falsch eingeordnet haben und das *junge* ACPA 21 ausgelaufen ist, dann gnade uns Gott! Wenn nichts unternommen wird, mutiert es an der Luft innerhalb von zwei Tagen zu einem tödlichen Virus, das dann unangreifbar geworden und nicht mehr zu bekämpfen ist, weil es derzeit kein Serum dagegen gibt. Übertragen wird es durch die Luft, vielleicht aber auch durch eine Mensch-zu-Mensch-Ansteckung. Nach weiteren zwölf Tagen plus/minus zwei, maximal drei Stunden sterben die infizierten Menschen.«

»Jake!«, spricht Doug entsetzt ins Telefon, »dann wäre ja schon am 6. Juni mit den ersten Toten zu rechnen, wenn ich das hier auf meinem Kalender richtig sehe!«

»Ja, du hast recht. Und das *ACPA 21*-Luft-Gemisch ist schon jetzt lebensgefährlich, obwohl das Virus selbst noch gar nicht entstanden ist: Wer vor der Mutation zu einem Virus mit diesem Gemisch in Berührung kommt, stirbt auch nach vierzehn Tagen, weil die Mutation in seinem Körper stattfindet ...«

»Mein Gott ...!«

»Und das Virus verteilt sich im wahrsten Sinne des Wortes in Windeseile um den Globus – bis in den letzten Winkel. Erst vier Wochen später zerfällt es von selbst. Aber vorher verursacht es eine Pandemie unvorstellbaren Ausmaßes, da es schon in einer ganz schwachen Konzentration wirksam ist. Wir werden dem Virus alle zum Opfer fallen, das alles stand in der vorhin erwähnten Beurteilung von Professor Stevenson. So, Doug, jetzt weißt du alles, was auch ich weiß.«

»Mein Gott«, wiederholt Doug, »was haben wir nur getan?« Für ein paar Sekunden wartet er auf eine Antwort, aber er bekommt sie nicht. »Jake, was schlägst du vor? Wie soll es jetzt weitergehen?«, fragt er mit verzweifelter Stimme und ohne Hoffnung, eine rettende Antwort zu erhalten.

Aber völlig überraschend, mit frischer und energischer Stimme, so wie Doug ihn sonst kennt, antwortet Jake:

»Wir nehmen den schlimmsten Fall an, dass die in Saigon Mist gebaut haben, auch wenn es mit ziemlicher Sicherheit anders ist. Wir haben noch eine Chance, das Virus unschädlich zu machen, wenn es nicht gerade zufällig wie aus Eimern schüttet und der Regen uns auf diese Weise die Arbeit abnehmen würde. Dazu wäre allerdings ein mindestens zweistündiger Starkregen nötig, aber mit so viel Glück rechne ich nicht. Wir müssen das ACPA 21 wohl selbst neutralisieren, indem wir es mit dem CAP 201 in verdünnter Form zusammenbringen. Da es sich aber schon etwas verflüchtigt haben dürfte, müssen wir die Gegend um die Unfallstelle großflächig mit einem *CAP 201*-Wasser-Gemisch im Verhältnis 1 : 45 besprühen. Mindestens eine Meile im Radius, besser wären zwei, noch besser drei Meilen. Das muss aber innerhalb von zehn Stunden erfolgen, sonst ist die Neutralisierung nicht mehr möglich. Wir haben jetzt seit dem Zeitpunkt des Auslaufens, also des Kontakts des ACPA 21 mit Sauerstoff, ein Zeitfenster von eben diesen zehn Stunden, von denen aber mindestens eine, wenn nicht schon zwei vergangen sein dürften. Hast du eine Idee, wie bzw. womit wir diese Sprühaktion durchführen können?«

»Jake, das ist gut, das ist sehr gut! Ich lasse mir etwas einfallen«, antwortet Doug erleichtert. Er ist von der Scharfsinnigkeit seines Chefs überrascht. Der alte Fuchs weiß immer einen Ausweg, selbst aus den hoffnungslosesten Situationen. An die neutralisierende Wirkung des CAP 201 hatte er nicht im Entferntesten gedacht, aber es leuchtete ihm sofort ein, als er das erste Mal diese Substanz erwähnte.

»Sag mal, Doug, kannst du herausfinden, ob es in Saigon in den nächsten Stunden regnet?«, unterbricht Jake seinen Gedankengang.

»Kein Problem, von Frank weiß ich, dass es in den letzten Tagen ziemlich geschüttet hat, aber ob es so weitergeht, weiß ich nicht. Die Regenzeit beginnt eigentlich erst in einem Monat«, Doug macht eine kurz Pause, »aber warte mal, ich habe da eine Idee«, sagt er ruhig und überlegt, »wir haben doch unsere Agrarflugzeuge in Vung Tau stehen. Wenn die entsprechend betankt werden und das Gemisch über der Unglückstelle versprüht wird, dann wäre das Problem gelöst. Ich werde aber parallel dazu noch prüfen, ob wir in Saigon mit Regen rechnen können.«

»Gute Idee, Doug! Leite das Notwendige in die Wege und bereite alles so vor, als ob wir es mit den widrigsten Bedingungen zu tun hätten. Du hast von mir in jeder Hinsicht grünes Licht.«

»Okay, Jake, du kannst dich auf mich verlassen. Aber sag mir doch noch eins, warum hast du mich und Frank nicht über die Gefährlichkeit des ACPA 21 informiert?«, der Vorwurf in Dougs Stimme ist nicht zu überhören.

»Ach Doug, das hätte nichts geändert. Der gesamte Bestand des ACPA 21 muss aus Saigon verschwinden. Hätte ich Frank näher informiert, wäre er vielleicht in Panik geraten und hätte aus Angst falsch reagiert. Gerade in der Hektik und unter Stress werden die meistens Fehler gemacht, das weißt du genauso gut wie ich. Aus dem gleichen Grund habe ich dir auch nichts gesagt. Wenn das mit dem Unfall nicht gewesen wäre, hätte kein Hahn nach dieser Sache gekräht. Das *junge* ACPA 21 wäre im letzten Flug von Saigon nach Houston geschafft worden, also zu einem Zeitpunkt, wo es schon ungefährlich gewesen wäre, und bei einem Bier hätte ich dich später einmal über alles eingeweiht und wir hätten darüber beide lachen können ...«, Jake macht eine kleine Pause, »aber so ist es jetzt nicht. Noch wissen wir nicht, welches Zeug ausgelaufen ist.«

»Jake! Ich kläre das jetzt und melde mich wieder, wenn ich Genaueres weiß. Bis nachher.«

Doug legt auf und lehnt sich in seinem Schreibtischstuhl zurück. Das ist die gewaltigste Aufgabe, die ihm Jake Dennewitz jemals übertragen hatte. Auf seinen Schultern ruht jetzt das Schicksal der Welt, und er spürt diese schwere Last. Er lässt sich ein paar Minuten Zeit, dann weiß er, was er zu tun hat. Nach wenigen Minuten fliegen seine Finger über die Tastatur und er findet heraus, dass mit Regen in den nächsten drei Tagen in Saigon eher nicht zu rechnen ist. Das Tiefdruckgebiet, das vorgestern noch für Regen gesorgt hatte, ist weitergezogen. Der Wetterbericht und die Bilder der Satelliten lassen keinen Zweifel darüber aufkommen.

Also muss das Gegenmittel eingesetzt werden! Jetzt muss ich klären, wo das CAP 201 verfügbar ist. Er geht online in die Lagerhaltung der CEI und wird zuerst in Houston fündig. Allerdings hat die Sache einen Haken. Nach der Anzeige ist das Mittel nur in fester Form vorhanden und müsste erst verflüssigt werden. Die Dauer dieser Prozedur: mindestens drei Tage. Houston scheidet demnach aus. In Saigon ist das CAP 201 überhaupt nicht auf Lager. Er klickt weiter auf die Zweigstelle in Peking. Treffer! Hier lagern mindestens zwanzig Gallonen in flüssiger Form. Also muss Peking liefern, und zwar noch heute! Und am besten ist es, wenn Ted Wright sich von dort sofort auf den Weg macht.

Er kennt ihn noch aus der Zeit am College. Für zwei Jahre waren Teds Eltern nach Houston in die unmittelbare Nachbarschaft der Tenners gezogen. Eine nachbarschaftliche Bande zwischen den Erwachsenen war schnell geknüpft. Und so war es fast zwangsläufig, dass Doug und Ted das gleiche College besuchten. Nach dem Wegzug der Wrights schlief der Kontakt zwischen den beiden Familien bald ein. Aber die Kinder hatten sich nicht zum letzten Mal gesehen. Nach Jahren trafen sich beide zufällig auf einer Tagung für Innovationen von chemischen Prozessen wieder und waren nicht schlecht erstaunt, dass sie für den gleichen Arbeitgeber tätig waren. Ted hatte sich direkt für den Job in Peking beworben und nach kurzer Zeit wurde er dort der erste Mann.

Doug wählt die Nummer von Ted in Peking. Hoffentlich ist er zu Hause. In Peking ist es jetzt Sonntag, und er könnte vielleicht mit seiner Familie unterwegs sein. Während er wartet, dass sich Ted meldet, kommt eine weitere E-Mail von Frank herein:

Hi Doug,

das Einsatzteam in Saigon war vor Ort und hat sich überzeugt, dass wirklich das ACPA 21 ausgelaufen ist. Am Unfallort stieg leichter Nebel aus einer der Kisten. Wie sollen wir weiter verfahren? Ruf mich an, wenn es geht oder schicke uns eine Anweisung per E-Mail. Es ist dringend!!!!

Frank

In Peking wird der Hörer abgenommen, aber es ist nur der Anrufbeantworter: » ... *please leave a message after the beep!*«

Und Doug hinterlässt eine Nachricht:

»Hi, Ted, hier ist Doug Tenner aus Houston. Wir haben einen dringenden Notfall der Stufe Red-Alpha in Saigon. Du musst unbedingt heute noch mindestens zehn Gallonen des CAP 201 nach Vung Tau bringen, koste es, was es wolle. Und zwar muss das Zeug innerhalb der nächsten sieben, maximal acht Stunden in Vung Tau sein. Von Big Denn haben wir grünes Licht! Melde dich bitte sofort, wenn du wieder da bist. Ruf mich zu Hause an!«

Shit, denkt Doug, jetzt, wo es darauf ankommt, ist niemand zu erreichen, Shit, Shit, Shit!!! Doug wählt ein paarmal die Nummer in Saigon, um Frank zu erreichen, und das klappt jetzt endlich. Frank ist am Apparat.

»Hi, Frank, this is Doug, bitte schalte den Zerhacker ein.«

»Hi, Doug, nice to hear you, endlich geht das Telefon wieder! Okay, Zerhacker ist ein.«

Nach ungefähr fünf Sekunden geben die Codier/Decodier-Geräte, nachdem sie sich synchronisiert haben, den Kommunikationskanal wieder frei.

»Frank, ich habe deine E-Mails gelesen und bereits die notwendigen Schritte eingeleitet!«

»Wie schlimm ist es, Doug?«, fragt Frank sehr eindringlich, »sag mir die Wahrheit, wie schlimm ist es?«

»Frank, es kann gut, aber auch nicht gut ausgehen. Ich will versuchen, es dir zu erklären: Die Art des ACPA 21, das bei euch im Rahmen der Düngerproduktion als Abfallprodukt anfällt, ist das große Problem. Wenn bei dem Unfall das *alte* ACPA 21 ausgelaufen ist, haben wir keine Probleme. Ist es aber die Substanz, die erst kürzlich entstanden und nicht älter als vierzehn Tage ist, dann mutiert sie innerhalb von zwei Tagen zu einem tödlichen Virus. Wer damit in Berührung kommt, stirbt nach ziemlich genau zwei Wochen, also am 6. Juni. Es kann aber noch innerhalb der nächsten zehn Stunden mit CAP 201 neutralisiert werden, indem dieses Gegenmittel weiträumig um den Unfallort versprüht wird ...«

»Mein Gott, das alles wusste ich nicht«, unterbricht ihn Frank.

»Ich habe es auch gerade erst von Big Denn erfahren. Du musst jetzt herausfinden, welches ACPA 21 transportiert worden ist, das *alte* oder das *neue*.«

»Ja, natürlich das *alte* ACPA 21, denn vorgestern kam eine dringende E-Mail von euch hier an, dass wir auf gar keinen Fall das *junge* ACPA 21 verladen dürften«, versichert Frank, aber bevor Doug etwas dazu sagen kann, fährt er mit nachdenklicher Stimme fort, »jetzt verstehe ich erst den Sinn dieser Anordnung. Mein Gott, hätte ich das alles vorher gewusst, hätte ich mich persönlich um den Transport gekümmert. Die Ladeanweisung habe ich in schriftlicher Form dem Labor übergeben lassen. Sie müsste auch bis dahin gelangt sein, da bin ich mir ganz sicher. Nur, ob sie auch richtig befolgt wurde? Hoffentlich kann ich den Chefchemiker noch erreichen. Der war nämlich dafür verantwortlich und war vorhin noch hier. Aber was ist, wenn das neue Zeug ausgelaufen ist? Können wir denn hier nicht herausfinden, welche Substanz ausgelaufen ist? Kriegen wir das irgendwie in den Griff, oder werden ...«

»Frank, zwar gibt es derzeit noch keine Methode, die uns sagen könnte, welches ACPA 21 ausgelaufen ist. Aber vorsichtshalber nimmt Big Denn den schlimmsten Fall an. Ich habe Ted Wright in unserer Zweigstelle in Peking eine E-Mail geschickt, dass er sofort mit zehn Gallonen CAP 201 nach Vung Tau fliegen soll, wo wir unsere Agrarflugzeuge haben. Das Zeug muss dann mit Wasser verdünnt umgehend weiträumig in einem Radius von drei Meilen versprüht werden. Ted hat sich zwar bis jetzt noch nicht gemeldet, aber ich bin überzeugt, dass er rechtzeitig kommen wird.«

»Bist du sicher?«

»Ja, absolut sicher!«

»Wirklich? Doug, lügen konntest du noch nie gut. Was ist los?«

»Okay, ich kann ihn nicht erreichen. Er ist nicht zu Hause, und ich weiß nicht, wo er sich herumtreibt«, antwortet Doug ungehalten.

»Shit!«

»Frank, bereite bitte trotzdem alles in Vung Tau vor, alarmiere die Piloten und weiteres Personal und gib ihnen das Zehnfache, wenn es sein muss. Irgendwann taucht Ted schon auf. Wir haben in dieser Angelegenheit die Stufe Red-Alpha. Mehr kannst du jetzt nicht tun. Wenn ich etwas von Ted höre, gebe ich dir Bescheid. Ab jetzt viertelstündlicher gegenseitiger E-Mail-Abruf, okay?«

»Alles klar. Ich versuche zu klären, welches ACPA 21 zum Versand gebracht worden ist. Bis dann.«

»So long, Frank!«

Kaum hat Doug das Gespräch beendet, da meldet der Computer eine E-Mail von Ted Wright in Peking:

Hi, Doug,
habe gerade deine E-Mail erhalten. Chartere Maschine.
Bin auf dem Weg nach Vung Tau.
Gruß
Ted

Gott sei Dank! Doug fällt ein Stein vom Herzen. Ted hat sich gemeldet. Diese E-Mail ist typisch für ihn. Kürzer und prägnanter hätte er sie auch nicht schreiben können. Ein guter Mann für die CEI. Jeder in der Firma weiß, was er zu tun hat, wenn eine bestimmte Stufe ausgerufen wird. Rückfragen erübrigen sich meist. Es wird dann gehandelt, effektiv gehandelt! Und Ted kann es besonders gut. – Dougs Gedankenfluss wird durch das Läuten des Telefons unterbrochen.

»Hi, Doug, hier ist Ted Wright aus Peking, bitte den Zerhacker einschalten.«

»Ist eingeschaltet«, und wieder dauert es ungefähr fünf Sekunden, bis sich beide Systeme synchronisiert haben.

»Hi, Doug, ich wollte nur kurz meine E-Mail von vorhin bestätigen. Ich weiß nicht, ob du sie schon bekommen hast. Das CAP 201 wird gerade versandfertig gemacht. Habe die Jungs entsprechend aufgescheucht. In zehn Minuten fahre ich zum Flughafen und nehme eine Chartermaschine. Sag mal, was ist los in Saigon?«

»Hi, Ted. Schön, von dir zu hören ... Ja, der Teufel ist los«, knurrt Doug, »bei der Rückführung des ACPA 21 von Saigon nach Houston ..., du weißt, worum es geht?«

» ...ja, um die Aktionen von Greenpeace! Das Echo in der Presse war ja unüberhörbar!«, fällt Ted Doug ins Wort.

»Das meine ich jetzt aber nicht. Bei der Rückführung des ACPA 21 hat es in Saigon einen Unfall gegeben, und ein Behälter mit dem Zeug ist ausgelaufen. Das Problem ist jetzt, dass wir nicht wissen, welches ACPA 21 ausgelaufen ist. Ist es das Zeug, das älter als vierzehn Tage ist, passiert nichts, ist es aber jünger, dann mutiert es zu einem tödlichen Virus, bei dessen Verbreitung die Folgen nicht absehbar sind. Wir machen die ganze Aktion nur für den Fall, dass das sogenannte *junge* ACPA 21 verschüttet worden ist, nur zur Sicherheit. Unsere Agrarflugzeuge in Vung Tau werden bereitstehen. Frank kümmert sich darum. Dort wird das CAP 201 mit Wasser gemischt und dann sofort versprüht.«

»Oh, Shit, das ist ja wirklich ernst! Okay, ich tue mein Bestes, ihr könnt euch auf mich verlassen. Wenn das vorbei ist, müssen wir uns unbedingt ..., ich bekomme gerade ein Zeichen, dass der Stoff versandfertig im meinem Wagen verstaut ist. Ich fahre los. Bye, Doug.«

Doug will den Abschiedsgruß noch erwidern, aber da hat Ted schon aufgelegt. Klasse Mann, denkt er und schreibt schnell eine E-Mail an Frank:

*Hi Frank,
es sieht gut aus. Ted hat sich gemeldet. In ca. vier Stunden habt ihr das CAP 201. Ich sage jetzt Big Denn Bescheid und melde mich dann wieder bei dir.
Gruß
Doug*

Nachdem Doug schnell nach Jenny geschaut hat, geht er in die Küche und genießt ein kühles Bier. Aber lange hält es ihn dort nicht. Ich muss den Alten informieren, schießt es ihm durch den Kopf, und schon ist er wieder am Telefon.

»Doug, bist du das?«, meldet sich Jake Dennewitz mit schwerer Stimme.

»Ja, ich bin es. Also, es sieht nicht so schlecht aus. Wir wissen von Frank noch nicht, welches ACPA 21 ausgetreten ist, aber sämtliche Vorsichtsmaßnahmen sind angelaufen. Ted Wright fliegt in dieser Stunde mit zehn Gallonen CAP 201 von Peking nach Vung Tau. Die Flugzeuge und Piloten stehen bereit. Frank organisiert das gerade. Es kann in ungefähr vier bis fünf Stunden gesprüht werden, wenn wir von Frank keine definitive Absage bekommen. Das ganze Unternehmen wird eine schöne Stange Geld kosten.«

»Das ist mir egal«, sagt Jake erleichtert, »Doug, wenn wir das hier hinbiegen können, dann könnt ihr euch freuen. Ich meine, du, Frank und Ted, ihr werdet bei der nächsten Gehaltsüberweisung denken, das sei ein Irrtum. Es wird aber dann kein Irrtum sein.«

»Oh, Jake, das musst du doch jetzt nicht sagen!«

»Doch, das, was ihr jetzt leistet, ist mehr als anerkennenswert. Ihr habt einen Platz im Geschichtsbuch verdient.«

»Übertreib mal nicht, Jake, wir tun alle unsere Pflicht in einer allerdings sehr kritischen Situation, und wenn wir nicht ...«

»Doug«, Jake unterbricht ihn abrupt, aber doch sehr erleichtert, denn offensichtlich hat seine »rechte Hand« die Situation im Griff und macht ihm keine Vorwürfe wegen der Heimlichtuerei, »wir haben aber noch ein weiteres Problem. Was erzählen wir den Vietnamesen, wenn die unsere Flugzeuge sprühen sehen. Wir müssen das CAP 201 nach deiner Schilderung auch in der Nähe des Flughafens Tan Son Nhat einsetzen, also in einer absoluten Flugverbotszone. Wie können wir dort unsere Sprühmaßnahmen durchführen, ohne dass wir den Behörden einen plausiblen Grund dafür geben. Wenn irgend möglich, sollten wir denen nicht sagen, dass wir mal wieder Scheiße gebaut haben, wenn die das nicht sowieso schon ahnen ...«

»Jake, mir fällt bestimmt dazu etwas ein«, unterbricht ihn Doug.

»Ich hoffe das sehr. Aber vergiss bei diesen Überlegungen nicht, dass die Vietnamesen wegen des Agent Orange immer noch ziemlich misstrauisch sind.«

»Okay, ich lasse mir etwas einfallen«, wiederholt Doug, macht eine kurze Pause, und bevor Jake dazu kommt, etwas zu sagen, sprudelt es förmlich aus Dougs Mund heraus, »Jake, ich glaube, ich hab's. Vielleicht müssen wir das Flugzeug, das in der Nähe des Flughafens sprüht, von einem anderen Flugzeug aus fernsteuern und es nach getaner Arbeit abstürzen lassen. Die Fernsteuereinrichtung haben wir in einer Maschine eingebaut, soweit ich weiß. Den Vietnamesen erzählen wir, dass der Pilot einen Herzinfarkt gehabt hat und dass die automatische Steuerung das Flugzeug in der Nähe des Flughafens hat kreisen lassen. Wir müssen nur dafür sorgen, dass die Maschine beim Absturz verbrennt, damit man keine Leiche sucht. Und wenn die Vietnamesen die Maschine mit ihrer Luftwaffe selbst herunter holen, haben wir auch kein Problem damit. Vielleicht sollten wir mit ihnen diesbezüglich sogar zusammenarbeiten, ihnen anbieten, die Maschine abzuschießen. Und sollte das mit der Fernsteuerung nicht so klappen, erzählen wir den Schlitzaugen, dass das Flugzeug einen Defekt in der Steuerung hat und der Pilot noch im letzten Moment mit dem Fallschirm abspringen konnte. Das muss dann zeitlich ganz genau abgestimmt werden.«

»Doug, ich dachte, dass nur ich auf solche Gedanken kommen kann, aber du bist ja genau so ein verschlagener Hund wie ich. Hast du wohl von mir gelernt?«, lacht Jake verhalten, »und jetzt etwas anderes: Gib Frank eine Red-Alpha-Order durch, dass er mit seinen Leuten umgehend Saigon verlässt. Wir wissen nicht genau, wie weit sich das ACPA 21 schon mit der Luft vermischt und verbreitet hat. Noch ist es nicht neutralisiert und höchst gefährlich. Der Weg von unseren Wohnsiedlungen zum Flughafen ist hoffentlich noch frei.«

»Okay, Jake, ich werde mich gleich mit Frank in Verbindung setzen.«

»Genau, mach das, und lass mich wissen, was Sache ist. Du kannst mich jederzeit anrufen, auch wenn es spät wird.«

22. Mai Samstag 23:38 Uhr Houston, TX Local Time
Bei Doug Tenner zu Hause

Doug wählt die Nummer der CEI in Ho-Chi-Minh-Stadt. Wider Erwarten kommt er sofort durch:

»This is Dough. Hi, Frank, bitte den Zerhacker einschalten.«

»Hi, Doug. Der Zerhacker ist eingeschaltet!«

Und schon fangen die Geräte an, miteinander Kontakt aufzunehmen, aber nach fünf Sekunden zeigt Frank eine Fehlfunktion.

»Vorgang noch mal wiederholen!«

»Vorgang wird wiederholt!«

Und wieder dauert es fünf Sekunden. Immer noch zeigt Franks Zerhacker an, dass er nicht funktionieren will.

»Vorgang noch mal wiederholen!«

»Vorgang wird wiederholt!« Es klappt auch beim dritten Mal nicht.

»Frank, es muss auch ohne *Tante* gehen«.

So lautet die interne Bezeichnung für das Codier/-Dekodier-System. Doug weiß genau, dass er jetzt mit dem, was er sagt, ganz vorsichtig sein muss, da die Leitung mit Sicherheit von der Cong An abgehört wird. Er erinnert sich noch genau an den Besuch eines Beamten vom State Department in der Firmenzentrale in Houston. Dieser hatte in einem Vortrag über den vietnamesischen Geheimdienst alle anwesenden Mitglieder der Geschäftsleitung so penetrant belehrt und gewarnt, dass niemand diesen Vormittag jemals vergessen konnte. Jedem wurde damals klar, dass die Vietnamesen sämtliche Telefongespräche von in Vietnam ansässigen ausländischen Firmen mit der hervorragenden Technik aus der DDR abhörten. Und das hat sich bestimmt nicht geändert, im Gegenteil.

»Hast du meine E-Mail bekommen?«

»Ja, hab ich. Gott sei Dank hat sich Ted gemeldet und konnte Weiteres veranlassen.«

»Sag mal, Frank, wie sieht es bei euch bezüglich der Nachforschung aus?«

Frank versteht, was er meint.

»Nach dem, was ich gerade von einem Mitarbeiter, der sich im Lager umgesehen hat, gehört habe, ist es sehr wahrscheinlich, aber leider nicht hundertprozentig sicher, dass nur das alte Mittel verwendet wurde. Nach den Frachtpapieren zu urteilen, kann es sein, dass eine

Verpackungseinheit des jungen Zeugs ebenfalls unterwegs war. Möglicherweise handelt es sich aber nur um einen Schreibfehler. Genaues müsste uns derjenige sagen, der für die Organisation des Abtransports zuständig war, aber den erreiche ich erst morgen.«

»Okay, ich verstehe. Ist in Vung Tau alles für das Besprühen der Reisfelder im Bezirk Binh Doung vorbereitet?«

»Ja, es kann sofort losgehen«, sagt Frank

»Na wenigstens das klappt. Ach, noch etwas, Jenny hat mich daran erinnert. Wenn du in deinem Büro zufällig die Weihnachts-CD findest, die wir im letzten Jahr so oft bei der Feier gespielt hatten, dann bring sie mir doch beim nächsten Mal mit, wenn du nach Houston kommst. Dann brauche ich Jenny nicht irgendwelche Märchen aufzutischen. Sie fragt immer danach.«

»Bist du sicher, dass die CD noch hier ist und dass du sie nicht am letzten Tag vor deinem Abflug nach Houston eingesteckt hast?«

»Ja, hundertprozentig sicher, ich wollte sie noch mitnehmen, aber dann habe ich sie doch vergessen. Und noch etwas, bitte schick dieses Mal die monatlichen Umsatzzahlen etwas früher. Big Denn wurde schon ganz ungeduldig.«

»Alles klar, Doug. Den Alten lasse ich nicht wieder warten. Nur letzten Monat versagte bei uns die EDV, deswegen kamen die Zahlen verspätet. Sag ihm doch bitte einen schönen Gruß von mir.«

»Ja, mach ich. Bis demnächst. Bye, Frank.«

»Bye, Doug.«

Doug legt auf, atmet tief durch und geht zum Fenster. Er hatte gerade verschlüsselt die Anweisung von Big Denn durchgegeben, dass die amerikanische Führungsmannschaft der CEI und deren Angehörige sofort und umgehend Vietnam verlassen sollen. Auch bei dieser Anweisung gilt automatisch die Stufe Red-Alpha, die die höchste Dringlichkeit bedeutet. Die Order, das Land zu verlassen, drückte er entsprechend einer Betriebsanweisung mit dem Hinweis auf die Weihnachts-CD aus. Nicht gerade originell, denkt Doug, weil auch die letzten Amerikaner, die sich im damaligen Saigon aufhielten, einen Tag zuvor, bevor der Vietcong in den Mittagsstunden des 30.4.1975 die Macht im Süden übernahm, über den Rundfunk mit dem Weihnachtslied von Bing Crosby *I'm dreaming of a white Christmas* aufgefordert wurden, sich an vorher bestimmten Sammelplätzen zu treffen, um evakuiert zu werden. Daran kann er sich noch sehr gut erinnern. Wenn die Vietnamesen das Telefongespräch mitgehört haben und nur ein bisschen kombinieren, und das haben sie in der Vergangenheit nicht nur einmal bewiesen, dass sie das können, dann wittern sie den Braten. Aber jetzt noch den Code zu ändern, von dem bisher niemand geglaubt hat, ihn jemals anwenden zu müssen, wäre jetzt viel zu spät gewesen.

Doug setzt sich wieder an seinen Schreibtisch und lehnt sich zurück. Das, was in ihm vorgeht, kann er Frank aus Sicherheitsgründen weder sagen noch schreiben. Zu gerne hätte er sich am Telefon klarer ausgedrückt, aber das verbot sich von selbst. Frank wird hoffentlich äußerste Umsicht walten lassen, wenn er gleich zum sofortigen Aufbruch blasen wird. Viel Glück, Frank!

23.Mai Sonntag 12:04 Uhr Ho-Chi-Minh-City LocalTime
Büro der CEI

»Jungs, schön, dass ihr alle so schnell gekommen seid!«, Frank schaut in die Gesichter aller versammelten kaufmännischen Mitarbeiter und scherzt, »das war ja heute ein ganz gewöhnlicher Tag bei der CEI in Saigon ... Aber Spaß beiseite, es gibt erfreuliche Neuigkeiten: Das CAP 201 ist auf dem Weg. Und in wenigen Stunden erfolgt die Neutralisierung. Wir können damit die Angelegenheit definitiv als erledigt betrachten und Feierabend machen!«

Frank macht eine Pause und schaut in fragende, zum Teil aber auch Unverständnis zeigende Gesichter. Noch ist die Geschichte nicht ausgestanden, scheinen einige Blicke sagen zu wollen, denn alles hängt davon ab, dass die Sprühaktion auch wirklich klappt. Aber durch diese kleine Provokation hat sich Frank die völlige Aufmerksamkeit seiner Leute gesichert.

»Und jetzt noch etwas: Wenn wir uns hier schon den halben Sonntagvormittag um die Ohren geschlagen haben, könnten wir doch heute unseren schon lange geplanten Ausflug nach Hue unternehmen? Überlegt euch das jetzt!« Während er die letzten Worte an seine Mitarbeiter richtete, hatte Frank seinen Zeigefinger auf den Mund gelegt und langsam mit dem Kopf genickt. Er erntet erstaunte Blicke.

Niemand sagt jetzt noch etwas. Aber alle wissen, was das zu bedeuten hat. Es könnte sein, dass die Abhöreinrichtungen, die es mit Sicherheit hier im Büro gibt, aktiviert worden sind. Frank reicht einen Zettel herum:

A c h t u n g: Red Alpha Order von Houston!

Treffpunkt heute am Flughafen um 12:45. Kein Gepäck, nur kleines Handgepäck. Es ist nicht sicher, welches ACPA 21 ausgelaufen ist. Ist es das gefährliche, besteht bis zum Eintreffen unserer Sprühflugzeuge absolute Lebensgefahr, weil bis dahin keine Neutralisierung erfolgen kann. Der Unfallort liegt nicht weit von hier. Deswegen müssen wir so schnell wie möglich hier weg.

Offizielle Version: Wir fliegen mit unserer Beech King nach Hue wegen der ›neuen‹ Projekte und verbinden das mit einem Familienausflug.

Inoffizielle Version: Wir fliegen nach Bangkok. Und von dort aus zurück in die Staaten. Die Tickets nach Houston sind, wie ich Big Denn kenne, am Schalter der United Airlines hinterlegt. Je nachdem, wer unser Pilot ist, werden wir ihn zum Flug nach Bangkok entweder mit Geld oder mit Gewalt zwingen müssen.

Nehmt eure Pässe mit, auch die von euren Frauen! Wir treffen uns am Departure-Gate für Domestic Flights. Kein Wort zu euren vietnamesischen Angestellten! Erzählt ihnen irgendetwas oder geht ihnen aus dem Weg, damit sie keinen Verdacht schöpfen. Wenn ihr eure Frauen gleich über die Mobiltelefone anruft, seid vorsichtig und benutzt das Codewort.

Am besten, sie kommen direkt zum Flughafen. Sie sollen aber eure Papiere und vor allen Dingen die Pässe nicht vergessen. Hierbleiben heißt mit dem Risiko zu leben, sich jetzt ein absolut tödliches Virus einzufangen, bevor unsere Flugzeuge die Sprühaktion abgeschlossen haben. Aber ihr könnt selbst entscheiden, was ihr machen wollt. Ich werde niemanden zwingen mitzukommen.

Gespannt lesen alle den Text, der fast einem Befehl gleichkommt, und lassen ihn für einen Moment wirken. Sie wissen ganz genau, was eine Red-Alpha-Order ist. Mit einem Schlag ist allen klar, dass sie und ihre Angehörigen vor einer völlig neuen Situation stehen. Jeder macht sich Gedanken. So weit hätte es nie kommen dürfen. Der Fall, das Land umgehend verlassen zu müssen, ist jetzt unweigerlich eingetreten. Es gibt keine vernünftige Alternative! Und es muss sehr schnell gehen. Wie mache ich es nur meiner Frau, meiner Freundin klar, dass wir fort müssen? Wen oder was nehme ich noch mit? In weniger als einer Dreiviertelstunde am Flughafen! Geht das überhaupt? Hoffentlich ging nur der Behälter mit dem harmlosen ACPA 21 bei dem Unfall zu Bruch. Dann könnten wir schnell wieder zurückkommen.

Schließlich meldet sich Frank noch einmal zu Wort. Er hat wieder seinen Cowboyhut aufgesetzt:

»So, Leute, wie ich sehe, hat niemand etwas gegen einen kleinen Ausritt einzuwenden. Wir sollten uns jetzt so langsam auf den Weg machen.« Mit seinen Armen bedeutet er, dass es eilt, und schon hasten fünf Leute die Treppe hinunter. Dabei nimmt er Steve zur Seite. »Hör mal«, flüstert er, »wenn der Pilot Zicken macht, musst du ein bisschen nachhelfen. Das kann ich nicht alleine.«

»Klar, Frank«, sagt Steve leise, »kein Problem!«

Frank nickt. Und zu allen im Flüsterton gewandt: »Leute, jetzt aber Tempo!«

22. Mai Sonntag 23:48 Uhr Houston, TX Local Time
Bei Doug Tenner zu Hause

Doug wählt Jakes Nummer, um ihn, wie versprochen, zu informieren. Er ist überrascht, dass sich seine Frau am Apparat meldet:

»Doug«, sagt sie in einem sehr bekümmerten Ton, »es geht Jake nicht gut. Kurz nach deinem letzten Anruf brach er zusammen. Der Arzt war schon da, er sollte schnell ins Krankenhaus, aber er will partout nicht. Er hatte einen leichten Schlaganfall. Mit neunundsechzig Jahren ist er nicht mehr der Jüngste.«

»Was? Wie geht es ihm?«

»Der Arzt hat ihn eingehend untersucht und ihm eine Spritze gegeben. Morgen muss er auf jeden Fall ins Krankenhaus, damit einige Untersuchungen durchgeführt werden können. Zurzeit schläft er.«

»Ruth, das tut mir leid. Bestell ihm bitte alles Gute von mir, und wenn er ansprechbar ist, sag ihm, dass ich hier alles im Griff habe und dass er sich keine Sorgen zu machen braucht. Kann ich irgendetwas für dich tun?«

»Ja, das kannst du«, sagt sie wieder mit einer bekümmerten Stimme, doch selbstbewusst, »Doug, ich glaube, du wärst der richtige Nachfolger für ihn. Ich wollte es mit ihm heute noch besprechen. Doch dann brach er plötzlich zusammen. Ihr beide habt wirklich sehr oft dieselben Ansichten, so wie ich das beurteilen kann. Wenn Jake wieder ansprechbar ist, werde ich dich offiziell als Geschäftsführer vorschlagen, weil er jetzt unbedingt Ruhe braucht. Er wird sich zwar zuerst dagegen wehren, aber letzten Endes wird er auf mich hören, wie er immer auf mich hört. Würdest du diesen Job machen wollen? Bitte sage nicht nein!«

Doug braucht nicht lange, um auf die Bitte der Frau seines Chefs zu antworten:

»Ruth, es wäre für mich eine Ehre, wenn ...«

»Ich danke dir«, unterbricht sie ihn, unendlich erleichtert, »ich bin sehr froh darüber. Du nimmst mir damit eine große Sorge und gibst mir die Kraft, die ich brauche, um Jake in dieser Situation beizustehen. Sei mir bitte nicht böse, wenn ich jetzt auflege. Ich muss mich um ihn kümmern.«

»Alles klar, Ruth, ich halte die Stellung, und grüß mir Jake. Gute Nacht.«

»Gute Nacht, Doug. and God bless you!«

Nach diesem Gespräch hält Doug erst einmal inne. Minutenlang verharrt er in Gedanken auf seinem Schreibtischstuhl ... Jetzt bin ich also mit ziemlicher Sicherheit die Nummer eins bei der CEI ... So schnell kann es gehen, aber so ganz überraschend war es ja eigentlich auch nicht. Jake ist alt geworden, und seine Gesundheit verschlechterte sich zusehend in den letzten Monaten. Gedankenversunken holt er sich ein kühles Bier aus dem Kühlschrank. Dann kehrt er ins Wohnzimmer zurück und schaut aus dem Fenster in die dunkle Nacht. Sein Blick fällt auf die umliegenden Häuser, deren Veranden und Hauseingänge spärlich beleuchtet sind. Die Ereignisse der vergangenen Stunden gehen ihm durch den Kopf, und ein leichtes Gefühl der Selbstzufriedenheit stellt sich ein. Er kostet es wenige Minuten aus. Plötzlich sagt ihm ein Gefühl, dass er nach seiner Tochter schauen sollte. Als er ihre Zimmertür öffnet, sieht er, dass sie ruhig schläft. Hoffentlich habe ich in Zukunft nicht noch weniger Zeit für Jenny!

Zurück an seinem Schreibtisch, gewinnt sein Pflichtgefühl wieder die Oberhand. Er greift zum Telefonhörer und wählt eine Nummer des Weißen Hauses. Als es knackt, meldet er sich geschäftsmäßig:

»Hier ist Doug Tenner von der Chemical & Equipment Industries in Houston, Texas. Wir haben einen Code-422-Fall zu melden.«

Die Antwort kommt umgehend: »Warten Sie bitte. Sie werden sofort verbunden.«

23. Mai Sonntag 12:39 Uhr Beijing Local Time
Beijing Int'l Airport

»Mr. Wright, hier ist Wong. Ich habe ein Flugzeug für Sie gefunden. Es ist eine Chartermaschine der BCF, der Beijing Charter Flights. Es kostet Sie aber 25.000 US-Dollar. Wollen Sie zusagen?«

Ted stößt einen Pfiff aus. Mit so viel hatte er nun wirklich nicht gerechnet, aber die Situation erlaubt kein Feilschen oder Suchen nach einem günstigeren Angebot.

»Danke, Mrs. Wong, ich nehme diese Maschine. Erledigen Sie bitte die Zahlungsmodalitäten über das CEI-Sonderkonto!«

»Wird gemacht! Sir, ich möchte Sie aber noch darauf hinweisen, dass es vielleicht ein Problem mit den Landerechten in Vietnam geben könnte. Sie wissen, dass das Klima zwischen Hanoi und Peking derzeit nicht besonders gut ist, und ...«

»Stimmt! Daran habe ich jetzt gar nicht gedacht«, Ted macht eine Pause, dann fällt ihm ein, was er machen könnte, »am besten werde ich noch über Mobilfunk den US-Botschafter in Peking anrufen. Er soll den Weg diplomatisch freimachen. Das muss klappen! Haben Sie die Nummer der US-Botschaft?«

»Ich kann Sie auch verbinden, wenn Sie wollen.«

»Das ist noch besser. Wenn es geht, am besten direkt mit dem Botschafter. Ich glaube, sein Name ist Cook. Aber sagen Sie mir bitte zuerst, wo ich die BCF finde.«

»Sie hat ihr Büro im International Cargo-Charter-Bereich, da es sich in erster Linie um eine Fracht-Airline handelt.«

»Wunderbar, davon bin ich nicht weit entfernt. Und jetzt bitte die Verbindung mit der US-Botschaft.«

»Sofort, Mr. Wright. Viel Glück! Bye.«

Bevor er den Abschiedsgruß erwidern kann, hört er das Freizeichen. Ich hätte nicht schneller reagieren können. Meine Sekretärin scheint sich an meinem Arbeitsstil zu orientieren, denkt er noch, als sich eine höchst schroffe männliche Stimme am anderen Ende der Leitung meldet:

»United States Embassy. This is Miller. Can I help you?«

Schade, es ist nicht der Botschafter.

»Hier ist Ted Wright von der Chemical & Equipment Industries in Beijing. Wir haben einen Code-422-Fall zu melden.«

»Bitte, was meinen Sie? Was ist das für ein Code, vom dem Sie sprechen?«

Ted ist entsetzt. Damit hat er nicht gerechnet. Jeder Botschaftsangehörige kennt die absolute Dringlichkeit dieses Codes, so lautete jedenfalls die Information eines Mitarbeiters des State Departments, der auf den halbjährlichen Meetings in Houston seinen Bericht für die Chemieindustrie vorlegte.

»Hören Sie, ich meine den Code-422-Fall!«

»Was soll denn das sein?«, ertönt es immer noch sehr schroff und ungeduldig aus dem Telefon.

»Okay, Sie wissen nicht Bescheid. Verbinden Sie mich dann bitte mit dem Botschafter persönlich.«

»Sir, das kann ich nicht. Der Botschafter ist in einer Besprechung!«

Das darf ja wohl alles nicht wahr sein! Ted verliert langsam die Geduld, hat sich aber noch in der Gewalt:

»Entschuldigen Sie, das kann ja sein. Aber bitte teilen Sie Mr. Cook umgehend mit, dass es einen Code-422-Fall gibt. Wenn *Sie* nicht wissen, was das zu bedeuten hat. *Er* weiß es, glauben Sie mir! Es geht um nicht weniger als die nationale Sicherheit der Vereinigten Staaten von Amerika. Ich kann Sie nur eindringlich warnen. Sollten Sie den Botschafter nicht sofort informieren, dann tragen Sie allein die Verantwortung für das, was passieren wird.«

»Moment bitte, ich frage kurz nach.« Die Stimme aus der Botschaft klingt jetzt nicht mehr so schroff, dafür aber merklich verunsichert, und nach einer halben Minute ist sie sogar sehr verbindlich: »Einen Moment noch, Sir. Der Botschafter ist gleich in der Leitung.«

Auf einmal geht es doch. Kaum hatte Ted das zu Ende gedacht, als es am anderen Ende ertönt:

»This is Cook, can I help you?«

Ted fällt ein Stein vom Herzen: »Hi, Mr. Cook, this is Ted Wright. Ich arbeite für die Chemical & Equipment Industries in Peking. Sir, ich muss Ihnen einen Code-Red-422-Fall melden!«

»Schießen Sie los, was ist passiert?«, fragt Mr. Cook, der offensichtlich genau um die Bedeutung des Codes weiß.

»Sir, wir haben einen Unfall in Ho-Chi-Minh-Stadt, bei dem ...«

»Für Saigon sind wir hier in Peking nicht zuständig«, unterbricht ihn Mr. Cook unsanft, »warum wenden Sie sich nicht an unsere Botschaft in Hanoi? Vielleicht ist es Ihnen noch nicht bekannt, dass wir seit kurzem in Vietnam wieder eine diplomatische Vertretung haben.«

»Entschuldigen Sie, Mr. Cook, hören Sie bitte erst mal zu: In unserer Niederlassung in Saigon hat es einen Unfall gegeben. Auf dem Transport zum Flughafen ist möglicherweise eine Chemikalie ausgelaufen, die auf gar keinen Fall hätte ...«

»Ach, Sie meinen die Geschichte mit dem gefährlich Zeug, die Greenpeace aufgerollt hat, ja?«, unterbricht ihn Mr. Cook wieder.

»Richtig, Sir«, Ted ist langsam gereizt, zeigt es aber nicht, weil er von dem cholerischen Tempera-ment seines Gesprächspartners weiß, das ihn eigentlich in keiner Weise für die Tätigkeit als Botschafter prädestiniert, »genau darum geht es. Wir sind dabei, dieses Zeug, wie Sie sagen, in die Staaten zurückzuführen. Dabei hat es einen Autounfall gegeben und der Transportbehälter schlug leck. Wir wissen derzeit nicht genau, welche Chemikalie ausgelaufen ist. Im schlimmsten Fall ist es das Präparat, das zu einem Virus mutiert und eine tödliche Gefahr darstellt und ganz Südostasien dahinraffen ...«

»Mein Gott, was macht ihr denn nur für einen gefährlichen und unverantwortlichen Scheiß!«, unterbricht ihn laut polternd der Botschafter.

»Sir, wir haben hier in Peking ein Gegenmittel, das wir vorsichtshalber versprühen wollen, um Schlimmeres, also die Entstehung des Virus zu unterbinden. Diese Aktion muss innerhalb der nächsten acht Stunden vonstatten gehen, sonst ist es zu spät.«

»Verstehe!«

»Von hier aus könnten wir das Gegenmittel innerhalb der nächsten vier Stunden nach Vung Tau in Südvietnam bringen. Unsere Agrarsprühflugzeuge stehen dort bereit. Eine Transportmaschine der Beijing Charter Flights, mit der ich das Gegenmittel dorthin fliege, habe ich schon gefunden. Das Problem ist nur das, dass die vietnamesische Regierung auf China nicht gut zu sprechen ist und eine Landerlaubnis für Maschinen aus China nicht so ohne weiteres erteilen dürfte. Sir, hier brauchen wir Ihre Hilfe. Können Sie sich auf diplomatischen Weg mit Hanoi in Verbindung setzen und für uns eine Landeerlaubnis erwirken? Denn ...«

Mr. Cook bremst wieder den Redefluss von Ted, ist aber jetzt erstmals freundlich:

»Ich verstehe, was Sie meinen, Mr. Wright, ich werde tun, was möglich ist. Machen Sie sich schleunigst auf den Weg und passen Sie nächstens besser auf Ihr verdammtes Zeug auf. Viel Glück. Bye!«

»Auf Wiedersehen und vielen Dank, Sir!«

Gott sei Dank, denkt Ted, die Landeerlaubnis werden wir bekommen, so wie ich Mr. Cook einschätze.

Zum Terminal der Beijing Charter Flights sind es nur wenige hundert Meter. Dort wird er offensichtlich schon erwartet. Ein Chinese in Monteurkleidung mit einer Sackkarre macht durch Zeichensprache verständlich, dass er die Kanister mit dem CAP 201 aus dem Wagen abholen und zum Flugzeug bringen will. Ted öffnet den Kofferraum, und ein anderer Chinese im Anzug geht auf ihn zu.

»Guten Tag, Mr. Wright, kommen Sie bitte schnell, die Maschine ist startbereit. Hier entlang bitte.«

Ted nimmt seine Tasche aus dem Wagen und folgt ihm zu einem Flugzeug, ein Learjet, das mit laufenden Motoren quer zum Hangar steht. Er sieht noch, wie die Kanister verladen werden. Der Pilot begrüßt ihn, nachdem die Kabinentür geschlossen ist und es in der Maschine ruhiger geworden ist: »Guten Tag, Mr. Wright, mein Name ist Chung Le. Bitte kommen Sie zu mir ins Cockpit. Hinten im Lagerraum ist es viel zu ungemütlich.«

Ted folgt ihm willig. Zwei Minuten später rollen sie in Richtung Startbahn.

23. Mai Sonntag 12:36 Uhr Hanoi Local Time
Haus des Volkskomitees

»... nach den eben genannten Zahlen und den vorliegenden Berichten der einzelnen landwirtschaftlichen Kooperativen und Produktionsgenossenschaften haben die Bauern und Werktätigen aus der *Thai Binh*-Provinz hiermit Rechenschaft gegenüber der Kommunistischen Partei Vietnams und dem Volk der Arbeiter und Bauern abgegeben. Liebe Genossinnen und Genossen, wir kämpfen um weitere Erfolge bei der Einbringung der Ernte und um die Erreichung und Übererfüllung unseres diesjährigen Volkswirtschaftsplans im Geiste unseres Präsidenten Ho Chi Minh!« Der Redner erhält von den Delegierten der einzelnen Volkskomitees und den Mitgliedern des Politbüros verhaltenen Beifall. »Genossinnen und Genossen! Lassen Sie uns fortschreiten im Kampf gegen Bestrebungen des kapitalistischen Auslands, unsere sozialistische Gesellschaftsordnung zu unterlaufen. Im Sinne von Marx, Engels, Lenin und im

Sinne unseres Präsidenten Ho Chi Minh fordere ich Sie auf, stets proletarische Wachsamkeit gegenüber Feinden der Arbeiter- und Bauernklasse zu üben. Vorwärts im Kampf für die Verwirklichung des Kommunismus in unserer geliebten Sozialistischen Republik Vietnam!«

Wieder gibt es Applaus, diesmal stärker. Und auch der Redner spendet seiner Aussage Beifall. Dann tritt er vom Pult ab und gibt damit den Blick auf die vergoldete Büste von Ho Chi Minh und die Fahne Vietnams frei: ein goldener Stern auf rotem Tuch. Der Beifall verebbt.

Der Generalsekretär Nguyen Tanh Dong will gerade das Wort übernehmen, als ihm ein Adjutant in einer Mappe eine Nachricht überreicht. Er liest schnell, steht auf und teilt dem Plenum mit, dass die Sitzung für eine halbe Stunde unterbrochen wird. Eine Begründung gibt er nicht, aber er bittet die anwesenden Mitglieder des Politbüros, ihm in den kleinen Konferenzsaal zu folgen. Nachdem acht Minister und zwei Ministerinnen Platz genommen haben und alle Augen gespannt auf den Vorsitzenden gerichtet sind, ergreift dieser das Wort:

»Genossinnen und Genossen, wir haben hier eine Geheimdienstmeldung aus Ho-Chi-Minh-Stadt erhalten. Im Zusammenhang mit der dort ansässigen amerikanischen Cong Ty Chemical & Equipment Industries soll es einen Unfall gegeben haben. Der Bericht spricht von einem *entlaufenen Virus*, das angeblich gefährlich sein soll. Näheres ist nicht erwähnt.«

»Wir wissen also nicht genau, was passiert ist und was dieses Virus bewirkt?«, fragt Nguyen Danh Nhan, der Minister für auswärtige Angelegenheiten, misstrauisch.

»Nein, Genosse, aus dieser Meldung geht nichts Weiteres hervor. Wir können lediglich Mutmaßungen anstellen. Uns liegen aber etliche Berichte der kapitalistischen

Presse aus den letzten Tagen und Wochen vor sowie das Material, das uns von dem amerikanischen Büro der Umweltorganisation Greenpeace zugespielt worden ist. Wir müssen aufpassen, dass diese amerikanische Firma nicht eine Gefahr für unser Land darstellt. Denn es werden immer wieder gefährliche Unregelmäßigkeiten bei ihrer Düngemittelproduktion erwähnt. Wir sollten das gleich beraten und uns umgehend Klarheit über den gerade gemeldeten Vorfall verschaffen.«

»Vor zwei Jahren hatten wir SARS, im letzten Jahr war es die Vogelgrippe, die unser Land für Touristen nahezu uninteressant gemacht hat. Jetzt ist es ein Virus, von dem wir nicht wissen, was es bewirkt«, ereifert sich Nguyen Danh Nhan, ohne dass ihm das Wort erteilt wurde, »unsere Wirtschaft beruht zu einem nicht unerheblichen Teil auf dem Tourismus, wie Sie alle wissen. Und es sind wieder die kapitalistischen Machenschaften, durch die unser Land in den Bankrott getrieben wird. Wir brauchen Touristen und deren Devisen und können uns eine weitere Krise nicht leisten. Sie wissen doch, wie ängstlich die Leute sind. In Scharen blieben sie die letzten zwei Jahre wegen der Vogelgrippe fern. – Mit den amerikanischen Kapitalisten ist es immer wieder das Gleiche. Im Krieg war es Agent Orange, und jetzt im Frieden kommen sie mit einem Virus. Das Märchen von einem angeblichen Unfall glaube ich nicht. Das Kapital greift stets zu imperialistischen Methoden, wenn es in die Krise kommt. Das hat schon Karl Marx festgestellt. Sie wollen unser Land in den Ruin treiben, wie damals ...«

»Schon gut, Genosse Nguyen Danh Nhan«, greift beschwichtigend der Vorsitzende ein und versucht, den immer lauter gewordenen Außenminister zu beruhigen, »schon gut! Ich sehe das genauso und ich denke, alle anderen sind hier der gleichen Meinung.«

Zustimmend nicken die Anwesenden. Sie verstehen, warum der Außenminister so in Rage gekommen ist. Er denkt an die durch Agent Orange verursachte Behinderung seiner Enkelin, und er hat nicht so ganz unrecht mit dem, was er sagt. Nicht mehr so aufgeregt fährt er fort:

»Wir sollten beschließen, die Weltgesundheitsorganisation einzuschalten, um die US-Regierung zur Aufklärung des Unfalls und seiner Folgen zu veranlassen. Darüber hinaus sollten wir selbst Informationen über die Machenschaften der Cong Ty Chemical & Equipemt Industries einholen und auch die Vorwürfe von Greenpeace auf ihren Wahrheitsgehalt überprüfen lassen. Der Genosse Polizeichef in Ho-Chi-Minh-Stadt muss sofort von der Situation in Kenntnis gesetzt werden und zusammen mit einigen Experten aus dem *Technischen Rat* Nachforschungen vor Ort anstellen.« Nguyen Tanh Dong nickt dem Außenminister zu und hebt die rechte Hand zur Abstimmung. Sofort folgen die anderen. »Damit sind die Untersuchungen in diesem Umfang bei der Cong Ty CEI in Ho-Chi-Minh-Stadt beschlossen und werden unverzüglich umgesetzt«, stellt er fest, notiert etwas auf einen Zettel und übergibt ihn an einen anwesenden Adjutanten. Dieser verlässt den Saal, erscheint aber zum Erstaunen des Vorsitzenden sofort wieder mit einer neuen schriftlichen Nachricht.

»Genossinnen und Genossen«, der Vorsitzende hält inne, schüttelt den Kopf und lächelt etwas, als er die wenigen Zeilen liest, »Genossinnen und Genossen, ich habe hier eine Nachricht bekommen, die die Firma betrifft, von der wir gerade gesprochen haben: Die USA bitten über diplomatische Kanäle, dass einer kleinen Transportmaschine aus China für Vung Tau heute eine Landeerlaubnis erteilt wird. Diese Maschine hat eine Fracht für die Cong Ty Chemical & Equipment Industries in Ho-Chi-Minh-Stadt an Bord, die angeblich dringend gebraucht wird«, er blickt auf und vergewissert sich schnell des Erstauens der übrigen Politbüromitglieder, »warum die Fracht dann nicht dahin, sondern nach Vung Tau gebracht werden soll, wird uns nicht gesagt. Auch nicht, um was für eine Fracht es hier geht. Merkwürdig aber ist, dass die Angelegenheit über diplomatische Kanäle läuft«, Nguyen Tanh Dong schaut wieder auf, »vielleicht soll etwas vertuscht werden, falls es mit dem Virus zu tun hat. Ich bin misstrauisch und ich denke, Sie alle auch«, ein zustimmendes Raunen geht durch den Saal und der Vorsitzende fährt langsam und überlegt fort, »die Maschine wird in ungefähr zweieinhalb Stunden kurz vor Vung Tau in unseren Luftraum eintreten und um Landeerlaubnis nachsuchen. Falls unsere Nachforschungen keine Unregelmäßigkeiten ergeben, schlage ich vor, der Bitte der USA entsprechend, erst einmal die Landerlaubnis zu erteilen und die Flugsicherung zu informieren. Die näheren Umstände können später geklärt werden. Sollte aber der Genosse Polizeichef in Ho-Chi-Minh-Stadt etwas Schwerwiegendes über die CEI herausgefunden haben, was unsere Entscheidung in Frage stellt, wird die Landeerlaubnis nicht erteilt. Das können wir politisch vertreten, ohne dass uns die USA in Misskredit bringen kann und uns das übrige kapitalistische Ausland auf Dauer den Geldhahn beim Internationalen Währungsfonds abdreht. Sind Sie alle damit einverstanden?«

Einmütig wird das Handzeichen gegeben. Dem Außenminister ist kaum anzusehen, dass diese Entscheidung genau in seinem Sinne getroffen worden ist.

23. Mai Sonntag 13:14 Uhr Ho-Chi-Minh-City Local Time
Tan-Son-Nhat-Airport

Die Red-Alpha-Order aus Houston hatte die Wirkung, dass alle Mitarbeiter sehr schnell zum Flughafen gekommen waren. Steve und Thomas mit ihren Frauen, Gary mit Familie und William. Aber niemand sieht glücklich aus. Angst spiegelt sich ihren Gesichtern wider. Todesangst!

»Habt ihr alle eure Pässe?«, will Frank wissen. Ein mehrfaches, müdes »Ja« ertönt.

»Na gut, dann kann es ja losgehen. Wir müssen zunächst zum Domestic Flight Departure Desk, um unseren Flug nach Hue anzumelden. Ich habe das telefonisch schon arrangiert. Zuerst war es fraglich, ob wir überhaupt einen Piloten bekommen, doch dann hat es geklappt. Ich weiß aber nicht, wer es dieses Mal ist.«

Darüber wundert sich niemand. Jeder weiß, dass für Inlandsflüge mit Passagieren generell nur vietnamesische Piloten eingesetzt werden dürfen.

»Man will jetzt noch eure Papiere sehen. Ich gehe voraus.«

»Ja, ja, immer wieder das Gleiche, eine Kontrolle nach der anderen, bei uns in den Staaten undenkbar. Hoffentlich geht es schnell«, mault Thomas.

Niemand will jetzt noch eine zeitraubende Kontrolle über sich ergehen lassen. Dafür ist jetzt keine Zeit. Aber kaum ist die kleine Gruppe am Desk angekommen, geht alles sehr schnell. Die Papiere werden in Sekunden bearbeitet, und der Pilot ist auch schon da. Frank kennt ihn bereits von früher und begrüßt ihn freundlich:

»Hi, Mr. Pham, how are you doing? Wie geht es Ihrer Familie?«

»Danke, alles gut, Mr. Tenner. Wir können sofort starten, die Maschine ist klar, und vom Wetter her ist nichts zu befürchten.«

Alle sind erleichtert. Der Pilot geht in Richtung des Flugfeldes voraus. Frank und Steve schauen sich an. Steve nickt. Dieser Pham ist nicht ganz so leicht zu übertölpeln, ahnt Frank. Steve muss da schon gewaltig helfen. Nach wenigen Minuten ist die Gruppe im Hangar eingetroffen, wo die zweimotorige *Beech King* steht. Sie steht in einer der großen Wellblechhallen, unter denen früher im Krieg die Amerikaner ihre Flugzeuge abgestellt hatten. Ein Monteur schließt gerade noch eine Motorabdeckung. Es kann losgehen. Zuerst zwängen sich der Pilot, dann die übrigen Mitglieder der Gruppe durch die schmale Eingangstür. Nachdem er sich vergewissert hat, dass alle Passagiere eingestiegen sind und die Tür verschlossen ist, lässt er die Triebwerke an und gibt ein Zeichen, die Bugradsperre zu entfernen. Langsam, dann immer schneller drehen sich die Propeller, und in der Kabine des Flugzeugs wird es unangenehm laut. Das wird sich während des ganzen Flugs nicht ändern. Als der Pilot den Schubhebel ein Stück nach vorne schiebt, erzittert die Maschine. Ganz langsam setzt sie sich in Bewegung.

Plötzlich kommen von der rechten dem Hauptgebäude des Flughafens zugewandten Seite ein Militärlastwagen mit Plane und ein Jeep mit hoher Geschwindigkeit herangerast, kreuzen den Weg des Flugzeugs und bremsen so stark, dass der Staub auf dem trockenen Boden aufwirbelt. Sofort springen einige Soldaten von der Ladefläche des LKW und postieren sich mit ihren Waffen in gebührenden Abstand vor der Maschine. Abrupt bremst der Pilot die Maschine ab und bringt sie zum Stillstand. Mit wilden Gesten und drohenden Gebärden bedeuten die Soldaten dem Piloten, die Motoren abzustellen. Steves Frau, die Vietnamesin, klammert sich an ihren Mann. Sie ahnt, dass das nichts Gutes zu bedeuten hat. Nach dem sogenannten Befreiungstag hatte sie zur Genüge miterlebt, wie wilde Soldatesken Unheil, Angst und Tod gebracht hatten, und jetzt sieht sie wieder Ähnliches auf sich zukommen. Der Pilot gehorcht den Anweisungen und stellt die Motoren ab. Er gibt seinen Passagieren zu verstehen, dass sie die Maschine verlassen müssen. Vielleicht ist irgendetwas mit den Papieren nicht in Ordnung, gibt er unsicher von sich. Als alle ausgestiegen sind und misstrauisch von den Soldaten beobachtet werden, die sich in einem Halbkreis mit auf den Boden gerichteten Waffe um sie postiert haben , kommt ein Soldat in Offiziersuniform, der im Jeep neben dem Fahrer gesessen hatte, auf die Gruppe der Versammelten zu:

»Meine Damen und Herren, entschuldigen Sie bitte diese Unannehmlichkeiten, es wird bestimmt nicht lange dauern,« sagt er in einem fast akzentfreien Englisch, aber mit einer näselnden, sehr monotonen Stimme, »ich darf mich erst einmal vorstellen, mein Name ist Colonel Le Vu Chinh. Oder für Sie besser verständlich, einfach Colonel Le. Ich bin stellvertretender Leiter der Cong An in Ho-Chi-Minh-Stadt. Wer bitte von Ihnen ist Mr. Frank Tenner?«

Frank tritt einen halben Schritt vor: »Das bin ich, Sir«, und weiter in einem etwas ärgerlichen Ton, »darf ich bitte wissen, was das hier zu bedeuten hat?«

»Einen Moment bitte, Mr. Tenner. Sind Sie der Firmenleiter der hier in Ho-Chi-Minh-Stadt ansässigen Cong Ty Chemical & Equipment Industries?«

»Das ist richtig, worum geht es denn?«

»Mr. Tenner, Sie haben doch heute Chemikalien von Ihrer Firma zum Flughafen transportieren lassen. Wissen Sie etwas von einem Unfall, bei dem eine gefährliche Chemikalie, die zu einem Virus mutieren kann, ausgelaufen ist?«

Frank ist auf vieles, aber nicht darauf vorbereitet, dass die Vietnamesen das schon wissen. Er überlegt fieberhaft, was er sagen soll. Aber Colonel Le wartet nicht auf seine Antwort , sondern stellt eine neue Frage:

»Mr. Tenner, wohin wollten Sie gerade fliegen?«

»Wir sind auf dem Weg nach Hue. Es müsste auch so in den Papieren stehen«, und er deutet auf den Piloten, der ein Klemmbrett in der rechten Hand hält. Nach kurzem Wortwechsel auf Vietnamesich übergibt der Pilot dem Colonel das Brett. Ein Blick darauf genügt ihm, dann reicht er das Brett mit ausgestrecktem Arm zurück, ohne den Piloten dabei anzusehen.

»Und Sie wollten alle zusammen nach Hue. Warum?«

»Nun, wir schauen uns dort ein neues Projekt an und verbinden das mit einem Betriebsausflug. Wir werden im Übrigen in zwei Stunden dort erwartet. Können wir endlich losfliegen?«

»Noch einen Moment bitte! Wann kommen Sie wieder zurück?«

»Morgen Abend, Sir. Auch das geht aus den Papieren hervor.«

Frank wird innerlich immer unruhiger und kann sich des Gefühls, ertappt worden zu sein, nicht erwehren. Shit! Der Colonel weiß genau, was er fragen will, und irgendwie bin ich dem nicht gewachsen, und die Zeit drängt!

»Wenn Sie aber erst morgen zurückfliegen wollen, dann stehen Sie für Ihre Firma heute und vor allen Dingen morgen, am Montag, den ganzen Tag nicht zur Verfügung, richtig?«

»Ja, das ist korrekt, Sir. Aber was soll die ganze Fragerei?« Frank gerät langsam in Panik. Wir soll-ten jetzt so schnell wie möglich hier weg!

»Mr. Tenner«, fährt Colonel Le in seiner näselnden Stimme fort, »wir wissen, dass bei dem Unfall heute Morgen in der Nähe vom Flughafen eine Substanz, die Sie ACPA 21 nennen, ausgelaufen ist. Diese Chemikalie kann zu einem Virus mutieren, das Zehntausende von unseren Bürgern das Leben kosten kann. Wir wissen auch, dass Ihnen die Gefährlichkeit des Virus bekannt ist. Ihr Mitarbeiter, Dr. Nguyen, hat sich uns anvertraut, damit wir jetzt das Schlimmste verhüten«, Colonel Le schaut kurz auf seine Uhr, »seit ungefähr einer halben Stunde sind unsere Chemiker dabei, die verunglückte Ladung zu bergen. Was sagen Sie jetzt?«

Frank fühlt sich wie vor den Kopf gestoßen. Diesem verdammten Scheißkerl von Dr. Nguyen habe ich nie über dem Weg getraut, kocht es in ihm. Doch bevor ihm auf die Vorhaltungen des Colonels eine halbwegs überzeugende Antwort eingefallen ist, fährt dieser mit seiner näselnden Stimme fort:

»Wir wissen ferner, dass Sie eine dringende Lieferung aus China in Vung Tau erwarten, deren Bedeutung uns bis jetzt noch nicht klar ist. Aber auch das bekommen wir noch heraus. Und das alles scheint Sie und Ihre Mitarbeiter nicht zu interessieren. Stattdessen sind Sie im Begriff, so wie Sie sagen, eine Projektbesichtigung mit Ihrer gesamten Führungsmannschaft verbunden mit einem Betriebsausflug zu machen, der zeitlich noch in den Montag, der für Sie alle ein Arbeitstag ist, hinein ...«

»Colonel, was behaupten Sie hier ...?«, protestiert Frank kraftlos.

»Lassen Sie mich bitte ausreden. Ich bin gleich fertig!«, unterbricht ihn Colonel Le, jetzt lauter näselnd, »Mr. Tenner, ich glaube Ihnen kein einziges Wort. Ich glaube viel eher, dass Sie alle hier mit Ihren Angehörigen die Sozialistische Republik Vietnam auf dem schnellsten Weg verlassen wollten, damit unsere Organe Sie nicht wegen der heute geschehenen Vorkommnisse zur Verantwortung ziehen können. Jetzt werden Sie fragen, woher wir das wissen. Unsere Telefontechniker haben in den letzten Stunden einige Störungen beseitigen müssen und sind dabei unbeabsichtigt

Zeuge Ihres Telefongesprächs mit der Zentrale Ihrer Firma in Houston geworden, wo es unter anderem um die Weihnachts-CD geht. Wir haben dann nur noch eins und eins zusammengezählt, so wie Sie es in Ihrem Land zu sagen pflegen, und wussten, was Sie vorhatten. Und den Piloten hätten Sie dann zur Kursänderung nach Bangkok mit Gewalt zwingen wollen, nicht wahr?«

Der Pilot schaut Frank entsetzt an, so, als ob er ein solches Verhalten von Frank nie erwartet hätte, währenddessen der Colonel den Soldaten ein Zeichen gibt. Sofort laden sie ihre Waffen durch und halten sie in Anschlag.

»Bis zur vollständigen Klärung dieses Sachverhalts bleiben Sie in Vietnam. Und damit das auch sicher ist, werden Sie alle auf diesem Wagen« – er zeigt auf die Ladefläche des alten zerbeulten amerikanischen Armeelastwagens – »direkt in das Stadtgefängnis von Ho-Chi-Minh-Stadt gebracht.«

23. Mai Sonntag 13:17 Uhr Vung Tau Local Time
Hangar für Agrarflugzeuge

Fünf Männer sitzen im Hangar der Agrarflugzeuge nahe dem Flugplatz in Vung Tau auf Werkzeugkisten und Benzinfässern. Drei Amerikaner und zwei Vietnamesen, allesamt ehemalige fliegerische Asse. Ihre Lorbeeren hatten sie sich im Vietnamkrieg im Kampf gegen den kommunistischen Norden verdient. Während die Amerikaner 1972 das Land verließen, waren die Vietnamesen fast bis zum letzten Tag gegen die vorrückenden Truppen des Vietcong im Einsatz. Dann gerieten sie in Gefangenschaft. Aber ihr Los war nicht so schlecht. Entgegen ihren sonstigen Handlungsweisen gegenüber früheren südvietnamesischen Militärangehörigen ließen die neuen Machthaber die meisten Pilotendes ehemaligen Gegners relativ unbehelligt. Der Preis dafür war, dass sie jahrelang den fliegerischen Nachwuchs der Volksarmee ausbilden mussten. Überdies litten sie und ihre Familien gerade in der ersten Zeit nach der Befreiung unter den täglichen Demütigungen von Vorgesetzten, Nachbarn und Lehrern ihrer Kinder, sich für die falsche Sache eingesetzt zu haben. Auch einige langwierige und entwürdigende Selbstkritiken mussten sie über sich ergehen lassen. Aber wenigstens blieben sie und ihre Familien von einem Dahinvegetieren in einem der unmenschlichen Umerziehungslager verschont. Mit ihnen hätte jeder politische Häftling gerne tauschen wollen.

Heutzutage arbeiten viele Piloten der ehemaligen südvietnamesischen Armee in der Zivilluftfahrt. Tang und Le fanden vor einigen Jahren bei der CEI einen Job als Agrarflieger.

»Jungs«, sagt einer der amerikanischen Piloten, nachdem er sein Mobiltelefon vom Ohr genommen und die Verbindung mit einem Tastendruck beendet hat, »in Kürze bekommen wir unser Konzentrat. Auf eine neue Einsatzorder aus Saigon brauchen wir nicht zu warten. Sobald wir die Kanister in den Händen haben, geht es los. Bis zum Abend sind wir mit dem gesamten Einsatz fertig. Übrigens, Tan Son Nhat hat uns sogar einen zeitlichen Korridor für das in der Nähe des Flughafens gelegene Feld zugestanden. Wir müssen uns nur früh genug auf VHF melden, wenn wir da arbeiten wollen. Alles klar?«

»All rigth«, tönt es aus verschiedenen Kehlen im Hangar.

23. Mai Sonntag 15:28 Uhr Vung Tau Local Time
Vung-Tau-Tower

Der Flugplatz in Vung Tau besteht aus nicht viel mehr als einer breiten Straße, die schon vor Jahrzehnten zu einer Rollbahn ausgebaut worden war, und aus einigen Hallen und kleineren Häusern. All das liegt nahezu idyllisch eingebettet inmitten landwirtschaftlich genutzter Felder.

Die wenigen Starts und Landungen von kleinen Propellermaschinen sowie Agrarflugzeugen nahegelegener landwirtschaftlicher Kooperativen auf dem schon zum Teil recht holprigen Rollfeld stören die Ruhe, die hier sonst herrscht, nur wenig.

Das war aber nicht immer so: Dieses im Norden von Vung Tau gelegene ungefähr 150 km von Ho-Chi-Minh-Stadt entfernte Flugfeld hatte früher eine besondere Bedeutung. Während der sechziger und siebziger Jahre diente Vung Tau den amerikanischen Soldaten als sogenannte Rest-and-Recreation-Area. Zwischen Saigon und Vung Tau gab es damals einen regelrechten Airshuttle-Service. Dutzende von Transportmaschinen landeten täglich auf dem kleinen Gelände. Aus ihren Bäuchen entließen sie abgekämpfte Soldaten für einen mehrtägigen Fronturlaub, um sie anschließend wieder zum nächsten Einsatz in den Dschungel zu schicken. In Vung Tau sollten sich die GIs erholen. Und das taten sie auch, gründlich und nachhaltig. Mittels der vielen Dollars, die sie ins Land brachten, verführten sie Tausende junge Mädchen und Frauen zur Prostitution und brachten sie in Abhängigkeit von Alkohol und Drogen.

Nachdem die Amerikaner das Land verlassen hatten, verlor der Flugplatz an Bedeutung. Nicht vergessen wurde aber, was die Amerikaner in Vung Tau selbst angerichtet hatten. Die Regierung musste wie in dem früheren Saigon mit dem Problem fertig werden, die vielen Prostituierten wieder in die Gesellschaft zu integrieren, die sich unter Geringschätzung der vietnamesischen Kultur dem Feind mit Haut und Haaren verkauft hatten. Eine Last, die schwer, wenn überhaupt, zu bewältigen war.

Im Tower von Vung Tau, einem kleinen, heruntergekommen zweistöckigen Gebäude, ungefähr vier mal vier

Meter groß, haben heute zwei Fluglotsen Dienst, die diese Bezeichnung eigentlich nicht verdienen, weil sie kaum einen ordentlichen Lotsendienst versehen können. Zu sehr hat die Technik des Flugplatzes gelitten, denn es wurde kaum etwas erneuert oder repariert. Der elektrischen Befeuerung der Landebahn ist anzusehen, dass sie vor Jahrzehnten das letzte Mal funktioniert hat, und die Antenne auf dem Tower dreht sich auch schon lange nicht mehr.

Es ist noch immer unerträglich heiß, weil kaum ein Wind geht. Die beiden Männer haben ihre Arbeit für heute erledigt. Die Listen sind geschrieben und konnten für heute abgeschlossen werden. Weitere Starts und Landungen der Agrarflieger sind nicht vorgesehen. Und so dösen sie vor sich hin, den baldigen Feierabend erwartend.

Auf einmal wird ihre Ruhe gestört, als aus dem Lautsprecher des schon alten Funkgeräts eine Stimme quäkt.:

»Hier ist Flug Bravo-Charlie-Foxtrott 2335. Vung-Tau-Tower, bitte kommen!«

Verdutzt sehen sich die beiden Fluglotsen an, und der dem am Funkgerät am nächsten sitzende ergreift das Mikrofon:

»Hier ist Vung-Tau-Tower. Flug Bravo-Charlie-Foxtrott 2335, wir hören Sie, over!«

»Hier ist Flug Bravo-Charlie-Foxtrott 2335. Wir bitten um Landeerlaubnis, over!«

»Hier ist Vung-Tau-Tower. Bitte warten Sie, ich frage nach, ob Sie gemeldet sind. Ich kann Ihnen vorher keine Landeerlaubnis erteilen.«

»Verstanden, Vung-Tau-Tower, wir bleiben auf Empfang.«

Zuerst schauen sich die beiden Fluglotsen ratlos an. Mit einer außerplanmäßigen Maschine hatten sie nicht gerechnet. So etwas kam bisher nur alle Jubeljahre vor. Aber dann erinnern sich beide genau, was in diesem Fall zu tun ist. Tran Cuong Viet wählt eine Nummer und nach zwei Minuten weiß er Bescheid. Er teilt seinem erstaunten Kollegen mit, dass die Maschine aus Peking kommt, und setzt den Funkverkehr fort.

»Flug Bravo-Charlie-Foxtrott 2335, Sie sind freigegeben für die Landung auf Landebahn 32. Weitere Anflugdaten erhalten Sie unmittelbar vor Ihrer Landung. Willkommen in der Sozialistischen Republik Vietnam!«

»Danke, Vung-Tau-Tower, wir landen auf Landebahn 32.«

23. Mai Sonntag 15:36 Uhr Vung Tau Local Time
Im vietnamesischen Luftraum

Ted, der den gesamten Funkverkehr über seinen Kopfhörer verfolgen konnte, schaut Chung Le erleichtert an. Die Befürchtungen des Piloten, dass es zu Schwierigkeiten bei der Erteilung einer Landeerlaubnis kommen würde, hatten sich nicht bestätigt. Seine eigenen hatte er, so gut es ging, für sich behalten und dem Piloten sogar noch Mut zugesprochen.

Ted lehnt sich zurück und schließt für eine Weile die Augen. Der Botschafter in Peking hat also Wort gehalten und sich eingesetzt. In unserer Nation gibt es wirklich eine gut funktionierende Solidarität. Und ich bin stolz darauf, dieser Nation anzugehören. God bless America and our President ...

Chung Le vollführt eine leichte Rechtskurve und fährt die Klappen ein Stück heraus. Sofort beginnt das Flugzeug ein wenig zu tanzen und es ist jetzt auch ein anderes Windgeräusch zu hören. Ted hat die Landeprozedur schon viele Male erlebt. Er lässt seine Augen geschlossen und verpasst den einmaligen Blick auf das Meer und die dahinter liegende Küste mit ihren Bergen. Er sieht auch nicht die große Jesusstatue, die ähnlich wie die in Rio de Janeiro mit ausgebreiteten Armen auf einem Berg steht. Er denkt, dass gleich über Funk die Freigabe für die Landung kommen wird und er ja so lange noch etwas schlummern könne.

23. Mai Sonntag 15:36 Uhr Vung Tau Local Time
Vung-Tau-Tower

Das Telefon klingelt. Einer der Fluglotsen nimmt den Hörer ab: »Hier Flugplatz Vung Tau, Unteroffizier Tran!«

»Genosse Tran, hier ist Major Luu. Ich hatte Ihnen vor einigen Minuten die Weisung erteilt, die Maschine des Fluges Bravo-Charlie-Foxtrott 2335 aus Peking in Vung Tau landen zu lassen. Diese Weisung widerrufe ich ausdrücklich. Ich erteile Ihnen hiermit den Befehl, diese Maschine auf gar keinen Fall landen zu lassen. Geben Sie der Besatzung über Funk durch, dass sie umgehend unseren Luftraum zu verlassen hat und alle anderen vietnamesischen Flughäfen ebenfalls für sie gesperrt sind. Lassen Sie sofort LKWs versetzt auf der Landebahn platzieren, um eine Landung unmöglich zu machen. Unsere Abfangjäger werden in spätestens fünf Minuten bei Ihnen eintreffen. Haben Sie alles verstanden?«

»Jawohl, Genosse Major. Ihr Befehl wird sofort ausgeführt!«

23. Mai Sonntag 16:04 Uhr Vung Tau Local Time
Im vietnamesischen Luftraum vor Vung Tau

Es ist wieder die Stimme des Fluglotsens im Vung-Tau-Tower in schlechtem Englisch, die auch Ted hört und seine Ruhe beendet. Er öffnet die Augen und sieht, wie sich Chung Le auf den Funk konzentriert und mit den Landevorbereitungen fortfährt.

»Hier ist Vung-Tau-Tower. Ich rufe Flug Bravo-Charlie-Foxtrott 2335, over.«

»Hier ist Flug Bravo-Charlie-Foxtrott 2335, Vung-Tau-Tower, ich höre Sie. Bitte übermitteln Sie mir jetzt die Anflugdaten, over!«

Ted schließt seine Augen wieder, weil er genau weiß, dass eine für ihn höchst langweile Anflugroutine abläuft, die der Pilot sicher bestens im Griff hat. Aber jetzt wundert er sich doch, dass die Bodenstation nicht antwortet, obwohl sie doch gerade noch gerufen hat!

Auch Chung Le ist ratlos. Seine Hand fährt gerade zum Sende/Empfang-Umschalter, um erneut einen Ruf zu senden, als sich die quäkenden Stimme der Bodenstation meldet:

»Hier ist Vung-Tau-Tower. Ich habe die Anweisung, die Landefreigabe zu widerrufen und Sie aufzufordern, unverzüglich den Luftraum der Sozialistischen Republik Vietnam zu verlassen. Ich wiederhole, verlassen Sie sofort den ...!«

»Was soll das denn?«, entfährt es Ted. Seine Gelassenheit ist mit einem Mal vorbei. Jetzt, so kurz vor dem Ziel – und dann das? Fragend schaut er Chung Le an, der schon im Begriff ist, einen weiteren Funkspruch an die Bodenstation zu senden.

»Moment«, ruft Chung Le erregt ins Mikrofon, »wir haben doch von Ihnen gerade die Landeerlaubnis erhalten.«

Dieses Mal kommt die Antwort sofort: »Flug Bravo-Charlie-Foxtrott 2335, Sie sind zur Landung weder in Vung Tau noch auf einem anderen Flugplatz der Sozialistischen Republik Vietnam freigegeben. Verlassen Sie sofort unseren Luftraum! Ich wiederhole, verlassen Sie sofort ...«

Entsetzt sieht der Pilot zu Ted herüber: »Mr. Wright, Sie haben alles mitgehört«, tönt es ernst in Teds Kopfhörermuscheln, »wir bekommen keine Landeerlaubnis. Wir werden abdrehen müssen. Der Sprit reicht kaum noch bis zum nächsten chinesischen Flughafen!«

Chung Le schaut Ted ernst an, der genauso unangenehm überrascht ist wie er, aber dennoch nicht den Eindruck macht, sich mit der neu eingetretenen Situation abzufinden:

»Mr. Wright, lassen Sie uns umkehren, *bitte*!«

Das »Bitte« von Chung Le war mehr ein Flehen. Ted schaut in das ängstliche Gesicht des Piloten.

»Einen Moment noch, Mr. Chung Le, ich spreche selbst mit dem Tower in Vung Tau, wie geht das hier?«, und er deutet mit seiner Hand auf die für ihn unverständliche Konsole der Funkanlage.

»Okay, zum Sprechen legen Sie diesen Schalter nach oben, zum Empfang nach unten. Die Lautstärke regeln Sie mit diesem Knopf«, er zeigt auf den Sende/Empfang-Umschalter und den darüber liegenden Lautstärkeregler, »ich schalte Sie jetzt in den Kreis des Funkgerätes. Ich selbst bin dann draußen, das heißt, ich kann nicht aktiv eingreifen, aber ich höre Sie und die Bodenstation. Haben Sie alles verstanden?«

»Ja, alles, kein Problem.«

»Sie können jetzt sprechen«, sagt Chung Le, »aber machen Sie bitte schnell«, und er legt einen kleinen Schalter neben dem Funkgerät um. Chung Le nickt Ted zu.

»Achtung, Vung-Tau-Tower. Hier ist Flug Bravo-Charlie-Foxtrott 2335, mein Name ist Ted Wright. Ich bin leitender Mitarbeiter bei der Chemical & Equipment Industries in Peking. Wie Sie vielleicht wissen, hat es in der Nähe von Ho-Chi-Minh-Stadt einen Transportunfall gegeben, bei dem eine gefährliche Chemikalie ausgelaufen ist. Sie kann Zehntausende das Leben kosten, wenn nicht ein Gegenmittel einsetzt wird«, Teds Stimme wird eindringlicher, »und dieses Gegenmittel haben wir hier an Bord. Wir können damit das Leben von Ihnen, Ihren Familien und Angehörigen retten, wenn wir es einsetzen können. Dazu müssen wir aber landen dürfen. Wollen Sie die Verantwortung dafür übernehmen, dass das Gegenmittel nicht zum Einsatz kommen kann?«

Ted schaltet auf Empfang. Er hört nur ein gleichmäßiges Rauschen und schaltet wieder auf Sendung:

»Vung-Tau-Tower, haben Sie mich verstanden?«

Wieder vernimmt er nach dem Umschalten nur das Rauschen. Ein kurzer Blick zu Chung Le, dann der nächste Versuch: »Vung-Tau-Tower, bitte melden Sie sich!« Wieder nur Rauschen, Ted wird zunehmend verzweifelt. »Vung-Tau-Tower, so melden Sie sich doch bitte!«

Die Küste und die dahinter liegenden Berge, die mit dem satten Grün des Dschungels überdeckt sind, rücken schnell näher. Doch für die Schönheit der Natur hat Ted jetzt kein Auge. Auch Chung Le wird immer nervöser. Die Maschine befindet sich eindeutig im vietnamesischen Luftraum, und er möchte nicht das Schicksal der koreanischen Passagiermaschine, Flug KAL 007, erleiden, die von den Russen am 1. September 1983 ohne Vorwarnung abgeschossen wurde, weil sie einen falschen Kurs geflogen war und dabei in den Luftraum der ehemaligen Sowjetunion unerlaubt eingedrungen war. Ted versucht es wieder:

»Hier ist Flug Bravo-Charlie-Foxtrott 2335. Vung-Tau-Tower, können Sie mich hören, wir landen jetzt.«

Inzwischen hat Chung Le die Maschine im Sinkflug in die Nähe des kleinen Flugplatzes gesteuert und die Landebahn ist immer deutlicher zu erkennen. Aber irgendetwas stört ihn, und dann erkennt er, was es ist: Auf der Rollbahn stehen versetzt im Abstand von vielleicht dreihundert Metern mindestens fünf Lastwagen. Die Runway ist blockiert! Eine Landung ist völlig unmöglich! Chung Le reißt die Maschine abrupt nach oben und schiebt die beiden Triebwerkshebel nach vorn. Bevor er die Intercom-Schaltung auf Verständigung mit seinem Sitznachbarn schaltet, krächzt es plötzlich in den Kopfhörern:

»Flug Bravo-Charlie-Foxtrott 2335, hier ist Vung-Tau-Tower. Wie Sie sehen, können Sie nicht landen. Verlassen Sie sofort den vietnamesischen Luftraum oder Sie werden abgeschossen. Schauen Sie mal nach links und rechts!«

Und tatsächlich, die Drohung ist ernst gemeint. Chung Le sieht, wie sich bedrohlich nahe von hinten auf beiden Seiten des Learjets jeweils ein MiG-Jagdflugzeug mit vietnamesischen Hoheitszeichen in Höhe des Cockpits der kleinen Maschine nähert.

»Vung-Tau-Tower«, hastig spricht Chung Le ins Mikrofon nachdem er in Windeseile das Funkgerät wieder umgeschaltet hat, »wir drehen in einer Linkskurve ab und verlassen den vietnamesischen Luftraum!«

Ganz langsam beginnt er dieses Manöver, um die Piloten der MiGs nicht zu provozieren.

»Shit!«, flucht Ted, »Shit, Shit, Shit, ...«, sein Schimpfen wird von der Bodenstation unterbrochen.

»Hier ist Vung-Tau-Tower, ich bin gerade ermächtigt worden, Ihnen mitzuteilen, dass Ihr Ansinnen in allen Punkten völlig unglaubwürdig ist. Nur zu Ihrer Information: Die amerikanischen Mitarbeiter des vietnamesisch-amerikanischen Kooperativbetriebs in Ho-Chi-Minh-Stadt wurden heute bei dem Versuch, Vietnam illegal zu verlassen, verhaftet. Ich wünsche Ihnen noch einen angenehmen Flug. Vung-Tau-Tower, Ende!«

Ted ist erzürnt und enttäuscht zugleich. Er ballt die rechte Hand zur Faust und das, was er jetzt denkt, möchte er am liebsten laut von sich geben. Jetzt bin ich in einer wichtigen, möglicherweise lebensrettenden Mission unterwegs, und kurz vor dem Ziel kann ich den Auftrag nicht ausführen, weil irgendwelche idiotischen politischen Empfindlichkeiten dem entgegenstehen! Aber vielleicht ist ganze die Mission nicht notwendig gewesen. Und wenn doch ...? Ted schaut für einen Moment zu seinen Piloten hinüber in der Hoffnung, dass dieser nicht bemerkt, wie niedergeschlagen er wirklich ist. Chung Le weiß jetzt Bescheid, aber auf ihm lastet jetzt eine ganz andere Sorge:

»Mr. Wright, wir werden es bis Hainan – wenn überhaupt – nur mit Mühe und Not schaffen«, und deutet mit einer Handbewegung auf die Treibstoffanzeige im Instrumentenbrett, »einen anderen Weg gibt es für uns nicht.«

23. Mai Sonntag 16:10 Uhr Ho-Chi-Minh-City Local Time
Ngo-Gia-Tu-Straße

Die lange Reise hatte mich doch sehr ermüdet, und daher nahm ich Lanhs Vorschlag, mich erst einmal ein wenig auszuruhen, dankbar an. Im Flugzeug hatte ich kaum ein Auge zugetan. Trotz des unentwegten Summens der Klimaanlage schlief ich sofort ein.

Am Nachmittag kam Lanh, weckte mich und erklärte mir den weiteren Tagesablauf. Sie möchte mit mir, einer Freundin und deren Ehemann eine Stadtrundfahrt auf zwei Hondas machen. Ziel soll eine Eisdiele im Zentrum auf der Le-Loi-Straße sein. Ich fand die Idee sehr gut, denn ich kannte die Eisdiele noch von früher, dort gab es wunderbares Orangeneis. Es wird auf typisch vietnamesische Art zubereitet: Vanilleeis mit frisch gepresstem Orangensaft. Herrlich! Vielleicht ist es gerade die Einfachheit, ein Fruchteis so anzubieten. Oder mache ich als verwöhnter Europäer etwa schon im Voraus

Abstriche an der Qualität? Wie dem auch sei, es war und ist für mich immer wieder überraschend, wie gut Eis auch ohne Geschmacksverstärker und Chemie schmecken kann. Und dann gibt es noch den wunderbaren »Kem Cafe«. Er wird ähnlich einfach und natürlich zubereitet: Vanilleeis mit heißem aus einem Filter tropfenden Kaffee. Einfach ausgezeichnet!

Es ist noch sehr warm, der Himmel ist bewölkt, aber es fällt kein Regen, als unsere »Taxis« kommen und Lanh und ich jeweils auf dem Rücksitz unserer Honda Platz nehmen. Lanh schaut mich kaum wahrnehmbar mit gemischten Gefühlen an und ich erwidere ebenso ihren Blick. Wir hoffen, dass wir durch den von Hondas nur so wimmelnden Verkehr wohlbehalten manövriert werden.

23. Mai Montag 05:54 Uhr Houston, TX Local Time
Bei Doug Tenner zu Hause

Nach den Anspannungen der letzten Stunden hatte sich Doug im Wohnzimmer auf die Couch gelegt.

Die Sache hast du doch im Griff, warum regst du dich so auf, fragte er sich immer wieder, in Kürze wirst du der erste Mann der CEI sein mit einem nicht unbeträchtlichen pekuniären Sprung nach vorn. Was willst du mehr?

Schließlich, nachdem er es sich auf der Couch bequem gemacht hatte, ließen die Kopfschmerzen nach, die ihn seit Stunden quälten. Dank zweier Tylenol-Night-Kapseln fiel er in einen traumlosen Schlaf. Genau 5:54 Uhr weckt ihn unsanft das Telefon.

»This is Doug Tenner«, gähnt er in die Muschel.
»Hier ist Ted. Doug, ich habe schlechte Nachrichten.«
»Ted, was ist passiert, ist das CAP 201 in Vung Tau?«
»Nein, das hat nicht geklappt ...«, und Ted erzählt Doug,

was er über den Wolken erlebt hatte, wie sie es schließlich mit stehenden Motoren gerade noch so geschafft hatten, auf der chinesischen Insel Hainan im südlich gelegenen Sanya zu landen. Bis morgen früh werde er noch dort bleiben, er sei dort nur über das Mobiltelefon des Piloten erreichbar, falls er gebraucht werde.

Doug ist entsetzt. Er ist hellwach und jede Spur von Müdigkeit ist verflogen. In seinem Kopf rasen die Gedanken hin und her. Fieberhaft sucht er nach Lösungen. Was könne er noch bewirken, fragt er sich. Einen politischen, diplomatischen Druck auf die Vietnamesen kann man offensichtlich noch mit Erfolg ausüben, wenn danach nichts schiefläuft. Ob das noch einmal klappt?

Die ursprüngliche Erteilung der Landerlaubnis in Vung Tau war mit Sicherheit auf die Bemühungen des US-Botschafters in Peking zurückzuführen. Wie wäre es denn, wenn die Maschine von Hainan nach Vung Tau zurückfliegen und eine Landeerlaubnis wiederum durch diplomatischen Druck bekommen würde?

Nein, nein, nein! Doug schaut auf die Uhr und rechnet im Kopf ... Es ist zu spät! So schnell kann das CAP 21 nicht wieder nach Vung Tau gebracht und noch rechtzeitig versprüht werden. Und in der jetzt anbrechenden Nacht kann nicht geflogen werden! Nein, morgen früh ist es dafür zu spät! Sollte das *junge* ACPA 21 ausgelaufen sein, dann kann nichts, gar nichts mehr helfen, und die Entstehung des Virus ist nicht mehr aufzuhalten. In etwa vierzehn Tagen wird es erste Todesopfer geben, dann hat das Virus längst begonnen, sich von Saigon aus über die Atmosphäre weltweit auszubreiten, und es wird jeden Winkel der Erde erreichen, bevor es dann in vier Wochen von selbst zerfällt – so hat es Jake gesagt! Und was sagte er noch? Es gibt bisher kein Gegenmittel! Die Welt wird untergehen, wenn wir kein wirksames Mittel dagegen entwickeln können, und noch haben wir nichts, um die Ausbreitung zu verhindern.

Panik steigt in ihm auf. Was ist mit Jenny – wie kann ich sie schützen?

Er hastet zum Schlafzimmer seiner Tochter. Sie schläft ruhig. Dann eilt er zurück ins Wohnzimmer. Im Vorbeigehen schaut er in den antik nachgeahmten Spiegel, er erkennt sich zuerst selbst nicht mehr, aber er ist es! Er sieht in ein verzerrtes Gesicht, aus dem das blanke Entsetzen spricht.

24. Mai Montag 05:17 Uhr Ho-Chi-Minh-City Local Time
Ngo-Gia-Tu-Straße

Heute Morgen weckten mich nicht die Mönche, die sich jeden Tag zwischen vier und fünf Uhr in der angrenzenden Pagode zum gemeinsamen Beten versammeln und buddhistische Sutras rezitieren, von unterschiedlichen Gongschlägen begleitet, sondern mich holte der Straßenlärm aus dem Bett, der um diese Zeit immer lauter wird. Das ist Saigon! – Nun bin ich in diesem Land schon zum fünften Mal. Und immer wieder frage ich mich, was an Asien und speziell an diesem Land und seinen Leuten so faszinierend ist.

Als Kind gelang es mir hin und wieder, dem Radioapparat durch geduldiges Drehen am Senderknopf fernöstliche Musik zu entlocken. Die fremden Klänge gefielen mir auf Anhieb, und ich wurde fast magisch in ihren Bann gezogen, wenn sie auf- und abschwollen und wegen der großen Distanz die Fantasie einer fernen Welt in mir entstehen ließen. Ich war so begeistert, dass ich nicht verstehen konnte, warum die Erwachsenen um mich herum nur Konzerte und Opern der europäischen Meister hören wollten, an asiatischer Musik aber kein Interesse hatten.

Jahre später, ich war längst kein Kind mehr, bewegten mich die Bilder über den Vietnamkrieg, die täglich über die Bildschirme flackerten. Nach dem Krieg waren es die Schicksale der Menschen, die dem Regime entfliehen wollten, und immer mehr begann ich, die Menschen selbst, ihre Schönheit, ihre Ästhetik und ihren Überlebenswillen zu bewundern. Wohl nicht von ungefähr arbeiten wir, mein Geschäftspartner Carl Stahlberg und ich, in unserer Firma von Anfang an mit vietnamesischen Arbeitskräften. Den Anstoß dazu hatte allerdings eine Bekannte gegeben, die als Familienhelferin in einer vietnamesischen Flüchtlingsfamilie tätig war und für ein Familienmitglied eine stundenweise Arbeit suchte. Und das funktionierte so gut, dass auf diese Weise später weitere Arbeitskräfte zu uns kamen. Von Zeit zu Zeit wurden wir auch von den vietnamesischen Familien unserer Arbeitnehmer zum Essen eingeladen, und im Laufe der Zeit lernte ich mehr und mehr die asiatische Lebensart kennen. Zum Beispiel, wie wichtig die Rangordnung innerhalb und außerhalb der Familie zur Erhaltung der Harmonie ist. Auch unsere Stellung als Chefs wurde von unseren vietnamesischen Angestellten nie in Frage gestellt. Bei den wenigen Deutschen, die bei uns arbeiteten, waren mitunter arge Zweifel angebracht.

Ich habe festgestellt, dass viele Werte in Vietnam heute immer noch eine große Rolle spielen wie beispielsweise die Achtung vor dem Alter eines Menschen. So war es bei uns früher, vor fünfzig oder hundert Jahren auch! Nur weiß das bei uns kaum noch jemand oder will es nicht mehr wissen.

Mit diesen alten Werten und Vorstellungen konnte ich mich schnell anfreunden. Haben sie es doch bewirkt, dass über Jahrtausende die Familienstrukturen erhalten blieben. Und ich kannte sie zum Teil, zumindest im Ansatz, auch aus meiner eigenen Kindheit. Intensiver beschäftigt habe ich mich mit der asiatischen Kultur allerdings erst seit der Heirat mit Lanh, an deren Zustandekommen meine Schwiegermutter in bester asiatischer Manier beteiligt war: Sie stellte mir ihre Tochter vor und schnell fanden wir aneinander Gefallen. Nicht unwichtig dabei war, dass ich in eine richtige Familie integriert worden bin, ein für mich nach wie vor schönes Gefühl der Geborgenheit, wie ich es von meinem Zuhause so nicht kenne. Lanh lacht immer, wenn ich ihre Schwestern mit Anhang und ihre Mutter einfach nur als »Familie« bezeichne, es ist ihr zu unpersönlich, aber sie weiß, dass ich genau das Gegenteil damit meine.

Lanh räkelt sich im Bett und macht keine Anstalten, schon aufzustehen, obwohl es eigentlich unmöglich ist, wegen des von draußen immer lauter werdenden Lärms und des unaufhörlichen Summens der Klimaanlage weiterzuschlafen.

Aber ich stehe auf und verlasse das Zimmer. Das Treppenhaus ist für einen 1,85 Meter großen Menschen sehr eng. Es erinnert mich irgendwie an die unterirdischen Höhlen von Cu Chi, nur wenige Kilometer von Saigon entfernt, aus denen zu Kriegszeiten den Amerikanern das Leben äußerst schwer gemacht wurde. Damals sagte man, dass tagsüber der Amerikaner und nachts der Vietcong das Land beherrsche. Bei Dunkelheit verließen dann reihenweise nordvietnamesische Soldaten die Tunnel, um gegen den übermächtigen Feind zu kämpfen.

Von dem schmalen Treppenhaus gelange ich nach unten in die Küche und ins daneben liegende Badezimmer. Aber auch hier ist es eng. Der große mindestens zwanzig Jahre alte grüne Kühlschrank steht wie eh und je ein wenig im Weg. Mit ihm hatte ich schon früher Bekanntschaft gemacht.

Jedes Mal, wenn ich das Treppengeländer anfasste und gleichzeitig mit ihm in Berührung kam, weil ich zu schnell nach unten wollte, bekam ich einen kleinen Schlag, nicht schlimm, aber doch wahrnehmbar. Und das passierte auch immer dann, wenn ich etwas aus dem Kühlschrank holen wollte und dabei nicht äußerste Sorgfalt walten ließ. So war es jedenfalls schon bei meinem ersten Besuch vor vierzehn Jahren, vor zwei Jahren, und auch heute? Autsch! Ja, auch heute! Das alte Gerät hat wohl irgendeinen Masseschluss, der es aber nicht in seiner eigentlichen Funktion beeinträchtigt.

Unten treffe ich auf Nguyen. Er ist auch schon aufgestanden und macht sich im Erdgeschoss an den Möbeln zu schaffen, um sie zur Präsentation nach draußen zu stellen. Er ist ungefähr in meinem Alter. Uns verbindet die Tatsache, nicht mehr allzu viele Haare auf dem Kopf zu haben. Für vietnamesische Männer ist das eher eine Ausnahme. Aber bei ihm gibt es dafür einen besonderen Grund. Nach der Wiedervereinigung des Landes stufte ihn das Regime als politisch unzuverlässig ein und er musste für drei Jahre in ein Umerziehungslager. Dort erlitt er wegen der Mangelernährung bleibende körperliche und auch seelische Schäden.

Für ein paar Minuten setze ich mich auf einen Stuhl vor das Haus und beobachte das Treiben auf der Straße. Längst ist es hell geworden. Dann gibt es im Haus Frühstück mit dem exzellenten vietnamesischen Kaffee und Banh Mi.

Auf einmal höre ich Schritte. Lanh kommt die Treppe herunter, vielleicht, nein ganz sicher hat sie der Kaffeeduft angelockt. Ich warne sie vor dem Kühlschrank, aber eine Sekunde zu spät! Wie früher macht auch sie wieder einmal Bekanntschaft mit dem Gerät und schimpft halblaut auf Vietnamesisch, lässt es aber sofort sein, als sie ihren Onkel bemerkt. Als dieser etwas sagt, was ich nicht verstehe, lachen beide. Wir sind hier nur zu Gast und können nicht meckern. Nguyen erklärt ihr etwas verlegen, dass ein befreundeter

Elektriker schon vor Jahren immer wieder versucht hatte, den Fehler an dem Gerät zu beheben, aber schließlich wegen nicht mehr auftreibbarer Ersatzteile kapitulierte. Er hatte dabei auch die Spannung gemessen und festgestellt, dass sie um die fünfzig Volt betrage, also noch nicht so gefährlich sei. In der Familie war man daraufhin übereingekommen, noch so lange diesen Kühlschrank zu behalten, wie der Kompressor funktioniert, da für ein neues Gerät kaum Geld vorhanden war. Man arrangierte sich sozusagen damit, selbst bei aller Vorsicht, den Schattenseiten des Kühlschranks tagtäglich aufs Neue zu begegnen.

Obwohl Lanh jetzt darüber schmunzeln kann, sagt sie mir, dass ich mich umsehen sollte, wie teuer ein neuer Kühlschrank ist, wenn ich in die Stadt fahre. Damit rennt sie bei mir offene Türen ein. Den gleichen Gedanken hatte ich auch schon.

24. Mai Montag 15:30 Uhr Washington, DC Local Time
Oval Office, White House

»Ladies and Gentlemen, the President of the United States!«

Andrew Morgan, ein kleiner, schmächtiger Mann, kommt mit schnellen Schritten in das kleine Beratungszimmer und steuert auf seinen etwas erhobenen Sessel zu. Sofort erheben sich die Anwesenden von ihren Stühlen.

»Bleiben Sie bitte sitzen, für Förmlichkeiten haben wir jetzt keine Zeit!«

An seinem Platz angekommen, wendet er sich seinem persönlichen Referenten zu, der ihn gerade mit schmetternder Stimme angekündigt hat und ihm wie üblich im Abstand von zwei Schritten gefolgt ist:

»Danke Edward. Danke! Ich brauche Sie jetzt nicht mehr.«

»Yes, Sir!« Edward entfernt sich schnell und schließt die mächtige, zweiflügelige Tür hinter sich. Es ist ihm anzumerken, dass er etwas brüskiert ist. Normalerweise bleibt er als persönlicher Referent bei allen Sitzungen dabei, wenn auch im Hintergrund. Heute scheint der Präsident selbst vor ihm etwas verheimlichen zu wollen. Andrew Morgan drückt ein paar Schalter, die sich in einer Konsole an seinem Sessel befinden. Es ertönt ein leises Signal und zwei grüne Lampen leuchten auf.

»Guten Tag, meine Damen und Herren. Vielen Dank, dass Sie gekommen sind«, begrüßt er frisch die Anwesenden, »dieser Raum ist jetzt abhörsicher. Das ist auch unbedingt notwendig, denn das, was ich Ihnen gleich zu sagen habe, wird Sie zunächst zutiefst erschrecken. Es betrifft Ihre Pflicht zur absoluten Geheimhaltung und die Konsequenzen, sollten Sie dieser Pflicht nicht genügen. Sie werden aber im Verlauf der heutigen Sitzung sicher verstehen, dass diese Maßnahmen sein müssen. Es geht, soviel kann ich jetzt schon sagen, um die nationale Sicherheit der Vereinigten Staaten von Amerika!«, er macht eine kurze Pause und sieht in die überraschten Gesichter seiner Zuhörer und fährt fort, »auch wenn dieser Begriff abgenutzt erscheint, weil er für die Rechtfertigung aller möglichen Maßnahmen immer wieder verwendet wurde. In diesem Fall trifft er jedoch wie in keinem anderen genau den Kern der zu besprechenden Angelegenheit. Ich mache Sie darauf aufmerksam, dass kein Wort, das hier gesprochen wird, nach außen dringen darf, nicht an den *Congress*, nicht an die Demokraten, nicht an den Beichtvater, nicht an Ihren Psychiater, nicht an die Presse und nicht an Ihre Ehepartner, Kinder oder Eltern. Also an niemanden! An absolut niemanden! Wenn Sie im Schlaf sprechen, sagen Sie es mir bitte jetzt«, Andrew Morgan schaut prüfend in die Runde der Versammelten. Niemand meldet sich. »Es dürfen weder schriftliche noch elektronische noch sonstige Aufzeichnungen der heutigen Unterredung gemacht werden. Ein Verstoß dagegen hat die sofortige Verhaftung ...«, er macht wieder eine kurze Pause und schaut eindringlich in die Gesichter der Versammelten, »... und die Liquidierung desjenigen zur Folge. Und damit das klar ist, die entsprechenden Mitwisser werden ebenfalls umgehend und ohne Gerichtsurteil liquidiert.«

Ein Raunen geht durch die Versammelten, und schon richten sich empörte Blicke auf den Präsidenten. Ohne den unmittelbar bevorstehenden Protest abzuwarten, setzt dieser seine Ansprache fort: »Ich weiß, meine Damen und Herren, dass Sie diese Maßnahmen als undemokratisch und unamerika-nisch geißeln, und unter normalen Umständen wäre das mehr als angebracht. Ein Impeachment gegen mich wäre das Mindeste, was mir zurecht blühen würde. Aber die Umstände sind, und das versichere ich Ihnen, alles andere als normal. Deswegen bin ich gezwungen, diese außergewöhnlichen Konsequenzen für den Fall des Geheimnisverrats, in welcher Form auch immer, anzudrohen. Ich vertraue aber darauf, dass Sie sich alle vernünftig verhalten und dass solche Maßnahmen nicht nötig sein werden.«

Andrew Morgan schaut in versteinerte Gesichter, es wundert ihn nicht: »Ladies and Gentlemen, nachdem ich Ihnen jetzt die Ernsthaftigkeit der absoluten Verschwiegenheit und die strikten Konsequenzen, die zwingend auf einen Bruch der Geheimhaltung folgen, vor Augen geführt habe, möchte ich wissen, ob jemand von Ihnen nicht an dieser Sitzung teilnehmen möchte. Noch ist Zeit, diesen Raum zu verlassen. Der Druck, die im Folgenden bekannt gegebenen Fakten für sich zu behalten und nicht der nächsten Zeitung oder auch nur dem Ehepartner oder wem auch immer zu berichten, ist ungeheuer groß.« Andrew Morgan macht eine kurze Pause und lässt seine Worte bei den Zuhörern wirken, dann fährt er fort: »Und wenn Sie sich entscheiden sollten, nicht weiter an der Konferenz teilzunehmen, dann bitte nicht aus Empörung über meine Anordnungen. Persönliche Gefühle jeglicher Art haben wegen der ernsten Situation unbedingt zurückzustehen!«

Als Andrew Morgan die letzten Worte sagt, schaut er in die Runde. Und er schaut nun in ernste Gesichter, in denen kein Aufbegehren mehr zu sehen ist. Alle scheinen zu ahnen, dass etwas ganz Ungeheuerliches passiert sein muss.

»Und lassen Sie sich bitte nicht von Ihrer Neugier dazu verleiten, an der Sitzung teilzunehmen, wenn Sie auch nur den geringsten Zweifel haben, der Verschwiegenheitspflicht später nicht gewachsen zu sein. Allerdings mache ich darauf aufmerksam, dass diejenigen, die uns jetzt verlassen wollen, auch über das bis jetzt Gesagte absolutes Stillschweigen zu wahren haben! Für alle, die bleiben, gibt es im Hinblick auf die Geheimhaltung dessen, was sie gleich erfahren werden, kein Zurück mehr.«

Der Präsident macht eine Pause und sieht jeden einzelnen an. Alle tragen am Revers einen Ausweis mit Lichtbild und Namen. Zunächst seine Sicherheitsberaterin, Sharon Davis, die kurz lächelt und damit sagen will, dass der Präsident sie sowieso nicht anschauen muss, weil das, worum es geht, schon mit ihr besprochen worden ist. Es ist eher ein Signal, der ihn in seinem Vorgehen bestätigen soll. Schnell fällt sein Blick auf den technischen Direktor der Colorado-Chemicals-Werke, Mark West. Und weiter auf die »rechte Hand« des CIA-Chefs Norman Goodwill. Auch bei ihm verharrt der Präsident nicht sehr lange, weil er allein schon wegen seiner Tätigkeit absolut vertrauenswürdig ist.

Dann kommt Doug Tenner ins Visier des Präsidenten. Er wurde heute Morgen, bevor er nach Washington flog, von Jake Dennewitz' Krankenbett aus zum leitenden Geschäftsführer berufen. Und weil er jetzt die ganze Verantwortung für das trägt, was die CEI mehr oder weniger mit verursacht hat, schaut er etwas zerknirscht, weicht aber dem Blick des Präsidenten nicht aus.

Mrs. Monika Fitzgerald, stellvertretende Leiterin der neuen Homeland-Security-Behörde, ist die Nächste in der Runde. Auch sie ist auf Grund ihrer Position gewohnt, brisante Informationen für sich zu behalten.

Schließlich sieht er auf seinen Verteidigungsminister Matt Lynch. Das Verhältnis zu ihm ist nicht das beste. Zu sehr hat er ihm in den letzten Wochen nach Bekanntwerden der Misshandlungen von irakischen Gefangenen durch amerikanisches Gefängnispersonal geschadet, weil es seinem Ministerium nicht gelungen war, die Presse davon abzuhalten, diese Fälle zu veröffentlichen.

»Gut, Sie bleiben alle?!«, stellt Andrew Morgan fragend fest, und nach einer kleinen Pause, die nun wirklich die letzte Gelegenheit war, den Raum zu verlassen, fährt er fort, jetzt deutlich langsamer und mit Bedacht, »Ladies and Gentlemen, es geht in diesem Moment nicht nur um die nationale Sicherheit der USA, das ist nur ein Aspekt. Es geht um die Existenz der Menschheit, um nicht mehr, aber auch nicht weniger. Ich wiederhole: Es geht um die Existenz der gesamten Menschheit! Und ich meine das ernst, sehr ernst!«

»Was?«, ruft Mrs. Fitzgerald und bremst sich sofort, »entschuldigen Sie bitte, Mr. President.«

»Schon gut«, Andrew Morgan schaut zu ihr herüber, nickt und wendet sich an alle, »Mrs. Davis wird Sie jetzt im Einzelnen über die Geschehnisse informieren. Bitte, Sharon.« Mrs. Fitzgerald wird vielleicht zu einem Problem, schießt es Andrew Morgan durch den Kopf. Aber bei einer solchen Nachricht wäre ... – Sharon Davis unterbricht seine Gedanken.

»Mr. President, Ladies and Gentlemen! Der Ausgangspunkt der jetzigen Situation ist ein möglicherweise höchst folgenreicher Transportunfall. Dieser hat sich gestern, am 23. Mai, in Saigon ereignet im Zusammenhang mit Produktionsprozessen der dort ansässigen amerikanischen Firma Chemical & Equipment Industries. Lassen Sie mich aber zuvor zum Verständnis etwas ausholen. Wie Sie vielleicht wissen, ist diese Firma, kurz CEI genannt, in den letzten Wochen immer wieder in die Schlagzeilen der internationalen Presse geraten.« Sharon Davis schaut auf Doug, den jetzigen Chef dieses Konzerns: »Das Unternehmen wurde zunächst verdächtigt, höchst gefährliche Chemikalien in Vietnam zu produzieren. Die CEI wies in mehreren Presseerklärungen und Statements darauf hin, dass das nie der Fall war. Lediglich ein Abfallprodukt bei der Düngerherstellung sei nicht ganz unproblematisch. Aber das Anfallen unerwünschter Nebenprodukte sei Normalität in jeder chemischen Produktionsanlage und man habe natürlich das alles im Griff. Als schließlich die Umweltorganisation Greenpeace weiterführende Veröffentlichungen in dieser Sache angekündigt hatte, begann die CEI vorige Woche von einem Tag auf den anderen, die Produktion von Dünger, die dieses Abfallprodukt erzeugt, das unter dem Namen ACPA 21 bekannt ist, zu stoppen. Innerhalb von nur drei Tagen wurde die Produktion so umgestellt, dass kein Abfallstoff mehr anfiel. Ferner wird seit dieser Zeit das früher entstandene ACPA 21 tagtäglich über den Saigoner Flughafen mit amerikanischen Maschinen außer Landes geschafft und in der CEI-Zentrale in Houston, Texas, gelagert. Grund für diese gesamte Aktion war ein Stillhalteabkommen zwischen der CEI und Greenpeace, in dem sich die CEI zu den gerade erwähnten Maßnahmen verpflichtete. Als Gegenleistung versprach Greenpeace, sie diesbezüglich zukünftig aus der Presse herauszuhalten.

Verbunden war diese Abmachung mit einer Spende über 15 Millionen US-Dollar an Greenpeace. Wie Sie alle wissen, hat sich Greenpeace nicht an die Verabredung gehalten. In der internationalen Presse gingen die Verdächtigungen durch die Organisation weiter. In diesem Zusammehang wurde auch die Möglichkeit der Entstehung eines gefährlichen Virus hervorgehoben, das Zehntausende dahinraffen könnte. Mit Sicherheit hat auch die vietnamesische Regierung davon Kenntnis erhalten, sich aber merkwürdigerweise bis gestern still verhalten, vielleicht deshalb, weil die CEI in Saigon den Abtransport der Abfallchemie unbeirrt fortsetzte«, Sharon Davis schaut in zum Teil erstaunte und gespannte Gesichter und setzt ihren Bericht fort, »aber darum geht es jetzt nicht. Bei dem gestrigen Transport von vier mit ACPA 21 gefüllten Behältern zum Saigoner Flughafen kam es zu dem eingangs erwähnten Unfall. Der Transporter kam aus bisher ungeklärten Gründen von der Straße ab und landete in einem Graben. Dabei ist aus einem der Behälter ACPA 21 ausgeflossen. Es besteht der Verdacht, dass die Ladung entgegen der bei der CEI üblichen Anweisung und den Bestimmungen im Wagen nicht genügend gesichert war. Möglich ist auch, dass die Durchführung dieser Anweisung nicht kontrolliert worden ist oder dass wegen der gebotenen Eile auf jegliche Sicherheit beim Transport verzichtet wurde«.

Sharon Davis wirft einen strengen Blick auf Doug. Und er registriert ihn auch. Kaum bin ich der Leiter dieses Unternehmens, geht der Ärger los. Warum Big Denn erst jetzt die gesundheitliche Quittung für den jahrelangen Stress bekommen hat, ist mir ein Rätsel. – Verdammt, jetzt schaut diese Sharon Davis wieder herüber!

»Dr. Tenner, verbessern Sie mich bitte, wenn ich etwas Falsches sage. Das ACPA 21 ist ungefährlich, wenn es sofort nach der Entstehung auf unter zehn Grad gekühlt wird. Aber das ist bei der CEI aus mir nicht nachvollziehbaren Gründen nicht geschehen. Wird die Substanz nicht gekühlt, stellt sie eine unvorstellbare Gefahr dar, wenn sich auch nur ein Tropfen mit der Atmosphäre verbindet. Es entsteht dann das Virus, wie es von Greenpeace dargelegt wurde. – In Saigon haben wir immer eine Temperatur von 26 bis 38 Grad«, wieder schaut Sharon Davis tadelnd auf Doug, »allerdings wird auch dieses ACPA 21 ungefährlich, wenn es im ungekühlten Zustand mindestens zwei Wochen luftdicht verschlossen gelagert wird. Das wird die CEI vermutlich dazu bewogen haben, Geldmittel für den Bau und Unterhaltung von Kühlhäusern einzusparen.«

Doug lockert seine Krawatte. Ihm ist warm, viel zu warm, und es ist ihm höchst peinlich, was hier vorgetragen wird. Denn dass das ACPA 21 ungefährlich ist, wenn es unter zehn Grad gekühlt gelagert wird – wenn es denn stimmt – hatte ihm Big Denn verschwiegen. Aber selbst wenn er das alles gewusst hätte, wäre es sehr wahrscheinlich gewesen, dass er selbst seinem Chef geraten hätte, nicht in Kühlhäuser zu investieren, sondern eine preisgünstigere Möglichkeit ins Auge zu fassen. Vielleicht hätte er ihm empfohlen, bei den geringen Lohnkosten in Vietnam einen eigenen Wachschutz aufzubauen.

Sharon Davis streift Doug jetzt nur mit einem Blick: »Innerhalb von zwei Wochen sollte der gesamte Bestand des ACPA 21 in die Staaten ausgeflogen werden. Von der Zentrale der CEI in Houston wurde angeordnet, zunächst die ungefährlichen Präparate zu verfrachten. Erst zum Schluss sollte das jetzt noch gefährliche ACPA 21 aus dem Land geschafft werden, das aber zu diesem Zeitpunkt dann auch ungefährlich geworden wäre. So weit, so gut. Es ist aber fraglich, ob diese Weisung in Saigon auch strikt befolgt wurde. In dem Transporter, der gestern verunglückte, befanden sich vier Behälter mit je einhundert Verpackungseinheiten. Drei davon waren mit ACPA 21 gefüllt, das länger als 14 Tage lagerte, also ungefährlich geworden war. Bei dem vierten Behälter wissen wir nicht ganz genau, um welches Präparat es sich handelte. Die Frachtpapiere geben keine hundertprozentige Sicherheit. Und es gibt derzeit leider noch keinen chemischen Test, um die genaue Art des ACPA 21 nachzuweisen.

Es ist der CEI zugutezuhalten, dass sie prophylaktisch vom Schlimmsten ausgegangen ist und umgehend versucht hat, in Vietnam angesichts dieser unsicheren Lage Gegenmaßnah-men zu treffen. Sie hätten darin bestanden, mit firmeneigenen Agrarflugzeugen ein Mittel unter dem Namen CAP 201 über dem Unfallort in einem sehr weiten Radius zu versprühen, um das im Entstehen begriffene Virus zu neutralisieren. Da das CAP 21 aber nur in der Pekinger Niederlassung der CEI vorhanden war, wurde es zeitnah noch am gleichen Tag in eine Chartermaschine nach Vung Tau verladen, von wo es eingesetzt werden sollte. – Ich kürze hier den weiteren Verlauf der Geschehnisse ab. Das Mittel aber kam nie an, weil der Maschine von Hanoi die Landeerlaubnis verweigert wurde. Zwischenzeitlich versuchten die amerikanischen CEI-Mitarbeiter in Saigon auf Anraten der Zentrale in Houston, das Land so schnell wie möglich zu verlassen, weil bereits zu diesem Zeitpunkt ein Kontakt zum dem gasförmigen, aber noch nicht zum Virus mutierten ACPA 21 lebensgefährlich war. Bei diesem Ausreiseversuch wurden sie verhaftet, weil die Vietnamesen offensichtlich erfahren hatten, dass eine von der CEI verursachte Katastrophe bevorstehen könnte. Leider haben die Behörden in Saigon die Bemühungen der CEI, die möglicherweise eingetretene Katastrophe abzuwenden, nicht gewürdigt und diese Chance durch ihre Reaktion zunichtegemacht. – Zurzeit haben wir keinerlei Kontakt zu Hanoi. Diplomatische Anfragen werden zwar entgegen genommen, aber auf eine Antwort müssen wir warten, weil der Außenminister angeblich erkrankt ist. Nach unseren Geheimdienstinformationen hingegen erfreut er sich bester Gesundheit. – Den verhafteten CEI-Mitarbeitern soll in wenigen Tagen in Hanoi der Prozess gemacht werden. Mehr ist uns bis zum jetzigen Zeitpunkt nicht bekannt. Obwohl unsere Jungs in Saigon widerrechtlich festgehalten werden, ist es müßig, über die Haltung der Vietnamesen zu spekulieren, weil das nicht unser vordringlichstes Problem ist.«

Sharon Davis schaut kurz auf den Präsidenten. Sie weiß, dass ihm das Schicksal der CEI Mannschaft natürlich sehr am Herzen liegt. Es sind schließlich gute amerikanische Staatsbürger ..., aber er lässt sich nichts anmerken.

»Das ACPA 21, und jetzt komme ich zu der angekündigten Wirkung«, fährt die Sicherheitsberaterin in ihrem Vortrag bewusst langsamer fort, »mutiert innerhalb von zwei Tagen, wenn es mit Sauerstoff in Verbindung kommt, zu einem Virus. Nach Aussagen des National Weather Service wird es sich in einem Zeitraum von vier bis sechs Wochen weltweit über die Atmosphäre verbreiten. Wer mit dem Virus in Verbindung kommt, stirbt unweigerlich nach zwölf Tagen. Ab dem 6. Juni hätten wir mit den ersten Toten zu rechnen ... Derzeit gibt es keinerlei Gegenmittel, keinen Impfstoff, einfach nichts. Hinzu kommt, dass wir noch nicht wissen, ob es nicht auch eine Mensch-zu-Mensch-Ansteckung gibt. Wir müssen davon ausgehen, dass die Menschheit vielleicht nur noch wenige Wochen existiert, wenn es nicht gelingt, ein Gegenserum zu entwickeln ... Wenn Sie dazu Fragen haben, dann stellen Sie sie bitte jetzt.«

Sharon Davis macht eine kurze Pause. Nichts ist zu hören, kein Räuspern, kein Scharren. Man hätte eine Stecknadel fallen hören können! Sie fährt fort: »Wir haben uns hier für den Fall versammelt, dass eine Katastrophe ungeahnten Ausmaßes ausbricht. Wir müssen entsprechende Maßnahmen beraten und beschließen, um sofort handlungsfähig zu sein. Zwar ist die Chance, dass diese Katastrophe nicht eintritt, vier zu eins, wenn man davon ausgeht, dass es sich bei dem Inhalt des vierten Behälters tatsächlich um das gefährliche Mittel handelte, das hätte gar nicht transportiert werden dürfen. Nur können wir uns nicht darauf verlassen, dass es nicht zu dieser Katastrophe kommt. Vielen Dank für Ihre Aufmerksamkeit.«

Die Teilnehmer an dieser Konferenz sind sichtlich gezeichnet. Und auch Matt Lynch, den der Präsident vorher nicht unterrichtet hatte. Aus seinem Gesicht ist Entsetzen, aber auch der Vorwurf abzulesen, dass man ihn in dieser Sache nicht vorher informiert hatte. Die übrigen Anwesenden reagieren unterschiedlich. Zu neu und zu unvorstellbar ist das, was sie eben gehört haben. Einige wollen etwas fragen, aber bringen das, was sie sagen wollen, nicht über die Lippen, stottern und ziehen sich wieder zurück. Doug Tenner verharrt bewegungslos auf seinem Platz und ist bemüht, keine Blicke auf sich zu ziehen. Es ist schließlich seine Firma, die für das alles verantwortlich ist.

Der erste, der sich wieder fängt, ist der Präsident:

»Ladies and Gentlemen, als ich davon erfuhr, war ich genau so geschockt und entsetzt wie Sie, und ich bin es immer noch. Aber es führt uns nicht weiter, wie ein Kaninchen vor der Schlange zu verharren. Es muss uns gelingen, dieses Virus, wenn es denn entstehen sollte, bekämpfen und vernichten zu können. Und wir werden es schaffen! Lassen Sie uns im guten alten amerikanischen Pioniergeist ans Werk gehen. Dafür möge uns Gott beistehen.«

Andrew Morgan faltet für kurze Zeit die Hände zum Gebet, und sofort kehrt Stille ein, weil die Anwesenden es ihm gleichtun. Dann blickt er auf:

»Ladies and Gentlemen, ich bitte jetzt um Ihre Vorschläge.«

Sofort entsteht ein Gemurmel, das sich schnell zu immer lauter werdenden Äußerungen steigert: Was können wir denn tun? Hat die CEI keine Lösungen parat? Wie konnte das passieren? Warum hat diese Firma so unverantwortlich gehandelt? Kann man Impfstoff produzieren, wie lange dauert das? Kann man nicht doch noch etwas in Vietnam tun? Ist es wirklich so schlimm?

Doug treffen böse Blicke. Ach, wäre ich doch eine Maus und könnte mich hier in einem Loch verkriechen, denkt er.

Der Präsident und seine Sicherheitsberaterin schweigen. An den tumultartigen Äußerungen der Anwesenden scheinbar unbeteiligt, haben sie kurzen Augenkontakt, der so viel aussagt, dass sie damit gerechnet hatten. Viel zu groß war der Schock, der jeden Einzelnen getroffen hat. Natürlich wäre es besser, kommt es Sharon Davis in den Sinn, das Treffen jetzt auf morgen zu vertagen, aber die Zeit drängt. Man sollte heute schon Perspektiven ausarbeiten, um Hoffnung bei allen Teilnehmern zu wecken, statt sich vor lauter Verzweiflung willenlos in dieses Schicksal zu fügen. Sie ergreift wieder das Wort:

»In Übereinstimmung mit dem Präsidenten übernehme ich jetzt die weitere Gesprächsleitung als Chairman«, flüchtig blickt sie auf Andrew Morgan, der zustimmend nickt, und fährt fort, »Mr. President, Ladies and Gentlemen! So schwer es für Sie vielleicht ist, nach dem, was Sie gerade gehört haben, jetzt einen klaren Gedanken zu fassen, müssen wir aber versuchen, einen Ausweg aus einer Situation zu finden, die, so Gott will, hoffentlich nicht eintreten wird. Wenn sich das Virus ausbreitet, dann hauptsächlich durch die Atmosphäre, das heißt, es wird über die Luft auch zu uns gelangen. Also, wie schützen wir unsere Bevölkerung?«

Sie wendet sich Doug zu: »Dr. Tenner, Ihre Firma hat das ACPA 21 hergestellt. Sind Ihnen weitere Erkenntnisse bekannt, wie man das Virus bekämpfen und aus der Welt schaffen kann?«

Jetzt werde ich klein gemacht, denkt Doug. Und schnell antwortet er, um die peinliche Situation nach Möglichkeit zu verkürzen:

»Nein, Mrs. Davis, mir liegen keine weiteren Erkenntnisse vor«, und fast schon über sich hinauswachsend fährt er fort, »ich könnte aber sämtliche Produktionsunterlagen dem hier anwesenden Vertreter der Colorado-Chemicals-Werke, Mr. West, zur Verfügung stellen. Die Forschungslabors der Colorado-Chemicals sind um ein Vielfaches größer als unsere.«

Doug und Mr. West kennen sich flüchtig von verschiedenen Fachtagungen her, und im Düngemittelsektor gab es mal für einige Zeit ein Kooperationsabkommen zwischen beiden Firmen. Mark West blickt wohlwollend zu Doug und nickt:

»Ein guter Vorschlag, Doug, wann können wir das Material haben?«

»Jederzeit. Ein Anruf von mir und es wird Ihnen sofort per E-Mail und Boten zugestellt.«

»Gut, Mr. Tenner, können Sie das jetzt gleich veranlassen?«, fährt Sharon Davis bestimmt dazwischen, »aber denken Sie daran, dass Sie ab sofort auch mit der CDC zusammenarbeiten werden.«

»Ja, natürlich, ich würde gerne sofort meine Firma benachrichtigen, aber ich musste mein Mobilphone abgeben, bevor ...«

»Sie können von hier telefonieren«, unterbricht Sharon Davis Doug und zeigt auf eine Telefonkonsole, die auf einmal vor ihm aus dem Konferenztisch ausfährt.

»Mrs. Davis, auch ich würde gerne ein Telefonat mit meiner Firma führen, damit die eingehenden Daten umgehend bearbeitet werden«, sagt der Colorado-Chemicals-Vertreter West.

»Bitte!« Auch für ihn fährt ein Telefon aus dem Tisch. »Wir unterbrechen die Sitzung für die Dauer der Telefonate«, lässt sie die anderen Teilnehmer wissen, »bitte denken Sie in Ruhe nach, was für den Fall der Virusausbreitung von Ihnen beigetragen werden kann. Wir beraten gleich zusammen weiter.

Nach den sehr kurzen, fast militärisch geführten Telefonaten von Doug und Mark West, die hauptsächlich nur aus der Weitergabe von Anweisungen bestand, ergreift Sharon Davis wieder das Wort:

»Ab sofort kooperiert die CEI mit den Colorado-Chemicals-Werken und mit der CDC«, und zu Andrew Morgan gewandt, »Mr. President, ich schlage vor, dass darüber hinaus auch andere Labors, die unter staatlicher Kontrolle stehen, angewiesen werden, vordringlich an der Entwicklung eines Impfstoffs zu arbeiten, der in großen Mengen innerhalb einer Woche oder einigen Tagen hergestellt werden kann. Ferner ist die Frage zu klären, ob man das Virus, wenn es vor unserer Tür steht, also die USA noch nicht erreicht hat, nuklear vernichten kann, ohne das Risiko einer übermäßigen Verstrahlung. Es sollte geprüft werden, ob ein nuklearer Schutzschirm rund um die USA bzw. um die Länder, die noch nicht von dem Virus befallen sind, errichtet werden kann.«

Bei dem Wort »nuklear« reagieren die Versammlungsteilnehmer erschrocken, aber bevor sie etwas sagen oder Protest erheben können, pflichtet Andrew Morgan seiner Sicherheitsberaterin bei:

»Richtig, Sharon, leiten Sie das in die Wege, am besten sofort.«

»Ist schon erledigt, Mr. President.«

Andrew Morgan ist zunächst sehr erstaunt, aber er kennt seine Sicherheitsberaterin. Er hat sie nicht ohne Grund in sein Team aufgenommen. Als sein Vater noch Präsident war, hatte sie bei ihm den gleichen Job. Weitsicht zum Nutzen der USA war schon immer ihre Stärke. Vielleicht sollte ich sie zu meiner Außenministerin machen? Sie wird dann weiter loyal zu mir stehen und ist für mich keine Gefahr ... Andrew Morgan kann seinen Gedanken nichtweiter verfolgen, denn die Person, die ihn gerade noch beschäftigt hatte, wendet sich jetzt an den Verteidigungsminister.

»Mr. Lynch, können Sie sich mit den militärischen Labors in Verbindung setzen?«

»Selbstverständlich, Mrs. Davis, aber von hier gibt es keinen direkten Anschluss in das National-Defence-Network-System. Ich müsste aus dem Sicherheitsbereich telefonieren.«

Andrew Morgan schaut etwas missbilligend auf seinen ungeliebten Minister:

»Okay, Mr. Lynch, ich lasse Sie jetzt aus dem Raum. Sagen Sie bitte im Lagezentrum Bescheid, dass Sie über diese Leitung telefonieren wollen.«

»In Ordnung.«

»Jetzt bitte Ruhe!«

Während der Präsident an der Schaltkonsole den Abhörschutz ausschaltet, öffnet sich automatisch die Tür. Matt Lynch geht hinaus, und hinter ihm schließt sie sich wieder.

Mit einem kurzen Blick auf den Präsidenten vergewissert sich Sharon Davis, dass der Abhörschutz wieder eingeschaltet ist, und fährt fort:

»Was können wir noch tun, abgesehen von den Möglichkeiten der Pharmaindustrie, um unsere Bürger zu schützen? Kann das Virus irgendwie gestoppt werden, wenn es sich in der Atmosphäre ausbreitet? Können wir unser Land gegen das Virus klimatisch abschotten? Vielleicht über Filteranlagen? Wenn es möglich ist, wie schnell könnten sie beschafft werden, und woher? Das alles muss jetzt schnellstens geklärt werden. Und ich denke, dass wir hier nicht die falschen Leute beisammen haben.«

Sharon Davis schaut auf Doug, dann auf Mark West. Und als ob sie es vergessen hatte, wendet sie sich fast hastig den beiden Geheimdienstmitarbeitern zu:

»Noch ein Wort an Mrs. Fitzgerald und Mr. Goodwill. Wir müssen damit rechnen, dass wir mit einer Flüchtlingswelle unvorstellbaren Ausmaßes konfrontiert werden, wenn eine weltweite Epidemie ausbricht. Aber wir haben dann genügend eigene Probleme und können uns nicht noch mit einem Heer von Flüchtlingen befassen. Die Homeland-Security hat jetzt die Aufgabe, unter höchster Geheimhaltung Vorbereitungen für die Abriegelung der USA zu treffen, so wie es nach dem 11. September für einige Tage schon einmal der Fall war. Und noch etwas: Die CIA soll alle Agenten im Ausland aktivieren, auch die Schläfer. Wenn die Epidemie ausbricht, brauchen wir alle Informationen, wo genau sie ausbricht, wie weit sie sich jeweils ausgebreitet hat und welche Gegenmaßnahmen in den betroffenen Ländern angewandt werden. Die CDC wird darin eingebunden.«

Und nach einer kleinen Pause wendet sich Sharon Davis an Doug und Mr. West und sagt mit bestimmtem Ton:

»Die Europäer werden von Ihnen ab sofort ständig und rückhaltlos informiert, weil wir uns angesichts der Bedrohung keine Eitelkeiten und vor allem keine Geheimniskrämerei leisten können. Wir sehen uns übermorgen früh wieder hier um 9:00 Uhr. Im Namen des Präsidenten danke ich Ihnen.«

24. Mai Montag 10:04 Uhr Ho-Chi-Minh-City Local Time
Ho-Chi-Minh-Stadt

Nach dem Frühstück wollen Lanh, meine Schwiegermutter und ihre Schwester nach Lai Thieu fahren, ein Vorort von Saigon, um dort wohnende Tanten, Onkel, Cousinen und Cousins zu besuchen. Da ich der Nacht kaum ein Auge zugemacht hatte, schlägt mir Lanh vor, zu Hause zu bleiben. An sich eine gute Idee. Ich könnte noch etwas schlafen, aber es gelingt mir nicht, denn dafür ist der Straßenlärm, der durch die geschlossenen Fenster dringt, einfach unüberhörbar. Schließlich kapituliere ich um zehn Uhr und stehe auf. Frisch geduscht, noch ein bisschen müde, aber trotzdem gut gelaunt, unterhalte ich mich mit Nguyen. Er sagt mir unter anderem, dass es den Leuten hier langsam besser geht.

Als Lanh und ich vor zwei Jahren das letzte Mal hier waren, habe ich erstmals begonnen zu verstehen, wie ein großer Teil der Wirtschaft dieses Landes funktioniert.
Weil sich in den meisten Häusern, die zur Straße gelegen sind, im Erdgeschoss ein Gewerbe befindet, das meistens als Familienbetrieb geführt wird, und weil überdies die Häuser den Familien auch gehören, entstehen keine preistreibenden Mieten für Gewerbe- und Wohnimmobilien. Die vietnamesische Wirtschaft kommt also, mit verschwindend geringen Ausnahmen, ohne die bei uns so hofierten Haus- und Grundbesitzer von Miethäusern aus. Denn aus vielfachen Erzählungen waren

mir die Eigentumsverhältnisse in Vietnam sehr wohl bekannt. Als wären mir Scheuklappen angelegt, war mir das bisher nie so klar, obwohl ich nur hätte genau hinschauen müssen. Welch ein Unterschied speziell zu Berlin, das den zweifelhaften Ruf einer Mieterstadt genießt. Obwohl Deutschland und Vietnam natürlich nicht so einfach zu vergleichen sind, gefällt mir der Gedanke, dass es sich bei den Eigentümern von Wohngebäuden in Deutschland und anderswo um eine eigentlich völlig überflüssige gesellschaftliche Schicht handeln könnte. Nicht schlecht! Irgendwie habe ich es immer als unmoralisch empfunden, mit dem zweiten Grundbedürfnis des Menschen, dem Wohnen, noch Geschäfte zu machen, zumindest dann, wenn die Mieten, wie es bei uns schon seit Jahren der Fall ist, bei vielen einen Großteil des monatlich erarbeiteten Einkommens ausmachen.

Zu dieser Auffassung beigetragen haben auch meine Erfahrungen mit ehemaligen Kunden. Es waren Verwaltungen und Hauseigentümer, die die Erreichung eines größtmöglichen Profits um jeden Preis als allerhöchste Maxime auf ihre Fahnen geschrieben hatten. Wie diese dann mit ihren Mietern umgegangen sind und ihre Immobilien fast bis zur Unbewohnbarkeit haben verrotten lassen, war zum Teil so skandalös, dass in schöner Regelmäßigkeit das Regionalfernsehen darüber berichtet hatte. Das Ergebnis der Reportagen war dann immer das Gleiche. Die Mieter wurden bedauert, weil der Justiz in diesen Fällen angeblich immer die Hände gebunden waren.

So wie sich genau diese Eigentümer und Verwaltungen ihren Mietern gegenüber verhalten, so treten sie auch gegenüber den von ihnen beauftragten Firmen auf. Preise werden gedrückt, dafür die Ansprüche erhöht und Rechnungen nicht, verspätet oder nur zum Teil bezahlt, obwohl es vorher ganz anders vereinbart war ... Es herrscht ein regelrechter Krieg, und nicht nur in diesem Wirtschaftsbereich. Die Anständigkeit im Geschäftsleben bleibt immer mehr auf der Strecke. Betrug ist an der Tagesordnung.

Zugegeben, etwas überspitzt und einseitig, bremse ich meine Gedankenflut, aber ich denke, vom Grundsatz her ist nicht viel Falsches daran. Es ist die Quintessenz dessen, was ich seit zwanzig Jahren nicht nur selbst in einem ganz kleinen Bereich der Wirtschaft, sondern vor allem in der Großindustrie und im Bankwesen mit ansteigender Tendenz erlebe. Das früher über Jahrhunderte, wenn nicht Jahrtausende gültige Prinzip von »leben und leben lassen« im Geschäftsleben ist wegen der überall feststellbaren Ellenbogenmentalität bei uns im »goldenen Westen« kaum noch von Bedeutung.

Ich bekomme langsam Hunger und bitte Nguyen, mir ein Taxi zu rufen. Im Zentrum gibt es ein Restaurant, das ausgezeichnete Ga Gio, die vietnamesischen Frühlingsrollen, anbietet. Darauf freue ich mich jetzt schon. In wenigen Minuten geht es mit dem Taxi los. Nach einer etwa zwanzigminütigen Fahrt durch ein Gewimmel von Mopedfahrern, oft an der Grenze zur Kollision, steige ich aus dem klimatisierten Wagen. Ich bin am Ziel, am Cho Ben Tanh, einer rechteckigen Markthalle, etwa in der Größe eines Fußballfelds, deren Haupteingang mittig zu einem großen davorliegenden Platz führt. Über dem Eingang der Markthalle befindet sich als Wahrzeichen der charakteristische kleine Uhrenturm, der ihn so unverwechselbar macht. Innerhalb des Marktes sind unzählige kleine Verkaufsstände, in denen Lebensmittel, Arzneien, Tee und vor allem Bekleidung jeglicher Art angeboten werden. Die Repräsentanz einer Handelskette sucht man vergeblich.

Dieses Mal gehe ich nur kurz hinein, weil ich weiß, dass ich im Markt als Tourist laufend angesprochen werde, ob ich nicht etwas kaufen wolle. Ich möchte aber nur meine Gia Gio und gehe zum dem links neben der Markthalle liegenden Restaurant. Wenig später bin ich satt. Der Kaffee war ein Genuss, die Frühlingsrollen hingegen eine echte Enttäuschung, weil sie vor Öl trieften. Vor zwei Jahren schmeckten sie hier weitaus besser.

Nun führt mich mein Weg auf der Le-Loi-Straße, die vom Marktplatz ins Zentrum führt, an unzähligen kleinen Geschäften vorbei. Auch sie haben wie die Geschäfte in der Ngo-Gia-Tu-Straße ihre Auslagen, von T-Shirts über Andenken bis zu Ho-Chi-Minh Bildern, weit auf den Bürgersteig vorgelagert. An der Kreuzung Le-Loi-Straße/Nguyen-Hue-Straße befindet sich das Herz von Saigon. Hier stehen die Hotels, in denen ich 1987 bei meinen ersten Besuchen übernachtet hatte. Nicht weit davon sind das Rathaus und eine Versammlungshalle, in der oft Theatervorstellungen gegeben werden, aber auch politische Versammlungen wie etwa die Auszeichnung von erfolgreichen Kollektiven stattfinden. In der Nähe befindet sich das große Postamt und die noch von den Franzosen erbaute Kirche Notre Dame.

Unwillkürlich kommen in mir Erinnerungen an die Zeit hoch, als ich zum ersten Mal vietnamesischen Boden betrat. Damals im Frühjahr 1987 schien es mir, als wäre die Stadt dem Untergang geweiht. Bei einem Besuch im Herbst des gleichen Jahres erlebte ich sie jedoch schon ganz anders. Vieles war gerade im Zentrum verbessert, repariert und verschönert worden, und die Sperrstunde von Mitternacht bis drei Uhr gab es auch nicht mehr. Auf den Straßen waren mehr Hondas unterwegs – ein untrügliches Zeichen dafür, dass sich der Lebensstandard langsam erhöhte.

Jetzt, nach bald zwanzig Jahren, hat sich die Innenstadt noch mehr verändert. Auffällig sind die vielen hohen Hotelneubauten, die den klassischen Hotels den Rang ablaufen. Sie passen aber mit ihren Glanzfassaden nicht so recht in das Straßenbild.

Den kleinen Imbiss, in dem ich 1987 meine ersten Frühlingsrollen gegessen hatte, gibt es nicht mehr. Er bestand damals aus einem kleinen Raum mit ein paar schäbigen Tischen und Stühlen. An der Wand hing das Portrait von Ho-Chi-Minh. Das Essen aber, das mir die freundlichen Menschen servierten – wir verständigten uns mit Händen und Füßen – suchte im Geschmack seinesgleichen. Sehr gerne denke ich daran zurück. Überhaupt habe ich in Asien immer wieder die Erfahrung gemacht, dass es in gastronomischen Räumlichkeiten, die man in Deutschland als Kaschemmen bezeichnen würde, meist sehr gut mundet.

Der frühere Intershop sozialistischer Prägung gegenüber dem Khach San Benh Thanh, dem »Rex Hotel«, hat sich in ein modernes Kaufhaus gewandelt, allerdings mit enorm hohen Preisen für Einheimische. Angeboten wird alles, was man auch bei uns im Westen erhält. Man gewinnt den Eindruck, als ob den vielen Auslandsvietnamesen die Gelegenheit geboten werden soll, für die Familien, die sie besuchen, höherwertige Güter zu kaufen, weil sie nicht alles bei Reisen aus Europa, den USA oder Australien im Flugzeug mitnehmen können.

In der Spielzeugabteilung finde ich Kriegsspielzeug, meist aus Holz. Es sind erstaunlicherweise vorwiegend US-amerikanische Modelle, Helikopter, Panzer, Flugzeuge, also Waffen, mit denen einst das Land zusammengebombt wurde. Einerseits bin ich entsetzt, andererseits erkenne ich aber auch den Pragmatismus dieses Verkaufsgebarens.

In einem anderen großen Kaufhaus, das sich über zwei Etagen erstreckt, kann man nur in amerikanischer Währung bezahlen. Hier kaufen ausschließlich Ausländer oder gut betuchte Einheimische. Anders aber als in der ehemaligen DDR darf jeder dieses Kaufhaus betreten und auch der Erwerb des US-Dollars ist in keiner Weise reglementiert. Es scheint, dass Vietnam aus den Fehlern der »anderen sozialistischen Bruderstaaten« gelernt hat.

Schließlich zieht es mich wieder einmal in das Kriegsmuseum. Ich habe es schon lange nicht mehr besucht. Es befindet sich an der Straße, an der unweit die frühere amerikanische Botschaft stand, die in den letzten Jahren abgerissen und durch ein anderes Gebäude ersetzt worden ist.

Die Dokumentation des Krieges, der letzten Endes in der Wiedervereinigung des Landes endete, bildet unzweifelhaft den Schwerpunkt. Auf Details, also auf Beweisbarkeit, wird sehr viel Wert gelegt. Es ist bedrückend, zu erfahren, dass auf Vietnam dreimal so viel Bomben gefallen sind wie auf Deutschland während des Zweiten Weltkrieges.

Aber trotz amerikanischer Bombenteppiche und Napalm, Agent Orange und Agent Blue, Prostitution, Menschenhandel und Drogenmissbrauch strahlt von den Vereinigten Staaten unerklärlicherweise noch immer eine Faszination aus, die die Menschen, darunter auch viele Vietnamesen, in ihren Bann zieht. Viele meinen immer noch, es sei das gelobte Land, und wissen nicht, dass sie dort, wenn ihnen die Einreise gelingt und sie vielleicht bleiben dürfen, manchmal bis zu vier Jobs am Tag ausüben müssen, um einen einigermaßen erträglichen Lebensstandart aufrechterhalten zu können. Natürlich haben sie dann ein Auto und ein Haus. Aber all das können sie nicht wirklich genießen. Der ständige Blick auf die Uhr, zur Arbeit pünktlich zu erscheinen, und die Angst im Nacken, die Stelle zu verlieren, trübt gewaltig die Lebensfreude, die sie einst in ihrer Heimat hatten. Mit der südostasiatischen Mentalität, das Leben neben oder auch mit der Arbeit genießen zu können, ist in den Staaten wohl endgültig Schluss! Allein von daher können nur für ganz wenige Glückspilze die USA das richtige Land sein. Oder für Leute, die keine Skrupel haben, andere schamlos auszubeuten.

Auf dem langen Fußweg fallen mir die zahlreichen politischen Plakate auf. Es sind, so meine ich, mehr als früher. Auf vielen wird an den Sieg der Viet Minh über die Franzosen 1954 in Dien Bien Phu erinnert: Soldaten schwenken über dem Befehlsstand der französischen Armee die rote Fahne und eskortieren gefangene Franzosen. Und, wie ich es von früher her kenne, erinnern sie natürlich auch an den Befreiungstag. Nicht zuletzt ist überall Bac Ho abgebildet, wie er gütig dreinblickt oder entschlossen für die Sache der Einheit in ein Mikrofon spricht. Er wird immer noch hoch verehrt, und es soll sogar Lieder geben, in denen dazu aufgefordert wird, ihn mehr als die eigenen Eltern zu lieben.

Mit diesen Eindrücken erreiche ich während der kurzen Dämmerungsphase wieder die Ngo-Gia-To-Straße. Lanh und die anderen kommen wenig später und wir verbringen noch ein paar Stunden vor dem Haus.

Als ich schon im Bett liege, erinnere ich mich daran, als ich Vietnam im Frühjahr 1987 das erste Mal besuchte. Unsere vietnamesischen Mitarbeiter hatten es geschafft, mich auf ihr Land neugierig zu machen. Ein Video, das damals im Umlauf in fast allen vietnamesischen Familien war, zeigte Saigon in glücklicheren Tagen bis zur Übernahme durch die Kommunisten. In mehreren Familien, bei denen ich eingeladen war, hatte ich es immer wieder gesehen. Und so reifte in mir der Entschluss: Nach Vietnam muss ich unbedingt! Der Krieg war gerade zwölf Jahre vorbei. Ich wollte »historischen Boden« betreten.

Ich konnte erst Anfang Mai fliegen, weil wir damals im Leistungskatalog unserer Firma auch noch den

Winterdienst im Angebot hatten. Kurioserweise endete die Winterdienstbereitschaft und unsere damit verbundene vertragliche Verpflichtung am 30. April eines jeden Jahres. Dieses Datum war für Carl und mich ebenfalls ein »Befreiungstag«. Meine Reiseplanung bestand darin, mir zuerst einige Tage Hongkong anzuschauen und dann nach Vietnam weiterzufliegen.

In der damals noch britischen Kronkolonie angekommen, war ich überwältigt. So hatte ich mir Asien nicht vorgestellt. Was in mir dort im Einzelnen während des eigentlich zu langen Aufenthalts vorging, weiß ich jetzt nicht mehr. Es war aber ein großartiges Erlebnis. Asien ist einfach eine ganz andere Welt als Europa und die USA.

Dann kam der Tag der Abreise nach Vietnam. Am Flughafen in Saigon, der zu diesem Zeitpunkt einen ziemlich heruntergekommen Eindruck machte, erwartete mich ein Deutsch sprechender Vietnamese und stellte sich als mein Reiseleiter mit dem Namen Ha Phuong My vor. Ein Wagen mit Fahrer wartete schon in der Nähe und wir stiegen ein. Man ließ mich hinten einsteigen, sozusagen als Staatsgast, und bat mich, die Fenster herunterzukurbeln, weil es doch im Wageninneren zu warm war. Meine Frage nach der Klimaanlage, die ich aus Taxis in Hongkong und Mietwagen in den USA als selbstverständlich erachtete, konnte ich mir gerade noch verkneifen. Auf der Fahrt ins Stadtzentrum kamen wir an mehreren Örtlichkeiten vorbei, die ich schon sehr oft auf dem Video in Berlin gesehen hatte. Und jedes Mal, wenn ich etwas erkannt hatte, ließ ich es zur Verwunderung meinen Reiseleiter, der sein relativ gutes Deutsch in der DDR gelernt hatte, wissen. Ungefähr gegen 17 Uhr kamen wir im Hotel Huu-Nghi auf der Nguyen-Hue-Straße an, und Herr Ha bat mich, zu einem gemeinsamen Abendessen um 18 Uhr ins Hotelrestaurant zu kommen. Ich überlegte, ob ich mich hier an die Leine legen lassen wollte, weil ich irgendwie den Eindruck hatte, dass ich bis zum Abend hier im Hotelzimmer unter Kontrolle bleiben sollte. Nein, das war nicht das, was ich wollte. Hier in Vietnam war für mich jede Kleinigkeit interessant, und so ging ich sofort – zum späteren Erstaunen von Herrn Ha – bis kurz vor 18 Uhr selbständig auf Erkundung. Er lernte so mit Sicherheit den Unterschied zwischen einem durch sozialistischen Drill gefügig gemachten »DDR-Bürger« und einem »BRD-Bürger« kennen, wenn er ihn nicht schon kannte.

Mein Bedürfnis nach »Extratouren« steigerte sich noch, als ich ein halbes Jahr später im Herbst wieder nach Vietnam flog, um auch den Norden mit Hanoi, der Ha-Long-Bucht, den Städten Hue und Da Nang kennen zu lernen.

In der ehemaligen Kaiserstadt Hue wohnte die Schwester von Frau Dang – eine unserer Mitarbeiterinnen –, die ich besuchen wollte, um einige Geschenke und Geld dazulassen. Das aber war möglicherweise offiziell verboten! An dem Tag, als ich in Hue ankam, fand bis zum Nachmittag ein Besuchsprogramm mit vielen Sehenswürdigkeiten statt. Innerlich hatte ich aber kaum daran teilgenommen, weil ich schließlich mein eigenes Programm durchführen wollte. Gegen 16 Uhr waren die Besichtigungen beendet. Das Abendessen im Hotel war für 18 Uhr angesetzt. Jetzt hatte ich zwei Stunden Zeit. Und das war für mich das Startsignal. Zunächst kaufte ich im Hotel einen Stadtplan, fand darauf aber nicht die gesuchte Straße. Sollte ich die Aktion nun abbrechen? Nein, einfach erst mal losgehen und vom Hotel wegkommen! Die Adresse hatte ich vorsichtshalber ohne Hausnummer auf einen Zettel geschrieben, um nicht bei der ersten Frage nach dem Weg schon mein direktes Ziel preisgeben zu müssen. Wie sich später herausstellte, war das sehr sinnvoll.

Ich ging über eine Brücke auf das andere Ufer des »Perfume River« und merkte bald, dass ich mich in die absolut falsche Richtung bewegte, weil dieser Weg vom Zentrum wegführte. Zum Glück kam mir ein Cyclo-Fahrer entgegen. Ich hielt ihn an und zeigte ihm den Zettel. Sofort bildete sich ein kleiner Menschenauflauf. Die Leute waren offensichtlich sehr neugierig zu erfahren, wohin ich wollte. Der Cyclo-Fahrer hielt den Zettel so, dass die Umstehenden ihn lesen konnten. Ein alter Mann stellte laut die Frage: »Number house?« Ich tat so, als ob ich das nicht verstanden hatte und bedeutete dem Cyclo-Fahrer loszufahren. Am vermeintlichen Ziel angekommen, bezahlte ich den Fahrer und zeigte ihm einen zweiten Zettel, jetzt mit der Nummer. Er konnte mir nicht helfen. An einer nahegelegenen Garküche fragte ich nach dem Weg. Und hier hatte ich Glück. Ein kurzer Fingerzeig genügte, und ich wusste, wohin ich zu gehen hatte: in eine recht enge Gasse. Zunächst war ich allein, aber nicht sehr lange. In Windeseile hatte ich hinter mir eine unglaublich schnell anwachsende Horde von Kindern, die sich auch akustisch sehr lautstark bemerkbar machten. Sie hatten wahrscheinlich noch nie einen Europäer gesehen, und ich noch nie so viele Kinder auf einmal! Auffälliger ging es wirklich nicht mehr.

Zunehmend fühlte ich mich unwohl, doch jetzt kurz vor dem Ziel die Aktion abzubrechen, die eher konspirativ hätte ablaufen sollen, war auch nicht mein Fall. Schließlich sprach ich eine Frau an, zeigte den Zettel und wurde von ihr die wenigen Meter zu dem Haus von Frau Dangs Schwester geführt. Glücklicherweise war sie zu Hause und ließ mich in ihr einfach eingerichtetes Zimmer eintreten, gefolgt von den neugierigen Blicken der Kinder. Ich weiß nicht mehr, ob ich sie überraschte, oder ob ihr mein Kommen irgendwie von ihrer Schwester in Berlin mitgeteilt worden war.

Ich versuchte eine Kommunikation auf Englisch. Leider erfolglos. Schließlich zog sie mich einmal kräftig an meinem Hemd. Ich verstand, dass ich ihr jetzt etwas geben sollte. Ich ging hinter einen im Raum stehenden Schrank, um den Blick der Kinder zu entgehen, und gab ihr die für sie bestimmten Sachen. Dann deutete sie an, dass ich mich auf einen Stuhl setzen sollte, während sie das Haus verließ. Die Situation wurde mir unheimlich, denn die Kinder waren immer noch da und beobachteten mich durch das Fenster. Würde die Frau jetzt mit der Cong An zurückkommen? Die Minuten vergingen quälend langsam, und ich wurde immer unruhiger. Es war zu dieser Tageszeit noch sehr heiß, aber mir wurde immer heißer. Ich überlegte fieberhaft, was ich zu meiner Rechtfertigung sagen könnte, und dachte schon daran, fluchtartig die Wohnung zu verlassen, aber ein Rattenschwanz von Kindern wäre mir gefolgt und hätte mich sicher verraten. Diese Überlegung hielt mich davon ab. Jetzt war nichts mehr zu ändern. Schicksal, nimm deinen Lauf ...

Schließlich erschien sie mit einem Mann, mit dem auf Englisch eine ganz geringe Konversation möglich war. Mir fiel nicht nur ein Stein vom Herzen. Ich weiß nicht mehr, worüber wir sprachen, jedenfalls verabschiedete ich mich kurze Zeit später, weil es Zeit für das Abendessen im Hotel war, und ich wollte keinen Verdacht aufkommen lassen. Mit einem Cyclo ging es dann zurück zum Hotel. Während des Essens kam mir der Gedanke, noch mal zu Frau Dangs Schwester zu fahren, denn ich hatte noch einige andere Sachen mit, die ich ihr geben wollte. Und so beschloss ich, es erneut zu wagen. Es ging ja schon einmal gut.

Wie ich dahin kam, wusste ich jetzt. Es war schon dunkel, und ich rief mir ein Cyclo. Durch wenig beleuchtete Straßen ging es in die Innenstadt bis zum bekannten Haltepunkt.

Ab da wieder mit der bereits bekannten Begleitung. Aber mit wesentlich weniger Kindern im Schlepptau ging ich diesmal die Gasse entlang, um Frau Dangs Schwester aufzusuchen. Wieder holte sie ihren Nachbarn. Nach einem kurzen Gespräch bat er mich in sein Haus und lud mich zum Tee ein. Im schummrigen Licht der Öllämpchen waren seine zwei Söhne und seine Frau anwesend. Ich blieb einige Zeit. Er fragte mich, woher ich käme.

»Aus Deutschland«, sagte ich.

Nur gab es damals noch zwei davon. Mit Mühe konnte ich ihm verständlich machen, dass ich aus Westdeutschland kam und nicht aus dem »Arbeiter- und Bauernparadies«. Ich zeigte ihm sogar meinen Reisepass, um sämtliche Zweifel auszuräumen. Als ich mich dann verabschiedete, machte ich ihm verständlich, dass ich wegen der Cong An wiederum große Bedenken hatte, auf dem gleichen Weg sein Haus zu verlassen, wie ich gekommen war. Er verstand und ihm wurde klar, dass er von mir nichts zu befürchten hatte. Einer der Söhne führte mich durch mehrere kaum beleuchtete Häuser. Schemenhaft sah ich in der Dunkelheit einige Leute, denen ich kurz zuwinkte. Dann öffnete er eine Tür und gab mir zu verstehen, dass ich dort hinausgehen sollte. Ein kurzer Händedruck, und hinter mir schloss sich die Tür.

Mit einem Mal stand ich völlig allein auf einer sehr spärlich beleuchteten Straße, aber trotz der Dunkelheit wusste ich in etwa, wo ich war. Das war bestimmt nicht das erste Mal, stieg es in mir hoch, dass jemand bei »Nacht und Nebel« diesen inoffiziellen Ausgang benutzt hatte. Schnell entfernte ich mich von diesem Ort. Zurück zum Hotel lief ich zu Fuß, wohl wissend, dass ich soeben ein kleines Abenteuer unbeschadet bestanden hatte. Im Nachhinein denke ich, war es für alle eine ziemlich riskante Situation. Aber auf meine späteren mehrfachen ausdrücklichen Nachfragen hat Frau Dang nie bestätigt, dass ihre Schwester oder einer der übrigen Beteiligten Probleme bekommen hatte. Vielleicht wurde der Cong An, wenn sie denn überhaupt etwas von meinem Besuch erfahren hatte, ganz einfach erzählt, dass da auf einmal ein Tourist aus Europa oder den USA aufgetaucht war und man einfach nur nett zu ihm sein wollte. Ja, so war es ja dann auch.Und jetzt bin ich seit zwei Tagen schon wieder in der Höhle des Löwen ...

25. Mai Montag 17:46 Uhr Los Angeles, CA Local Time
Redaktion der »Los Angeles Times«

»Sir, das hier ist gerade hereingekommen«, Mrs. Rodriges zeigt auf das Schreiben.

»Danke, legen Sie es mal dahin«, Robert Campbell deutet auf einen Stapel von Akten rechts auf seinem übergroßen Schreibtisch.

»Entschuldigen Sie, aber Sie sollten es sich sofort ansehen. Ron hat vor zehn Minuten über Satellitentelefon aus Saigon angerufen und ...«

»Ron?! Dann zeigen Sie mal bitte her. Haben Sie selbst mit ihm gesprochen?«

»Nein, es war Ben Wood. Er hat jetzt noch einen Termin in der Armstrong-Bank-Affäre, aber danach kommt er selbst zu Ihnen, hat er gesagt.«

»Danke, Mrs. Rodriges.«

Robert Campbell hält die Mappe mit der Aufschrift »Eilt« in den Händen und öffnet sie.

Abschrift des Berichts über Satellitentelefon des Südostasienkorrespondenten Ron Sherman von Dienstag, dem 26. Mai:

Hier ist Ron Sherman, ›Los Angeles Times‹, mit einem Satellitentelefonbericht aus Ho-Chi-Minh-City in Vietnam.

Wir haben heute Dienstag, den 26. Mai, 7:25 Uhr Local Time. Ich stehe ungefähr 300 Fuß entfernt von der durch Polizei und Militär abgeriegelten Fabrik der Chemical & Equipment Industries. Näher werde ich nicht herangelassen, und es besteht – völlig überraschend – ein Fotografier- und Filmverbot. Eine Begründung für diese Maßnahmen können mir die Sicherheitskräfte nicht geben. Durch ein in schlechtem Englisch verfasstes Flugblatts wird an die Pressestelle der Regierung in Hanoi verwiesen. Nach Information meines Kollegen Miller, der sich dort zurzeit aufhält, schweigt sich die Pressestelle bis jetzt aus. Offiziell wurde gestern nur so viel mitgeteilt, dass die Produktion aus ›betriebsbedingten Gründen‹ vorübergehend eingestellt und die Belegschaft bis auf Weiteres beurlaubt wurde. Gleiches gilt auch für das Vewaltungsgebäude am Flughafen und für die dort tätigen Mitarbeiter. Wir sind also weitgehend auf Spekulationen angewiesen, die aber unserem bisherigen Erkenntnisstand ziemlich nahekommen dürften: Die CEI-Firma, in letzter Zeit öfter wegen der höchst gefährlichen Produktionsweise von Düngemittel öffentlich kritisiert, scheint jetzt ins Visier der vietnamesischen Behörden geraten zu sein, die bisher erstaunlich lange keinerlei Reaktionen auf die Vorwürfe gezeigt haben. Vor drei Tagen jedoch soll sich hier ein Unfall ereignet haben, der offenbar von der Regierung zum Anlass genommen wurde, die Firma vorerst zu schließen. Nähere Informationen zu den Umständen, um was für einen Unfall es sich handelt und ob dieser möglicherweise mit den eben erwähnten Produktionsmethoden in Beziehung gebracht werden kann, waren bis zum jetzigen Zeitpunkt nicht zu erfahren. Auch nichts von den amerikanischen Führungskräften, da diese und ihre Angehörigen nirgendwo mehr anzutreffen sind; auch nicht über Mobilfunk. Einem Gerücht zufolge sollen sie vorgestern verhaftet worden sein.

Zu all dem haben die zentral gesteuerten vietnamesischen Medien wie üblich nichts verlauten lassen, und ich habe den Eindruck, vor einer fast undurchdringlichen Mauer des Schweigens zu stehen. Interessanterweise gibt es aber noch ein weiteres Gerücht, nach dem die US-Regierung und der Präsident über diese Angelegenheit in allen Einzelheiten unterrichtet seien und ein absolutes Stillschweigen angeordnet hätten.

Das war Ron Sherman für die ›Los Angeles Times‹ aus Saigon.

Robert Campbell stößt einen Pfiff aus:
»Das ist ja interessant, da steckt mehr, viel mehr dahinter! Ich ahne da etwas! Unsere Kollegen in Washington sollten sich darum kümmern. Und zwar schnell! Wenn an der Sache etwas dran ist, dann sind sie es, die etwas herausfinden können. Vielleicht haben wir schon genug Informationen für die nächste oder übernächste Ausgabe. Wir müssen die Ersten sein!«

Und schon fliegen seine Finger über das Tastenfeld des Telefons.

26. Mai Dienstag 08:19 Uhr Ho-Chi-Minh-City Local Time
Ngo-Gia-Tu-Straße

Heute soll es für einige Tage nach Vung Tau gehen. Lanh hatte gestern schon alles organisiert, und so besteigen Nguyen und

Di Hang, ihre Töchter Yen und Hanh, meine Schwiegermutter, meine Schwägerin Khai, meine Frau und zuletzt ich einen gemieteten Kleinbus mit Fahrer.

Vor vierzehn Jahren war ich mit Lanh und der ganzen Familie schon einmal in Vung Tau. Nachdem wir die Statue des bekannten liegenden Buddhas, von den Vietnamesen »Thich Ca Phat Dai« genannt, auf einem Berg besucht hatten und damit der Ausflug seinem Ende entgegenging, kauften Di Hang und Nguyen wie selbstverständlich an einem gut besuchten Stand irgendein Andenken an diesen Ausflug und Spielzeug für ihre kleinen Kinder.

Das erinnerte mich an meine Kindheit – anlässlich größerer Ausflüge bekam ich von meinen Eltern auch immer irgendetwas zum Spielen geschenkt. Das hat zwar etwas sehr Bürgerliches, vielleicht auch Spießiges an sich, ist aber im Grunde genommen nicht schlecht. Und dass ich das Gleiche auch am anderen Ende der Welt erlebte, lässt mich noch heute staunen und nachdenklich werden. Vielleicht sind wir Menschen einander doch mitunter ähnlicher, als wir es uns vorstellen oder eingestehen wollen.

Schnell ist das Gepäck verstaut und schon gehen wir unter im Verkehrsgewühl von Tausenden Zweirädern, Cyclos, Taxen und hupenden LKWs. Für die Fahrt werden wir ungefähr fünf Stunden brauchen. Der Verkehr in Saigon erlaubt den Autos seit eh und je nicht, viel mehr als dreißig Stundenkilometer zu fahren. Und auch später sind es auf den mittlerweile breit ausgebauten Landstraßen, für die nach amerikanischem Vorbild eine Straßenbenutzungsgebühr zu bezahlen ist, selten mehr als siebzig Stundenkilometer.

Wenn man aus der Stadt in Richtung Osten herausfährt, muss man einige Brücken über die Ausläufer des Mekongs überqueren. Waren vor vierzehn Jahren beiderseits der Brücken die sofort ins Auge fallenden Wachhäuschen noch mit Soldaten besetzt, so verrichtet hier heute niemand mehr seinen Dienst. Vietnam ist schon länger nicht mehr im Krieg mit seiner eigenen Bevölkerung, so scheint es.

Vorbei geht es an kleineren Dörfern, deren Bewohner nicht weniger eifrig und umtriebig sind als die Einwohner in der Stadt. Auch hier ist überall ist Handel und Wandel.

Ungefähr fünfzig Kilometer vor Vung Tau verändert sich das Bild der Straße. Es gibt einen bepflanzten Mittelstreifen mit blühenden Blumen. Und dieser bepflanzte Streifen führt uns ohne Unterbrechung direkt ins Zentrum von Vung Tau. Die Stadt, deren Häuser niedriger sind als in Saigon, macht zumindest im Stadtkern einen sehr gepflegten Eindruck. Man möchte wohl besonders Touristen aus dem Westen anziehen, die dann auch einige Dollars oder Euros hierlassen. Am zentralen Markt, dem Cho Vung Tau, ist man noch nicht so weit. Es wird an der Straße und am Kanalnetz gebaut. Die Stadt blüht wieder auf, jetzt angenehmer als zu früheren Zeiten.

Ein Hotel in Strandnähe in einem der typischen vietnamesischen Häuser ist schnell gefunden, und Lanh handelt einen vernünftigen Preis aus. Wir haben das Zimmer im obersten Stockwerk mit einer großen Terrasse und Blick auf das Meer. Nach der lang ersehnten Erfrischung im Wasser und dem anschließenden Abendessen im Kreis der Familie haben Lanh und ich endlich die Gelegenheit, uns zurückzuziehen. Wir erleben einen traumhaften Sonnenuntergang.

31. Mai Montag 08:01 Uhr Washington, DC Local Time
Oval Office, White House

»Ladies and Gentlemen, the President of the United States!«

Mit gewohnt schnellen Schritten nähert sich Andrew Morgan. Er wird schon erwartet. Mit einem »Danke, Edward, ich brauche Sie nicht mehr« lässt er die Tür hinter sich schließen. Edward ist nicht mehr verärgert, jedenfalls sieht man es ihm nicht an. Er hat sich wohl mit der Geheimniskrämerei seines Chefs abgefunden und schließt die Türen bereitwillig von außen.

»Guten Morgen, nehmen Sie bitte Platz!«

Nachdem sich die Anwesenden gesetzt haben, schaltet Andrew Morgan den Raum an der Konsole abhörsicher und wendet sich an seine Sicherheitsberaterin:

»Sharon, bitte!«

Sie nickt, schaut noch einmal kurz in ihre Unterlagen und blickt auf:

»Mr. President, Ladies and Gentlemen, wir haben heute die vierte Sitzung in diesem Kreis und sollten ein Resümee ziehen, wie weit wir bisher gekommen sind. Zuvor möchte ich Ihnen mitteilen, dass Berichten der CDC und unserer Geheimdienste zufolge bisher keine Erkrankungen in Vietnam aufgetreten sind. Das führt mich zu der ersten Frage an Dr. Tenner and Mr. West. Ist es Ihnen mittlerweile gelungen, eine Nachweismethode für das Virus zu entwickeln?«

Doug und Mr. West, die nebeneinandersitzen, einigen sich mit Handzeichen darauf, dass der Vertreter der Colorado-Chemicals-Werke zu sprechen beginnt.

»Mr. President, Mrs. Davis, nein, bisher noch nicht. Die Materie ist wesentlich schwieriger als erwartet. Und um Ihrer Frage zuvorzukommen, ob wir schon Erfolge in der Herstellung eines Serums haben, muss ich Ihnen ebenfalls mitteilen, dass wir noch nicht weitergekommen sind. Ich kann Ihnen aber versichern, dass in unserem Labor Tag und Nacht daran gearbeitet wird.«

»Danke, Mr. West.« Die Enttäuschung ist Sharon Davis deutlich anzusehen. »Und haben Sie Ergebnisse, Dr. Tenner?«

»Nein, Madam, aber auch wir forschen unentwegt.« Doug fühlt, dass er nach dieser Antwort von ihr wie sein Kollege mit einem kühlen Blick abgestraft wird, aber sie wendet sich schnell dem Außenminister zu.

»Und Sie, Mr. Lynch? Können Sie über positive Ergebnisse berichten?«

»Auch wir arbeiten an der Sache, aber bisher leider noch erfolglos. Es ist zurzeit noch nicht absehbar, ob wir das Virus mit einem nuklearen Schutzschirm aufhalten oder bekämpfen können. Die andere Lösung, eine atmosphärische Virusbekämpfung durch Raketenbeschuss des Luftraums über den USA mit entsprechenden Chemikalien, wäre nach Ansicht unserer Experten möglich, wenn die Ozonschicht noch die Ausdehnung hätte wie vor fünfzig Jahren.«

Sharon Davis ist über die Antworten sichtlich verärgert:

»Es kann doch nicht sein, dass es in diesem Land nicht möglich ist, ein Mittel zur Bekämpfung dieses Virus herzustellen«, kommt es ungehalten über ihre Lippen und sie schaut in die Runde. Außer mit hilflosem Axelzucken und entsprechendem Gesichtsausdruck der Beteiligten reagiert niemand auf ihre Vorhaltungen.

»Es scheint wohl schwieriger zu sein, als wir es uns ursprünglich gedacht hatten«, ergreift Andrew Morgan anstelle seiner Sicherheitsberaterin schließlich das Wort, »als wir die zwei Wissenschaftler Simpson und Mc Collins hierhatten, die eigentlich Koryphäen auf ihrem Gebiet sind, gab es ja zwischen den beiden einen handfesten Krach. Jeder von den beiden meinte, den Stein der Weisen gefunden zu haben. Aber das haben Sie ja selbst miterlebt.« Andrew Morgan macht eine Pause und wendet sich an Doug: »Wie sieht es mit mechanischen Lösungen aus, zum Beispiel mit Luftfiltern, Dr. Tenner?«

»Mr. President, auch daran arbeiten wir, jedoch scheint das nicht so ohne weiteres zu funktionieren. Es gibt noch Probleme, die in so kurzer Zeit nicht gelöst werden können.«

Nun zuckt auch Andrew Morgan vor Ratlosigkeit mit den Schultern. Schließlich fragt er in die Runde: »Hat irgend jemand von Ihnen ...«, ein leises, aber doch hörbares Summen unterbricht den Präsidenten. Er greift zum Hörer. Nach einer Weile sagt er nur »Ja« und legt auf.

Die Tür öffnet sich, Eduard kommt herein und überreicht dem Präsidenten auf einem Tablett einen Brief. Dieser schaut kurz darauf, hält den Brief hoch und wendet sich Mark West zu: »Post für Sie, Mr. West!«

Mark West ist etwas irritiert und schaut den Präsidenten ungläubig an, dann aber erhebt er sich und nimmt den Brief entgegen. Es ist ihm zunächst peinlich, aber als er den Absender auf dem Umschlag sieht, wirkt er etwas gefasster. Es herrscht eine unheimliche Stille, als Mark West den Umschlag hastig mit nervösen Fingern öffnet. Während er die wenigen Zeilen liest, hellt sich sein Gesicht merklich auf. Er wendet sich an den Präsidenten, der ihn, wie alle um ihn herum, fragend anschaut:

»Sir, ich glaube, hier ist eine Nachricht, die uns alle interessieren dürfte.«

»Lassen Sie hören!«

»Die Entwicklungsabteilung meiner Firma hat in Zusammenarbeit mit der CDC im Modellversuch das Virus bei Zugrundelegung einer atmosphärischen Ausbreitung erfolgreich bekämpfen können. Allerdings, und das muss betont werden, war das nur unter Laborbedingungen möglich. An einer praktikablen Lösung wird gearbeitet.«

Die Anwesenden atmen auf. Endlich ist da ein Funken Hoffnung, auch wenn sich der Erfolg nur auf einen Versuch im

Labor bezieht. Und auch Mark West ist erleichtert. Der etwas lädierte Ruf seiner Firma könnte sich endlich zum Positiven wandeln und er hofft, nicht mehr den Sündenbock von Mrs. Davis spielen zu müssen, die vor dem Verkünden der guten Nachricht jeglichen Augenkontakt mit ihm vermieden hat, jetzt aber wieder versöhnlich herüberschaut.

Sichtlich gelöst ergreift Andrew Morgan das Wort:

»Die quälende Ungewissheit, ob jetzt im fernen Vietnam das gefährliche oder ungefährliche ACPA 21 ausgelaufen war, ist jetzt eher erträglich. Ladies and Gentlemen, wir dürfen aber trotzdem nicht in unseren Bemühungen nachlassen. Auch die Frage nach einer möglichen Mensch-zu-Mensch-Ansteckung ist noch nicht geklärt. Wir dürfen diesen Punkt auf keinen Fall unterschätzen. Bis zu unserer nächsten Sitzung. Auf Wiedersehen!«

Und an Sharon Davis wendet er sich mit gedämpfter Stimme:

»Veranlassen Sie bitte, dass die Europäer unverzüglich über den Erfolg bei den Colorado-Chemicals-Werken in allen Einzelheiten unterrichtet werden.«

»Ist schon so gut wie erledigt, Mr. President.«

Im Hinausgehen kommt Doug an Sharon Davis vorbei. Doch bevor er sie nach dem Schicksal der Saigoner CEI-Crew fragen kann, sagt sie fast im Flüsterton, seine Frage ahnend:

»Mr. Tenner, es tut mir leid, wir haben keine guten Nachrichten. Nach unbestätigten Informationen unserer Geheimdienste wurden alle Mitglieder der CEI-Führung in Saigon zu langjährigen Haft- oder zu Todesstrafen verurteilt. Die Strafvollstreckung soll in Hanoi stattfinden. Wann, ist nicht bekannt. Wir vermuten aber, dass die CEI-Mitarbeiter in absehbarer Zeit von Saigon nach Hanoi gebracht werden. Die vietnamesische Regierung ist mehr als nur verärgert. Man überlegt, die gerade erst aufgenommenen diplomatischen Beziehungen abzubrechen. Jedenfalls wurde das unserem Botschafter mitgeteilt, als er vor einigen Tagen in das vietnamesische Außenministerium einbestellt wurde.«

»Danke, Mrs. Davis.«

»Wenn ich neue Informationen erhalte, teile ich es Ihnen sofort mit.«

»Nochmals vielen Dank und auf Wiedersehen.«

»Auf Wiedersehen, Mr. Tenner!«

Doug verlässt den Saal. Zurück bleiben der Präsident, seine Sicherheitsberaterin, Matt Lynch, Norman Goodwill und Mrs. Fitzgerald. Niemand spricht ein Wort, da die Türen noch offen sind. Andrew Morgan ist sichtlich nervös. Er steht auf und geht mit nachdenklich gesenktem Kopf auf und ab. Zwar war die Anhörung der Experten nach der überraschenden Post für Mark West nicht ganz so hoffnungslos, aber war es schon der erhoffte Durchbruch? Die erfolgreiche Bekämpfung des Virus war unter Laborbedingungen gelungen. Aber ist die Welt da draußen mit diesen Maßstäben zu messen? Ist sie vergleichbar mit einem großen Labor? Kann der Versuch unter normalen Bedingungen mit Erfolg wiederholt werden? Was ist, wenn ...? Ein Summen des Telefons unterbricht seinen Gedankengang. Er eilt zum Apparat:

»Ja, sie möchten hereinkommen, danke!«

Zwei unscheinbare Herren, der eine im gewöhnlichen Straßenanzug, der andere salopp mit einer Kombination bekleidet, betreten den Konferenzsaal, begrüßen den Präsidenten mit einem Kopfnicken und den kaum hörbaren Worten »Mr. President!«

Nachdem die Türen geschlossen sind und die Abhörsicherheit wieder hergestellt ist, ergreift Andrew Morgan das Wort:

»Meine Damen und Herren, wir kommen nun zum inoffiziellen Teil der heutigen Sitzung. Ich darf Ihnen vorab zwei Herren vorstellen, Mr. Levinsky und Mr. Steinberg von der NSA. Mrs. Davis übernimmt wie bisher die Information und Leitung. Sharon, bitte fangen Sie an.«

»Mr. President, Ladies and Gentlemen. Zunächst eine Angelegenheit von geringerer Bedeutung. Wie Sie sicher wissen, hat sich unser Verhältnis zu Vietnam seit dem Unglück bei der CEI in Saigon drastisch verschlechtert. In bekannter Vietcong-Manier hat man unsere Leute von der CEI in Saigon verhaftet und zu Todesstrafen bzw. langjährigen Freiheitsstrafen verurteilt. Sie sollen zur Vollstreckung der Urteile nach Hanoi verbracht werden. Diese Berichte sind zwar noch nicht bestätigt, klingen aber nicht ganz unwahrscheinlich«, Sharon Davis schaut ihren Chef jetzt direkt an, »der Präsident hat angeordnet, dass sich eines unserer Atom-U-Boote, die USS Kensington, voll munitioniert in Richtung Nordvietnam begeben soll. Wir haben an Bord eine ganze Truppe hervorragend ausgebildeter Soldaten. Es sind amerikanische Staatsbürger vietnamesischer Herkunft, deren Väter mit uns früher gegen den Vietcong gekämpft haben. Sie alle haben, sozusagen aus familiären Gründen, mit den Kommunisten noch eine Rechnung offen. Diese Truppe wird, wenn unsere diplomatischen Bemühungen von der vietnamesischen Seite nach wie vor zurückgewiesen werden, den Befehl erhalten, in einer Nacht-und-Nebel-Aktion an Land zu gehen und die Gefangenen zu befreien versuchen. Gelingt das nicht, wird der Präsident erwägen, offen mit Gewalt zu drohen. China wird nichts dagegen haben, weil zwischen Peking und Hanoi derzeit ebenfalls ein gespanntes Verhältnis herrscht. Diese Aktion läuft natürlich unter allerhöchster Geheimhaltung.«

Sharon Davis entgeht es nicht, dass sich die zwei Männer von der NSA einen kurzen Blick zuwerfen. Unbeirrt setzt sie ihren Vortrag fort: »Meine Herren, zunächst darf ich noch einmal resümieren, welche Erkenntnisse wir bis heute haben.«

Wieder schaut sie in die Richtung der beiden NSA Leute, die mit unbewegter Miene das Geschehen verfolgen. Wieso mache ich das hier eigentlich, fragt sie sich, die wissen doch sowieso alles, nur zugeben würden sie es auf keinen Fall. Aber fragen muss ich sie trotzdem, die Form muss gewahrt bleiben! Sie fährt fort: »Mr. Steinberg, Mr. Levinsky, auf welchem Informationsstand sind Sie?«

Der Außenminister hat sein Kinn auf die vor ihm gefalteten Hände gelegt und schaut bei dieser Frage amüsiert in die Runde. Auch er weiß natürlich, dass die beiden mit Sicherheit schon bestens informiert sind. Eigentlich müssten die NSA-Leute die Übrigen auf den neuesten Informationsstand bringen! Es ist immer das gleiche Katz-und-Maus-Spiel, wenn die NSA mit am Tisch sitzt.

»Mrs. Davis, dürfen wir erfahren, welches Ergebnis die vorherige Besprechung hatte?«, fragt Mr. Steinberg die Sicherheitsberaterin, ohne auch nur im Entferntesten auf ihre Frage einzugehen.

»Selbstverständlich: In den Labors der Colorado-Chemicals-Werke wurde das Virus erfolgreich bekämpft. Es ist ein Lichtblick. Aber dennoch heißt das nicht, dass wir das Virus schon im Griff haben.«

Die beiden NSA-Mitarbeiter nicken und Sharon Davis richtet ihren Blick zunächst auf den Präsidenten, dann wieder auf Levinsky und Steinberg.

»Meine Herren, wir haben jetzt noch weitere Probleme, die wir, wenn überhaupt, nur mit Ihrer Hilfe lösen können. Wie Sie wissen, beschäftigt sich die Presse jetzt wieder zunehmend mit der CEI in Saigon und mit der Gefahr, die von der Düngemittelproduktion und dem dabei entstandenen Abfallstoff ausgeht. In diesem Zusammenhang wurde die

Öffentlichkeit erstmals über einen Unfall bei der CEI sowie auch darüber unterrichtet, dass die Firma für unbestimmte Zeit von den vietnamesischen Behörden geschlossen worden ist. Es wurden Mutmaßungen angestellt, dass die amerikanischen Führungskräfte der CEI deswegen verhaftet worden sind. Federführend bei allem war und ist die ›Los Angeles Times‹. In ihrer gestrigen Ausgabe hat sie die Bekanntgabe weiterer Enthüllungen für die nächsten Tage angekündigt. Die Presse wittert, dass wir hier in Washington Genaueres darüber wissen und es nicht preisgeben wollen. Seit gestern treffen dazu laufend Anfragen ein, die wir bisher nicht oder nur ausweichend beantwortet haben. Auch der *Congress* ist schon misstrauisch geworden. Dazu kommt, dass durch die Gerüchte um die CEI die Chemietitel an den Börsen weltweit um durchschnittlich drei Prozent gesunken sind. Lange lassen sich das die Chemiewirtschaft und vor allem die konstitutionellen Anleger nicht gefallen! – Es ist wieder das Übliche: Irgendwo gibt es bei uns eine undichte Stelle. In spätestens drei bis vier Tagen, so schätze ich, weiß die Presse über alles Bescheid und wird uns als Intriganten und Lügner vorführen. Das Schlimmste aber ist, dass wir es mit einer Massenpanik zu tun haben werden, die nicht mehr zu kontrollieren sein wird. Wir müssen uns so oder so etwas überlegen, um ...«

»Danke, Mrs. Davis«, greift Andrew Morgan unvermittelt ein, »wir werden nicht umhinkommen, der Bevölkerung die Wahrheit zu sagen, wenn wirklich eine Epidemie ausbrechen sollte. Aber das ist ja noch keineswegs sicher. Im Ernstfall können wir immer noch überlegen, wie wir das machen. Doch genau für diesen Fall sollten wir vorsorglich so schnell wie möglich ein Ereignis schaffen, das dafür sorgt, unser Land nach außen hin abschotten zu können. Wir würden zwei Fliegen mit einer Klappe schlagen. Die Presse hätte endlich etwas, worüber sie berichten kann und wäre von der CEI-Geschichte abgelenkt. Und wir würden dadurch Masseneinwanderungen von vornherein ausschließen. Das aber natürlich nur inoffiziell. Ich denke nämlich, dass sich, sollte der schlimmste Fall wirklich eintreten, wahre Fluten von Flüchtlingen über unser Land ergießen werden, wenn wir unsere Grenzen nicht schon vorher geschlossen haben. Wir werden noch genügend Probleme mit unseren Landsleuten bekommen, die sich ohne ihr Wissen in Asien oder Europa angesteckt haben und wieder in die USA zurückgekehrt sind. Als Präsident ist es meine erste Pflicht, zunächst für unsere eigenen Bürger zu sorgen«, Andrew Morgan schaut in die Runde und erntet wohlwollende Blicke, »aber ich befürchte, dass wir das nicht ganz sauber bewerkstelligen können. Deswegen sind Sie, Mr. Steinberg und Mr. Levinsky, hier, um uns dabei zu helfen.«

»Was schwebt Ihnen vor, Mr. President?«

»Wir hatten unser Land nach dem 11. September für einige Tage abgeriegelt. Niemand kam herein und niemand heraus. Begründet hatten wir das damals mit der Suche nach den dafür Verantwortlichen. Können wir irgendeine Situation glaubhaft inszenieren, bei der die gleiche oder eine ähnliche Begründung greift?« Andrew Morgan macht eine Pause, dann fährt er fort: »Genau so etwas brauchen wir wieder, aber es darf auf keinen Fall das Leben amerikanischer Staatsbürger kosten, und wir müssen in der Lage sein, die Abschottung über mindestens zwei, besser drei Wochen aufrechtzuerhalten. Und es muss noch vor dem 6. Juni passieren.«

»Wir lassen uns etwas einfallen, Mr. President«, sagt der bisher schweigsame Mr. Levinsky sehr überzeugend, »keine Sorge, wir machen das. Ich habe auch schon eine Idee, wie wir ...«

»Aber können Sie das, was Sie vorhaben, wirklich auch vor der Presse geheim halten«, unterbricht ihn Andrew Morgan aufgeregt, »dringt wirklich nichts nach außen?«

»Mr. President, ich kann Sie beruhigen. Darin haben wir Übung! Ist denn damals etwas Konkretes nach außen gedrungen?«

Andrew Morgan schaut ihn kurz an, so, als ob er weiß, worum es geht. Auf mir liegt eine zentnerschwere Last. Kann ich das verantworten, denkt er, aber schließlich erklärt er seine Bereitschaft dazu.

»Na gut, dann machen Sie es so, wie ...«

Mr. Levinsky unterbricht den Präsidenten:

»Entschuldigen Sie, Sir. Zur Vorbereitung und Unterstützung einer Aktion wäre es nicht schlecht, die El Kaida ins Spiel zu bringen. Wir sollten entgegen Ihrer Ansicht doch zugeben, dass es einen Chemieunfall in Saigon gegeben hat, und diesen den Islamisten in die Schuhe schieben. Auf die enorme Gefährlichkeit des Virus müssen wir ja noch nicht im Detail eingehen, um unkontrollierte Panikreaktionen der Bevölkerung zu verhindern. Den Medien wäre damit der Wind aus den Segeln genommen, etwas aufgedeckt zu haben, was die Regierung verheimlichen wollte. Lancieren Sie Verdachtsmomente über mögliche Machenschaften der El Kaida an dem Unfall in Saigon noch heute in die Medien. Bis zum Abend weiß ganz Amerika darüber Bescheid, weil alles, was irgendwie mit El Kaida zu tun hat, ein gefundenes Fressen für die Presse ist. Greenpeace, die WHO, vielleicht auch die vietnamesische Regierung und nicht zuletzt El Kaida werden zwar protestieren und uns der Lüge bezichtigen. Aber das wird uns nicht davon abbringen, unseren Standpunkt so lange zu behaupten, bis er von der Weltöffentlichkeit akzeptiert wird oder zumindest Zweifel an den anders lautenden Stellungnahmen entstanden sind. Und auch wenn die EL Kaida unsere Darstellung bezweifelt, wird ihr vom Westen sowieso nicht Glauben geschenkt, und nur das ist für uns von Interesse!«

Mr. Levinsky macht eine kurze Pause, schaut in erstaunte und zufriedene Gesichter und fährt fort:

»Wie Sie wissen, Mr. President, ist das ein Mittel psychologischer Kriegsführung. In der Vergangenheit hat es erfahrungsgemäß immer ganz gut funktioniert. Aber da erzähle ich Ihnen sicher nichts Neues. Und selbst wenn später herauskommt, dass bei der CEI in Saigon nicht alles glattgelaufen ist, können wir auch das noch als terroristischen Anschlag brandmarken. Mr. President, diese ganze Aktion bringt Sie aus dem Stimmungstief bei den Wählern heraus. Sie sind dann wieder der starke Mann.«

Andrew Morgan und die anderen sind verblüfft. Dieser Plan ist einfach und genial zugleich und schließt alle Probleme ein, eben typisch für die Planungen der NSA.

»Ja, so ist es, und Sie werden wieder gewählt!«, bestätigt Mr. Steinberg und macht eine Geste, die daran keinen Zweifel lässt.

Zuerst fängt der Präsident an zu lachen, dann Mrs. Davis, Mr. Lynch und auch verhalten die beiden NSA-Leute. Die angespannte Stimmung der letzten Tage scheint für Sekunden einer Euphorie zu weichen.

»Aber was machen wir«, entfährt es dem Präsidenten, für alle deutlich hörbar, »wenn das Virus wirklich entstanden ist und wir es in unserem Land nicht bekämpfen können?«

2. Juni Dienstag 07:54 Uhr Washington, DC Local Time
White House

Andrew Morgan frühstückt gerade und blättert interessiert in der »Washington Post«, als es klopft. Es ist Edward.

»Mr. President, entschuldigen Sie bitte, hier ist eine Nachricht für Sie.«

»Danke, Edward«, Andrew Morgan schaut auf den Umschlag, aber es ist kein Absender vermerkt, lediglich ein Kontrolleingangsvermerk der Poststelle des Weißen Hauses, dass der Inhalt des Umschlags ungefährlich ist. Er öffnet ihn und liest:

Dear Mister President,
aus Saigon sind im Laufe des gestrigen Abends und in der Nacht zwei Berichte eingegangen, die unabhängig voneinander das Vorhandensein von mehreren unerklärlichen Todesfällen bestätigen. Nicht erwiesen ist die Vermutung, ob es sich um eine Viruserkrankung handeln könnte. Es liegen derzeit keine Anzeichen dafür vor. Die CDC arbeitet ebenfalls an der Klärung dieser Todesfälle.
In der Angelegenheit unserer Saigoner CEI-Leute – was mit ihnen geschieht und wo sie sich befinden – kann ich Ihnen derzeit mit keinen neuen Informationen dienen.
Sincerely
Norman Goodwill

Oh, Shit, denkt Andrew Morgan, wenn das nicht die Hiobsbotschaft aus Vietnam ist ...

4. Juni Freitag 07:23 Uhr Washington, DC Local Time
White House

Andrew Morgan ist gerade auf dem Weg vom Wohnbereich des Weißen Hauses zu seinem Arbeitszimmer, als das Telefon klingelt: »Mr. President, ein Gespräch für Sie, Mr. Goodwill!«
»Danke, stellen Sie es bitte durch.«
Es dauert keine zwei Sekunden, bis sich Norman Goodwill am Telefon meldet:

»Mr. President, hier ist Goodwill. Ich hatte Ihnen vorgestern eine Nachricht ...«

»Ja, was ist damit?«, unterbricht ihn Andrew Morgan nervös.

»Sir, diese Nachricht erwies sich als falsch. Es handelt sich lediglich um zwei neue Fälle der Vogelgrippe. Die CDC hat das bestätigt. Und ebenfalls unsere Geheimdienstleute in Saigon. Ich wollte Ihnen das so schnell wie möglich persönlich sagen.«

»Danke, Norman«, Andrew Morgan atmet erleichtert auf, »ich bin Ihnen sehr zu Dank verpflichtet.«

4. Juni Freitag 09:34 Uhr New York City Local Time
Manhattan, 23rd Street Subway Station

An diesem Morgen lief bis genau 9:34 Uhr in der New Yorker U-Bahn alles nach Plan, wenn da überhaupt etwas nach Plan lief. Der außergewöhnlich heftige Regen am Vortag hatte zwar wieder die Gleise überflutet, sodass der Betrieb gestern am frühen Nachmittag zur Freude der *Yellow Cab Driver* eingestellt wurde. In der Nacht aber war das Wasser aus den Schächten und Tunneln weitestgehend abgepumpt worden, sodass am Morgen neunzig Prozent des Streckennetzes wieder in Betrieb genommen werden konnten. Die Bediensteten der New York City Transit Authority hatten sämtliche Züge vor den Fluten in Sicherheit bringen können. Das Problem war bekannt und man hatte sich auch dieses Mal darauf eingestellt. Die Eisenbahner unter Tage sind wahre Künstler der Improvisation, auch wenn es von Jahr zu Jahr schwerer wurde, das alte, verrottete U-Bahn-System am Laufen zu halten. Pannen, Verspätungen und kaum verständliche Lautsprecheransagen auf den

Bahnhöfen, die über Unregelmäßigkeiten berichteten, waren auch nach über hundert Jahren seit Bestehen der New Yorker Subway eher die Regel als die Ausnahme eines gewöhnlichen Betriebstages. Die Stadt hatte seit Jahrzehnten keine nennenswerten Beträge mehr in die Wartung seiner U-Bahn gesteckt. Man hatte sich nie die Mühe gemacht und es auch nicht ernsthaft in Erwägung gezogen, das ohrenbetäubende Rattern und Quietschen der Züge merklich zu reduzieren, denn dazu hätte man wesentliche Teile des Schienennetzes erneuern müssen. So wurde es bei Bedarf immer nur geflickt, weil es am notwendigen Geld fehlte. Triebwagen und Waggons ersetzte man nur Stück für Stück, wenn es wirklich nicht mehr anders ging. Und um den Anblick verschiedener Bahnhöfe zu verbessern, wurden seit einigen Jahren vereinzelt Instandsetzungsarbeiten durchgeführt. Zumindest für ein paar Monate, so spöttelten einige Regionalzeitungen, würde dann auf diesen Stationen kein Wasser aus der Decke tropfen, weil es sich zunächst einen anderen Weg suchen muss.

Es ist 9:33 Uhr. Heute ist wieder einer der Tage, die in Manhattan so unerträglich schwül und heiß sind. Janet Murtha steht mit ihrer kleinen Tochter auf dem Bahnsteig der 23rd Street Station und genießt es sichtlich: Hier unten ist die feuchte Hitze leichter zu ertragen als oben.

Aus Richtung Downtown kündigt sich ein Zug an, der nicht an dieser Station halten wird. Mit einem immer lauter werdenden Rattern, das sich zu einem schmerzhaften Geräusch steigert, kommt er auf dem Nachbargleis näher und durchfährt den Bahnhof. Einige der Wartenden halten sich die Ohren zu. Endlich verschwindet der Zug wieder in einer dunklen Röhre und mit ihm auch der Lärm.

Der große Zeiger der Uhr auf dem Bahnsteig macht einen Ruck. Es ist 9:34 Uhr. Zeit für den A-Train in Richtung

Downtown, wenn er nicht wieder zu spät kommt oder ganz ausfällt. Heute aber scheint er einigermaßen pünktlich zu sein. In der Ferne ganz hinten im Tunnel erscheint ein Licht, das sich allmählich nähert. Es müssen die Frontlichter des ersten Triebwagens sein, die wegen der Entfernung nur als ein einziger Lichtpunkt erscheinen. Dieser Punkt kommt langsam näher, aber die Lichter zeichnen sich nicht, wie gewöhnlich, als einzelne Frontlampen des ersten Triebwagens ab, sondern werden diffuser und größer, bis schließlich der gesamte Tunnelausschnitt mit einem blauen und weißen Licht erfüllt ist. Es kommt nicht etwa gleichmäßig näher, sondern in schnell ablaufenden Impulsen, vielleicht fünfzig Meter vorwärts, zehn Meter zurück und wieder fünfzig Meter nach vorn. Und dazu mit einem Geräusch, das für einen Zug völlig fremd ist, es hört sich an wie ein Atmen. Je näher das Licht kommt, desto lauter wird das Geräusch. Und jetzt wird immer deutlicher, worum es sich eigentlich handelt. Es ist eine wabernde blauweiße, ansonsten aber undefinierbare Masse, die offensichtlich durch die Frontscheinwerfer des Zuges erhellt wird und die U-Bahn-Röhre völlig ausfüllt. Sie erinnert entfernt an eine Mischung aus Wasserdampf und Rauch. Keiner der auf dem Bahnsteig Wartenden hat so eine Erscheinung in der Subway schon einmal gesehen. Alle schauen gebannt in die Tunnelröhre. Nun ist auch das vertraute Rattern der Triebwagen deutlich wahrnehmbar, es wird lauter, aber zunehmend von dem immer stärker werdenden Atemgeräusch überlagert, das sich jetzt zu einem stetig lauter werdenden Zischen und Pfeifen gewandelt hat. Noch sind die Menschen auf dem Bahnsteig neugierig. Jeder will wissen, was da auf ihn zukommt.

Auch Janet Murtha und ihre Tochter schauen gebannt in den Tunnel. Ganz offensichtlich und für jeden erkennbar schiebt der Zug in der engen U-Bahn-Röhre eine riesige blauweiße Dampfwolke vor sich her. Nur verschwommen schimmert der starke Lichtstrahl der Frontscheinwerfer des ersten Triebwagens durch sie hindurch. Gleich ist sie nur noch wenige Meter vom Bahnsteig entfernt.

Mit einem Mal erkennen die Wartenden auf dem Bahnsteig, dass sich die Wolke zunächst zurückzieht, um sich beim nächsten Mal wieder ruckartig nach vorne zu bewegen, bis sie schließlich weit in den Bahnsteig hineinreicht. Und mit einem Mal ist die Neugierde vergessen. Die Menschen bekommen Angst. Sie schreien, kreischen und flüchten panisch zu den nach oben führenden Treppen.

Auch Janet schreit entsetzt auf, greift nach ihrer Tochter:
»Honey, wir müssen weg, schnell!«

Doch weit kommen beide nicht. Die blauweiße Wolke erreicht mit einem Schlag den Bahnsteig des U-Bahnhofs, quillt mit einer ungeheuren Geschwindigkeit in die Station und breitet sich mit einem Knall und einem Zischen explosionsartig in der gesamten Station aus, so, als ob sie im Tunnel durch den ungebremst fahrenden Zug bis aufs Äußerste komprimiert worden war und dieser Druck jetzt endlich weichen kann.

Sofort ist der Bahnsteig bis auf den letzten Winkel von dichtem blauweißem Rauch eingehüllt. Unsichtbar mit ohrenbetäubendem Rattern und Quietschen und unverminderter Geschwindigkeit donnert der Zug durch den Bahnhof, bis er wieder in der Röhre verschwunden ist, die blauweiße Rauchsäule in den nächsten U-Bahnhof vor sich herschiebend.

Janet Murtha und ihre Tochter kommen aus dieser Station nicht mehr heraus, mit ihnen noch vierundsiebzig Personen.

4. Juni Freitag 11:04 Uhr New York City Local Time
Manhattan

Die Halbinsel Manhattan kann von einem Helikopter aus betrachtet bei schönem Wetter sehr imposant aussehen, besonders der Batterypark im Süden oder die Wallstreet mit ihren vielen Banken. Auffällig aber ist eine klaffende Lücke, *Ground Zero*, wo einst die zwei Türme des World Trade Centers standen. Es folgt die Canalstreet mit Chinatown und den angrenzenden ethnischen Vierteln wie Little Italy. Und weiter in Richtung Norden der kleine Washington Square, die Avenues und Streets mit ihren rechtwinklig angelegten Straßen und dem berühmten diagonal verlaufenden Broadway. Das Pan Am Building und das Empire State Building ragen als Besonderheit ein wenig aus den vielen Wolkenkratzern heraus. Und so geht es bis zum südlichen Ende des Central Parks, der von kleineren Hochhäusern umrahmt wird. Weiter nördlich erstreckt sich Harlem, in das sich am besten kein Mensch mit weißer Hautfarbe wagen sollte. Dahinter liegt die berüchtigte Bronx mit vielen maroden, teilweise schon in sich zusammengefallene Gebäuden.

Entweichen kann man dieser unausgewogenen Mischung aus Reichtum im Süden und Armut im Norden über etliche Brücken nach New Jersey, Brooklyn, Queens oder über Autobahnen in weitere Ortsteile der riesigen Stadt New York. Unterirdisch ist das durch einige Tunnel, wie etwa dem bekannten Holland Tunnel nach New Jersey, möglich. An gewöhnlichen Tagen sehen die Autos aus der Vogelperspektive aus wie Ameisen, die in den tiefen Straßenschluchten nervös herumkrabbeln. Nur der Feierabendverkehr zum Nachmittag mit seinen Staus lässt das emsige Treiben für einige Zeit erlahmen.

Heute wirkt Manhattan aus der Luft um diese Zeit anders als sonst. Vom südlichen Teil bis hin zum Central Park ist der

Straßenverkehr völlig zum Erliegen gekommen, Staus, wohin man sieht. Fast könnte es eine vorgezogene Rushhour sein. Aber so ist es nicht! Die Menschen kaufen nicht etwa in Ruhe ein, spazieren oder gehen zügigeren Schritts zur Arbeit, nein, sie rennen und laufen, als ginge es um ihr Leben. Aus vielen Subway-Stationen im südlichen Manhattan steigt schwerer, dunkler Rauch auf. Es sind fast immer runde Säulen mit einem Durchmesser von zehn bis zwanzig und mehr Metern, die bei der heutigen Windstille fast quälend langsam kerzengerade in den blauen Himmel über New York City aufsteigen. Von unten quillt neuer Rauch nach und lässt die Säulen so unweigerlich wachsen. Sie überragen schon jetzt sämtliche Wolkenkratzer. Ursprünglich waren sie blauweiß, ihre Farbe verwandelt sich aber schnell in ein schmutziges Mausgrau.

Dort, wo der Rauch aus der Tiefe aufsteigt, bewegt sich im Umkreis von mehreren hundert Metern nichts mehr.

4. Juni Freitag 20:00 Uhr Washington, DC Local Time
White House

»Guten Abend. Heute ist unsere Nation zum zweiten Mal das Ziel eines barbarischen terroristischen Anschlags geworden. Wieder war New York das Ziel. Ein Giftgasanschlag in der New Yorker Subway hat Zehntausende das Leben gekostet. Die genaue Zahl der Toten wissen wir erst in ein paar Tagen. Noch ist die Gefahr nicht vorüber, noch stehen unverrückt gewaltige höchst giftige Rauchsäulen im südlichen Teil der Stadt. Das Leid, das die Menschen in New York am 11. September 2001 erleiden mussten, und seine Wunden, weil Väter, Mütter und Kinder von einer auf die andere Stunde unwiderruflich ihre Angehörigen verloren haben, sind noch lange nicht verheilt. Und durch den heutigen barbarischen

Anschlag ist den New Yorker Bürgern weiteres kaum zu ertragendes Leid zugefügt worden. Meine Frau und ich, die ganze amerikanische Nation und unsere Freunde in der Welt sind in diesem Augenblick der Trauer und des Schmerzes bei Ihnen. Unsere heldenhaften Fireworker aus New York City stehen auch jetzt wieder bereit, um jedem zu helfen, der ihrer Hilfe bedarf. Und ich danke unseren Freunden und Alliierten für ihre zahlreichen Beileidsbekundungen. Unser Krieg gegen den Terror, der unmittelbar nach dem 11. September begann und in Afghanistan und im Irak mit Erfolg geführt wird, ist noch lange nicht zu Ende. Der Terrorismus bedient sich immer teuflischerer Methoden. Jetzt greift er uns mit chemischen und biologischen Waffen an und seine Handlanger fordern immer das Leben unschuldiger Menschen. Der Terrorismus ist dabei nicht auf unser Land begrenzt. Selbst in Kontinenten außerhalb der westlichen Hemisphäre, beispielsweise in Asien, sind unsere Firmen, die der dort heimischen Landwirtschaft stützend unter die Arme greifen, vor Intrigen und Angriffen nicht sicher, so wie es der Chemical & Equipment Industries in Saigon kürzlich ergangen ist.

Von heute an werden wir gemeinsam mit unseren Freunden und Alliierten den Kampf gegen das Böse verstärken und ausweiten. Zu diesen Maßnahmen gehören insbesondere die vorübergehende Schließung aller Grenzübergänge und Einstellung aller internationalen Flüge. Wir werden die Terroristen, die sich noch in unserem Land befinden, so lange jagen, bis wir ihrer habhaft geworden sind, um ihnen dann Gerechtigkeit zuteilwerden zu lassen.

Ich bitte Sie um Gebete für diejenigen, die sich jetzt verloren fühlen, für die Kinder, deren Träume zerstört sind und für all jene, die das Vertrauen in die Sicherheit unseres Landes verloren haben. Wie schon einmal möchte ich aus dem Psalm

23 lesen ...«, Andrew Morgan schaut in die Kamera, faltet die Hände zum Gebet und spricht bedächtig die Worte, »und ob ich schon wanderte im finstern Tal, fürchte ich kein Unglück; denn Du bist bei mir; Dein Stecken und Stab trösten mich«, er macht eine kleine Pause. Sein verklärter Blick erhellt sich, und er ist wieder der Kämpfer: »Auch dies ist ein Tag, den wir Amerikaner nie vergessen werden. Lassen Sie uns aufbrechen, das Böse noch härter und nachhaltiger zu bekämpfen. Wenn wir diese Aufgabe im guten amerikanischen Pioniergeist angehen, werden wir siegen! Thank you. Good night and God bless America!«

4. Juni Freitag 20:11 Uhr Washington, DC Local Time
White Hause

Nach der Ansprache des Präsidenten, die live über alle Radio- und Fernsehkanäle in den USA gesendet wurde, erwartet ihn seine Sicherheitsberaterin, die er heute noch nicht gesehen hatte, direkt am Eingang des zum Studio umgebauten Büros. Doch bevor sie etwas sagen kann, zischt Andrew Morgan ihr zu, ohne dass die Umstehenden etwas davon merken:

»Musste das sein? So war das mit der NSA aber nicht vereinbart, das waren zu viele Opfer, viel zu viele!«
»Mr. President,« entgegnet sie schnell, »wir haben heute Nachmittag ein Bekennerschreiben aus Saudi Arabien erhalten. Es stammt definitiv von der EL Kaida. Ein Irrtum ist völlig ausgeschlossen!«

5. Juni Samstag 18:27 Uhr Ho-Chi-Minh-City Local Time
Ngo-Gia-Tu-Straße

In Vung Tau verlebten wir einen angenehmen Tag. Immer wieder haben wir in uns in den erfrischenden Wellen abgekühlt und nach anfänglichem Zögern zeigte sich Lanh am Strand mit ihrem neuen roten Badeanzug, der ihr umwerfend gut stand. – Obwohl wir nun schon so lange verheiratet sind, schafft es meine Frau immer noch, mich zu überraschen.

Neben dem täglichen Vergnügen im Meer blieb auch noch ausreichend Zeit für Fahrten, unter anderem zu der auf einem Berg befindlichen etwa dreißig Meter hohen Jesus-Statue. Diese Statue stand auch schon dort, als viele Vietnamesen bei Nacht und Nebel mit kleinen, oft nicht seetüchtigen Fischerbooten dem verhassten Regime den Rücken kehrten.

Ursprünglich sollte sie die zurückkehrenden Seeleute mit ausgebreiteten Armen willkommen heißen. Einer unserer Mitarbeiter in Berlin aber hatte mir erzählt, dass die Statue damals für viele eine andere Bedeutung hatte: Jesus begrüßte nicht etwa die Menschen, sondern er forderte sie zum Verlassen des Landes auf. Darüber, und das habe ich selten bei einem der ehemaligen vietnamesischen Flüchtlinge erlebt, konnte er herzlich lachen. Allerdings liegt seine Flucht auch schon mehr als zwanzig Jahre zurück.

Ich bin erstaunt, dass sich die katholische Kirche in diesem vorwiegend buddhistischen Land so präsentieren kann, und auf dem Weg nach Vung Tau habe ich auch einige recht große Gotteshäuser gesehen, die durch ordentliche Wartung in einem baulich guten Zustand waren. Im Gegensatz dazu hört man aber immer wieder von der Unterdrückung der Religionsfreiheit und der Verhaftung katholischer Priester. Wie passt das zueinander, wenn das alles so stimmt, was berichtet wird?

Vor ein paar Tagen fuhren wir nach Saigon zurück und mussten uns erst wieder an die feuchte Hitze gewöhnen. Dabei halfen mehrere Besuche von Eisdielen und klimatisierten Café. Lanh und ich verzehrten bergeweise Eis. Nachmittags kehrten wir dann in den Kreis der Familie zurück und aßen später gemeinsam zu Abend. Danach unternahmen wir meist kleinere Touren ins nächtliche Saigon, um dann gegen elf Uhr abends zu Hause todmüde ins Bett zu fallen.

Morgen aber ist für mich schon der Tag der Abreise. Ich werde noch für drei Tage in Peking Station machen, um dort eine alte Bekannte zu besuchen und danach direkt nach Berlin zurückfliegen, da meine Firma schon mit viel Arbeit auf mich wartet. Lanh, Khai und meine Schwiegermutter bleiben noch zwei Wochen in Vietnam und kommen dann direkt nach Deutschland.

Schon bei unserer Reiseplanung war ich mit Lanh übereingekommen, dass ich nicht die ganze Zeit in Vietnam bleibe. Zum einen wollte Lanh auch all ihre Verwandten besuchen, und dabei würde sie mit mir nicht viel anfangen können. Zum anderen wäre es für mich auch etwas langweilig, wenn ich sie begleiten würde, weil die ganze Kommunikation auf Vietnamesisch abläuft und kaum jemand Englisch spricht. Ich sollte daher lieber Ai Ling in Peking besuchen, denn wir haben sie seit Jahren nicht mehr gesehen.

Ein bisschen graut es mir vor morgen. Ich mag keine Abschiede, auch wenn sie nur auf Zeit sind. Deswegen werde ich mir allein ein Taxi nehmen und mich von Lanh schon im Haus ihrer Tante verabschieden. Auch für Lanh ist es besser.

Im oberen Teil des Flughafens gibt es eine Besucherterrasse, auf der sich immer viele Menschen versammeln, wenn ein Flugzeug das Land in Richtung Europa oder USA verlässt. Wie viele schmerzhafte Abschiede unter Meeren von Tränen hat es hier in den letzten Jahrzehnten gegeben, nachdem das Land unter den kommunistischen Machthabern wieder vereinigt wurde und Ausreiseanträge der eigenen Bevölkerung wie früher in der DDR noch sehr restriktiv gehandhabt wurden.

Lanh stand auch dort oben, als ihre Mutter und Ngan das Land Anfang der Achtziger nach Überwindung von etlichen bürokratischen Hürden und unter Zahlung von horrenden Bestechungsgeldern verlassen durften. Was muss in ihr damals alles vorgegangen sein, als sie allein zurückblieb? Was hat sie in den zwei Jahren, bis auch sie die Erlaubnis zur Ausreise bekommen hatte, deren Erteilung bis zum Schluss ganz und gar nicht sicher war, nicht alles durchmachen müssen? Was für ein Gefühl der Einsamkeit, der Verlorenheit muss sie gehabt haben, als die Maschine mit Mutter und Schwester an Bord langsam in Richtung Startbahn rollte, mit gedrosselten Motoren minutenlang bis zur Startfreigabe stehen blieb, sich dann mit aufheulenden Triebwerken langsam in Bewegung setzte, immer schneller und schneller wurde, abhob, steil in den Himmel stieg und dann langsam hoch im Westen als immer kleiner werdender Punkt ihrem Blick ohne Wiederkehr entschwand ...? Es war für Lanh schrecklich, die Hölle auf Erden!

Ich wäre damit überhaupt nicht fertig geworden. Allein schon der Gedanke an dieses Zurückgelassensein lässt mich erschaudern.

Ähnliche Gefühle ergriffen mich, als ich im Frühjahr 1987 bei meinem ersten Besuch in Saigon Mai kennen gelernt hatte – wenn diese Erlebnisse damit überhaupt vergleichbar waren.

Mai stand vor den Hotels und sprach mit holperigem Englisch die Touristen an, um sich Geld zu erbetteln. In mir hatte sie ein Opfer gefunden. Ich hatte das sehr schnell erkannt, und natürlich war da keine Liebe im Spiel. Noch nicht einmal unsere Lippen hatten sich berührt, selbst beim Abschied nicht, aber sie tat mir unendlich leid. Ich ließ sie ungern in dem heißen Saigon zurück, weil die Stadt auf mich einen sehr heruntergekommenen Eindruck machte, ohne Hoffnung, dass sich das Schicksal der dort lebenden Menschen jemals ändern würde. Mir brach es das Herz und die Tränen flossen nur so. War es ein vorher nie erlebter Weltschmerz? Oder war es meine Fähigkeit, mich in ihre völlig hoffnungslose Lage einzufühlen, indem ich mir vorstellte, wie sie weiter jeden Tag ums Überleben kämpft, andere Touristen anspricht, vielleicht auch misshandelt oder missbraucht wird? Ich bin mir manchmal selbst fremd oder unheimlich und kann mir bisweilen die Übermächtigkeit meiner Gefühle nicht erklären.

Herzzerreißende Abschiedsszenen am Flughafen sind heutzutage seltener geworden, denn es gibt ein Wiedersehen. Die Machthaber in Hanoi lassen die Zügel wesentlich lockerer. Sie erlauben ihren eigenen Bürgern ohne große Probleme, das Land zu verlassen. Die Ein- und Ausreisebestimmungen wurden schon vor Jahren wesentlich vereinfacht, und bei den touristischen Auslandsvietnamesen und ehemaligen Flüchtlingen, die ihre in Vietnam gebliebenen Familien besuchen, wird weitestgehend auf Repressalien verzichtet. Die Gelder und der bescheidene Wohlstand, der auf diese Weise ins Land kommt, sind meist wichtiger als die Lehren von Marx und Engels. Auch früher zu Feinden des kommunistischen Regimes erklärte Personen, wie etwa ehemalige ranghohe Offiziere der südvietnamesischen Armee, dürfen einreisen, ohne um ihr Leben oder ihre Freiheit fürchten zu müssen, solange sie nicht gegen die Regierung agitieren.

»Konneii! Di an kem!« Lanh reißt mich aus meinen Gedanken. Es ist Zeit, an meinem letzten Abend in Vietnam in die Stadt zu fahren, um noch einmal mein Lieblingseis zu genießen.

6. Juni Sonntag 07:03 Uhr Ho-Chi-Minh-City Local Time
Ngo-Gia-Tu-Straße

Auch an meinem letzten Morgen in Vietnam wache ich früh auf. Nguyen hat unten in der Küche schon Kaffee gekocht und Banh Mi für mein Frühstück besorgt. Dabei spielt das Radio traditionelle vietnamesische Musik, die zum Teil an die des verstorbenen britischen Musikers Jimmy Hendrix erinnert. Auf einmal endet die Musik abrupt und es werden schnell, fast hektisch irgendwelche Meldungen verlesen. Ich verstehe kein Wort davon. Plötzlich stürzt Nguyen auf das Radio zu und dreht es lauter. Er macht ein entsetztes Gesicht. Ab und zu höre ich »New York« und »Subway New York.« Ich schaue Nguyen fragend an. Noch will er die Meldungen weiter hören. Schließlich sagt er nur:

»Subway New York. What is Subway?«

Als ich versuche, ihm zu erklären, was darunter zu verstehen ist, weil es das in Vietnam nicht gibt, und ihn fragen will, was los ist, kommt Lanh die Treppe herunter und Nguyen erzählt ihr sofort von der Radiomeldung. Lanh übersetzt sie für mich:

»Auf die New Yorker U-Bahn ist vorgestern ein Giftgasanschlag verübt worden. Die ungefähre Zahl der Opfer liegt bei achttausend Menschen. Weitere Opfer, noch einmal über neunzehntausend Tote, hat es auch in den Straßen gegeben, da es zu dieser Zeit in New York windstill war und das Gas sich auch oberirdisch verbreiten konnte. Es soll wieder ein Anschlag von El Kaida gewesen sein. Als Folge davon haben sich die USA regelrecht abgeschottet. Alle Flug- und Seehäfen sind geschlossen. Die Grenzen sind dicht. Es kommt niemand mehr hinein oder heraus.«

Ich muss mich erst einmal setzen, so erschüttert bin ich. Nguyen und Lanh schweigen, und auch ich bringe kein Wort heraus. Was für eine entsetzliche Tat! Wie viele unschuldige

Opfer, für immer zerstörte Familien, einsam gewordene Hinterbliebene! Welche Auswirkungen wird das haben? Und dann fällt mir auf, dass Lanh davon gesprochen hat, dieser Anschlag wäre schon vorgestern verübt worden. Aber erst heute wird darüber in Vietnam berichtet. So werden Nachrichten in kommunistischen Staaten ... – Lanh unterbricht meine Gedanken:

»Konni, kannst du heute überhaupt nach Peking fliegen? Ich glaube, es geht nicht!«

Lanh könnte mit ihrer Befürchtung durchaus recht haben, doch dann erinnere ich mich, dass es eine solche Situation schon einmal gegeben hat.

»Ich denke, es wird doch gehen, weil nur der amerikanische Luftverkehr davon betroffen sein dürfte. Das war damals nach dem 11. September auch so. Ich fahre einfach zum Flughafen und werde sehen, was dort los ist. Ihr, also du, Ma und Khai, müsst einige Tage bevor ihr Vietnam verlasst, bei der Air France anrufen und euch erkundigen, ob eure Flüge stattfinden!« Lanh sieht mich zweifelnd an. Dann aber fällt mir noch ein: »Nguyen könnte vielleicht gleich am Flughafen anrufen, um zu erfahren, ob es irgendwelche Flugstreichungen gibt.«

Nach wenigen Minuten wissen wir, dass die Flüge vom *Tan Son Nhat*-Flughafen ohne wesentliche Ausfälle stattfinden. Nur zwei Flüge der United Airlines aus den USA über Honkong nach Ho-Chi-Minh-Stadt wurden annulliert. Der Flughafen mit dem intertionalen Kürzel »SGN« ist eben kein Luftkreuz wie Bangkok, Singapur oder Hongkong.

Unter dem Eindruck der Geschehnisse in New York verabschiede ich mich von der gesamten Familie. Wir sind alle verstört, weil wir ahnen, dass das, was die Zukunft bringen wird, noch ungewisser sein wird, als wir es bisher angenommen haben.

Es ist heute Morgen noch erträglich warm, die Temperatur wird erst später auf über dreißig Grad ansteigen, auch wenn der Himmel grau verhangen ist. Wie in den letzten vier Tagen wird es wohl am Abend blitzen, donnern und wie aus Kübeln regnen, da bin ich mir sicher. Es passt zu den Geschehnissen in New York, aber ich werde es hier nicht mehr erleben.

Das Taxi kommt. Noch ein Kuss und eine flüchtige zärtliche Umarmung, und das Taxi setzt sich mit mir in Bewegung. Noch ein kurzes Winken, und mein Aufenthalt in Vietnam beginnt allmählich Geschichte zu werden. Das letzte Mal fahre ich in Begleitung von Hunderten Hondas, Cyclos und zuweilen hupenden LKWs durch die Stadt. Es geht dennoch recht zügig voran. Die wenigen Ampeln haben entweder alle »Grün« oder werden einfach ignoriert. »Rot« steht für »Grün«, und »Grün« ist »Grün«, so lauten hier die Gleichungen. Wirklich, Vietnam gefällt mir. Auch wenn manches auf den ersten Blick etwas chaotisch zu sein scheint.

Wehmütig denke ich, dass ich in wenigen Stunden das Land verlassen und es für eine längere Zeit nicht mehr sehen werde, während sich das Taxi durch den Verkehr bis zum *Pham Van Hai*-Markt wühlt, der in der Nähe des Flughafens liegt. Von hier aus geht es nur sehr langsam weiter. Die Straße ist eng und es gibt Gegenverkehr. Groß prangen die Lettern *Cho Pham Van Hai* am Eingang der Markthalle.

Einige Cyclos, die als Lastentaxi herhalten müssen, stehen am Eingang und werden entladen. Vor dem Markteingang sitzen mehrere Frauen, sicher Bäuerinnen, auf kleinen Hockern. Vor sich haben sie Duranfrüchte zu kleinen Pyramiden angehäuft.

Ich kann noch sehen, wie eine der Frauen, die einzige, die einen der typischen vietnamesischen Hüte trägt, eine Frucht am Stil hochhält und sie jemandem anbietet. Dann nimmt mir ein entgegenkommender Lastwagen für einige Sekunden die Sicht. Kaum aber ist er vorbei, ist die Frau nicht mehr da. Ich sehe nur entsetzte Gesichter und Leute in völliger Panik hastig und überstürzt weglaufen. Dort, wo sie saß, meine ich vom Taxi aus nur schemenhaft eine graue Masse zu erkennen, irgendwie zusammengehalten durch Tücher, Stoffe oder Kleidungsstücke. Darauf liegt ein vietnamesischer Hut. Etwa einen Meter davon entfernt liegt eine einzelne Durianfrucht mit Stiel auf dem Boden. Mehr kann ich nicht sehen, weil mir wieder ein Lastwagen den Blick versperrt und das Taxi mit einem Ruck weiterfährt. Was war da gerade geschehen? Warum gerieten die umstehen Personen in solche Panik?

Der Taxifahrer hat das alles nicht bemerkt und fährt weiter, als sei nichts geschehen. Er konzentriert sich auf das Fahren und freut sich, die Verkehrsbehinderung durch seine Fahrkunst schnell hinter sich gebracht zu haben. Mich aber beschäftigt das Geschehen so sehr, dass ich einen weiteren Stau kurz vor dem Ziel kaum mitbekomme.

Am Flughafen geht alles seinen gewohnten Gang. Bis auf die bekannten zwei Flugstreichungen deutet nichts darauf hin, dass der US-amerikanische Teil des weltweiten Luftverkehrs seit zwei Tagen nicht mehr stattfindet. Wie immer ist eine Flughafengebühr fällig, dieses Mal sind es 200.000 vietnamesische Dong oder zwölf US-Dollar. In der Abflughalle suche ich nach ausländischen Zeitungen, werde aber nicht fündig. Also werde ich bis Peking warten müssen, um vielleicht neue Nachrichten von dem Anschlag in New York zu erfahren.

Die Maschine der China Southern nach Peking ist nur zur Hälfte besetzt. Wer mit Familie oder Partner reist, sitzt zusammen, wer ohne Begleitung reist wie ich, sitzt allein.

Während des Starts schaue ich aus dem Fenster und muss wieder an die Geschehnisse am Cho Pham Van Hai denken. Alles war so unwirklich, bin ich einer optischen Täuschung erlegen oder habe ich geträumt? Ich bin nun schon über fünfzig Jahre alt. Ist das die Zeit, wo man beginnt, Traum und Wirklichkeit manchmal zu verwechseln? Ich glaube, das gilt für mich nicht. Sicher war das heute Morgen eine geballte Ladung an negativen Ereignissen. Zuerst der Anschlag in New York und dann der Abschied von Lanh, wenn auch nicht für lange. Normalerweise beeinträchtigen mich schlechte Nachrichten nicht in der visuellen Wahrnehmung. Was ich gesehen habe, habe ich gesehen! Was aber war wirklich geschehen?

6. Juni Sonntag 14:11 Uhr Beijing Local Time
Beijing Int'l Airport

In Peking angekommen, rollt die Maschine zu meinem Erstaunen nicht zu einem Gate, sondern bleibt auf einer Außenposition weit vor dem Flughafengebäude stehen. Eine fahrbare Treppe wird herangerollt und wir müssen aussteigen. Mit einem Flughafenbus werden wir zu einem weißen Zelt gebracht, das sich im militärischen Bereich des Flughafens befindet. In Chinesisch, Vietnamesisch und sehr holprigem Englisch wird erklärt, dass wir eine eingehende Gesundheitskontrolle zu unserem und zum Schutz chinesischer Bürger über uns ergehen lassen müssen, bevor wir offiziell einreisen können.

Die chinesischen Behörden haben mal wieder die Vogelgrippe oder SARS nicht in den Griff bekommen, fällt mir dazu ein, hoffentlich dauert das alles nicht so lange!

Im Zelt wird jeder Reisende namentlich aufgerufen. Die Untersuchung, die ein medizinisches Team von drei Leuten vornimmt, besteht nur aus einer Messung der Körpertemperatur, die mit einem elektronischen Thermometer in Sekunden abgeschlossen ist. Dann werden Fragen gestellt, die darauf abzielen, wie lange man schon in Vietnam war bzw. wo man dort gewohnt hat. Ob man Kontakt zu Geflügel hatte und so weiter. Und die Antworten werden auch noch zeitraubend protokolliert.

Vor mir werden acht Leute, darunter auch eine Familie mit Kind, nach der Untersuchung ziemlich ruppig in ein Nachbarzelt gedrängt. Es müssen irgendwelche Verdachtsmomente vorliegen, anders kann ich es mir nicht erklären, dass diese Personen eine mögliche Gefahr darstellen. Bei mir hingegen geht es schnell, vielleicht auch deshalb, weil mangels englischer Sprachkenntnisse nur irgendwelche Antworten aufgeschrieben werden, die unproblematisch sind. Man lässt mich passieren. Nachdem der letzte Reisende untersucht worden ist, können wir endlich mit einem Bus zum Flughafengebäude fahren und die Einreiseformalitäten erledigen.

Es ist fast 16 Uhr, als ich den Zollbereich des Flughafens verlasse und die wartende Ai Ling entdecke, eine kleine, gut sechzigjährige sehr schlanke Chinesin mit schon ergrautem, aber nach westlicher Art frisiertem Haar. Sie kommt strahlend auf mich zu und wir begrüßen uns freudig. Ich entschuldige mich für die verspätete Ankunft, aber sie winkt ab. Sie habe sich das schon gedacht. In der letzten Zeit kommt das immer häufiger vor. Während wir in einen Bus der Pekinger Verkehrsbetriebe einsteigen, übermittle ich die Grüße von Lanh. Ai Ling versteht, dass sie noch etwas länger bei ihrer Familie in Vietnam bleiben wollte.

Mit Ai Ling sind Lanh und ich schon über zehn Jahre befreundet. Kennen gelernt haben wir sie auf einer Informationsveranstaltung einer spirituellen Meisterin in München. Diese sogenannte Meisterin lehrte eine dem Buddhismus ähnliche Philosophie. Und weil sie vietnamesischer Abstammung war, aber auch chinesisch sprach, zog sie damals viele Asiaten in ihren Bann. Auch Ai Ling aus Peking, die zu dieser Zeit in der Schweiz für ein Pekinger Institut arbeitete, gehörte dazu.

Zwei Tage später gab es eine weitere Veranstaltung in Berlin. Und viele, die an den Lippen ihres weiblichen Gurus klebten, wollten die Meisterin auch in Berlin sehen. So auch Ai Ling und vier andere Bekannte, mit denen wir in München näher in Kontakt gekommen waren, eine Französin, eine Amerikanerin und ein amerikanisches Ehepaar aus Los Angeles. Sie alle luden wir ein, über das Wochenende bei uns in Berlin zu wohnen. Trotz des ungewohnten Besuchs und der Enge in unserer Wohnung waren es schöne Tage. Ai Ling konnte Tofu geschmacklich wirklich gut zubereiten und uns vieles mehr von ihrer Kochkunst zeigen. Am Montagmorgen verließ uns das amerikanische Ehepaar und flog über Frankfurt zurück in die Staaten. Ai Ling und die Amerikanerin, deren Namen ich vergessen habe, blieben bis zum Abend, weil beide mit dem gleichen Zug wieder in Richtung Süden wollten, Ai Ling zurück in die Schweiz und die Amerikanerin zurück nach Bamberg. Lanh und ich brachten beide zum Bahnhof Zoologischer Garten und wir verabschiedeten uns von ihnen gegen 21 Uhr, weil wir am nächsten Tag sehr früh zur Arbeit mussten. Der Zug der beiden ging aber erst gegen Mitternacht. Zu Hause angekommen, noch im Auto stellten wir fest, dass wir noch hellwach waren, und so kamen wir auf die verrückte Idee, wieder zurück zum Bahnhof zu fahren und unseren ehemaligen Gästen, insbesondere Ai Ling, die wir in unser Herz geschlossen hatten, noch für zwei Stunden Gesellschaft zu leisten. In einer Viertelstunde waren wir wieder am Bahnhof. Die beiden waren sehr erstaunt, aber doch hocherfreut, uns wiederzusehen. Der zweite, aber dann auch endgültige Abschied war dann gegen 23 Uhr.

Mit Ai Ling blieben wir auch danach in Verbindung. Sie besuchte uns zweimal in Berlin und wir hatten sehr interessante Gespräche, meistens über Religion und Lebensphilosophie. Dabei haben wir immer wieder festgestellt, dass wir zu vielen Fragen die gleiche Meinung hatten und unsere unterschiedlichen Kulturkreise keine Grenzen zwischen uns darstellten.

Ai Ling sagte mir öfter, wie erstaunt sie sei, dass ich sehr oft wie ein Asiat denken, fühlen und handeln würde. Es würde sie nicht wundern, wenn ich im früheren Leben ein Asiat gewesen wäre. Von dieser Zeit an war ihre Anrede, wenn sie mir einen Brief schrieb: »Dear Brother«.

Der Bus bringt uns in ungefähr einer halben Stunde zu einer U-Bahn-Haltestelle. Von hier aus geht es dann unterirdisch bis zur Haltestelle Yu Quan Lu. Unterwegs erzählen wir uns vieles, was in den letzten Jahren, in denen wir uns nicht gesehen haben, passiert war. Von dem Anschlag auf die New Yorker Subway weiß sie auch. Auch im chinesischen Fernsehen wurde darüber berichtet, aber wie in Vietnam verspätet und nur sehr wenig. Und ich erzähle ihr, was ich am Pham Van Hai Markt in Saigon gesehen hatte. Sie hört interessiert zu, kann damit aber nichts anfangen. Die Zeit vergeht wie im Flug. Obwohl es nur wenige Stationen sind, fahren wir noch fast eine Stunde unter der Erde. Die Bahnhöfe liegen hier sehr weit auseinander. So bequem wie bei uns in Berlin ist die Pekinger U-Bahn nicht.

Gegen 18 Uhr sind wir da. Ai Ling bewohnt eine kleine Zwei-Zimmer-Wohnung, die sie noch mit einer Nichte und ihrer Tochter teilt. Aber um diese Zeit sind sie noch nicht zu Hause. Erst morgen würde ich sie sehen, sagt Ai Ling, wenn wir gemeinsam zu Abend essen. Für heute hat sie extra den gebackenen Tofu gemacht, den ich so sehr schätze. Nach dem Essen vertiefen wir uns wieder ins Gespräch. Gegen 21 Uhr bringt sie mich zum Übernachten in das nahegelegenen »Guesthouse« des IHEP-Institutes, das ich schon von dem ersten Besuch in Peking kenne. Morgen früh soll ich dann zu ihr zum Frühstück kommen.

Oben in meinem Zimmer im ersten Stock lasse ich den Tag wie im Film an mir vorbeiziehen. Er war in jeglicher Hinsicht sehr ereignisreich und lässt viele Fragen offen, vor allem in Bezug darauf, was ich am Cho Pham Van Hai meine gesehen zu haben.

7. Juni Montag 4:03 Uhr Beijing Local Time
Peking, Guesthouse des IHEP-Institutes

Ich habe das Gefühl, nur fünf Minuten geschlafen zu haben, als ich durch lautes Klopfen an der Zimmertür wach werde. Ich taste nach dem Lichtschalter für die Nachttischlampe und sehe auf die Uhr. Es ist kurz nach vier. Das Klopfen wird immer intensiver:

»Konni, open the door immediately!«

Es hört sich wie Ai Lings Stimme an. Aber ist sie es wirklich? Was ist nur los? Brennt es?

»Konni, please open the door, I am Ai Ling!«

»Ja, sofort«, rufe ich zurück, ich bin auf einmal hellwach und öffne die Tür.

Sofort stürzt sie ins Zimmer, ein Polizist bleibt im Türrahmen stehen. Sie entschuldigt sich und sagt, dass ich sofort zum Flughafen muss, um das Land zu verlassen. In China sei eine ernsthafte Erkrankung, ähnlich einer Grippe, epidemieartig ausgebrochen, und die Regierung habe angeordnet, dass alle Ausländer das Land nach Möglichkeit sofort zu verlassen haben. Das Hotel habe sie auf Veranlassung der Ausländerpolizei angerufen, weil sie die Hotelbuchung für mich vorgenommen hatte. Sie habe schon ein Taxi bestellt, das uns zum Flughafen bringt. Und sie muss mitkommen, um meinen Abflug sicherzustellen.

In Windeseile packe ich meine Sachen zusammen. Auf meine dabei hastig gestellte Frage, was das für eine Epidemie sei, antwortet sie nicht. Ich sehe aber, dass sie sich eine Träne wegwischt und sehr unglücklich aussieht. Kaum ist das Packen erledigt, eile ich aus dem Zimmer nach unten zur Rezeption, während Ai Ling von dem Polizisten aufgehalten wird. Obwohl ich von diesem Gespräch nichts verstehe, höre ich den drohenden Unterton des Beamten. Ich kann nur ahnen, dass er sie belehrt über das, was ihr passieren würde, wenn sie mich nicht zum Flughafen bringt. Als sie mir dann in die fast verwaiste Rezeption folgt, fällt mir ein, dass mein Flug umgebucht werden sollte, und ich bitte sie, bei der Air France anzurufen. Sie versteht sofort, und nach zwei Minuten ist das erledigt. Ai Ling aber macht einen sehr bedrückten Eindruck. Immer wenn ich sie ansehe, weicht sie meinen Blicken aus. Befürchtet sie, dass ich ihr wegen der Überbringung der Regierungsanordnung böse bin? Ich kann mir nicht vorstellen, dass sie so denkt.

Das Taxi kommt, und wir fahren durch das morgendliche, langsam erwachende Peking in Richtung Flughafen. Es ist eines der üblichen kleinen roten Taxis, in denen der Fahrer durch Plexiglaswände vor Überfällen geschützt wird. Ai Ling sitzt hinten, ich neben dem Fahrer. Eine Unterhaltung in dem engen Auto ist kaum möglich. Ich versuche ihr zu sagen, dass ich natürlich über die überhastete Abreise zur Unzeit alles andere als froh bin, und ich finde es sehr schade, dass wir keine Zeit mehr füreinander haben. Aber was sollen wir gegen behördliche Anordnungen machen? Es ist doch nicht ihre Schuld! Vielleicht sehen wir uns ja nächstes oder übernächstes Jahr wieder. Aber sie scheint das, was ich sage, kaum wahrzunehmen. Nicht ein einziges Mal schaut sie mir in die Augen. Sie sagt nur, dass die Epidemie sehr, sehr schlimm sei. Und das gibt mir zu denken. Normalerweise geht die chinesische Regierung mit ausländischen Besuchern nicht so restriktiv um. Wenn sie jetzt aber dennoch so heftig reagiert, muss sie in höchster Sorge um den Ruf des eigenen Landes sein. Und das könnte ein Zeichen dafür sein, dass die Epidemie wirklich außergewöhnlich gefährlich ist.

Gegen fünf Uhr sind wir am Flughafen. Es herrscht ein ziemlicher Betrieb, gepaart mit einer seltsamen Hektik. Laufend ertönen Ansagen in verschiedenen Sprachen. Wir hetzen zu den Abfertigungsschaltern der Air France. Dort haben sich schon längere Schlangen gebildet, es sind meist Europäer, die dort geduldig warten. Kaum reihen wir uns ein, ertönt eine Lautsprecheransage auf Chinesisch. Als sie zu Ende ist, zieht mich Ai Ling samt Gepäck zum Nachbarschalter.

»Trust on me«, sagt sie, »dieser Schalter ist nur für umgebuchte Flüge zuständig. Es wurde gerade angesagt.«

Hinter uns kommen schon einige Chinesen mit Gepäck, doch wir sind die Ersten. Ich lege mein Ticket und den Pass vor. Aber die chinesische Air-France-Angestellte gibt mir beides zurück, nachdem sie einen Blick auf ihren Computerbildschirm geworfen hat und bedeutet mir, die hinter mir stehenden Leute vorzulassen. Ich schaue Ai Ling fragend an und sie schaltet sich ein. Eine kurze vom Klang und Mimik nicht gerade Herzlichkeit vermittelnde Konversation auf Chinesisch findet statt. Schließlich überprüft die Angestellte noch einmal die Reservierungsliste und findet meinen Namen. Durch einen Übertragungsfehler ist er falsch geschrieben worden. Sie entschuldigt sich und gibt mir Ticket, Pass und Bordkarte für die Langstrecke und für die Kurzstrecke von Paris nach Berlin. Erleichtert schaue ich Ai Ling an, als wir den Schalter verlassen. In ihrem Gesicht, in ihren Augen sehe ich, dass sie eine panische Angst haben muss, mich direkt anzusehen, ich spüre es. Und bevor ich ansetze, sie darauf anzusprechen, fasst sie offensichtlich ihren ganzen Mut zusammen:

»You must go now, my dear brother, I am so sorry, so sorry!«

Sie umarmt mich schnell und schaut mich kurz an. Sie zittert am ganzen Körper und in ihren Augen sind Tränen. Sie drückt mir noch schnell eine kleine Plastiktüte in die Hand, dann reißt sie sich los und läuft zum Ausgang, ohne sich umzudrehen. Durch die Glastür wirft sie einen kurzen Blick auf mich, winkt flüchtig und ist schon verschwunden. Ich stehe da wie angewurzelt, denn ich verstehe ihre Reaktion nicht, ich bin völlig ratlos. Was ist nur in sie gefahren? Habe ich ihr etwas getan, wovon ich nichts weiß, habe ich vielleicht gegen eine asiatische Regel verstoßen, die ich nicht kenne? Und selbst wenn es so wäre, hätte doch gerade Ai Ling dafür Verständnis, dazu kennen wir uns viel zu gut. Und früher hatte sie viel mit Europäern zu tun und weiß um gewisse kulturelle Unterschiede. Ich bin fassungslos und ratlos zugleich. Was hatte Ai Ling?

Schließlich nehme ich meine Tasche und gehe zum Schalter, um die Airport Tax zu entrichten. Auf dem Weg dahin schaue ich in die Tüte, die Ai Ling mir gegeben hatte. Sie ist gefüllt mit gebackenen Tofustücken. Wenn Ai Ling auf mich böse gewesen wäre, hätte sie mir die Tofustücke, die sie gestern noch zubereitet hatte, bestimmt nicht zugesteckt.

Während ich über diesen merkwürdigen Abschied nachdenke, fällt mein Blick auf eine Anzeigetafel. Sämtliche Flüge von und nach Saigon, Bangkok und in andere Städte Südostasiens sind gestrichen. Es wird wohl mit dieser Grippe-Epidemie zu tun haben. Der Flug nach Hanoi um 10:25 Uhr aber soll planmäßig stattfinden, und auch die meisten Flüge in andere nichtasiatische Länder. Merkwürdig! Für das alles habe ich keine Erklärung. Ich hoffe nur, dass die Krankheit nicht auf Vietnam übergreift! Wenn ich wieder in Deutschland bin, muss ich sofort Lanh anrufen und ihr sagen, dass es besser wäre, wenn sie und die übrige Familie sofort nach Deutschland zurückfliegen.

Der Gedanke an Ai Ling lässt mir keine Ruhe. Sie wusste doch, dass meine Maschine erst um Viertel vor acht geht. Warum wollte sie unbedingt weg? Sie hatte Angst. Warum wollte sie sich nicht wenigstens noch ein paar Minuten mit mir unterhalten? Sicherlich war auch sie müde und bedrückt. War sie etwa in mich verliebt und wollte keinen schmerzhaften Abschied? Unsinn! Dafür gab es überhaupt keine Anzeichen. Ai Ling und ich respektieren uns wie Bruder und Schwester. Aber irgendwie konnte sie den Druck nicht aushalten, länger bei mir zu sein und mir in die Augen zu sehen. Sie hatte Angst! Ich sah es ihr genau an! Aber wovor nur?

7. Juni   Montag   Luftraum über Russland
An Bord des Airbusses A-340

Seit dem Start des Airbusses der Air France sind schon drei Stunden vergangen. Ulan Bator haben wir längst überflogen und jetzt sind wir über Russland, noch im asiatischen Teil, weit vor Jekaterinburg. Die Maschine ist bis auf den letzten Platz ausgebucht. Es herrscht bis auf wenige Ausnahmen eine erleichterte Stimmung an Bord, der grippeähnlichen Epidemie – oder was es auch immer ist – entronnen zu sein. Die Passagiere, die diesen Flug von vornherein gebucht hatten, sind froh, jetzt in der Maschine zu sitzen, und diejenigen, die heute Morgen umbuchen konnten, weil sie rechtzeitig von dem drohenden Unheil erfahren hatten, sind erst recht erleichtert.

Es gibt aber auch einige mit bedrückten Gesichtern, chinesische Geschäftsleute, die ihre Familien in China zurücklassen. Ihnen ist anzusehen, dass sie die Entscheidung, diese Maschine genommen zu haben, am liebsten auf der Stelle rückgängig machen würden.

Je mehr ich darüber nachdenke, desto rätselhafter erscheint mir die rigorose Vorgehensweise der chinesischen Regierung, alle Ausländer so schnell wie möglich aus dem Land fortzuschicken. Ob es sich wieder eine der typischen asiatischen Übertreibungen handelt? Hatte man in den vergangenen Jahren SARS und Vogelgrippe nie richtig unter Kontrolle gehabt und breiteten sich deswegen diese Krankheiten weltweit aus, so versucht man jetzt mit Macht, alle Ausländer zu ihrem eigenen Schutz aus dem Gefahrenbereich China zu bringen, um später ja keinem Vorwurf ausgesetzt zu sein. Kann das der Grund sein? Oder will man sich im Hinblick auf die olympischen Spiele, die in Peking stattfinden sollen, schon jetzt als zuverlässiges Land präsentieren, wohlweislich, dass die Weltöffentlichkeit das Massaker am Tian'anmen-Platz noch lange nicht vergessen hat? Oder ist diese Epidemie doch keine Grippe, sondern irgendetwas anderes? Alles scheint möglich, aber niemand weiß etwas Genaues darüber. Es gab auch keine Information über Lautsprecher vom Flugkapitän. Und an Bord wurden weder beim Einsteigen noch später irgendwelche aktuellen Zeitungen verteilt, wie es sonst üblich ist. Nur der »Figaro« von vorgestern war noch zu haben.

Zuerst der Anschlag in New York, dann diese seltsame plötzlich ausgebrochene Epidemie. Irgendwie passt das alles nicht zusammen. Die Welt scheint aus den Fugen geraten zu sein.

Die Ankündigung, dass es an Bord kein warmes Mittagessen gibt, da von der Pekinger Cateringstelle aus

Vorsichtsgründen keine Speisen mehr angenommen wurden, wird von allen Passagieren ohne Protest akzeptiert. Stattdessen werden wir mit Getränken, Wasser, Chips, Gebäck und Schokolade versorgt, nicht gerade sättigend, aber für den Flug nach Paris ausreichend. Die Cabin-Crew tut ihr Bestes, den Ausfall des Mittagsmenüs zu kompensieren. Mir ist das ziemlich gleich, ich habe die gut gewürzten Tofustücke von ... Ai Ling!

Ich würde jetzt zu gerne mit ihr telefonieren, um den Grund für ihr seltsames Verhalten zu erfahren, aber weil ich im Hotel in der Hektik mein Telefonverzeichnis in den Koffer statt ins Handgepäck gelegt hatte, ist das jetzt vom Flugzeug aus nicht möglich. Zudem ist das bordeigene Satellitentelefon laufend in Gebrauch, weil auch andere Passagiere China vorzeitig verlassen haben und ihre Angehörigen zu Hause davon unterrichten wollen. Dabei merke ich, dass sich die Stimmung an Bord, die vorhin noch so gelöst war, allmählich zu ändern scheint. Je mehr Passagiere telefoniert haben, um so nervöser werden einige. Öfter höre ich, wie jemand laut »Mon Dieu! – Mein Gott!« in das Telefon eher brüllt als spricht. Weiteres ist nicht zu vernehmen, denn der Geräuschpegel in der Maschine ist zu hoch.

Neben mir sitzt ein älteres britisches Ehepaar. Ich komme mit beiden ins Gespräch. Sie stellen sich als Fred und Josephine vor. Von der Hektik heute Morgen haben sie nicht viel mitbekommen, sondern sich nur gewundert, dass ein Polizeifahrzeug vor ihrem kleinen Hotel stand und es dem Taxi, das sie zum Flughafen brachte, unaufhörlich folgte. Auch sie greifen zum Telefon und ich höre das Gespräch unwillkürlich zum Teil mit. Irgendetwas ist mit der Schwiegertochter, die sich zurzeit in Thailand aufhält. Sie hat gestern noch in London angerufen und erzählt, dass es eine schreckliche Epidemie in Bangkok gibt, an der schon Hunderte gestorben sein sollen. Also gibt es doch eine Epidemie, die überdies sehr gefährlich ist, geht es mir durch den Kopf! Fred und Josephine machen sich große Sorgen. Beide teilen mir ihre Ängste ungewöhnlich vertraulich mit, und ich kann die beiden kaum besänftigen. Da wir an Bord keine Zeitungen haben und auch sonst niemand etwas darüber weiß, müssen wir notgedrungen warten, bis wir in Paris gelandet sind. Dort wird es mit Sicherheit englischsprachige Zeitungen geben.

Was mich betrifft, bin ich erst einmal beruhigt, weil ich von Vietnam bisher keine schlechten Nachrichten gehört habe. Aber je mehr ich darüber nachdenke, desto unsicherer werde ich. Was ist, wenn die Epidemie sich von China oder Thailand über Kambodscha nach Vietnam ausbreitet? Ist es vielleicht schon geschehen? Vielleicht aber kann jemand vom Bordpersonal meine Zweifel ausräumen?

Hinten in der Bordküche, in der normalerweise um diese Zeit das Mittagessen vorbereitet wird, frage ich eine Stewardess, ob sie Näheres weiß. Sie schüttelt den Kopf. Heute Morgen hatte sie kurz mit einer Kollegin sprechen können, die gerade mit der ersten Maschine aus Vietnam gekommen sei. Dort gab es keinerlei Anzeichen für eine um sich greifende tödliche Epidemie, weder im Süden noch im Norden des Landes. Aus Sicherheitsgründen aber habe man die Fluglinie nach Saigon vorübergehend eingestellt. Das beruhigt mich, denn die Streichung dieses Fluges habe ich am Rande auch mitbekommen. Also wird Vietnam zumindest für die allernächste Zeit nicht von der Epidemie betroffen sein. Hinzu kommt, dass Lanh und ich dieses Jahr erstmals gegen Grippe geimpft sind und somit das Schlimmste, wenn es überhaupt eintreten sollte, im Voraus hoffentlich verhindert haben.

War ich mir vor Stunden noch nicht sicher, so bin ich jetzt zu der festen Überzeugung gelangt, dass ich Lanh, Khai und die Schwiegermutter dazu bewegen muss, sofort nach Deutschland zurückzukommen. Dann kostet es eben ein paar Hundert Euro extra Gebühren. Die Umbuchung kann möglicherweise schon in Berlin am Air-France-Schalter erfolgen, spätestens aber morgen, wenn ich wieder im Büro bin.

Carl wird erstaunt sein, schon heute Abend von mir zu hören. Er könnte dann zwei Tage früher als ursprünglich geplant seine Mutter in Hannover besuchen, wenn ich ab morgen den Bürodienst übernehme.

Auf dem Monitor ist zu erkennen, dass wir jetzt über dem Ural sind, der Trennungslinie zwischen Europa und Asien. Fred und Josephine interessiert das nicht so sehr, sie sind mit den Gedanken bei ihrer Schwiegertochter. Auf einmal höre ich Josephine, wie sie fast freudestrahlend ihren Mann fragt:

»Vielleicht ist Carol gar nicht mehr in Bangkok? Wollte sie nicht nach Phnom Penh zu ihrem Projekt?«

Nach ein paar Sekunden antwortet Fred:

»Ja, heute ist der 7. Juni, sie wollte heute dorthin. Ich weiß nicht, ob es von Bedeutung ist. Aber ich meine, noch vorhin im Fughafen im Vorbeigehen auf einer Tafel gesehen zu haben, dass auch die Flüge von und nach Kambodscha gestrichen worden sind.«

7. Juni   Montag   17:52 Uhr   Paris   Local Time
Charles-de-Gaulles-Airport

In Paris ist es bereits Abend, als die Maschine zur Landung ansetzt. Die Zeit, die ich beim Hinflug nach Vietnam wegen der Zeitverschiebung gewonnen hatte, musste ich während des Fluges wieder abgeben. So ist es heute ein kurzer Tag. Wie gestern in Peking rollt auch hier die Maschine nicht zu einem Terminal, sondern wieder nur zu einer Außenposition. Über Lautsprecher teilt das Kabinenpersonals mit, dass wir zunächst eine Gesundheitskontrolle zu durchlaufen haben und dann erst in den Terminalbereich gebracht werden. Verdammt, ist es mit der Epidemie oder was immer es auch sein mag, doch schlimmer oder ist es eine übertriebene Vorsichtsmaßnahme?

»Das kenne ich schon«, teile ich Fred und Josephine mit, die noch unsicherer dreinschauen als ich.

Und wieder müssen wir alle in ein Zelt. Allerdings werden kaum Fragen gestellt, man verlässt sich hier auf die normale Sichtkontrolle und auf Geräte zur Messung der Körpertemperatur. Dieses Mal wird niemand in ein Nebenzelt, das es auch hier gibt, gedrängt. Im Anschluss an die Untersuchung findet die Passkontrolle statt, die die französischen Einreisebehörden praktischerweise an Ort und Stelle eingerichtet haben. Von hier aus geht es per Bus ohne nennenswerte Verzögerung in den Bereich D des Flughafengebäudes. Hier verabschiede ich mich von Fred und Josephine, weil ich herausfinden muss, von welchem Terminal der Flug nach Berlin geht. Eine Arrival-Departure-Informationswand mit Bildschirmen finde ich schnell. Doch ich stutze. Das, was früher auf zehn und mehr Bildschirmen verzeichnet war, ist heute auf die Hälfte geschrumpft. Die andere Hälfte der Monitore ist dunkel. Es fehlen alle Flüge von und nach Nordamerika. Und auch nach Asien sind kaum noch Flüge verzeichnet oder werden plötzlich storniert, wie ich es bei einem angekündigten Flug nach Shanghai beobachten kann. Reiseziele in den südostasiatischen Teil der Welt, beispielsweise nach Vietnam oder Thailand, erscheinen erst gar nicht mehr. Soweit ich es erkennen kann, finden ohne Einschränkungen nur Flüge nach Südamerika, Afrika, Russland und innerhalb Europas statt. Die Flugwelt ist erheblich kleiner geworden. Und auffällig ist, dass es auf dem sonst so belebten Charles-de-Gaulles-Flughafen relativ leer ist. Es fehlen die Menschenmassen aller Nationen, die von einem zum anderen Flugsteig hasten. Vor zwei Wochen, als wir hier in die Maschine nach Vietnam umgestiegen sind, war es noch ganz anders.

Mit gemischten Gefühlen nehme ich das alles wahr. Mein Herz beginnt zu klopfen. Ich muss zum Terminal E 2, der schräg gegenüber liegt und zu Fuß durch eine unterirdische Passage zu erreichen ist. Obwohl mein Flug erst in gut einer Stunde geht, eile ich fast im Laufschritt durch diese Passage und entdecke auf der rechten Seite einen Zeitungsstand. Zunächst sehe ich nur französische Zeitungen mit Bildern vom Anschlag in New York. Meistens sind die vielen Rauchsäulen im südlichen Teil von Manhattan und eine Subwaystation mit Hunderten von Toten abgebildet. Auf den ersten Blick sehe ich von Asien keine Bilder auf den Titelseiten, dafür in der »Le Monde« in dicken Lettern den Satz *Asie est perdu?* – Ist Asien verloren? Mir werden die Knie weich. Mein Herz klopft stärker. Französisch beherrsche ich nicht so gut. Wo gibt es englische oder deutsche Zeitungen? Ich gehe von Ständer zu Ständer und finde eine »USA-Today«, aber es ist eine Ausgabe vom 4. Juni. Nichts von irgendeiner Epidemie in Asien oder vom Anschlag in New York. Nur heiles Amerika, böser Irak, noch böserer Iran, guter Präsident ... und Baseball – wie immer!

Endlich sehe ich im letzten Ständer die »Frankfurter Rundschau« von heute. Auf der Titelseite steht in großen Lettern: *Geheimnisvolle Epidemie in Südostasien völlig überraschend ausgebrochen.*

Darunter in kleineren Buchstaben: *Menschen werden in Sekunden zu Asche! Neuartiges, bisher nie dagewesenes, höchst aggressives Virus dafür verantwortlich!*

Schon Millionen von Toten innerhalb weniger Stunden! Weltweite Ausweitung der Todesepidemie befürchtet!

Und quer in einem Balken: *Letzte Meldung: Kaum noch Lebenszeichen in Südostasien, China unmittelbar bedroht! Epidemie fordert schon im Süden des Landes die ersten Toten.*

Ich will das alles nicht wahrhaben. Bisher war doch nur von einer Grippeepidemie die Rede, vielleicht auch eine der aggressiveren Art, aber doch nicht von einer »Todesepidemie«? Und diese Grippewelle sollte von China ausgehen. Nicht von Südostasien! Nein, ich will es nicht glauben und suche auf der zweiten Seite einen speziellen Bericht über Vietnam ... und finde ihn.

Aus Ho-Chi-Minh-Stadt, dem früheren Saigon, wo das tödliche Virus offensichtlich entstand, gibt es keinerlei Lebenszeichen mehr. Satellitenaufnahmen von heute Morgen kurz vor Druckbeginn dieser Ausgabe bestätigen, dass keinerlei Bewegungen von Autos, Zügen, Schiffen und Flugzeugen mehr stattfinden. Die Todesepidemie verbreitet sich in Windeseile. Auch in Phnom Pen sowie in ...

Ich schaffe es nicht mehr, weiterzulesen. In mir zerbricht etwas. Lanh ist tot? Lanh ist tot! Irgend etwas ist in meinem Hals. Mir wird schwindlig. Auf einmal ist mir schwarz vor Augen ...

Als ich wieder aufwache, spüre ich, wie mich jemand auf eine Bank legt. Mein Hinterkopf tut mir weh, ich muss gefallen sein. Ich taste mit der Hand an meinen Kopf. Kein Blut, nur eine große Beule unter dem dünnen Haar! Mehrere Personen schauen mich an, sprechen mich an:

»Monsieur, Monsieur, s'il vous plaît ...!«

Ich bin verwirrt. Was ist gerade passiert, warum liege ich hier, schwirrt es mir durch den Kopf, als ich so langsam wieder zu mir komme. Mein Blick fällt auf eine Frau, die auf die

Zeitung weist, die ich vorhin in der Hand gehalten hatte. Sie spricht zu den um mich herum stehenden Leuten. Es scheint, als erkläre sie, dass es zwischen den Zeitungsmeldungen und meiner Ohnmacht einen Zusammenhang gibt. Viele Augenpaare wandern zwischen mir und der Zeitung hin und her. Als ich mich erinnere, was ich gerade gelesen habe, sehe ich ein bekanntes Gesicht. Es ist die Stewardess aus dem Flugzeug, die ich gefragt hatte, ob sie Näheres von Vietnam weiß. Auch sie hat mich erkannt. Sie kommt auf mich zu und bückt sich zu mir. Sichtlich peinlich berührt erklärt sie, dass sie im Flugzeug nicht anders hätte handeln können, als mir die Unwahrheit zu sagen. Nichts an Bord eines Verkehrsflugzeuges ist schlimmer als eine Massenhysterie, die durchaus hätte ausbrechen können, wenn die Passagiere von dem Ausmaß und den Folgen der Epidemieverbreitung erfahren hätten. Ich gebe ihr schweigend recht, während meine Augen sehr schnell feucht werden. Ich kann mich der Tränen nicht erwehren. Lanh ist tot! Lanh ist tot! Lanh ist tot! Meine Gedanken kreisen. Für einen kurzen Moment fällt mir Ai Ling ein, und in diesem Moment wird mir ihr Verhalten klar. Sie wusste schon, woher auch immer, was passiert war, und konnte dem Druck nicht mehr standhalten, es vor mir zu verbergen. Deswegen ihr überstürzter Abschied auf dem Flughafen. Ai Ling!

Nach Sekunden oder Minuten, die Zahl der Umstehenden hat sich inzwischen deutlich verringert, gelingt es mir, mich wieder zu fassen und mich aufzurichten. Mit den Worten »Merci beaucoup pour votre aide« stehe ich mit weichen Knien auf. Einige Leute begleiten mich noch, weil sie befürchten, dass ich wieder zusammenbreche. Dann sehen sie, dass ich einigermaßen zurechtkomme. »Merci beaucoup!« Und ich wanke dem Flugsteig für die Maschine nach Berlin entgegen. Den Flug nehme ich kaum wahr.

6. Juni Montag 5:54 Uhr Washington, DC Local Time
White House

»Mr. President, entschuldigen Sie, dass ich Sie geweckt habe.«

Andrew Morgan richtet sich im Bett auf und schaut auf die Uhr: »Schon gut! Sharon, Sie haben mich nicht ...«

»Sir, wir haben einige Probleme«, unterbricht sie ihn hastig, was eigentlich sonst nicht ihre Art ist, »unsere schlimmsten Befürchtungen, dass sich in Saigon doch ein Virus entwickelt hat, haben sich bestätigt. Die Meldungen von gestern waren erst der Anfang. Es war definitiv nicht die Vogelgrippe. Es ist das CEI-Virus!«

»Sind Sie sicher, sind Sie völlig sicher?«

»Ja, uns liegen absolut vertrauenswürdige Berichte vor, aus denen hervorgeht, dass mehrere Leute nach ihrer Ausreise aus Vietnam in Singapur unter Quarantäne gestellt wurden, weil der Verdacht bestand, dass sie an Vogelgrippe erkrankt waren. Diese Leute wurden untersucht. Und sie starben gestern auf eine unerklärliche Weise – die Körper wurden von einer zur anderen Sekunde zu Asche und zerfielen.«

Andrew Morgan atmet schwer: »Waas? Das kann doch nicht sein!«

»Andrew, ich wollte Ihnen das alles schonend beibringen und habe Sie bewusst schlafen lassen. In den letzten Stunden hat sich noch sehr viel mehr ereignet. In Saigon, wo die Epidemie ausbrach, lebt so gut wie niemand mehr. Innerhalb von einer Stunde sind dort alle gestorben ...«

»Oh, mein Gott!« Andrew Morgan stöhnt, aber er hat noch nicht alles von seiner Sicherheitsberaterin gehört.

»In Vietnam versuchen die Menschen mit allem, was sie haben, in den Norden, nach Kambodscha oder Laos zu flüchten, und gehen dabei zu Grunde. Sie wissen nicht, dass sie längst infiziert sind und dass das Weglaufen überhaupt nichts nützt. In DaNang, in Hue sowie in Phnom Penh und in Vientiane sterben auch schon die ersten Menschen. Ich habe einige vor zwei Stunden über Satellit übertragene Filmberichte gesehen, die live übermittelt wurden. Beim letzten Bericht aus Da Nang ist vor den Augen des Kameramannes der CNN-Reporter Brad Stanton gestorben. Danach riss die Verbindung ab«, Sharon Davis macht eine Pause, »Andrew, sind Sie noch da?« Sie hört nur das schwere Atmen und dann eine von völliger Hoffnungslosigkeit geprägte fast weinerliche Stimme. So hatte sie den Präsidenten noch nie erlebt.

»Ja, ich bin noch da, verzeihen Sie.«

»Möchten Sie, dass ich Sie in zehn Minuten noch mal anrufe?«

»Nein, Sharon«, sagt er schwach, »nein! Es wird sich dadurch nichts ändern. Berichten Sie mir bitte alles, was Sie wissen.«

Natürlich ist das, was ich dem Präsidenten mitzuteilen habe, für einen Menschen, der sich als Verantwortlicher immer Hoffnung gemacht hat und auch stets Optimismus verbreitet hat, zuviel auf einmal, das muss er erst einmal verkraften ... und ich auch, aber ich bin ja nur ein Rad im Getriebe ...

»Nach Schätzungen unserer Experten beginnt jetzt auch in Bangkok das Massensterben. Und was die USA betrifft – es gibt die ersten Toten in allen Westküstenstaaten, speziell in Kalifornien. Nicht sicher ist, ob die Toten sich in den USA angesteckt haben oder schon infiziert aus Südostasien eingereist sind. Für Letzteres spricht jedoch einiges.«

»Und gibt es Neuigkeiten aus den Labors?«

Andrew Morgans Stimme ist die eines gebrochenen Mannes.

»Es stehen immer noch die Ergebnisse aus, die eine erfolgreiche Virusbekämpfung im Labor bestätigen. Wir hatten daran ja Hoffnungen geknüpft. Aber offensichtlich scheint es nur in einem einzigen Fall gelungen zu sein. Eine gute Nachricht gibt es dennoch: Nach Angaben der National Laboratories und der CDC gibt es keine Mensch-zu-Mensch-Ansteckung.«

»Wenigstens etwas Gutes!«, haucht Andrew Morgan ins Telefon.

»Ja«, sagt Sharon Davis, »es ist immerhin ein Lichtblick, auch wenn es nur ein ganz kleiner ist. Ich schlage vor, dass ich in einer halben Stunde bei Ihnen bin, um die Sitzung, die für 8:00 Uhr vorgesehen ist, mit Ihnen zusammen vorzubereiten.«

»Ja, bitte kommen Sie!«

7. Juni   Montag   20:45 Uhr
B e r l i n

In Berlin wiederholt sich auf dem Flughafen Tegel, was ich bereits aus Peking und Paris kenne – die Maschine bleibt weit draußen auf dem Flugfeld stehen. Doch verläuft hier die Prozedur im Einzelnen anders. Noch bevor eine fahrbare Treppe an das Flugzeug geschoben wird, nähert sich in schneller Fahrt ein Lastwagen der Bundeswehr und hält. Aus der Beifahrertür springt der Kommandierende und feuert die von der Ladefläche des Wagens mehr purzelnden als herausspringenden Soldaten an, einen Kreis um die Maschine zu bilden. Er brüllt die Befehle, man kann es geradezu sehen, nur nicht hören, weil die Kabinentür noch geschlossen ist und kein Schall nach innen dringt. Ein Flughafenbus fährt vor.

Bevor wir das Flugzeug verlassen, werden wir durch eine Ansage des Kapitäns informiert, dass wir alle erst einmal wegen der in Asien herrschenden Epidemie gemäß dem Bundesseuchengesetz und den damit im Einklang befindlichen internationalen Quarantänevorschriften untersucht werden sollen. Dazu haben wir uns sofort in den bereitstehenden Bus zu begeben. Zuwiderhandlungen werden nicht geduldet.

Dann endlich wird die Kabinentür geöffnet und wir können die Treppe herunter zum Bus gehen. Der Busfahrer trägt ein Sauerstoffgerät, ebenso die vier Soldaten, von denen sich jeweils zwei vorn und zwei hinten im Bus an den Türen mit ihren Waffen postiert haben. Die Fahrt dauert nicht lange. Dieses Mal werden wir nicht in ein Zelt, sondern in einen leeren Hangar gebracht, in dem acht Container im grünen militärischen Anstrich aufgestellt sind, ähnlich denen, wie sie auf manchen Baustellen zu finden sind. Über Lautsprecher werden wir aufgefordert, uns auf die bereitstehenden Stühle zu setzen. Wer spricht, sehen wir nicht. Nur wir werden gesehen, und zwar über zahlreiche kleine Fernsehkameras. Man gibt sich keine Mühe, die Überwachung zu verheimlichen. Auf jedem Stuhl liegen ein paar zusammengeheftete Informationen, in denen mehrsprachig darüber informiert wird, warum diese Untersuchungen durchgeführt werden. Kaum jemand macht sich die Mühe, den ganzen Text zu lesen. Nach ein paar Minuten ertönt wieder der Lautsprecher. Wir werden darüber informiert, dass in Kürze jeder Passagier namentlich aufgerufen wird und sich in einen bestimmten mit Nummern versehenen Container zu begeben hat. Aber erst nach ungefähr zehn Minuten werden die ersten Reisenden aufgerufen. Obwohl ich zu müde und viel zu deprimiert bin, mich noch großartig konzentrieren zu können, fällt mir doch auf, dass bisher noch niemand in den Container mit der Nummer 4 bestellt worden ist. Er scheint etwas Besonderes zu sein, weil von oben einige dicke Schläuche und Luftkanäle wegführen und die Tür, von außen mit dicken Gummidichtungen versehen, stets geschlossen ist. Mit mir lässt man sich offensichtlich Zeit. Ich bin geduldig, müde und unendlich traurig, und eigentlich könnte ich stundenlang hier so sitzen bleiben ...

»Herr Meyer, Nummer 4 bitte!«, schallt es plötzlich scharf und unerbittlich aus dem Lautsprecher. Sofort bin ich wieder völlig wach. Jetzt bin ich an der Reihe. Es ist wirklich die Nummer 4, in die ich mich begeben soll! Langsam, aber sicher meldet sich mein Verstand wieder und überlagert meine Niedergeschlagenheit. Was geht hier vor? Zögerlich stehe ich auf und gehe in den Container durch die sich jetzt langsam öffnende Tür. Hinter mir schließt sie sich sofort wieder mit einem lauten Summen. Dann ein kurzes Zischen. Ich spüre einen leichten Unterdruck wie im Flugzeug während des Steig- oder Sinkfluges, wenn der Kabinendruck noch nicht automatisch nachgeregelt worden ist. Der Raum, in dem ich mich befinde, ist ungefähr drei mal drei Meter groß und zweieinhalb Meter hoch. Bis auf den dunklen Boden haben die Wände eine metallene Farbe. Die Decke ist weiß. Der Raum hat keine Fenster. Nur eine vergitterte Neonröhre sorgt für ausreichende Helligkeit. Eine Kamera, ebenfalls durch ein Gitter geschützt, befindet sich in einer Ecke an der Decke. Und in der Mitte des Raumes steht ein einfacher Stuhl.

»Nehmen Sie Platz und legen Sie Ihren Pass in die Schublade, die sich gleich links von Ihnen öffnen wird«, ertönt etwas angenehmer, aber nicht weniger bestimmend eine männliche Stimme.

»Ja. Aber was soll das hier eigentlich«, entfährt es mir verärgert.

»Tun Sie bitte genau das, was wir Ihnen sagen. Es ist zu Ihrem Schutz. Und überlassen Sie es uns, Fragen zu stellen!«

Ich ziehe die Augenbrauen hoch und lege meinen Pass in die Schublade, die während des Wortwechsels geräuschlos ausgefahren ist. Nach einer Weile meldet sich die Stimme wieder:

»Herr Meyer, wir wissen, dass Sie in Vietnam und China waren. Die entsprechenden Visa und Einträge in Ihrem Pass bestätigen das im Computervergleich mit den Flugdaten. Bei Personen, die aus Asien nach Deutschland einreisen, sind wir seit Ausbruch der Epidemie besonders vorsichtig, weil sie eine Risikogruppe darstellen. Während Sie sich in diesem Raum befinden, haben wir automatisch Ihre Körpertemperatur gemessen und Ihre Atemluft nach Viren untersucht. Danach sieht alles gut aus. Wir benötigen jetzt nur noch eine Blutprobe, und nach deren Auswertung, die nur wenige Minuten dauert, können Sie gehen, wenn auch diese Untersuchung keine im Zusammenhang mit der Epidemie auftretenden Viren nachweist.«

Ich bin etwas erleichtert und hoffe, dass die Blutprobe nichts anderes ergibt. Noch vom Studium her weiß ich, dass die bundesdeutschen Gesundheitsbestimmungen äußerst restriktive Maßnahmen gegenüber Kranken vorsehen – zum Schutz der übrigen Bevölkerung. Es öffnet sich links von mir die Wand, die als Schiebetür nicht zu erkennen war, und herein tritt ein Mann in einem gelben hermetisch geschlossenen Schutzanzug. Ich kann sein Gesicht kaum sehen. Die Neonbeleuchtung spiegelt sich im Glas seiner Schutzhaube.

»Machen Sie bitte den linken Arm frei!«

Die Blutentnahme erfolgt routiniert. Danach schließt sich die Schiebetür fast ohne Geräusch. Und wieder warten. Es kommt mir endlos vor. Aber dann ertönt der Lautsprecher:

»Herr Meyer, es konnten keine Viren der gefährlichen Art bei Ihnen nachgewiesen werden. Auch die Gefahr einer potentiellen Virusübertragung durch Sie besteht nicht. Wir haben drei Tests durchgeführt. Es wird möglicherweise noch ein vierter Test im Zentrallabor nötig sein, aber der dürfte nichts anderes ergeben. Halten Sie sich bitte zu unserer Verfügung. Innerhalb der nächsten drei Tage dürfen Sie Berlin nicht verlassen. Ihren Pass behalten wir so lange ein. Er wird Ihnen spätestens in einer Woche per Post zugesandt, sofern der abschließende Test im Zentrallabor nicht etwas anderes aussagt. Haben Sie das verstanden?«

»Ja«, antworte ich müde. Ich bin gerade noch so weit aufnahmefähig zu registrieren, dass man keine Viren bei mir nachweisen konnte.

»Aus der Schublade, die Sie bereits kennen, entnehmen Sie bitte die Quittung für den einbehaltenen Pass sowie eine Verhaltensanweisung, wie Sie sich als sogenannte *unter Beobachtung stehende Person* bis zum Erhalt Ihres Reisepasses zu verhalten haben. Bitte bestätigen Sie den Empfang.«

Die Schublade fährt wieder aus, ich entnehme ein Faltblatt, »Verhaltensmaßregeln nach dem Bundesseuchengesetz in der Fassung vom 31.6.2003 für unter Beobachtung stehende Personen Deutscher Nationalität« und unterschreibe die Empfangsbestätigung.

»Vielen Dank«, ertönt es wieder aus dem Lautsprecher, »Sie können jetzt gehen. Ihr Gepäck erhalten Sie im Zollgebäude, das sich neben dem Ausgang zu den Bussen am Parkplatz Nr. 5 befindet. Legen Sie bitte dort den Gepäckbeleg vor, der sich in Ihrem Ticket befindet. Und noch etwas müssen Sie wissen«, die Stimme hat auf einmal ihren Ton geändert, es fehlt das Belehrende, »die Bevölkerung ist ziemlich beunruhigt. Ich gebe Ihnen einen guten Rat: Sagen Sie nach Möglichkeit niemandem, dass Sie in Asien waren. Die Leute sind zu verängstigt und überreagieren leicht. Die Krise ist keinesfalls ausgestanden. Auf Wiedersehen.«

»Ja, auf Wiedersehen«, antworte ich kurz. Es öffnet sich wieder eine Schiebetür, dieses Mal an der Stirnseite des Raumes. Ich gehe hinaus und schon stehe ich im Freien.

»Kommen Sie mal mit«, höre ich eine Stimme neben mir, kaum dass ich aus dem Container gekommen bin, »Sie sind heute der erste, der diesen Container verlassen konnte, Sie Glückspilz!«, spricht mich ein gemütlicher Flughafenbediensteter mit unverkennbarer Berliner Mundart an und lädt mich ein, auf dem Beifahrersitz einer Zugmaschine für Gepäckwagen Platz zu nehmen, »es ist zu weit, zum Terminal zu Fuß zu laufen. Außerdem dürfen Sie auch nicht hier herumlaufen.«

Er sieht mir wohl an, dass ich ziemlich erschöpft bin und verzichtet auf weitere Konversation. Am Terminal angelangt, nicke ich meinem »Taxifahrer« zum Dank zu, nehme meine Tasche und gehe in den Terminalbereich in Richtung Zollgepäckausgabe. Dort komme ich an einem Zeitungsstand vorbei, greife einfach zu und habe fünf Zeitungen in der Hand, bezahle und setze mich auf eine der vielen nicht gerade bequemen Bänke, die vor jedem Flugsteig angebracht sind. Nach kurzem Blättern wird mir jetzt endgültig klar, was innerhalb der letzten vierundzwanzig Stunden stattgefunden hat: Die Welt ist vom Ausbruch der Epidemie völlig überrascht worden. Die meisten Zeitungen auch. Die Seiten mit den Meldungen und Bildern der Katastrophe – in der Regel zwei Doppelblätter mit insgesamt acht Seiten – sind den Zeitungen einfach als Umschlagseiten beigefügt worden. Im Wesentlichen haben sie alle den gleichen Inhalt: Ganz Südostasien ist mit dem Todesvirus infiziert. In Vietnam, Kambodscha, Laos und zum Teil auch in Thailand sowie in Südchina und Hongkong sterben die Menschen zu Millionen. Erste Todesfälle werden auch aus Korea, Singapur und

Malaysia gemeldet. Man rechnet damit, dass morgen in diesen Ländern niemand mehr leben wird. Die Art des Sterbens wird so beschrieben, wie ich meine, sie schon in Saigon am Cho Pham Van Hai beobachtet zu haben: Die Menschen halten in ihrer Bewegung inne, bekommen einen starren Blick, blitzschnell ändert sich die Hautfarbe von Weiß in Grau und die Menschen fallen in sich zusammen – der Körper wird zu Asche. Und dieser Prozess, der von einem merkwürdigen Knistern begleitet wird, dauert keine fünf Sekunden. Es ist unfassbar! Die ganze Menschheit ist wie gelähmt von dieser Epidemie, die mit ihren unvorstellbaren Auswirkungen wie aus heiterem Himmel über die Erdbewohner fällt.

Die Regierungen in den fernöstlichen Ländern wissen keinen Ausweg. Sie werden durch diese sich mit ungeheurer Geschwindigkeit ausbreitenden Epidemie einfach überrollt. Die EU wie auch Kanada haben in Blitzaktionen scharfe Einreisekontrollen mit Gesundheitsprüfungen eingeführt. Wer aus Asien in die Europäische Union will, wird akribisch untersucht. Ich habe es ja gerade selbst erlebt. Und wer infiziert ist, wird sofort isoliert. Die USA haben sich bereits nach dem Anschlag auf die New Yorker U-Bahn abgeschottet. Der Börsenhandel ist weltweit bis auf weiteres geschlossen. In Europa wird die Einführung der schon seit Jahren längst vorbereiteten Notstandsgesetzgebung diskutiert. Sie wird voraussichtlich heute in Kraft gesetzt, mit weitreichenden Folgen für die Bürger. In den USA und in Europa ist man dabei, jedes Institut, das sich mit der Bekämpfung von Viren und Epidemien befasst, in die Erforschung von Gegenmaßnahmen einzubinden. Für heute, den 7. Juni, rechnet man in der EU damit, die Industrie in diesen Kampf mit einzureihen, wobei ein Kommentator zu Recht schreibt, dass es dieser Zwangsverpflichtung eigentlich nicht bedarf, weil es wirklich jedem an den Kragen gehen wird, wenn kein

Gegenmittel gefunden wird. Es wird jedoch dringend geraten, Ruhe zu bewahren und täglich die Pressemeldungen zu verfolgen, insbesondere die der lokalen Rundfunk- und Fernsehanstalten.

Die Meldungen über den Anschlag auf die New Yorker Subway und die Reaktion der USA, einen Tag darauf über dreihundert Marschflugkörper auf die Gebirge in Afghanistan abgefeuert zu haben, um vielleicht jetzt doch den gefährlichsten Terroristen aller Zeiten zur Strecke zu bringen, erscheinen wie Peanuts und finden in allen Blättern keine große Beachtung. Interessanter ist schon eher die Meldung, dass sich der amerikanische Verteidigungsminister Matt Lynch schon jetzt dafür ausgesprochen hat, sollte in Kürze ein Gegenmittel gegen die Epidemie zur Verfügung stehen, es bestimmten Ländern nicht zur Verfügung zu stellen. Der Präsident scheint in dieser Frage hinter ihm zu stehen.

Ich lege die Zeitungen weg und bin völlig fassungslos. Ich kann das alles kaum fassen. Ich habe das Liebste auf der Welt, meine Frau, verloren, und die ganze Welt steht am Abgrund. Auch für mich steht eine Welt am Abgrund. In mir schwanken Gefühl und Verstand. Denke ich an Lanh, fließen mir die Tränen. Denke ich an die Epidemie, so ist sie mir fast recht, denn früher oder später wird sie auch uns erreichen und das erscheint mir gar nicht mehr so furchterregend. Welchen Sinn hat das Leben jetzt noch für mich?

Eigentlich sollte mich Max, wie so oft, vom Flughafen abholen, aber nun bin ich zwei Tage früher zurückgekommen. Außerdem ist es auch schon zu spät am Abend. Ich könnte ihn anrufen und bestimmt wäre er gleich hier – wie ich ihn kenne, vorausgesetzt er ist zu Hause. Aber mir ist im Moment überhaupt nicht danach, mit irgendeinem Menschen über mein Schicksal zu sprechen, und so steige ich in ein Taxi. Der Fahrer sieht mich an und versteht. Ich bin wohl nicht der Einzige, der in diesen Tagen einen persönlichen Verlust zu verkraften hat. Er fängt erst gar keine Unterhaltung an, stellt statt dessen das Radio etwas lauter. Die Nachrichten aus dem Autoradio höre ich nur so am Rande – Massensterben in Südchina, Korea und im südlichen Sibirien. Maßnahmen der Bundesregierung. Notstandsausrufung …

Zu Hause angekommen, stolpere ich mehr oder weniger sofort ins Schlafzimmer. Das Gepäck bleibt im Flur stehen. Ich reiße das Fenster auf, weil die Luft abgestanden ist, sinke aufs Bett und lasse den Tränen freien Lauf. Es ist die Sehnsucht nach Lanh. Und dann meldet sich der Verstand, allerdings sehr vom Gefühl beeinflusst: Irgendwie muss ich doch versuchen weiterzuleben. Aber wozu denn noch? Mir ist alles egal. Soll die Welt doch untergehen – gut, dann ist endlich Feierabend! Ende! Aus!

In dieser depressiven Stimmung verharre ich regungslos minutenlang, stundenlang, ich weiß es nicht.

Als ich wieder zu mir komme und wieder so einigermaßen klar denken kann, ist es schon dunkel geworden. Ich muss der Familie, besser dem Rest der Familie, der in Berlin geblieben ist, telefonisch Bescheid geben, dass ich wieder hier bin und lebe, auch wenn es jetzt schon sehr spät ist.

»Konni, bist du das wirklich?«, fragt mich Ngan, nachdem ich mich gemeldet habe.

»Ja, ich bin es. Ich musste zwei Tage früher von Peking zurückfliegen, weil die chinesische Regierung angeordnet hat, dass alle Ausländer wegen des Virus das Land umgehend verlassen sollten.«

»Wo sind Lanh, Khai und Ma? Sind sie noch in Vietnam?«

»Ja«, und schon verliere ich wieder die Fassung. Ngan schluchzt laut los, und im Hintergrund höre ich Hung. Er wird seinem kleinen Sohn gleich erzählen, dass der Onkel wieder zurück ist, aber ohne die Tanten und die Oma. Schließlich reiße ich mich zusammen: »Weißt du etwas von Lanh, Mami und Khai, habt ihr Di Hang angerufen?«

»Ja, aber niemand ging an den Apparat.«

»Gab es Freizeichen?«

»Ja, aber seit gestern ist das Telefon tot.«

Wir wissen alle, was das zu bedeuten hat.

Ich höre wieder Schluchzen am anderen Ende der Leitung und keiner bringt ein Wort heraus. Mit Mühe stammele ich schließlich:

»Ich ... habe für euch einige Sachen ... aus Vietnam. Soll ... ich kommen?«

»Das ist jetzt nicht wichtig, ruh dich erst mal aus! Wir sehen uns morgen oder telefonieren wieder.«

Nach diesem Anruf halte ich erst einmal inne, zu sehr hat mich das alles mitgenommen. Aber es war auch gut, mit vertrauten Menschen zu sprechen und zusammen zu trauern. Obwohl ich eigentlich übermüdet und durch die seelische Belastung, wie ich es noch nie erlebt habe, ziemlich am Ende bin, habe ich doch noch das Bedürfnis, mit Carl zu sprechen, und rufe ihn an:

»Stahlberg«, meldet er sich in gewohnter Art und Weise, jedoch fragend, denn um diese Zeit erwartet er normalerweise keinen Anruf.

»Grüß dich, Carl, hier ist Konni. Ich hoffe, ich störe dich nicht um diese ...«

»Konni?« Er kann es kaum glauben, dass ich am Apparat bin.

»Ja, ich bin's.«

»Wo bist du denn?«, unterbricht er mich aufgeregt, »damit habe ich jetzt überhaupt nicht mehr gerechnet.«

»Ich bin zu Hause.«

»Du weißt ja sicher selbst, was los ist.«

»Allerdings!«

»Sag mal, was ist mit Lanh und den anderen? Sind sie mitgekommen?«

»Nein«, und schon hindert mich der nächste Weinkrampf am Weitersprechen. Ich kann kaum antworten und entgegne ausweichend:

»Ich weiß nicht, was mit ihnen ist. Als ich Saigon verließ, war alles noch in Ordnung, aber im Taxi auf dem Weg zum Flughafen sah ich von Ferne eine Verkäuferin auf der Straße sterben. Sie muss regelrecht in sich zusammengefallen sein, aber ich konnte es nicht genau sehen, weil mir die Sicht durch ein anderes Auto für einen Moment versperrt war. Aber es muss innerhalb von Sekunden ...«

»Das mit deiner Familie tut mir leid, es trifft mich wie ein Schock. Kann ich dir irgendwie helfen?«

»Danke – du, ich bin jetzt total durcheinander ..., lass uns morgen wieder telefonieren ...«

»Wenn du mich brauchst, ruf mich bitte zu jeder Tages- und Nachtzeit an!«

»Danke, bis morgen!«

Was ist mit Lanh? Lebt sie oder ist sie schon tot? Meine Stimmungslage nähert sich dem absoluten Tiefpunkt. Ich fühle mich völlig ausgelaugt. Jetzt bin ich wirklich allein! Meine Eltern habe ich im letzten Jahr verloren und jetzt auch meine Frau! So menschlich das Hilfsangebot von Carl auch war, es kann mein Gefühl der Einsamkeit, der Verlorenheit in dieser Welt und den Gedanken, wie sinnlos das Leben für mich geworden ist, nicht mindern. Es ist nun einmal so, wenn man einen Lebensgefährten oder Ehepartner hat: Man ist aufeinander fixiert und möchte dieses tiefe Gefühl behalten, auch wenn es eine gewisse Abhängigkeit in sich birgt. Nur das habe ich jetzt nicht mehr. Niemand ist ganz für mich allein da ... Die Erkenntnis, diese Liebe nicht mehr empfangen und auch geben zu können, weil die Partnerin nicht mehr da ist, zieht mich völlig herunter. Ich bin allein! Auch mein Glaube belässt mich in der Einsamkeit, weil ich nicht an einen persönlichen Gott glaube, sondern ihn nur als eine über allem stehende Instanz erfahren habe, die allerdings indirekt steuernd und höchst individuell in mein Leben eingegriffen hat.

Das, was früher unser gemeinsamer Alltag war und als selbstverständlich angesehen wurde, ist jetzt zu einer ungeheuren, nicht erfüllbaren Sehnsucht angewachsen. Wie oft hatte ich Lanh gesagt, wenn ich gerade die Nachrichten im Fernsehen sah, dass sie mich bitte nicht stören soll, oder umgekehrt, wenn sie sich ihre vietnamesischen Filme anschaute und ich zu ihr kam. Sie sagte dann immer »Störung!«. Bald zum geflügelten Wort geworden, ist es für immer davongeflogen. Ach, was würde ich dafür geben, wenn wir uns gegenseitig weiter »stören« könnten! Was waren ihre letzten Gedanken, als sie merkte, dass auch sie nicht verschont bleiben würde? War es der Ruf nach der Mutter od vielleicht nach mir, ohne Hoffnung auf eine Antwort, weil sich Tausende von Kilometern zwischen uns erstreckten ...? Ich war nicht bei ihr, als sie mich brauchte. Und nie wieder werde ich sie in meinen Armen halten. Es schnürt mir die Kehle zu. Ich habe Angst, gänzlich die Kontrolle über mich zu verlieren, und versuche mit dem Verstand dagegen anzukämpfen, indem ich mir sage, dass ich mich damit abfinden muss und es immer einen neuen Tag gibt. So habe ich es immer gemacht, wenn ich in einer scheinbar auswegslosen Lebenskrise war, und nach einiger Zeit ging es mir wieder besser. Aber jetzt habe ich das Gefühl, als ob mir der Boden unter den Füßen weggezogen wird, zumal auch die allgemeine Lage so hoffnungslos erscheint.

Inzwischen habe ich jedes Zeitgefühl verloren, Minute um Minute, Stunde um Stunde vergeht, bis schließlich erschöpft der Verstand die Oberhand gewinnt, weil er jetzt die einzige Stütze für mich ist. Ich will versuchen, den Verlust von Lanh – soweit es mir derzeit möglich ist – verstandesmäßig zu verarbeiten. Natürlich nicht verdrängen. Irgendwie muss es ja weitergehen.

Es ist schon lange nach Mitternacht, als ich den Fernseher einschalte und noch Spätnachrichten mitbekomme. Aber eigentlich nehme ich die Sendung, die sich ausnahmslos mit der Katastrophe in Asien befasst, kaum wahr: Erschreckende Berichte aus ganz Fernost, zum Teil wurden die Bilder von Drohnen oder Webcams gemacht, weil sich kein Reporterteam mehr in diese Gegend gewagt hat. Und Berichte über fieberhafte Bemühungen, weltweit ein Gegenserum zu entwickeln. Dazwischen Interviews mit Vertretern von Chemiefirmen, Politikern, Innenministern und Polizeipräsidenten ...

6. Juni Montag 08:00 Uhr Washington, DC Local Time
Oval Office, White House

»Ladies and Gentlemen! The President of the United States!«

Andrew Morgan betritt bedächtig, fast wie ein alter Mann, das Oval Office. In den letzten zwei Wochen war dieser morgendliche Gang für ihn eine unvermeidliche Pflicht gewesen, immer eine Gratwanderung zwischen Hoffen und Bangen. Nur heute Morgen fehlt jede Hoffnung. Insgeheim wünscht er sich innig, dass man seine Niedergeschlagenheit nicht so deutlich wahrnehmen möge. Für einen Moment fast erleichtert erkennt er, dass er mit seiner Verfassung nicht allein ist. Die Anwesenden, die sich pflichtgemäß von ihren Plätzen erhoben haben, wirken ebenfalls sehr bedrückt. Kaum jemand, so scheint es, hat in der Nacht ein Auge zugetan.

»Guten Morgen, nehmen Sie bitte Platz. Ladies and Gentlemen, lassen Sie mich vorab ein persönliches Wort an Sie richten: Heute Morgen gegen fünf Uhr rief mich meine Sicherheitsberaterin an und bestätigte mir den furchtbaren Verdacht, den wir alle schon seit Tagen hegen, dass nun doch die gefährliche Flüssigkeit in Saigon ausgelaufen ist. Wie leider schon prognostiziert, hat sie sich zu einem tödlichen Virus entwickelt. In Südostasien lebt so gut wie niemand mehr. Aber das wissen Sie vermutlich schon. Das ist so furchtbar ...«, Andrew Morgan hat Mühe weiterzusprechen. Die schrecklichen Erkenntnisse übermannen ihn. Er macht eine kurze Pause, dann fasst er sich wieder: »Mrs. Davis wird wie immer die Sitzung leiten. Lassen Sie uns vorher ein stilles Gebet sprechen, dass uns der Vater im Himmel einen Weg aus dieser Krise weisen möge.«

Er faltet die Hände, die anderen tun es ihm gleich. Danach nimmt er noch einmal das Wort, zuversichtlich und bestimmt:

»Ich danke Ihnen allen. Bitte, Sharon!«

»Mr. President, Ladies and Gentlemen«, beginnt sie wie immer sachlich und scheinbar ohne innere Anteilnahme, »wir sind zwar alle geschockt, dass diese schreckliche Situation, die wir uns allenfalls als einen Alptraum haben vorstellen können, Realität geworden ist. Aber wenn wir jetzt mutlos und untätig werden, haben wir schon verloren. Lassen Sie uns mit kühlem Kopf die Lage analysieren und dann beraten, was wir noch tun können. Vergessen Sie nicht, was wir sind: Amerikaner! Wir standen in unserer Geschichte schon mehrmals vor aussichtslosen Situationen. Denken Sie einmal an General Douglas MacArthur, was er damals den Philippinos versprochen hatte, als unsere Streitkräfte das Land wegen der übermächtigen japanischen Armee aufgeben mussten. *I shall return!*, rief er ihnen zu. Und er kam wieder! Und das siegreich!«

Sharon Davis schaut in die Runde. Es sind immer die Gleichen, man kennt sich mittlerweile. Jeder von ihnen sucht nach einem Hoffnungsschimmer, den sie aber nicht bieten kann. Allen Gesichtern ist die Frage abzulesen: Gibt es wirklich keine Hoffnung? ... Ich kann das nicht beantworten, denkt sie, wirklich nicht. Ich weiß nur eines: Wenn es uns nicht gelingt, ein Serum gegen das Virus zu entwickeln, dann gibt es einfach keine Rettung für die Menschheit!

Andrew Morgan ist der erste, der die Sprachlosigkeit und tiefe Depression der Runde bricht:

»Herrschaften! Was sagen wir jetzt der Presse?«, er schaut um sich, aber niemand interessiert sich für diese Frage. Und so rettet Sharon Davis die Situation. Emotionslos kommt es über ihre stets zu stark bemalten Lippen:

»Wir machen das wie immer, wir verbreiten Hoffnung, sonst haben wir hier eine Massenpanik. Die Bevölkerung ist verständlicherweise höchst beunruhigt. Schon jetzt gibt es zahlreiche Übergriffe auf Muslime wegen des U-Bahn-Anschlags auf New York. Wir müssen bei unseren Bürgern die Hoffnung verbreiten, dass wir in Kürze gegen dieses Virus ein wirksames Mittel finden werden. Und das wird, so Gott will, auch geschehen.« Dann wendet sie sich an Andrew Morgan:

»Mr. President, Sie sollten heute Abend in dieser Richtung eine Fernsehansprache halten, die wir noch heute Vormittag ankündigen werden.«

»Okay, Sharon, bereiten Sie das bitte vor. Und vergessen Sie die Wirtschaft nicht. Wir müssen für die nächste Zeit mit erheblichen Einbußen rechnen. So schnell werden die Börsen nicht wieder öffnen«, und nach einer kurzen Pause setzt er noch nach, aber so leise, dass es nur seine Sicherheitsberaterin hören kann, »hoffentlich kann noch rechtzeitig ein wirksamer Impfstoff entwickelt werden, hoffentlich!«

Sein Optimismus, der kurz aufflackerte, scheint wieder erloschen zu sein. Er schaut Sharon Davis an, auch sie hat Angst, denkt er, ich weiß es! Nur – sie zeigt es nicht. Nie würde sie das tun!

»Ach, entschuldigen Sie, Mr. President«, sagt sie bestimmt, »da ist noch etwas. Die USS Kensington ist kurz vor Hanoi. Wollen Sie, dass man jetzt die Suche nach unseren Jungs beginnt? Wie Sie wissen, lebt dort niemand mehr.«

»Die bitte, was …?«, kommt es Andrew Morgan geistesabwesend über die Lippen, und dann fällt es ihm doch noch ein, bevor Sharon Davis Hilfestellung geben muss, »ach ja, die Kensington. Daran habe ich gar nicht mehr gedacht. Ja, Sharon, sie sollen unsere Boys suchen und finden«, Andrew Morgan wendet sich mit einem ausdrucksleeren Blick ab, »und wenn es nur die Asche ist, die sie wieder zurückbringen.«

8. Juni Dienstag 07:02 Uhr
Berlin

Mit einem schweren Kopf und ziemlich benommen wache ich auf. Die Dosis Schlaftabletten, die ich vor dem Schlafengehen genommen hatte und die mir entgegen meiner Erwartung aber nur eine unruhige Nacht bescherte, wirkt noch mächtig nach. Ziemlich schnell allerdings ist die Erinnerung an den gestrigen Tag wieder wach. Der Gedanke an Lanh schiebt sich unerbittlich in den Vordergrund und schnürt mir die Kehle zu. Ich versuche aufzustehen, aber mir wird schwindlig und ich setze mich aufs Bett. Was hat das alles noch für einen Sinn? – Minutenlang verharre ich so auf der Bettkante, bis ich mich schließlich ins Bad aufraffe. Dann sagt eine Stimme in mir, dass mir wohl doch nicht alles so gleichgültig ist, wie es scheint. Auf die Toilette bin ich jedenfalls gegangen. Bin ich schon in einer so schlechten Verfassung, dass ich das jetzt als etwas Besonderes ansehe? Anscheinend ja. Aber dennoch scheine ich mich noch nicht ganz aufgegeben zu haben!

8. Juni Dienstag 10:00 Uhr
Erstes Deutsches Fernsehen – Die Tagesschau

Guten Tag, meine Damen und Herren,
hier ist das Erste Deutsche Fernsehen mit der Tagesschau um 10:00 Uhr. Im Anschluss an die Nachrichten bringen wir Sondermitteilungen der Regierung. Zunächst die Meldungen: Die Todesepidemie hat sich weiter ausgebreitet. In ganz Südostasien sowie in Singapur, Malaysia, auf den Philippinen und in Korea gibt es keine Lebenszeichen mehr. In China ist vom Süden her in einer fast waagerecht verlaufenden Linie kein Leben mehr bis ungefähr 500 km vor Peking feststellbar. In Ostindien, im nördlichen Sibirien, in Japan, Australien und Neuseeland sterben die ersten Menschen.

Gezeigt werden Archivbilder der entsprechenden Länder und wenige Filmausschnitte, die von ferngesteuerten Drohnen aufgenommen wurden und einst belebte Städte zeigen, die jetzt – im wahrsten Sinne des Wortes – ausgestorben sind. Es sind deprimierende Bilder.

In allen Labors der Welt wird fieberhaft geforscht und an einem Gegenmittel gearbeitet. In Deutschland arbeitet die Industrie mit den Behörden zusammen. Wie aus Fachkreisen verlautet, gilt es inzwischen als sicher, dass innerhalb weniger Tage ein entsprechendes Serum gegen die Epidemie entwickelt werden kann. Sobald das Serum zur Verfügung steht, werden unverzüglich im gesamten EU-Raum die Impfungen durchgeführt. – In Stuttgart arbeitet man an der Entwicklung eines Virusfilters für Massenunterkünfte. Er müsste aber bis spätestens übermorgen fertig und installiert sein, weil die Meteorologen dann damit rechnen, dass wir maximal noch drei Tage Zeit haben, bis das Virus auch bei uns nachweisbar sein wird. – Mehrere voneinander unabhängige Institute in der Europäischen Union und in den USA fanden heraus, dass das Virus nicht durch den Menschen übertragen wird.

Die gesendeten Bilder strahlen ein wenig Hoffnung aus.

Ab heute 10:00 Uhr gelten in der gesamten EU nationale sowie die europäischen Notstandsgesetze. Danach sind Einfuhren aus Ländern, in denen das Virus in der Atmosphäre nachgewiesen werden kann, strengstens verboten. Die Preisgestaltung der Lebensmittelindustrie sowie die der Landwirtschaft steht ab sofort unter staatlicher Kontrolle.

Da zu befürchten ist, dass in absehbarer Zeit auch aus den OPEC-Ländern kein Rohöl in die EU importiert werden kann, werden ab sofort Mineralölstoffe nach folgenden Maßgaben rationiert: Es betrifft in erster Linie die private PKW-Nutzung. Pro Fahrzeug werden ab sofort für die nächsten drei Tage maximal 10 Liter Kraftstoff abgegeben. Zur Kontrolle wird an den Tankstellen eine kleine Plakette auf die vordere Windschutzscheibe geklebt, auf der das Datum vom 12. Juni eingetragen wird, dem Tag, an dem frühestens wieder nach den dann gültigen Rationierungsmaßgaben getankt werden kann. Die Plaketten können nach dem Anbringen auf der Windschutzscheibe von dort nicht mehr entfernt werden, ohne die Scheibe zu zerstören. Auf diese Weise ist ein Umgehen der Rationierung ausgeschlossen.

Im Interesse der Allgemeinheit wird darum gebeten, möglichst die öffentlichen Verkehrsmittel zu benutzen oder Fahrgemeinschaften zu bilden. Der private Handel mit Treibstoffen, sofern diese nicht für Energieerzeugungszwecke, beispielsweise für Blockkraftwerke, benutzt wird, ist verboten und wird bei Verstoß mit einer Freiheitsstrafe bis zu fünf Jahren bestraft.

Im Zusammenhang mit den Ölrationierungsmaßnahmen teilen die europäischen Regierungen mit, dass auch Stromsperrungen in Aussicht gestellt werden. Voraussichtlich werden sie auf eine maximale Dauer von acht Stunden pro Tag begrenzt sein. Es wird aber schon jetzt dringend empfohlen, mit Energie sehr sparsam umzugehen.

... Die Versorgung mit Nahrungsmitteln ist derzeit EU-weit gesichert, sodass diesbezüglich keine Rationierung erfolgen muss. Zu Hamsterkäufen besteht kein Grund, da sich die EU selbst versorgen kann. Sollte es dennoch zu Hamsterkäufen kommen, werden sofort entsprechende Rechtsverordnungen erlassen, um diese unverzüglich zu unterbinden.

Zur näheren Information wird auf den Videotext oder auf das Internet verwiesen.

... Die Wahrung der inneren Sicherheit in den Staaten der EU erfolgt nach Maßgabe der jeweiligen nationalen Nostandsgesetzgebung. Je nach Notwendigkeit ist mit der Verhängung von nächtlichen Ausgangssperren zu rechnen. Zu näheren Informationen schalten Sie bitte auf die regionalen dritten Fernseh- oder Rundfunkprogramme. Hier werden Sie zeitnah über weitere Maßnahmen an Ihrem Wohnort informiert.

Es folgen weitere Meldungen ...

8. Juni Dienstag 10:13 Uhr
Berlin

Nach dieser Sendung habe ich mich wieder so einigermaßen im Griff. Die Angst um die bevorstehende Katastrophe, die von Tag zu Tag näher kommt, die Hoffnung, dass vielleicht doch rechtzeitig ein Serum entwickelt wird, und der Selbsterhaltungstrieb unterdrücken die Trauer und lenken ab. Dafür rücken Grundbedürfnisse unweigerlich in den Mittelpunkt! Jetzt geht es darum, die Situation richtig zu bewerten und entsprechend zu handeln. Der Verstand ist gefragt. Und wirklich nur der Verstand! Gefühle, Trauer und Tränen später!

Ich ahne, dass es gerade wegen der eben gesendeten Nachrichten zu Hamsterkäufen kommen wird, und zwar in allen Lebensmittelgeschäften und Supermärkten, weil kaum jemand den Beteuerungen Glauben geschenkt haben dürfte, es seien genügend Lebensmittel für die Bevölkerung vorhanden. Auch die asiatischen Geschäfte werden davon wohl nicht verschont bleiben. Denn Reis, das Grundnahrungsmittel zahlreicher in Berlin lebender Menschen, wird zwangsläufig zur Mangelware, wenn die Einfuhren aus Fernost ausbleiben. Also sollte ich mich jetzt noch schnell damit eindecken, da auch ich mich schon seit Jahren ohne Probleme auf die fernöstliche Küche umgestellt habe und mit Kartoffeln, die in Asien allenfalls als Gemüsebeilage betrachtet werden, schon lange nicht mehr allzu viel anfangen kann. Und auf diesen Gedanken kommen mit Sicherheit noch sehr viele hier in Berlin wohnende Asiaten.

Grund genug, sofort meine Schwägerin anzurufen. Am Telefon merke ich, dass sie den Verlust ihrer Mutter und der Schwestern kaum verkraften kann. Sie gibt mich sofort an Hung weiter. Auch er ist erschüttert, hatte er doch noch zwei Schwestern in Vietnam. Er bestätigt meine Sorge und sieht ebenfalls eine Mangelsituation auf uns zukommen. Mit Vinh, nötigenfalls auch allein, will er versuchen, noch etwas zu bekommen, bevor der große Ansturm auf die Geschäfte ausbricht, mit dem wir heute noch rechnen.

Bei strahlend blauem Himmel und angenehmen Temperaturen verlasse ich das Haus. Keiner der Nachbarn ist zu sehen oder zu hören. Die Fenster und die Türen der umliegenden Häuser sind geschlossen, so, als ob niemand zu Hause wäre. In den Gärten arbeitet niemand. Es herrscht eine merkwürdige, ganz unnatürliche Ruhe. Auch der Autoverkehr ist heute anders, als ich ihn kenne. Die Fahrer könnten in zwei Klassen eingeteilt werden: Die einen schleichen mit maximal vierzig Stundenkilometern dahin, die anderen rasen. Etwas dazwischen gibt es nicht. Der Straßenverkehr scheint heute erst recht die Gemütsverfassung der Menschen widerzuspiegeln.

Noch sind nicht wesentlich weniger Autos als sonst unterwegs, offenbar ist die Treibstoffrationierung noch nicht allen bekannt. Und so bekomme ich, ohne zu warten, an der nächsten Tankstelle 10 Liter Diesel und die Rationierungsplakette. Der Preis für den Liter Kraftstoff ist allerdings erschreckend – er hat sich nahezu verdoppelt. Zum Asia-Markt brauche ich eine Viertelstunde. Den Wagen kann ich auf der obersten Etage abstellen, die als Parkdeck ausgebaut ist. Mit einem Aufzug geht es dann in das Kellergeschoss, wo sich der Laden mit mehreren Hundert Quadratmetern Verkaufsfläche befindet.

Als ich ankomme, bin ich erstaunt. Der Laden ist wie immer um diese Zeit ziemlich leer. Nur wenige Kunden suchen und stöbern in den Regalen. Ich habe nicht den Eindruck, dass hier gehamstert wird. Auch die Paletten, auf die der Reis in Säcken gestapelt wird, sind übervoll, sodass einige der schweren Reissäcke einfach auf den Boden danebengestellt worden sind, damit sie nicht herunterfallen. Als ich den letzten der vier Säcke, die ich haben möchte, in meinen Einkaufswagen gelegt habe, werde ich auf einmal von hinten angesprochen: »Konni?«

Ich drehe mich um. Die Stimme kenne ich doch, obwohl sie jetzt etwas zaghaft, ja fragend klingt. Es ist Kim mit ihrem Ehemann Luong. Beide arbeiten schon seit Jahren in meiner Firma.

»Hallo, ihr beiden, schön euch zu sehen!«

Ich freue mich wirklich. Seit meiner Ankunft endlich einmal ein persönlicher Kontakt zu Menschen, die ich kenne. Es tut mir wirklich gut!

»Du bist wieder aus Vietnam zurück«, sagt Kim, »aber wo ist deine Frau?«

»Sie ist noch in Vietnam«, kommt es mir gepresst über die Lippen. Kim ist erschrocken. Sie sieht, dass mein Gesicht von einem Moment auf den anderen wie versteinert geworden ist, und nun stammelt sie kaum hörbar:

»Ich dachte, du ... es tut mir so leid!«

Sie kann den Satz nicht beenden, und ich weiß, warum. Auch sie hat Angehörige in Vietnam, die jetzt nicht mehr am Leben sind. Die Tränen, die jetzt fließen, ersticken sie fast. Sie schlägt ihre Hände vors Gesicht. Da ist nichts, aber auch gar nichts von einem Rangverhältnis Chef zur Angestellten zu spüren, nur noch Menschlichkeit auf gleicher Ebene.

»Ich habe es gerade noch hierher geschafft, ... Lanh aber nicht, sie wollte noch vierzehn Tage in Saigon bleiben.«

Auch meine Augen werden feucht, und bevor auch noch Luong sein Beileid äußern kann, sage ich zu den beiden: »Ihr solltet jetzt viel Reis und andere Sachen einkaufen, denn die Importe aus Asien werden wegfallen.«

»Deswegen sind wir auch hier«, pflichtet mir Luong bei, und dann sagt er plötzlich ganz aufgeregt, fast stotternd, »du, Konni, dreh dich mal um, es kommen viele Leute!«

Durch den Ladeneingang strömen immer mehr Leute, meist Chinesen, Vietnamesen, Koreaner, als ob sich alle für diese Zeit verabredet hätten. Das Gedränge ist groß, und es ist abzusehen, dass bald die Einkaufswagen nicht mehr reichen. Und einige hetzen auch ohne Wagen in das Geschäft und eilen zu den Paletten mit dem Reis.

»Kim, Luong, beeilt euch!«, fordere ich beide auf.

Luong, der auch vier Säcke in seinem Einkaufswagen hat, folgt mir mit seiner Frau schnell an die Kasse. Schon schauen ein paar Kunden, die gerade erst den Laden betreten haben, missgünstig auf unsere vollen Einkaufswagen. Sie befürchten, nichts mehr abzubekommen. Wenn der Reis ausgegangen ist, wird es nicht mehr lange dauern, bis es zu Handgreiflichkeiten kommen wird, denke ich.

Während wir ungeduldig an der Kasse stehen, werfe ich einen Blick zurück. Der Reis geht bedrohlich zur Neige. Schon sind einige Paletten leer, und wir haben je vier Sack pro Einkaufswagen, für jeden deutlich sichtbar! Dass natürlich damit ganze Familien ernährt werden sollen, weiß ja keiner. Fragen werden immer erst später gestellt. *Homo hominis lupus est!* Der Mensch ist des Menschen Wolf! Überall auf der Welt! Aber dann sind wir endlich durch.

»Wo steht euer Auto, auch oben?«, frage ich. Luong nickt. »Dann schnell zum Aufzug!«, treibe ich die beiden an und wir hetzen dorthin.

Wir haben Glück, niemand kommt uns entgegen, und auf den Lift brauchen wir nicht lange zu warten. Wir sind froh, dieser sich zuspitzenden Situation gerade noch entronnen zu sein.

»Wisst ihr eigentlich, dass Benzin und Diesel jetzt rationiert sind?«, frage ich Kim, als wir oben auf dem Parkdeck angelangt sind.

»Ich verstehe nicht …«

»Für die nächsten drei Tage bekommt man pro Fahrzeug nur zehn Liter, das ist heute Morgen im Fernsehen berichtet worden.«

»Nein, ich habe keine Ahnung, gut dass du das sagst. Wir fahren sofort tanken«, sie machte eine kleine Pause, »aber wir haben dann nicht genug Benzin, um zu allen Häusern fahren zu können, wo wir arbeiten müssen.«

»Richtig! Wir müssen telefonieren, wie es weitergeht. Ich bin morgen früh wieder im Büro, ruft mich an.«

Dieses Problem habe ich auch schon gesehen, ich muss das heute noch mit Carl besprechen.

Inzwischen sind immer mehr Leute, viele aus Fernost, die lange Auffahrt heraufgefahren und suchen einen Parkplatz. Und nachdem wir bemerkt haben, dass es auf einmal hier oben sehr schnell eng geworden ist, verabschieden wir uns eilig.

In dreißig Minuten bin ich bei der Familie. Hung und Vinh sind mittlerweile wieder zu Hause. Auch sie waren erfolgreich beim Einkauf. Als Ngan die Wohnungstür öffnet, schaue ich in ein gequältes Gesicht. Wortlos fallen wir uns in die Arme. Vinh ergeht es nicht anders, auch ihm ist die Trauer deutlich anzusehen, er muss Khai sehr geliebt haben. Hung ist der Einzige von uns, der gefasster ist, obwohl auch er fürchterlich unter dem Verlust eines Teils seiner Familie in Vietnam leidet.

Über die Situation der Verwandten in den USA weiß niemand etwas. Nur so viel, dass Long, mein Schwager, der in Kirkland bei Seattle wohnt, jetzt Urlaub hat und mit Frau und Kindern eine Kreuzfahrt im Pazifik machen wollte. Ngan erzählt, dass man ihn seit Tagen nicht ans Telefon bekommen kann. Seit dem Anschlag auf die New Yorker Subway sind alle Leitungen in die USA unterbrochen. Wählt man eine Nummer in den Staaten, so wird nach dem ersten Freizeichen eine Bandansage der Homeland-Security-Behörde gestartet, dass aus Gründen der nationalen Sicherheit jeglicher Telefonkontakt von und in die USA bis auf weiteres unterbrochen ist.

Schließlich fangen wir uns wieder. Obwohl niemand von uns Hunger hat, wollen wir doch etwas zu uns nehmen. Ngan kocht eine Nudelsuppe, während Hung, Vinh und ich die Autos entladen. Sie haben nur zwei Säcke Reis ergattert und mussten schon den doppelten Preis zahlen. Sie taten das einzig Richtige, zahlten ohne Kommentar, um schnell aus dem Laden zu kommen, da sich auch dort der Warenbestand bedrohlich schnell dem Ende näherte.

8. Juni Dienstag 13:34 Uhr
B e r l i n

Ich bin gerade wieder nach Hause gekommen, und die Fahrt zurück war alles andere als angenehm. Die Gedanken an die Ereignisse, der Verlust von Lanh und die drohende Katastrophe, die ihre Schatten weit vorauswirft, haben es geschafft, mich immer mutloser zu machen. An das Gegenmittel kann ich nicht recht glauben, auch wenn die Nachrichten im Fernsehen etwas anderes verlautbaren lassen. Selbst wenn es für uns noch rechtzeitig zur Verfügung gestellt wird und wir damit geimpft werden, wird Lanh davon auch nicht wieder lebendig. Wird jetzt das letzte Kapitel der Geschichte der Menschheit geschrieben ...?

Das Telefon klingelt und reißt mich aus meinen zwischen Trauer und Hoffnungslosigkeit hin und her pendelnden Gedanken. Es ist Carl.

»Konni, wie geht es dir? Können wir jetzt reden?«, fragt er etwas vorsichtig.

»Ja, Carl. Schön, dass du dich meldest. Ja, wie soll es mir gehen? Das Gefühl, allein zu sein ... Lanh ...«, ich muss innehalten, »Moment noch, Carl«, keuche ich und versuche, mich zu beruhigen.

»Du bist doch nicht allein. Da sind ja einige Menschen um dich herum, die in ähnlicher Lage sind wie du und Anteil nehmen ...«

Ich kann das nicht mehr hören und lege auf. Ich möchte am liebsten schreien. Natürlich bin ich allein! Mitgefühl und Anteilnahme sind kein Ersatz für das, was ich verloren habe, so anerkennenswert es auch ist, wenn einem solche Gefühle entgegengebracht werden! Jetzt jedenfalls nicht, vielleicht später. – Es dauert eine Weile, bis ich mich wieder so einigermaßen gefangen habe. Doch bevor sich erneut eine höchst depressive Stimmung in mir breit machen und mich völlig in Besitz nehmen kann, läutet noch einmal das Telefon. Es ist wieder Carl.

»Sag mal, kann ich dir irgendwie helfen, soll ich kommen?«, fragt er, und ich höre, dass er in Sorge um mich ist.

»Nein, es geht schon wieder. Entschuldige, vorhin konnte ich einfach nicht mehr ...«, meine Augen brennen, aber es gelingt mir, mich zu konzentrieren, »Carl, wir müssen ein paar Sachen besprechen, die Situation hier ist doch höchst dramatisch. Wir müssen überlegen, wie wir die Firma ...«

»Lass das sein«, unterbricht er mich, »mit der Firma komme ich schon alleine klar. Du musst dich jetzt wirklich nicht darum kümmern.«

»Doch, Carl, ich *will* mich darum kümmern. Ich muss mich jetzt irgendwie beschäftigen. Und es ist ja nicht das Einzige, was anliegt. Seit drei Tagen sehen wir einer Katastrophe entgegen, wie wir sie noch nicht erlebt haben.«

»Da hast du recht, dagegen sind alle Kriege zusammengenommen ein Klacks«, pflichtet er mir bei.

»Hast du die Sondersendung um zehn Uhr im Fernsehen mitbekommen?«

»Nein, da war ich gerade auf dem Stadtring in Richtung Büro, aber der Text, den ich im Radio gehört habe, war mit dem der Tagesschau identisch, wurde gesagt. Ich habe an der nächsten Tankstelle meine zehn Liter getankt. Zwanzig Euro! Wir können uns auf etwas gefasst machen!«

»Einen kleinen Vorgeschmack habe ich heute Morgen auch schon erlebt, als ich unterwegs zum Tanken war.«

»Gut!«, entfährt es Carl, wobei ich mir nicht sicher bin, warum er das sagt. Ist es so eine Art Anerkennung, dass ich mich trotz meiner Trauer dazu aufgerafft habe, und hat er in meiner heutigen Aktivität dann doch den alten Konni wiedererkannt, der vor drei Wochen in den Urlaub geflogen ist?

»Und wie teuer war bei dir der Sprit?«

»Es waren nur achtzehn Euro. Und danach war ich noch bei einem Asia-Markt, um Reis zu kaufen. Ich hatte meinen Schwager sofort nach der Sendung angerufen. Er ist auch losgefahren, allerdings zu einem anderen Geschäft. Möglicherweise wird das dann für längere Zeit der letzte Reis sein, den wir bekommen haben. Mit einem Mal wurde es im Laufe meines Einkaufs auf einmal unglaublich voll. Und Kim und Luong habe ich auch dort getroffen. Die Blicke der Leute, die nach uns in den Laden strömten, waren allerdings alles andere als freundlich, als sie unsere gut gefüllten Einkaufswagen gesehen haben ...«

»Ihr habt ja noch mal Glück gehabt, dass es so ruhig geblieben ist.«

»Richtig, aber lass uns darüber später reden. Ich denke, die Benzinrationierung wird uns einige Sorgen machen. Von den zehn Litern fährt niemand für uns die Reinigungstouren. Diese Menge brauchen unsere Leute für den privaten Bedarf, abgesehen davon, dass das bei den Preisen für uns auch nicht mehr bezahlbar ...«

»Zu dumm, dass wir für unsere Leute keine Sonderkontingente bekommen«, unterbricht mich Carl, »ich habe mich gerade erkundigt. Als Hauswartungsbetrieb sind wir im Sinne der jetzt in Kraft getretenen Rationierungsverordnung für Treibstoffe nicht von Belang. Nur für unseren Bus bekommen wir zwanzig Liter pro Woche, mehr nicht.«

»Mist«, entfährt es mir, »das reicht gerade noch für den normalen Betrieb, das heißt, unsere Mitarbeiter, die bisher mit dem eigenen Wagen zu den Objekten fahren, müssen ab sofort mit öffentlichen Verkehrsmitteln oder mit dem Fahrrad fahren. Hast du dir schon Gedanken gemacht, wie das dann machbar ist?«

»Ja, hab ich. Wir werden nicht mehr alle Objekte bedienen können. Ich bin schon dabei, eine Liste zu machen. Wenn die fertig ist, werde ich die betreffenden Kunden anrufen und ihnen unsere gegenwärtige Lage erklären. Konni, wenn du möchtest, bleibst du am besten heute noch zu Hause und kommst dann morgen. Ich bin in ungefähr zwei Stunden zu Hause. Und wenn du willst, kannst du mich jederzeit anrufen.«

»Danke, Carl. Ich denke, ich werde morgen im Büro sein. Machs gut.«

Den Rest des Tages bekomme irgendwie herum. Ruhelos, rastlos und traurig.

8. Juni   Dienstag   20:00 Uhr
Berlin

Guten Abend, meine Damen und Herren,
hier ist das Erste Deutsche Fernsehen mit der Tagesschau und

aktuellen Bekanntmachungen im Anschluss daran. Zunächst die Meldungen: Die Epidemie, der große Teile der südostasiatischen Bevölkerung zum Opfer gefallen sind, weitet sich jetzt auch in China aus. Innerhalb der nächsten Stunde wird mit dem Sterben der Pekinger Bevölkerung zu rechnen sein. In Shanghai, der zweitgrößten Stadt des Landes, gibt es kein Leben mehr. Bildaufklärungen über Satellit haben dies bestätigt. Das Gleiche gilt für Thailand, Laos und Kambodscha. In Australien leben nur noch wenige Menschen in einem schmalen Küstenstreifen im Süden des Landes, auch in Neuseeland und Japan nur noch in den südlichen Landesteilen. Aus Wladiwostok empfangen wir keinerlei Lebenszeichen mehr. Und in Sibirien ist es zurzeit unklar, wie weit die Epidemie schon in Richtung Westen vorgedrungen ist.

Es werden Bilder von ausgestorbenen Städten eingeblendet. Sie stammen von Satelliten oder von Drohnen. Eine kurze Einstellung – ungefähr 120 km südlich von Peking – zeigt einen offensichtlich zum Stehen gekommenen Konvoi flüchtender Menschen mit Autos, Lastwagen, Bussen und sehr vielen Zweirädern, die kreuz und quer auf der Fahrbahn liegen. Bei anderen Bildern, Luftaufnahmen aus größerer Höhe, sind Einzelheiten nicht mehr erkennbar.

Aus den USA ist bekannt geworden, dass es auf den Hawaii-Inseln mittlerweile auch kein Leben mehr gibt. Die US-Behörden rechnen in Kürze mit den ersten Toten an der Westküste. In vielen Ländern sind die Menschen in Panik und glauben immer noch, der Epidemie entkommen zu können. Flüchtlingstrecks haben sich überall in den Ländern gebildet, in denen schon die ersten Toten zu beklagen sind. Die öffentliche Ordnung ist zusammengebrochen, Lebensmittelgeschäfte werden geplündert und die Ordnungskräfte sind machtlos, wenn sie nicht sogar selbst an den Plünderungen beteiligt sind.

Ein kurzes Amateurvideo aus Indien von minderer Qualität und ohne Ton, das offensichtlich über das Internet gesendet wurde, zeigt erschreckende Bilder. Menschen mit angstverzerrten Gesichtern zerschlagen die Scheiben eines Supermarktes, hasten hinein, nehmen mit, was sie mit den Händen tragen können, und flüchten, so schnell sie können. Man kann die Panik, die Angst dieser Menschen in ihren Gesichtern hautnah spüren und ihre verzweifelten Schreie fast hören.

Zwar verdichten sich die Anzeichen, dass es gelingen wird, zur Bekämpfung der Epidemie ein wirksames Gegenmittel zu entwickeln. Aber der entscheidende Durchbruch ist noch nicht gelungen. Nach Auffassung von Fachleuten ist es allerdings nur eine Frage der Zeit, bis der Impfstoff verfügbar sein wird. Wir werden Sie informieren, sobald wir Näheres wissen.

Und nun weitere Nachrichten und Mitteilungen der Bundesregierung. Wegen des baldigen Wegfalls der Importe aus den Ölförderländern und wegen der dadurch zu erwartenden Versorgungsengpässe werden seit heute Morgen 10:00 Uhr Heizöle sowie Treibstoffe für den privaten Bedarf rationiert ... Das Folgende kenne ich schon. – Weiter heißt es:
Die Preisgestaltung der Lebensmittelindustrie und der Agrarwirtschaft steht seit heute unter staatlicher Kontrolle. Die Versorgung der Bevölkerung in der Europäischen Union st gesichert.

Für Hamsterkäufe gibt es nach Aussage eines Sprechers des Landwirtschaftsministers keinen Grund. Dennoch ist es nach Agenturmeldungen heute fast überall in der EU dazu gekommen. Aus Amsterdam, Paris und Berlin, besonders aus den von ethnischen Minderheiten bewohnten Vierteln werden sogar Plünderungen und Auseinandersetzungen mit der Polizei gemeldet, die an bürgerkriegsähnliche

Zustände erinnern. In Berlin, München und Köln kam es im Verlauf des Tages zeitgleich zu Zusammenrottungen von mehreren tausend Personen, die Supermärkte, Obst- und Gemüsegroßmärkte sowie Getränkeläden in offenbar koordinierten Aktionen plünderten. Die Polizei, unterstützt von Einheiten des Bundesgrenzschutzes, stellte die öffentliche Ordnung nur mit Mühe wieder her, da sie von der Gewaltbereitschaft der meist jugendlichen Täter völlig überrascht wurde. In der Hauptstadt, wo die Ausschreitungen am heftigsten waren, gingen bei den gewaltsamen Krawallen etliche Fensterscheiben von Geschäften zu Bruch. Über fünfzig Autos gingen in Flammen auf, und im Kaufhaus des Westens wurde nach einer Bombenwarnung erfolgreich eine Bombe entschärft. Gegen Abend konnte auch hier die öffentliche Ordnung wiederhergestellt werden. Mindestens 178 Polizeibeamte und etwa 450 Personen auf Seiten der Gewalttäter erlitten Verletzungen.

In Paris und in Amsterdam gab es ähnliche Ausschreitungen, die von den Polizeikräften beendet werden konnten. In Paris fand ein Feuerwehrmann den Tod, als er einen mutwillig gelegten Brand in einem Geschäfts- und Wohnhaus löschen wollte. Er wurde hinterrücks von einem militanten Aufrührer durch Pfeil und Bogen ermordet. Über Tausend Gewalttäter, die vorwiegend aus den Vororten von Paris kamen, wurden festgenommen – In Amsterdam töteten Sicherheitskräfte fünf Aufrührer in Notwehr, als sie in einen Hinterhalt gerieten. Wie in Paris und Berlin konnte die Polizei die Ausschreitungen zum Abend hin beenden. Auf beiden Seiten gab es auch hier zahlreiche Verletzte. Die Polizei nahm Hunderte von Gewalttätern fest.

Die Bilder im Fernsehen sind bedrückend. Hemmungslose Menschen, meist Jugendliche, die hinter brennenden Kulissen plündern und zerstören, sowie Polizisten in Kampfanzügen mit Schilden, Schlagstöcken und Schusswaffen. Dahinter fahren Wasserwerfer und Mannschaftswagen der Polizei. Und noch mehr Polizisten, schließlich schweres Gerät der Bundeswehr.

Auf die Bilder folgt eine Rede des Bundespräsidenten: *Liebe Mitbürgerinnen und liebe Mitbürger ...* Ich schalte den Fernseher aus. Ich kann es nicht mehr hören. Wie geht es nur weiter? Ich zittere am ganzen Körper. Mir ist kalt. Mein Seelenleben ist seit zwei Tagen völlig aus dem Tritt. Ich gebe mir selbst einen Freifahrschein für Gefühle und Handlungen aller Art.

Peking! Was wurde gerade im Fernsehen gesagt? Man rechnet mit dem Sterben von Peking innerhalb der nächsten Stunde. Ai Ling! Ob ich sie noch telefonisch erreichen kann? Aber habe ich nicht mit mir und meiner Trauer genug zu tun? Doch sie steht mir sehr nahe. Und wenn ich ihr einen letzten Gruß übermitteln kann, ändert das nichts an meinem Schicksal! Lanh wird nicht wieder lebendig.

Wenn ich jetzt nicht handle, wird es vielleicht zu spät sein. Ist Ai Ling jetzt allein oder ist ihre Tochter bei ihr? Darf ich sie jetzt in der Stunde ihres sicheren Todes anrufen? Warum sollte ich mich nicht verabschieden? Ich kann ihr dann sagen, dass ich ihr Verhalten am Pekinger Flughafen jetzt verstanden habe. Während sich in ungeordneter Reihenfolge meine Gefühle und Gedanken abwechseln, suche ich Ai Lings Telefonnummer. Mein Herz klopft, dann entscheide ich mich, sie anzurufen. Es muss jetzt in Peking sechs Stunden später sein, also gerade zwei Uhr in der Frühe. Wenn sie nicht nach dem ersten Freizeichen den Hörer abnimmt, werde ich wieder auflegen. Vielleicht schläft sie, um nie wieder aufzuwachen. Dann möchte ich sie nicht aufwecken. Vielleicht ist sie aber schon tot ...

Ich höre ein Freizeichen und will gerade die Gabel am Telefon herunterdrücken, als der Hörer abgenommen wird.

Anstatt des erwarteten »Wöi«, des chinesischen »Hallo«, vernehme ich leise, aber klar und eindringlich ihre Stimme:

»Hallo Konni, ich habe gewusst, dass du dich noch einmal melden wirst. Ich habe gesehen, wie du gezweifelt hast, ob du mich jetzt anrufen sollst. Du weißt, mit uns allen in Beijing geht es in dieser Stunde zu Ende. Und ich bin nicht allein, das willst du doch wissen. Meine Tochter ist bei mir.«

Ich bin verdutzt. Ich weiß nicht, was ich sagen soll, Ai Ling kennt meine Gedanken bis ins Detail.

»Ai Ling, du weißt alles? Wie kann das ...?«

»All deine Gedanken sind mir jetzt nicht verborgen«, unterbricht sie mich, »und ich weiß, dass du verstanden hast, warum ich am Flughafen so schnell verschwunden bin. Ich danke dir«, Ai Lings Stimme hat sich geändert. Sie klingt jetzt so, als ob sie sich auf den Übergang in eine andere Welt vorbereiten würde, sehr einfühlsam, aber auch fremdartig, gepaart mit einer Sehnsucht nach den Sphären im Jenseits.

»Konni«, und jetzt spricht sie sehr langsam, »wir müssen jetzt gehen, wir werden schon erwartet. Wir werden uns wiedersehen ...«

Zum Erwidern ihres Abschiedsgrußes komme ich nicht mehr. Aus der Muschel ertönt nur noch ein Knistern, und dann noch eines ...

9. Juni Mittwoch 6:58 Uhr
Berlin

Heute Morgen auf meiner Fahrt in die Firma erschien mir die Stadt ganz anders. Schon als ich mit meinem Roller das Grundstück verließ, bemerkte ich, dass sich die Rationierung von Benzin und Diesel unmittelbar auswirkte. Waren die

Straßen gestern – wie immer um diese Zeit – durch den Berufsverkehr verstopft, so waren Autos mit einem Male zur Seltenheit geworden. Zweiräder, meist ohne Motor, dominierten heute das Straßenbild. Trotz des angekündigten kräftigen Niederschlags für den Nachmittag ließ sich offensichtlich kaum jemand von dieser Art der Fortbewegung abschrecken, wohl der Not gehorchend, früh morgens um eine gewisse Uhrzeit da oder dort sein zu müssen. Wer auf einem Fahrrad oder Moped saß, rollte stumm dahin. Gehupt oder geklingelt wurde nicht ein einziges Mal. Jeder war in seine Gedanken vertieft und schwamm, wie es schien, fast willenlos in dem Strom der vielen Verkehrsteilnehmer seinem Ziel entgegen.

An den Haltestellen der Verkehrsbetriebe bildeten sich wahre Menschentrauben mit geringen Chancen, noch einen Platz in einem der hoffnungslos überfüllten Busse zu bekommen. Auch die wenigen PKWs, die unterwegs meinen Weg kreuzten, waren ohne Ausnahme voll besetzt. Das eigene Auto hat aufgehört, das verlängerte Wohnzimmer zu sein, mit dem man allein bis vor die Tür der Arbeitsstelle fahren konnte.

Carl ist schon im Büro. Vor der Begrüßung graut mir ein wenig. Hoffentlich kommen mir nicht wieder die schwer zu bremsenden Tränen, wenn er mir sein Beileid ausspricht. Als ich ihm dann gegenüberstehe, habe ich das Gefühl, dass er meine Ängste spürt. Taktvoll reicht er mir die Hand, vielleicht ein paar Sekunden länger als gewöhnlich. Er macht ein Gesicht, als ob auch er diese Last tragen würde, schaut mir in die Augen, zieht die Augenbrauen ein Stück nach oben und nickt:

»Ja, Konni, schön, dass du wieder da bist, denn wir müssen doch so einiges besprechen. Du weißt ja, dass sich in den letzten drei Tagen einiges in der Welt getan hat.«

»Allerdings, in dieser Form hatten wir das noch nicht!« Ich bin froh, dass es nicht rührselig wird.

»Ich würde dich jetzt gern darüber informieren, was seit dem 6. Juni hier so alles geschah, denn ich nehme an, du wirst nicht alles wissen.«

»Ja, mach das.«

»Also, beginnen muss ich ... mit Vietnam«, er schaut mich etwas eindringlich, eher prüfend an, ob ich das verkrafte, was er mir sagen will, »genauer gesagt, mit Saigon. Dort starben plötzlich immer mehr Menschen. Ich habe das zuerst nur zufällig im Videotext mitbekommen, weil ich noch einige Börsenkurse abfragen wollte, die recht interessant waren. Jedenfalls teilten sie dort mit, wenn jemand stirbt ...«

»Dann verwandelt sich sein Körper in wenigen Sekunden zu Asche und zerfällt«, unterbreche ich ihn, »ich habe es selbst in Saigon auf dem Weg zum Flughafen aus dem Taxi gesehen, meinte aber, ich hätte mich getäuscht.«

»Richtig, das hast du schon gestern erzählt. Zu diesem Zeitpunkt war man noch fest davon überzeugt, dass es eine Mensch-zu-Mensch-Ansteckung gibt, weil viele Leute auf einmal starben. Es hat in der Tagesschau einen Bericht darüber gegeben, wie dieser Vorgang im Einzelnen ablief. Es herrschte Panik auf den Straßen, die Menschen waren auf der Flucht – ein Massensterben, wie wir es bislang nicht kennen«, und etwas leiser, mitfühlend, indem er mich ansah, »du weißt nichts über den Verbleib deiner Leute in Saigon?«

»Nein«, schluchze ich.

Carl spricht sofort weiter: »Gegen Mittag – der 6. Juni war ein Sonntag – gab es dann die ersten Berichte im Fernsehen, Stellungnahmen und Ankündigungen von Maßnahmen seitens der Regierungen der Europäischen Union. Die Regierenden haben ihren Hintern noch nie so schnell hoch bekommen wie an diesem Sonntag.«

»Das kann ich mir vorstellen«, ich wische mir die Tränen ab, »am 6. Juni bin ich ja nach Peking geflogen, um Ai Ling zu besuchen. In Peking am Flughafen gab es schon eingehende medizinische Kontrollen. Man hatte dort zuerst gedacht, in Vietnam sei die Vogelgrippe oder SARS wieder ausgebrochen, sonst hätte man uns gar nicht erst landen lassen. Am nächsten Morgen um vier Uhr früh weckte mich Ai Ling im Hotel, weil alle Ausländer so schnell wie möglich das Land verlassen sollten.«

»Wieso weckte dich Ai Ling? Wohnte sie auch im Hotel?«

»Nein, sie hatte mir den Aufenthalt dort vermittelt. Sie wurde vom Hotel kurz vor vier angerufen und gefragt, ob sie dafür die Verantwortung übernehmen würde, dass ich so schnell wie möglich zum Flughafen gebracht werde«, Carl nickt, »nur mit ihrer Hilfe konnte ich noch einen freien Platz ergattern. Zu diesem Zeitpunkt aber muss sie schon gewusst haben, was in Vietnam los ist, denn sie hatte sich ganz schnell von mir verabschiedet und wollte mir nichts sagen. Sie ist …«, wieder überkommt es mich, aber ich reiße mich zusammen, »sie ist eine bemerkenswerte Frau! Ich habe sie gestern Abend noch angerufen, sie starb während des Gesprächs. Es war übrigens sehr merkwürdig. Sie wusste, dass ich sie anrufen würde, und sie konnte auch meine Gedanken lesen. Das ist mir noch immer ein Rätsel.«

Carl schaut mich erwartungsvoll an. Ich sehe ihm an, dass er sich gern noch weiter mit mir darüber unterhalten würde.

»Später, Carl, bitte.«

»Na gut, und wie ging es dann von Peking weiter? Du bist doch über Paris geflogen?«

»Ja. In Paris gab es wieder einen Gesundheitscheck. Und von dort nach Berlin«, ich rede etwas schneller, weil ich nicht das Erlebnis auf dem Flughafen erzählen will, als mir klar wurde, dass die Menschen in ganz Vietnam – also auch Lanh – gestorben waren, »und hier in Berlin wurden alle Fluggäste dann auf typisch deutsche Weise untersucht. Wir mussten alle in spezielle Container gehen, wo die Untersuchungen stattfanden. Eine Blutuntersuchung haben sie bei mir auch gemacht.«

»Was, das auch?«, fragt Carl erstaunt.

»Ja, und die wussten alles: wann ich nach Vietnam geflogen bin, wann ich Vietnam in Richtung Peking verlassen habe und wie ich von dort nach Berlin gekommen bin. Die haben mir auch gesagt, dass es mit ziemlicher Sicherheit keine direkte Ansteckung von Mensch zu Mensch gibt, aber man auf jeden Fall sicher gehen wolle, dass ich nicht infiziert bin. In drei Blutproben konnte kein Virus in meinem Körper nachgewiesen werden. Schließlich ließen sie mich gehen, behielten aber meinen Pass ein und forderten mich auf, Berlin nicht zu verlassen, weil meine Blutprobe noch in einem Zentrallabor untersucht werden sollte. Wenn das bisherige Ergebnis der Blutuntersuchung dort bestätigt werden würde, bekäme ich den Pass in den nächsten Tagen per Post zugeschickt.« Carl ist verblüfft über das, was ich erzähle. Ich weiß genau, was er jetzt gleich sagen wird.

»Sag mal ehrlich, manchmal ist es doch ganz gut, hier zu leben. Bei der Gefahrenabwehr kann man sich auf unsere Behörden verlassen«, er macht eine kurze Pause, bevor er den Faden wieder aufnimmt, »wo waren wir vorhin stehen geblieben? Ach ja. Eigentlich wollte ich dir erzählen und nicht umgekehrt du mir, was hier los war. Also, am Sonntagabend fiel die Stimmung der Leute auf den Nullpunkt. Wir alle wurden durch die Ereignisse völlig überfahren. All das traf uns völlig unerwartet, viele konnten das alles am Anfang auch nicht glauben. Das Fernsehen hatte Mühe, die Leute mit authentischem Bildmaterial von der Katastrophe in Asien zu überzeugen. Die Polizei wurde laufend angerufen, weil viele die Berichte im Fernsehen anzweifelten. Es muss wohl etwa so wie 1939 in den USA gewesen sein, als ein Hörspiel im Radio über eine angebliche Landung von Marsmenschen fast zu einer Massenpanik geführt hätte. Aber dieses Mal waren die Meldungen echt ... – An jenem Abend war ich mit Cornelia noch kurz draußen vor der Tür. Die Straßen waren fast menschenleer. Später wurde im Fernsehen bekannt gegeben, dass mit dem kurzfristigen Inkrafttreten der Notstandsgesetze gerechnet werden muss. Diese Mitteilungen wurden für Ausländer auf den dritten Programmen in verschiedenen Sprachen gesendet. Den Rest kennst du. Wir haben die Notstandsgesetze und die Rationierungen. Die pharmazeutische Industrie forscht weltweit an der Entwicklung eines Gegenserums, und die Börsen haben weltweit geschlossen«, Carl lächelte etwas bei der Bemerkung über den internationalen Geldmarkt. Es ist sein Hobby, und er weiß, dass auch ich ein gewisses Interesse daran habe, »und im Moment sieht es auch nicht so aus, dass der Handel in absehbarer Zeit wieder eröffnet wird. Und wem haben wir das Ganze zu verdanken? Einem Virus, das aus einer in Saigon ansässigen amerikanischen Firma für Düngemittel entstanden ist.«

»Sag mal, wo ist das entstanden und wem haben wir das zu verdanken?«, frage ich ungläubig.

»Du hast schon richtig gehört! Der Entstehungsort des Virus ist eine amerikanische Chemiefirma in Saigon! Das hast du wohl nicht mitbekommen?«

»Also, das ist mir absolut neu! Ich habe schon die Zeitungen gelesen, die davon sprachen, dass der Virus aus Vietnam kommen soll, aber so genau wusste ich das nicht. Dann muss ich ja sozusagen in der Höhle des Löwen gewesen sein.«

»So genau habe ich das aber auch nur ein einziges Mal im Fernsehen gesehen«, betont Carl und will offensichtlich damit ausdrücken, dass das wieder mal ein Beispiel dafür ist, wie Nachrichtensendungen auch bei uns in Deutschland gesteuert werden. Wir hatten uns früher schon oft über solche Fälle unterhalten.

»Greenpeace«, so erzählt er weiter, »hatte herausgefunden, dass in der Saigoner Firma bei der Düngerherstellung ein höchst gefährliches Nebenprodukt abfällt, und machte die Sache publik. Hätte man mehr in die Produktionsanlagen investiert, wäre das Abfallprodukt erst gar nicht entstanden, so der Vorwurf. Unter dem Druck von Greenpeace rüstete die Firma ihre Produktion sofort auf eine ungefährliche Art um und ließ verlautbaren, das gefährliche Abfallprodukt auf dem Luftweg innerhalb von zwei Wochen in die USA zu schaffen. Auf dem Transport zum Flughafen in Saigon gab es einen Unfall. Die Chemikalie lief aus und ermöglichte so die Entstehung des Virus. Mehr wurde dazu nicht gesagt.«

Ich bin völlig überrascht. Dass das Virus aller Wahrscheinlichkeit aus Vietnam kam, wusste ich schon aus der Berichterstattung im Fernsehen und aus der Presse. Dass es aber in einer dort ansässigen amerikanischen Chemiefirma entstand, und nur deshalb, weil man aus Kostengründen die Produktion nicht umgestellt hatte, war mir völlig neu. Ich hatte vielmehr damit gerechnet, dass das Virus wegen der niedrigeren Sicherheitsstandards in Vietnam aus irgendeinem Labor entwichen ist.

»Das darf ja alles nicht wahr sein …!«, entfährt es mir unkontrolliert. Mir fehlen weiter die Worte.

»Das hat mich alles sehr beschäftigt«, fährt Carl fort, »es passt in das Bild des wildwuchernden amerikanischen Drangs nach Unabhängigkeit, nach uneingeschränkt eigener Freiheit, Profit zu machen! Du hast doch öfter Andrew Morgan zitiert: *I won't do anything which harms our economy.*«

»Mein Gott, diese Verbrecher schrecken wohl vor nichts zurück! Wenn stimmt, was da im Fernsehen berichtet wurde, dann haben die eiskalt in Saigon wegen ein paar Dollar die Existenz der gesamten Menschheit aufs Spiel gesetzt!«

»Oder sie haben es wirklich nicht gewusst«, wirft Carl ein.

»Denkbar, dass die Leute in Saigon nichts von der Gefährlichkeit gewusst haben, aber in der Zentrale wusste man bestimmt Bescheid«, Zornesröte steigt mir ins Gesicht, »warum haben die denn auf den Druck von Greenpeace reagiert und waren offensichtlich so schnell bereit, ihr Mistzeug in die USA zu schaffen? Die Firmenleitung wusste genau, was los war. Das kann anders gar nicht sein. Und genau das mache ich diesen Leuten zum Vorwurf. Sie wussten um die extreme Gefährlichkeit der Produktion und haben offenbar lange Zeit nichts unternommen, sie umzustellen. Und sie haben auch noch versucht, das Zeug außer Landes zu bringen, statt es an Ort und Stelle unschädlich zu machen. Aber dann hätte man ja alles offenlegen müssen. Dazu war die Firma natürlich nicht bereit.«

An Carls Miene erkenne ich, dass er mir beipflichtet, aber er wendet ein: »Konni, du magst recht haben, nur – man wird es nie beweisen können.« Ich nicke und versuche mich zu beruhigen.

»Sag mal, hast du zufällig diese Chemiefirma in Saigon gesehen?«

»Nein, sie ist mir nicht aufgefallen. In Saigon gibt es mittlerweile etliche ausländische Firmen. Und wenn man sich der Stadt aus der Luft nähert, sieht man von oben sehr viele Lagerhallen und Produktionsstätten. Man glaubt nicht, dass das in Vietnam ist. Aber von allem einmal abgesehen: Wenn ich in der Brutstätte des Virus gewesen bin, warum habe ich es nicht abgekriegt wie Millionen anderer Menschen dort?«

»Das habe ich mich auch schon gefragt. Nach dem, was ich weiß und was du erzählt hast, hättest du chinesischen Boden nicht mehr lebend verlassen können.«

»Ja, vielleicht habe ich einfach nur Glück gehabt, warum auch immer!«

Carl schaut mich prüfend an, dann nimmt er eine Liste vom Schreibtisch: »Du, aber jetzt noch eine andere Sache. Unsere Firma! Ich möchte dich jetzt damit nicht belasten, du hast zurzeit viel zu viel um die Ohren. Aber informiert solltest du vielleicht doch sein …«

»Ja, natürlich, es muss ja irgendwie weitergehen«, unterbreche ich ihn, von meinen eigenen Worten halbwegs selbst überzeugt, »was liegt an? Es geht bestimmt um unsere Außentouren wegen der Benzinrationierung!«

»Ja, richtig, ich habe bis auf diese Grundstücke alles untergebracht«, Carl zeigt mir die Liste, »in dieser Woche versuchen unsere Leute mit dem Fahrrad oder dem Bus oder U-Bahn zu den Häusern zu gelangen. Die anderen Hausverwaltungen habe ich informiert, dass wir in dieser Woche nicht kommen können. Ich habe allerdings den Eindruck, dass insgesamt eine gewisse Gleichgültigkeit ausgebrochen ist. Mich würde es nicht wundern, wenn auch ein Teil unserer Leute nicht mehr zur Arbeit kommt, zumal die meisten Angehörige in Vietnam verloren haben.«

»Ja, das kann sein«, ich mache eine Pause, dann schaue Carl eindringlich an, »aber sag mal, glaubst du daran, dass das Serum, wie es in den Nachrichten heißt, bald verfügbar sein wird? Werden wir diese Geschichte denn überleben?«

Carl schaut mir kurz in die Augen, zieht die Augenbrauen hoch und schweigt.

9. Juni Mittwoch 08:30 Uhr
Krisenzentrum der Europäischen Union in Brüssel

Interne Mitteilung – nur für Dienstgebrauch (Auszug):
... trotz weltweiter Forschung ist es immer noch nicht gelungen, ein wirksames Mittel gegen das Todesvirus herzustellen. Zwar häuften sich in den letzten zwei Tagen die Ankündigungen über bevorstehende Erfolge, faktisch aber haben wir bis jetzt nichts in der Hand. Nach den derzeitigen Wetterprognosen wird das Virus den EU-Luftraum in spätestens drei Tage erreichen. Dann haben wir noch ungefähr zwölf Tage Zeit, bis auch hier das Sterben beginnt. Innerhalb der nächsten drei Tage müssen wir erstens über einen Impfstoff verfügen, und zweitens muss die Impfung bis dahin erfolgen, spätestens am Folgetag, um noch Wirkung entfalten zu können.

Die in den USA hergestellten Seren konnten bisher nicht überzeugen, da einmal geglückte Versuche nicht wiederholt werden konnten, selbst im Labor nicht. Unsere Forschungseinrichtungen arbeiten deshalb auf Hochtouren. Wir werden abwarten müssen.

Endgültig geklärt wurde die Frage der Virusübertragung. Sie erfolgt ausschließlich über die Atmosphäre. Eine Mensch-zu-Mensch-Ansteckung, wie zuerst angenommen, findet nicht statt.

Die Frage einer umgehenden Verteilung eines hoffentlich bald zur Verfügung stehenden Impfstoffes und die Durchführung der Impfung ist geklärt. Innerhalb von sechs Stunden nach Fertigstellung und Verpackung kann das Serum an jedem Punkt der EU mit Hilfe von Militär, Polizei, Post und Bahn bereitgestellt werden. Die Impfung der Bevölkerung ist innerhalb von Stunden möglich.

Es wurde immer wieder die Frage gestellt, ob wir prophylaktisch etwas tun können? Beispielsweise die Benutzung der vorhandenen Erdbunker usw. Wir haben das in unsere Überlegungen miteinbezogen, es ist aber davon auszugehen, dass die vorhandenen Luftfilteranlagen das Virus nicht aufhalten werden. Die Frage, ob ein besseres Filter entwickelt werden kann, ist zurzeit noch ungeklärt. In Leipzig haben dazu vielversprechende Versuche stattgefunden. Es wurde schon von einem ›Volksluftfilter‹ gesprochen, leicht zu bauen, billig und wirksam. Es soll im Labor einwandfrei funktioniert und von einem zehn Quadratmeter großen Raum alle Viren abgehalten haben. Das Problem ist nur, dass es nicht gelingen wird, davon in spätestens drei Tagen ungefähr 100 bis 150 Millionen Stück für den gesamten europäischen Raum herzustellen, um die Wohnungen und Häuser unserer Bevölkerung entsprechend zu präparieren. Unter realistischer Betrachtungsweise ist das keine Lösung unseres Problems.

9. Juni Mittwoch 20:00 Uhr
Erstes Deutsches Fernsehen – Die Tagesschau

*Guten Abend, meine Damen und Herren,
hier ist das Erste Deutsche Fernsehen mit der Tagesschau und im Anschluss daran eine Mitteilung über Lebensmittel-Rationierungsmaßnahmen und eine Ansprache des Bundeskanzlers. – Hier die Meldungen:
Die weltweiten Forschungen, ein wirksames Serum gegen die Epidemie zu entwickeln, sind nun in ein entscheidendes Stadium getreten. Heute Nachmittag ist es gelungen, das Todesvirus wiederholt auch außerhalb eines*

Labors zu neutralisieren. Verlautbarungen entsprechender Fachkreise zufolge wird das als der entscheidende Durchbruch angesehen. Nach einer noch nicht bestätigten Meldung kann in spätestens zwei Tagen ein wirksames Serum bereitgestellt werden. Zwar stehen die Ergebnisse einiger Versuchsreihen noch aus, aber nach Auskunft von Fachleuten dürften diese positiv ausfallen. Wenn es wirklich gelingt, diese Serum zu entwickeln, können die Impfungen ab dem 11. Juni europaweit stattfinden. Das Parlament der Europäischen Union weist schon jetzt darauf hin, dass jeder Bürger ohne Ausnahme zur Teilnahme an der Impfung verpflichtet wird.

Die näheren Einzelheiten über Ort und Zeit werden zu gegebener Zeit über die regionalen Fernsehprogramme mitgeteilt sowie Aufnahmen über Forschungseinrichtungen sowie Labors mit Personen in Schutzanzügen eingeblendet.

Die tödliche Epidemie hat sich weiter ausgebreitet: In den Westküstenstaaten der USA, wo heute Morgen zunächst in einem kleinen Küstenstreifen entlang des Pazifiks das Massensterben begann, sind mittlerweile bis zu den Rocky Mountains keine Lebenszeichen mehr feststellbar. Auch aus China, der Mongolei, Thailand, Japan, Neuseeland und Australien gibt es keine Signale mehr. In Indien ist die Epidemie in Richtung Westen weiter auf dem Vormarsch, in Pakistan sind erste Todesfälle bekannt geworden, in Russland gibt es aus ganz Sibirien ebenfalls keine Lebenszeichen mehr.

Eine Weltkarte mit rot schraffierten Regionen, aus denen es keine Lebenszeichen mehr gibt, erscheint auf dem Bildschirm. Es ist beängstigend, wie groß diese stetig wachsende Fläche ist. Pfeile zeigen, in welche Richtung sich die Epidemie voraussichtlich ausbreitet. Orange schraffiert sind die Gebiete, in denen das Virus schon nachgewiesen werden kann. Weite Teile Russlands gehören bereits dazu. Aber der Nachrichtensprecher verzichtet auf eine Prognose, wann uns das Virus erreichen wird.

In mehreren Städten Europas gab es auch heute wieder bürgerkriegsähnliche Auseinandersetzungen mit der Polizei. Immer waren es Konflikte in den Lebensmittelabteilungen großer Warenhäuser. Das Personal wollte Hamsterkäufe nicht zulassen und rief die Polizei. Die Menschen solidarisierten sich, fingen an zu plündern und zu brandschatzen. Erstmals schossen Plünderer auch mit automatischen Waffen gezielt auf Polizei und Militär. Es gab zahlreiche Tote auf beiden Seiten. Die Ordnungskräfte mussten zum Teil mit Brachialgewalt die Ruhe wiederherstellen. In allen größeren Städten wurde eine Ausgangssperre von 20 Uhr bis 5 Uhr morgens verhängt.

Wieder sind es ähnliche Bilder wie gestern – gewalttätige Demonstranten liefern sich Straßenkämpfe mit Polizei und Militäreinheiten. Aber man zeigt auch Bilder eines stummen und friedlichen Protestzuges.

Die europäischen Energieversorgungsunternehmen haben in einer gemeinsamen Erklärung mitgeteilt, dass aller Wahrscheinlichkeit nach mit Stromsperren gerechnet werden muss, da Reserven an fossilen Brennstoffen zur Erzeugung elektrischen Stroms wesentlich geringer als angenommen in den Lagern in Rotterdam vorhanden sind. Durch die regionalen Fernsehprogramme werden Sie rechtzeitig über Regionen der zeitweiligen Stromabschaltungen informiert.

Weitere Meldungen zum Thema berichten, wie Arbeiter, Angestellte, Selbständige zurzeit leben und versuchen, mit der Situation fertig zu werden, nicht mit dem Auto, sondern mit dem Fahrrad zur Arbeit fahren, auch wenn die

Entfernung noch so groß ist. Interviews zeigen Menschen zwischen Bangen und Hoffen, aber den Hoffenden wird viel mehr Aufmerksamkeit geschenkt.

Dennoch wird bei diesen Interviews deutlich, dass viele Bürger den Politikern nicht glauben. Auf Grund der neuen Nachrichtenlage aber werden sie inzwischen als Außenseiter betrachtet, auch wenn das niemand so ausdrücklich sagt.

Weiter wird berichtet, dass sich seit Tagen die Gotteshäuser immer mehr füllen. Es scheint, als würden sich die vielen Gebete auszahlen.

Die Wirtschaft kündigt Massenentlassungen an, weil die ehemaligen Märkte im Osten weggefallen sind und Märkte auch in anderen Teilen der Erde wegzubrechen drohen. Nach Prognosen führender Wirtschaftsinstitute muss innerhalb der nächsten Tage allein in Deutschland mit einem Anstieg der Arbeitslosenzahl auf mindestens 20 Millionen gerechnet werden. Die Bundesregierung hält aber für diese Situation die entsprechenden finanziellen Mittel bereit. Vorübergehend haben die Arbeitsämter daher auch an den Wochenenden geöffnet.

Und nun zu den angekündigten Rationierungen im Bereich der Lebensmittelversorgung. Wegen stark gestiegener Hamsterkäufe, die die Versorgung der Bevölkerung zunehmend gefährden, treten ab morgen früh 6:00 Uhr gemäß der nationalen Notstandsgesetzgebung folgende Maßnahmen in Kraft:

Der Bezug von Lebensmitteln ist auf 50 Euro pro Person und Woche beschränkt. Zu diesem Zweck sind heute Lebensmittelkarten an die Bevölkerung versandt worden. Beim Einkauf ist die Wahl der Lebensmittel dem Bürger freigestellt. Es soll durch diese Karte lediglich gewährleistet werden, dass pro Woche nicht mehr als 50 EUR für Lebensmittel ausgegeben werden. Die Kontrolle

erfolgt durch das Verkaufspersonal, indem in die Karte mit einer speziellen Zange ein kleines Symbol gestanzt wird, das von Woche zu Woche eine andere Form aufweist. Eine doppelte Benutzung von Pass und Ausweis wird ausgeschlossen durch einen Vermerk, mit welchem Ausweispapier Lebensmittel gekauft wurden ...
Und nun hat der Bundeskanzler das Wort:
Liebe Mitbürgerinnen, liebe Mitbürger,
Sie haben gerade in den Nachrichten gehört, dass es eine begründete Hoffnung gibt, ein Serum zeitnah gegen die Epidemie bereitzustellen. Das ist nicht nur so einfach dahergesagt, sondern es beruht auf Tatsachen. Wenn ich nicht felsenfest davon überzeugt wäre, könnte ich Ihnen das nicht sagen, ohne dass es mir die Schamesröte ins Gesicht treiben würde. Es betrifft uns alle, auch meine Familie und mich. Bitte bedenken Sie das. – Die vielen Einwände aus Kreisen der Bevölkerung, die an der Offenheit der Politik gezweifelt haben, waren, was die Vergangenheit anbetrifft, mitunter berechtigt. In dieser Situation kann ich Ihnen aber versichern, dass die Forschungsarbeiten in Kürze abgeschlossen sein werden. Es wird für uns alle in Europa noch ein Morgen geben. Das verspreche ich Ihnen!
Aber nun etwas anderes: Heute sind im Einkaufszentrum Elbepark bei Magdeburg in einem großen Lebensmittelgeschäft sieben Personen ums Leben gekommen. Etwa einhundertfünfzig Plünderer haben sich in unverantwortlicher Art und Weise zusammengerottet, um sich nach ihrer Vorstellung im Supermarkt zu bedienen. Die herbeigerufenen Polizeibeamten wurden mit Schusswaffen angegriffen, wobei vier von ihnen tödlich verletzt wurden und noch am Ort des Geschehens verstarben. Alle vier Beamten hinterlassen Frau und Kinder. Ich kann meine Abscheu vor diesem Morden nicht deutlich genug zum

Ausdruck bringen, und ich weiß, dass auch die Bevölkerung dieses Verbrechen nicht gutheißt. Als Konsequenz dieser und in der letzten Zeit sich häufender gewaltsamer Plünderungen haben wir im Kabinett daher die sofortige vorläufige Einführung von Lebensmittelkarten beschlossen, wobei ich ausdrücklich betone, dass auch der Vizekanzler und Vorsitzende der Grünen Partei dieser Regelung zugestimmt hat. Diese Lebensmittelkarte ist mit der, die die Älteren von Ihnen vielleicht noch kennen, nicht vergleichbar. Es findet keine Zuteilung von einzelnen Lebensmitteln in Gramm und Liter statt, sondern es wird lediglich die Einkaufssumme für einen bestimmten Zeitraum begrenzt. Das hat zur Folge, dass Sie Ihre Lebensmittel frei wählen können.

Durch die Verbreitung der Epidemie sind immer mehr Märkte weggebrochen. Die Länder, in die wir mit großem Erfolg unsere Produkte verkauft haben, existieren nicht mehr. Das hat zur Folge, dass mit erheblichen Massenentlassungen zu rechnen ist. Zum Teil wurden sie schon im Bereich der Autoindustrie angekündigt. Die Arbeitslosenzahl von derzeit fünf Millionen wird sich nach vorläufigen Schätzungen kurzfristig verdoppeln, wenn nicht gar vervierfachen oder verfünffachen. So schlimm das auch ist, wir werden uns um jeden einzelnen kümmern. Ich habe die Arbeitsverwaltungen angewiesen, in der folgenden Zeit auch an den Wochenenden für die Bürger da zu sein, mit deren Entlassung wir täglich rechnen müssen.

Liebe Mitbürgerinnen und Mitbürger! Wir gehen noch viel schwierigeren Zeiten entgegen und werden uns in Zukunft in unserem Wohlstand bescheiden müssen. Wenn wir dann alle etwas näher zusammenrücken, wenn wir Menschlichkeit statt Habgier suchen, werden wir auch die vor uns liegenden Wochen, Monate und Jahre überstehen. Ich danke für Ihre Aufmerksamkeit. Guten Abend.

10. Juni   Donnerstag   04:45   Uhr
Berlin

Der Wecker klingelt eine Stunde zu früh. Ich muss mich wohl gestern beim Einstellen vertan haben. Trotzdem bin ich ausgeruht und fühle mich munter. Erstmals seit meiner Ankunft in Berlin habe ich in dieser Nacht richtig geschlafen. Gestern Abend nach der Tagesschau und der Rede des Bundeskanzlers war ich auf einmal so müde, dass ich mich nur für zehn oder zwanzig Minuten hinlegen wollte. Daraus wurden dann Stunden.

Mein Blick fällt auf die linke Betthälfte, sie ist leer – und wird auch für immer leer bleiben. Die Sehnsucht, die Gefühle und die Trauer kommen wieder. Ich versuche, das Selbstmitleid zu unterdrücken, aber der Erfolg ist mäßig. Zum Rasieren mit dem elektrischen Apparat reicht die Sicht gerade … Zum Trauern habe ich heute keine Zeit, sage ich mir schließlich, denn ich habe heute Dienst im Büro, während Carl in einem der überfüllten Züge endlich zu seiner Mutter nach Hannover fahren wird. Ich habe also die Stellung in der Firma zu halten. Und das werde ich schaffen, wie immer.

Zum Frühstück höre ich den lokalen Nachrichtensender, im Großen und Ganzen mit den Nachrichten von gestern. Ins Büro werde ich wie gestern mit dem Roller fahren. Im Tank müsste noch genug Benzin sein. Vielleicht nehme ich morgen den Bus, vorausgesetzt der öffentliche Nahverkehr hat sich inzwischen auf die deutlich angestiegene Zahl der Passagiere eingestellt.

Mein Blick fällt unwillkürlich auf einen Stuhl am Esstisch. Da liegt noch die ungeöffnete Post der letzten zweieinhalb Wochen – ich war in den letzten Tagen einfach nicht in der Lage, sie zu lesen. Unter anderem ist dabei auch ein Brief meines Rechtsanwalts, den ich wegen einer Erbschaftsangelegenheit beauftragt hatte. Diesen Brief reiße ich auf und lese, dass die gegnerische Partei meinem Begehren nun doch endlich entsprechen will und überdies auch meine Anwaltskosten, wenn auch zähneknirschend, übernommen werden. Na, wenigstens etwas Positives. Aber welche Bedeutung hat dieser Sieg? Ich bekomme ein bisschen Geld, aber ersetzt es meine Einsamkeit? Wen habe ich jetzt noch? Meine Eltern sind tot, Lanh ist tot und jetzt auch noch Ai Ling. Ich habe niemanden mehr im engeren Familienkreis, außer meiner Schwägerin und dem Schwager. Mir wurden schon viele Lektionen im Fach Einsamkeit in meinem Leben erteilt. Auf Dauer gelernt habe ich sie nie! Hätte es wie in der Schule dafür eine Note gegeben, hätte es immerfort geheißen: »Meyer! Setzen! Sechs!«

10. Juni   Donnerstag   09:00 Uhr
Erstes Deutsches Fernsehen – Die Tagesschau

Guten Tag meine Damen und Herren,
hier ist das Erste Deutsche Fernsehen mit der Tagesschau um 9:00 Uhr.

Ein Serum gegen die Todesepidemie steht im Entwicklungsstadium kurz vor der Anwendungsreife, berichtet das Zentrallabor der Baiers-Werke in Leverkusen. Es wird damit gerechnet, dass dieser Prozess noch im Verlauf des Vormittages abgeschlossen sein wird. Die bisher noch vorläufige Rezeptur wurde weltweit an alle maßgebenden pharmazeutischen Produktionseinrichtungen verschickt und ist auch im Internet einsehbar, damit sofort nach der Freigabe mit der Produktion begonnen werden kann. Nach Angaben der Firma Baiers ist die Herstellung einfacher als ursprünglich gedacht und kann im Prinzip in jedem durchschnittlich ausgerüsteten Labor innerhalb von zwei bis drei Stunden erfolgen. Man geht sogar davon aus, dass man das Serum bis zum Abend für den gesamten westdeutschen Raum produziert haben wird. Schon morgen könnten die Impfungen begonnen und weitestgehend auch abgeschlossen werden. Für den ostdeutschen Raum übernimmt die Berliner Firma Scherning die Herstellung. Sie hat die Bereitstellung des Serums schon für heute Abend zugesagt.

Die Forschungserfolge werden mit erfolgreichen Versuchen bei Schweinen begründet, deren Immunsysteme denen des Menschen sehr ähnlich sein sollen.

Und nun weitere Meldungen über die Ausbreitung der Epidemie: Messungen haben ergeben, dass das Virus jetzt schon weit über Moskau hinaus in Richtung Westen vorgerückt ist. Aufgrund der Witterung rechnen die Meteorologen damit, dass es sich in der Nacht oder morgen im Laufe des Tages auch fast überall in der Europäischen Union verbreitet haben wird.

Außerhalb Europas ergibt sich folgendes Bild: Aus Indien und den Nachbarländern gibt es keine Lebenszeichen mehr. In Südafrika beginnt das Massensterben. In sämtlichen Westküstenstaaten der USA ist jeglichesmenschliche Leben erloschen. In den Ländern Lateinamerikas sind ...

Für einen Augenblick verdunkelt sich der Bildschirm, dann erscheint ein schriftlicher Hinweis, dass eine Störung im Sender vorliegt und dass diese so schnell wie möglich behoben wird. Bitte warten – dann erscheint die Ansagerin wieder auf dem Bildschirm:

Meine Damen und Herren! Wir bitten die Unterbrechung zu entschuldigen. Soeben haben uns folgende Meldungen erreicht: Die Versuchsreihen mit dem Antiserum sind erfolgreich beendet worden, und die Herstellung des Serums sowie die Bereitstellung wird im Laufe des Tages, spätestens in den Abendstunden abgeschlossen sein. Die Verteilung erfolgt europaweit in der Nacht.

Wieder wird der Bildschirm schwarz. Dann erfolgt ein Hinweis, dass ins Bundespresseamt geschaltet wird, wo ein Sprecher die weiteren Nachrichten verliest.

Gemäß der in Kraft getretenen Notstandsgesetzgebung ordnet die Bundesregierung Folgendes an: Die Impfung findet morgen ab 4:00 Uhr landesweit statt und wird mobil durchgeführt. Das heißt, Kolonnen von mobilen Impfteams besuchen die Bürger an ihren Aufenthaltsorten bzw. an ihren Wohnhäusern, Straßenzug um Straßenzug. Diese Impfteams bestehen aus Ärzten, Krankenpflegepersonal, Verwaltungsangestellten und Ordnungskräften aus den Bereichen Polizei, Bundesgrenzschutz und Bundeswehr.

In den regionalen Fernsehprogrammen werden heute in den Abendstunden die Zeiten genannt, zu welchen sich die Bürger in der jeweiligen Straße vor ihren Häusern mit Personalausweis oder Pass zu versammeln haben. Es besteht eine absolute Pflicht zur Teilnahme, da nach den derzeitigen Erkenntnissen das Risiko nicht völlig ausgeschlossen werden kann, dass nicht geimpfte Personen die Epidemie wieder in Gang setzen können. Anhand von Meldelisten wird die Vollzähligkeit der Bewohner bei den Impfungen überprüft.

Personen, die die Impfung verweigern, werden zwangsweise geimpft und anschließend gemäß der für diesen Fall vorgesehenen Regelung der Notstandsgesetzgebung behandelt. Als Nachweis der erfolgten Impfung wird jedem Bürger eine Markierung mit einer dunkelblauen Farbe auf der Stirn aufgetragen. Diese Farbe ist nicht abwaschbar. Sie verblasst aber nach ungefähr drei Wochen und verliert sich danach völlig. Am morgigen Freitag besteht grundsätzlich für jeden Bürger die unbedingte Pflicht, sich an der jeweils gemeldeten Adresse in der Zeit von 3 Uhr früh bis 21 Uhr abends für die Impfung bereitzuhalten. Für Bedienstete von Einrichtungen der öffentlichen Daseinsvorsorge wie Krankenhäusern, Energieversorgungsunternehmen, Stadtwerken gelten besondere Regeln. Reisende haben sich bei der für ihren Aufenthalt zuständigen Polizeiwache zu melden. Alle Geschäfte haben geschlossen zu sein, ebenso die Bildungseinrichtungen wie Schulen und Universitäten. Gleiches gilt für Kindertagesstätten und gastronomische Einrichtungen mit Ausnahme der Hotels.

Der öffentliche sowie private Nah- und Fernverkehr ruht, ebenso jeglicher Güterverkehr. Sondergenehmigungen können bei den zuständigen Polizeibehörden beantragt werden. Genehmigungen können nur dann erteilt werden, wenn das Leben oder erhebliche Werte in Gefahr sind oder die Gefahren anderweitig nicht abgewendet werden können. In diesen Fällen ist sicherzustellen, dass die dabei Beschäftigten während der angegebenen Frist an der Impfung teilnehmen.

Die örtlichen Polizeibehörden und die Gesundheitsämter behalten sich das Recht vor, Fahrzeuge für den morgigen Einsatz zu beschlagnahmen. Weiteres erfahren Sie ab heute Abend über die lokalen dritten Fernsehprogramme sowie über die an Ihrem Wohnort befindlichen privaten Fernsehanstalten, die ebenfalls darüber berichten werden bzw. die Sendungen der dritten Programme übernehmen.

10. Juni Donnerstag 12:24 Uhr
Berlin

Die halbstündige Fahrt in die Firma heute Morgen verlief genauso deprimierend wie gestern. Die Gesichter der

Menschen, die auf dem Weg zur Arbeit waren, zu Fuß oder vielfach mit dem Fahrrad, Moped oder Motorrad, spiegelten Hoffnungslosigkeit wider, obwohl die Nachrichten die Fertigstellung eines Serums erstmals in den Bereich des Möglichen rückte. Jeder war in seine Gedanken versunken und bangte um sein Überleben. So mancher stellte sich wohl zum ersten Mal die Frage nach dem Sinn des Lebens und fand keine Antwort.

Und wie die Stimmung der Menschen war auch das Wetter am heutigen Morgen – grau in grau, am Himmel tiefhängende dunkle Wolken, es war ungemütlich kalt und der Regen wurde immer stärker.

Aber ab neun Uhr veränderte sich alles. Die Tagesschau, die ich um diese Zeit mit einem kleinen Fernseher verfolgen konnte, ließ die Menschen durch die Nachricht vom Impfstoff aufleben und die Anspannung der letzten Tage wich sichtlich. Auf einmal wird überall nur noch gefeiert und Freudentränen werden vergossen. Menschen, die sich vorher noch nie gesehen haben, umarmen sich und tanzen im Regen, und in so manchen der überfüllten Busse stimmen die Fahrgäste Lieder an. Wer noch Arbeit hat, lässt sie jetzt liegen und stößt mit den Kollegen an. Andere wiederum machen sich Gedanken um die Zukunft, wie sich ihre berufliche Situation entwickeln wird, wo sie Arbeit bekommen, ob die Chance in den jetzt menschenleeren Ländern liegt. Dennoch sind auch sie froh und guten Mutes. Schon wird die Impfung nur noch als eine Notwendigkeit verstanden, das Virus vom eigenen Körper abzuhalten, danach geht es weiter …!

Nur das Wetter hat sich der allgemeinen Freude nichtangeschlossen. Die Feuerwehren haben reichlich zu tun, und ein Ende der Niederschläge ist nicht absehbar. Es scheint aber, als seien es die Freudentränen des Himmels.

Auch ich bin erleichtert. Der Druck des bevorstehenden unabwendbaren Todes ist gewichen. Aber bei mir weicht er nur dem Gefühl der Einsamkeit, das wieder von mir Besitz ergreifen will. Ich versuche mich dagegen zu wehren. Zunächst vergeblich! Aber nach einiger Zeit habe ich mich dank meines Verstands wieder einigermaßen unter Kontrolle. Ich sollte froh sein, zu den wenigen zu gehören, die diese Epidemie überleben werden. Die Menschen rücken näher zusammen, und das gibt mir Kraft für die nächste Zeit.

Die Zeit heilt alle Wunden, so sagt man. Hoffentlich! Jetzt müssen wir erst einmal die Impfung erfolgreich hinter uns bringen. Und wie wird es dann weitergehen? Was wird aus den entvölkerten Ländern? Leben wir dann im Überfluss oder im Mangel? Wahrscheinlich wird beides der Fall sein.

Die Zeit, in der ich lebe, ist auch ohne diese Todesepidemie schon recht außergewöhnlich: zuerst die Nachkriegszeit, dann die Entwicklung der Machtblöcke USA und UdSSR mit ihren Stellvertreterkriegen in Korea, Vietnam und Afghanistan. Es folgten der Zerfall des »Sowjetimperiums« und die Wiedervereinigung Deutschlands, der 11. September 2001 und danach der von den USA angezettelte Irakkrieg. Der verheerende Anschlag auf die New Yorker Subway am 4. Juni und nun die weltweite Epidemie, die die Erdbevölkerung innerhalb kurzer Zeit um etwa 95 % hat schrumpfen lassen. Das alles in etwas mehr als einem halben Jahrhundert, das ich selbst erlebt habe ...

Im Büro gibt es nicht viel zu tun. Carl hat alles im Griff und rechnete wohl nicht damit, dass ich viel zustande bringen werde. Um halb eins kommt Max von seiner Tour zurück. Mit seiner Größe von knapp zwei Metern überragt er fast jeden. Wenn er ins Büro kommt, wird er mir gleich sein Beileid ausdrücken, nach Lanh fragen und mich damit an meine Einsamkeit erinnern. Wenn ich das alles doch vermeiden könnte!

Ich will es nicht so weit kommen lassen, gehe hinaus und rufe schon ihm schon von weitem zu: »Hallo Max, gute Nachricht, der Impfstoff ist fertig!«

»Ich weiß, hab ich schon unterwegs gehört. Mensch, Konni, dass ich dich noch mal sehe, wie geht es dir?«, er kommt auf mich zu und legt mir legt mir seine beiden Hände auf die Schultern, und zwar von oben, weil er mich um fast zwanzig Zentimeter überragt. Er freut sich wirklich, mich zu sehen.

»Ja, wie soll es so gehen«, ich versuche, weniger deprimiert zu antworten, »das Virus wird besiegt. Wir werden alle geimpft.«

»Und woher weißt du das?«

»Ich habe einen kleinen Fernseher mitgebracht und um neun Uhr die Tagesschau gesehen.«

»Ist ja toll! Sag mal, von deiner Familie hast du ...«, er stockt, weil er sieht, wie mich das berührt.

»Max, sei mir nicht böse, aber ...«

»Schon klar, Konni«, und nach einer kurzen Pause fährt er fort, »hier hat sich in den letzten Tagen einiges getan. Du weißt ja auch schon Bescheid. Die Tour am Donnerstag haben wir umstellen müssen. Morgen müssen wir auch ...«

»Für morgen ist die Impfung angesetzt«, unterbreche ich ihn, »wir müssen alle zu Hause bleiben. Da können wir nicht arbeiten.«

»Wie soll denn das funktionieren«, fragt Max etwas verwirrt, »werden wir etwa zu Hause geimpft?«

»Genau!«, und ich gebe ihm in Kürze die Fernsehsendung wieder.

»Ist ja interessant, dann kommt die Obrigkeit einmal zu uns Bürgern, wenn sie etwas will«, meint Max leicht ironisch, »sonst ist es doch umgekehrt.«

»Max, die wollen doch sicherstellen, dass die Gefahr einer erneuten Ausbreitung der Epidemie ausgeschlossen wird, und außerdem, wer sich nicht impfen lässt, wird sterben!«

Max wiegt seinen Kopf hin und her, als ob er mir nicht ganz zustimmen kann:

»Ja, dieses Mal wird es schon so sein. Sonst hätte ich denen Schnüffelabsichten unterstellt«, Max schaut mich prüfend an, »aber es ist doch interessant, mit welchen Vorbehalten ich die ganze Sache betrachte. Weißt du, ich beobachte die Politiker schon recht lange, was die da machen: Sie sprechen von Demokratie und Rechtsstaat, sind aber der Wirtschaft so hörig wie selten zuvor. Das passt doch nicht zusammen.«

»Da rennst du bei mir offene Türen ein, wie du weißt. Max, aber lass uns erst einmal den Wagen für den Einsatz für morgen – nein, für übermorgen fertig machen und danach noch weitersprechen.«

»Nachher habe ich keine Zeit. Ich habe gerade Hummeln im Hintern. Aber heute Abend bin ich bei dir in der Nähe. Ich könnte so gegen acht da sein, vielleicht etwas früher, damit wir die Nachrichten im Fernsehen anschauen können.«

»Wunderbar, ich mache uns etwas zu essen.«

Der heutige Abend ist gerettet, zumindest habe ich Gesellschaft und werde nicht allein sein. Auf dem Nachhauseweg kommen mir im Regen endlose Kolonnen von Lastwagen entgegen. Sie fahren in Richtung Firma Scherning, deren Produktionsstätte sich nicht weit von unserem Büro befindet, mitten in einem Wohngebiet. Vor etwa fünfzehn Jahren wurde die Bevölkerung von amtlicher Seite informiert, wie man sich zu verhalten hat, falls unkontrolliert giftige Chemikalien entweichen. Seit der Zeit haben wir weder von den Behörden noch von der Firma Scherning selbst eine Warnung vernommen, obwohl es bisweilen im Stadtteil Wedding etwas streng riecht …

Zu Hause angekommen, finde ich meine Lebensmittelkarte im Briefkasten vor. Wie ich aber wenig später in einem Supermarkt in Tegel feststelle, bin ich nicht der einzige, der auf die Idee gekommen ist, jetzt einzukaufen. Der Laden ist voll. Die Angst, vor leeren Regalen zu stehen, scheint viele unmittelbar nach Erhalt ihre Karte in die Geschäfte getrieben zu haben. Und so sind die Einkaufswagen ziemlich voll und fast jeder läuft mit einem Taschenrechner oder einem Notizblock herum, um ja das Limit von 50 Euro für die nächste Woche voll auszunutzen.

Noch sieht es so aus, als ob es an nichts fehlt. Die Schlangen an den Kassen sind lang. Zu viel müssen die Kassiererinnen beachten, die Einhaltung des Limits, die Kontrolle der Ausweise und die Markierung in den Lebensmittelkarten. Nicht zu vergessen der Ärger mit den Kunden. Manche hoffen, dass bei ihnen eine Ausnahme gemacht werden kann. Aber auch das überstehe ich. Mit drei prall gefüllten Einkaufstaschen verlasse ich das Geschäft und fahre mit dem Roller nach Hause. Wieder begegne ich nur ganz wenigen Autos, hauptsächlich sind Zweiradfahrer unterwegs. Obwohl viele Radfahrer seit jeher nicht bei Rot anhalten und dafür immer wieder in der Öffentlichkeit kritisiert wurden, scheint sich dieses Verhalten mehr und mehr auf die motorisierten Zweiradfahrer zu übertragen. Vietnamesische Verhältnisse ...

10. Juni Donnerstag 19:30 Uhr
Berlin

Die Berliner Abendschau um 19:30 Uhr schaue ich allein, da Max erst um 20 Uhr kommen kann. Seitdem ich wieder aus Fernost zurück bin, haben sich alle Nachrichtensendungen in ihrem Charakter sehr verändert. Die früher fast ungezwungenen Nachrichten, insbesondere bei den Regionalsendern, sind einem steifen Ankündigungs- und Befehlsfernsehen gewichen: Fast möchte man vor dem Apparat strammstehen und nach jeder verkündeten Anordnung und Anweisung »jawohl« schreien. Rühren erst beim Wetter.

Die Sendungen sind dreigeteilt: erstens, wie weit die Epidemie weltweit fortgeschritten ist, zweitens Fortschritte bei der Bekämpfung des Todesvirus und drittens Bekanntmachungen und Anordnungen für die Bevölkerung. Während ich den ersten Teil nur mit einem halben Auge mitbekomme, weil ich in der Küche mit der Zubereitung einer asiatischen Nudelsuppe als kleiner Imbiss beschäftigt bin, sehe ich im zweiten Teil Bilder, die mir bekannt vorkommen: endlose Schlangen von LKWs vor den Toren der Firma Scherning. Im dritten Teil wird mitgeteilt, dass auf diesem Sender erst ab 21:00 Uhr über Ort und Zeitpunkt der Impfungen informiert wird. Zur selben Zeit sind diese Informationen über Videotext und Internet abrufbar. Das Wetter soll zumindest morgen Vormittag besser werden, am Nachmittag gibt es wieder Gewitter und zum Abend Sturmwarnungen. Letztere passen ganz gut in diese Zeit.

10. Juni   Donnerstag   20:00 Uhr
Berlin

Max kam vor knapp fünf Minuten mit seinem Rennrad und nun können wir zusammen die Tagesschau sehen, während wir die heiße Nudelsuppe schlürfen. Erstmals seit Tagen gibt es im Fernsehen wieder frohe und entspannte Gesichter, weil die quälende Spannung in Bezug auf unser Überleben endlich vorbei ist. Wir erfahren, dass das Serum an Schweinen getestet werden konnte, da ihr Immunsystem dem des Menschen sehr ähnlich ist.

Irgendwie habe ich für einen Moment meinen rheinischen Humor wiedergefunden:

»Wenn das klappt, dann sollte das Schwein als neues Wappentier den Bundesadler ersetzen. Vielleicht könnten die Staaten, die ebenfalls einen Adler als Wappentier haben, ihre Wappengreife auch durch Schweinsabbildungen austauschen. Es käme der Politik dieser Länder wesentlich näher, ich denke da an ein ganz bestimmtes Land, aber man könnte den Adler auch lassen, er ist ein Raubvogel, und das besagt ja auch schon alles!« Max lacht zustimmend.

Weiter wird gemeldet, dass das Virus voraussichtlich in den nächsten Stunden auch in die Europäischen Union vorrückt. Es zieht vom Osten in westliche Richtung. Den Meldungen über die bereits menschenleeren Regionen der Erde hören wir kaum zu. Dann wird endlich über die bevorstehende Impfaktion und deren Vorbereitung berichtet, worauf wir die ganze Zeit warten: In allen pharmazeutischen Fabriken und in Betrieben der Chemieindustrie wird der Impfstoff rund um die Uhr produziert. Europaweit findet seit den Abendstunden die Verteilung von Serum, Spritzen, Desinfektionsmittel, Tüchern und anderen Materialien statt. Es ist die größte logistische Herausforderung, die es je in Europa gegeben hat.

Morgen ab vier Uhr soll mit den Impfungen begonnen werden. Für die Bevölkerung gibt es besondere Verhaltensmaßegeln. Jeder wird ohne Ausnahme geimpft. Zu bestimmten Zeiten haben sich alle Bewohner vor ihren Wohnhäusern mit Ausweispapieren aufzuhalten. Wohnungs- und Haustüren sind für Kontrollen offen zu halten, ebenso in den Wohnungen die Kleiderschränke, Speisekammern, Keller und Verschläge Gleiches gilt für Dachböden, Waschküchen und so weiter. Überall ist Licht einzuschalten. Die Polizei und Angehörige der Bundeswehr und des Bundesgrenzschutzes haben das Recht, entsprechende Kontrollen vorzunehmen. Bei größeren Häusern und Grundstücken ist den Kontrollpersonen eine Skizze zur Orientierung auszuhändigen. Es sind ihnen sämtliche Auskünfte zu erteilen und sie sind in jeder Hinsicht bei ihrer Arbeit zu unterstützen. Zuwiderhandlungen, insbesondere das Unterbringen und Verstecken von Personen, die sich der Impfung widersetzen wollen, werden strafrechtlich verfolgt. Angedroht wird eine Freiheitsstrafe – nicht unter zwei Jahren!

Wie gut doch alles schon vorbereitet und durchdacht ist, als ob sich früher ganze Heerscharen von Beamten in ihren bequemen Schreibtischsesseln über nichts anderes Gedanken gemacht haben. Und nichts davon ist jemals so nach außen gedrungen, dass es das Interesse durchaus kritischer Bevölkerungsteile hätte wecken können ... Kenne ich das nicht von irgendwoher?

Nach dieser Nachrichtensendung, die etwa um halb neun zu Ende ist und von uns ab und zu kritisch kommentiert wird, diskutieren wir über die angekündigten Rationierungsmaßnahmen. Stromsperren gab es bundesweit noch nicht. Max rechnet damit erst Tage nach der Impfaktion, weil vorher noch alles weitgehend normal verlaufen soll. Die übliche Taktik der Politiker.

Ich habe den Eindruck, dass Max die Spannung, unter der wir seit Tagen leben, zu einem ganz kleinen Teil sogar genossen hat. Zumindest im Nachhinein, jetzt, da das Überleben gesichert ist. Er wollte doch immer etwas Außergewöhnliches erleben, sozusagen als Ersatz für die nach dem Mauerfall nicht mehr möglichen DDR-Besuche. Dabei hatte er sich immer bis an die Toleranzgrenze über das dortige System geäußert und sich damit ständig der Gefahr ausgesetzt, von der Staatsicherheit verhaftet zu werden. Jetzt aber hat er wirklich etwas Außergewöhnliches. Aber es könnte sein, dass dies alles für ihn ein paar Nummern zu groß ist. Und nicht nur für ihn!

11. Juni Freitag 05:24 Uhr
Berlin

Im Berliner Ortsteil Heiligensee, in dem ich wohne, ist die Impfzeit heute auf 5:30 Uhr festgesetzt. Um diese Zeit ist es schon hell, aber noch etwas kühl. Der Himmel ist, wie vorhergesagt, leicht bewölkt und die Sonne wird bald aufgehen. Die Vögel zwitschern und wir, die Nachbarn und ich, führen halblaute Gespräche. Obwohl einige von uns noch vor Müdigkeit gähnen, ist die Stimmung recht locker. Mitunter wird auch ein Scherz gemacht, meistens aber ernst in die Zukunft geblickt. Ein älterer Nachbar äußert die Ansicht, dass ein Neuanfang für uns alte Säcke nicht mehr in Frage kommt. Auf diese Bemerkung folgt natürlich Gelächter.

Ja, denke ich, ich muss auch nicht mehr unbedingt an vorderster Linie stehen, ganz abseits allerdings auch nicht. Dafür bin ich doch noch etwas zu jung.

Meine Uhr zeigt gleich halb sechs. Wenn niemand spricht, ist alles ruhig. Auf der Heiligenseestraße fährt kein Bus, kein Auto, kein Radfahrer. Gespannte Erwartung. Manche älteren Anwohner haben in Erfüllung ihrer Bürgerpflicht ihren rechten Arm schon frei gemacht. Alles soll sehr schnell gehen, hieß es gestern Abend im Fernsehen, je genauer die Bürger die Anordnungen befolgen, desto eher kann die Aktion beendet werden.

Dann nähert sich langsam von Ferne die Impfkolonne. Es sind zwei Rettungswagen, mehrere Militärlastwagen, ein Polizeibus und ein privater Lieferwagen. Sie benutzen beide Spuren der Straße. Nach ungefähr zehn Minuten können wir genau beobachten, wie die Prozedur abläuft. Es sind mehrere Gruppen zu je vier Personen, zwei in weißen Kitteln – Arzt und Teamleiter – und zwei Soldaten, wie es gestern Abend auch im Fernsehen angekündigt wurde. Sie gehen auf jeden Einzelnen zu, kontrollieren die Ausweise und die Vollzähligkeit der Anwesenden an Hand spezieller Listen vom Einwohnermeldeamt. Der Arzt setzt die Spritze, der Teamleiter markiert die Stirn der Geimpften mit einem Pinsel, dokumentiert anschließend den gesamten Vorgang und stellt noch eine Impfbescheinigung aus. In der Zwischenzeit kontrollieren Soldaten die beleuchteten Häuser.

Die einzelnen Gruppen arbeiten unerwartet schnell. Schon stehen sie vor dem Haus der Sommerfelds, einem der ganz wenigen größeren Gebäude in unserer Nähe. Dort wohnen Leute mit vielen Kindern, großen Hunden, alten Autos und noch älteren Motorrädern. Auf dem Hof ist es manchmal sehr laut. Die Autos und Motorräder sind wohl ständig kaputt, repariert wird daher auch am Wochenende, auch in der Nacht. Dazwischen bellen die Hunde und schreien die Kinder, wenn sie sich wieder einmal zanken. Die Erwachsenen sind allerdings auch nicht viel ruhiger. Wenn sie sich unterhalten, ist mitunter jedes einzelne Wort zu verstehen. Vor einiger Zeit hatte ich mit einem Nachbarn, der hier in der Straße schon seit fast vierzig Jahren wohnt, über die Bewohner dieses Hauses gesprochen. Er schüttelte nur den Kopf. »Die Sommerfelds«, sagte er, »waren genauso, als sie selbst dort noch wohnten. Jetzt sind sie fort, der Ärger bleibt.«

Und als ob ich es geahnt hätte, gibt es bei diesen Bewohnern Schwierigkeiten. Denn vor dem Haus, das überdies als einziges in der Siedlung völlig unbeleuchtet ist, steht niemand. Ein Soldat stößt das Tor zur Straße mit dem Fuß auf. Ein anderer folgt. Sie tragen bereits die Markierungen auf der Stirn. Die Haustür, die sie über eine Treppe erreichen, ist abgeschlossen. Einer der Soldaten ruft: »Infrarot?«

Zwei Sekunden später kommt die Antwort von der Straße aus einem der Militärlastwagen: »Positiv, ungefähr zehn Personen!« Dann flammt von diesem Fahrzeug ein Scheinwerfer auf, dessen starker Strahl das ganze Haus in taghelles Licht taucht. Zwei mächtige Schläge, Holz splittert. Schreie, Rufe, Flüche und Beleidigungen wechseln sich mit knappen Funksprüchen ab. Es kommen noch weitere Soldaten im Laufschritt mit gezogenen Waffen. Verstehen können wir aus dem Wirrwarr der Stimmen nichts.

Auf einmal hört man eine Frauenstimme:

»Ihr könnt mich mal ...«, und dann nur ein Wortfetzen, »... wenn Sie nicht wollen, dann ...« Wieder Schreie, unterbrochen von dumpfen Kommandos und schließlich eine ganz helle Stimme, die ich weder einem Mann noch einer Frau mit Sicherheit zuordnen kann: »Lasst mich in Ruhe, ihr Arschlöcher! ... ich will mich nicht impfen lassen, ... es ist meine Sache, da es keine Mensch-zu-Mensch-Ansteckung ...« Der Rest geht in Gebrüll, Schlägen, Türenschlagen, Gepoltere und Aufbrechgeräuschen unter. Dann wird es still. Und nachdem wir fast eine halbe Minute gespannt gewartet haben, ob sich im Nachbarhaus noch etwas tut, kommt einer der Umstehenden zu dem Ergebnis, dass die Polizeiaktion beendet ist, und meint:

»Irgendwie aber hat der doch recht! Was wird uns hier wieder mal verschwiegen? Warum sollen Nichtgeimpfte die Epidemie wieder zum Ausbruch bringen können? Wie das, wenn es doch keine direkte Ansteckung gibt?«

Mir fällt das Gespräch von gestern mit Max ein. Da kamen wir zu einem ähnlichen Ergebnis, hielten aber den Zwang zur Teilnahme nicht für so gravierend.

Alle Nachbarn in meiner Nähe haben die Wortgefechte gehört. Betreten und auch nachdenklich schweigen sie. Manche schauen weg, als ich sie fragend ansehe. Der Nachbar Schneider runzelt die Stirn, was soviel heißen mag, dass auch er der ganzen Impfaktion skeptisch gegenübersteht. So mögen auch andere denken. Dennoch haben wir alle unsere Papiere bei uns, wie es von uns verlangt wurde. Wir sind eben brave Bürger im bürgerlichen Norden Berlins.

Plötzlich fällt ein Schuss, und dann noch einer. Sofort kommt Hektik auf. Schreie, Kommandos und Funksprüche. Zwei weitere Scheinwerfer flammen auf. Soldaten gehen zuerst in Deckung, dann in Stellung. Auf einmal ertönt es: »Alles okay, wir haben ihn. Schickt mal einen Sani her, schnell!«

Ein Soldat mit verwundeter Schulter wird von zwei Kameraden nach draußen getragen. Sie legen ihn auf eine eilends herbeigeholte Pritsche. Dann wird ein weiterer, jedoch lebloser Körper nach draußen gebacht. Ein junger Mann von ungefähr fünfundzwanzig Jahren. Er hat sich einen Vollbart wachsen lassen. Sein helles T-Shirt ist blutverschmiert, besonders in Höhe des Herzens. Ein Arzt sieht ihn an, legt sein Stethoskop an und im nächsten Moment macht er ein unmissverständliches Handzeichen. Der »Rebell« ist tot. Die anderen Bewohner des Hauses werden jetzt von Soldaten und Teamleitern umringt und die

Impfung der Bewohner des Sommerfeldhauses kann vonstattengehen. Der Widerstand ist gebrochen. Verhaftet wird niemand, dazu ist jetzt keine Zeit. Aber es werden Namen aufgerufen, notiert und über Funk durchgegeben. Kaum ist der letzte Bewohner dieses Hauses geimpft, kaum haben die Impfteams und Soldaten das Grundstück verlassen, ertönen hinter ihnen aus vielen Kehlen die Rufe: »*Mörder! Mörder! Mörder!*«.

Aber niemand kümmert sich um sie. Nur einige Soldaten gehen, rückwärts gewandt, die Waffen drohend im Anschlag. Während die Leiche des jungen Mannes abtransportiert wird, prescht der Leiter des gesamten Impfkommandos in seinem Jeep heran. Der Offizier, ein etwa achtunddreißigjähriger, sehr hagerer Mann, lässt seine Leute antreten und wird über das Geschehen informiert. Danach gibt er den Befehl, die Impfteams nur noch mit gezogener Waffe zu begleiten und vor allen Dingen auf Gruppen- und Eigensicherung zu achten. Nach diesem Angriff war ein solcher Befehl nicht mehr nötig. Mit einem im Chor gebrüllten »Jawohl, Herr Major!« entfernen sich die Soldaten von ihrem Kommandeur und eilen zurück zu ihren Teams. Sofort wird weiter geimpft und kontrolliert, nur ist der Ton zu den Bürgern jetzt noch rauer geworden. Schon sind sie am Nachbarhaus. Wir alle können es nicht fassen, dass so schnell zur Tagesordnung übergegangen wird. Wir sprechen leise und sind bestürzt, wie brutal in diesen Krisenzeiten gehandelt wird. Und der Staat bedient sich williger Helfer.

Inzwischen ist auch ein Übertragungswagen des Berliner Regionalfernsehens erschienen. Der Major wird interviewt und der Kameramann dreht einige Bilder vom Ort des Geschehens. Auch auf uns wird die Kamera geschwenkt, aber eine Gelegenheit, uns zu den Geschehnissen zu äußern, bekommen wir nicht. Die Meinung des Offiziers genügt. Und so schnell, wie sie gekommen waren, verschwinden die Fernsehleute wieder. Sie haben die Bilder, die sie haben wollen.

Nun sind wir mit der Impfung an der Reihe. Zu mir kommen zwei Soldaten, jetzt mit gezogenen, aber auf den Boden gerichteten Waffen, ein Arzt und eine Teamleiterin mit Klemmbrett und Meldelisten. Ich lege meine Papiere vor. Nach einem kurzen Blick auf mich und meinen Ausweis fährt die Leiterin mich gereizt an:

»Und wo ist Ihre Frau? Hier steht, dass sie hier gemeldet ist.«

»Meine Frau lebt aller Wahrscheinlichkeit nach nicht mehr. Sie war zu Besuch in ihrem Heimatland in Vietnam. Ich habe seit einigen Tagen kein Lebenszeichen von ihr. Hier ist die Quittung vom Reisebüro über die Flugtickets. Wie Sie sehen können, war der Rückflug von Vietnam für den 19. Juni geplant ...«

Ein kurzer Blick auf das Schreiben genügt ihr.

»Tut mir leid«, presst sie zwischen ihren Lippen hervor und deutet zu dem Soldaten links von ihr, »kontrollieren Sie das Haus und nehmen Sie noch einen Kollegen mit.«

Mit einem kurzen Wink zu einem anderen verschwinden beide im Laufschritt. Der Arzt macht sich jetzt an meinem rechten Oberarm zu schaffen, und ehe ich es richtig wahrgenommen habe, ist die Impfung auch schon beendet. Den Einstich habe ich nicht gespürt. Auf die Stirn bekomme ich ein Kreuz mit zwei Pinselstrichen. »Alles in Ordnung«, melden die im Laufschritt zurückkehrenden Soldaten. Die Frau mit dem Klemmbrett klingt etwas freundlicher und lächelt mitfühlend, kaum merklich:

»Hier, Ihre Impfbescheinigung, unterschreiben Sie bitte hier.« Ich bestätige den Empfang.

»Danke, alles Gute für Sie. Auf Wiedersehen«, und schon werden weitere Nachbarn befragt, geimpft und mit Kreuz auf der Stirn versehen, und wieder stürmen Soldaten die Häuser...

11. Juni Freitag 12:00 Uhr
Radio Berlin-Brandenburg – Nachrichten

Guten Tag, meine Damen und Herren,
seit heute Morgen 4:00 Uhr wird die gesamte Bevölkerung der Europäischen Union gegen das Virus geimpft. Zehntausende von Ärzten, Krankenschwestern und Krankenpflegern, Polizisten und Soldaten sind im Einsatz, auf dem Land, zu Wasser und in der Luft. In den Städten kommen die einzelnen Impfkolonnen schnell voran. In den Dörfern langsamer, da die Gebäudekontrollen mehr Zeit in Anspruch nehmen. Inseln und entlegene Dörfer, vor allem in Frankreich, werden mit Helikoptern angeflogen. Man hofft, die Aktion bis zum Abend abgeschlossen zu haben.

Vereinzelt gab es in Berlin zu Beginn der Impfaktion in den frühen Morgenstunden heftigen Widerstand, der zahlreiche Opfer sowohl auf Seiten der Sicherheitskräfte als auch der Impfgegner forderte. Im Stadtteil Kreuzberg wehrte sich eine Gruppe von ungefähr zwanzig bis dreißig autonomen Gewalttätern gegen die Impfung. Aus einem besetzten Abrisshaus bewarfen sie das Impfteam und Polizisten mit Steinen und selbstgebauten Molotow-Cocktails. Dabei wurden acht Polizeibeamte und zwei Krankenschwestern zum Teil schwer verletzt. Ein Beamter erlag noch am Ort des Geschehens seinen Verletzungen, ein weiterer wurde schwer verletzt und ringt im Krankenhaus auf der Intensivstation um sein Leben. Die Polizei riegelte daraufhin das Haus weiträumig ab und gab den Hausbesetzern eine letzte Chance, sich sofort zu ergeben, da anderenfalls das Haus mit Waffengewalt geräumt worden wäre. Der Beamte, der das den Hausbesetzern über Megafon mitteilte, starb beim Wiederholen des Textes durch einen gezielten Kopfschuss. Nach dem ergebnislosen Verstreichen eines weiteren Ultimatums beschossen Bundeswehreinheiten das Haus mit schweren Waffen, bis es schließlich in sich zusammenfiel. Ob von den Hausbesetzern jemand überlebt hat, ist nicht bekannt. Sonst blieb es im Bundesgebiet bislang weitgehend ruhig.

In anderen Ländern der Europäischen Union kam es in den Morgenstunden in einigen Großstädten ebenfalls zu gewalttätigen Auseinandersetzungen zwischen Impfgegnern und Sicherheitskräften, die aber bei weitem nicht so dramatisch verliefen wie in Berlin und auch keine Todesopfer oder Schwerverletzte forderten. Man rechnet damit, die Impfaktion bis zum Abend ohne weitere wesentliche Störungen durchführen zu können. Fast überall in Europa war heute um 10:00 Uhr an den Messstationen das Todesvirus nachweisbar. Lediglich in Südfrankreich, in der Bretagne und in Teilen Portugals war es noch nicht angekommen.

Aus der Hälfte der Vereinigten Staaten sind keine Lebenszeichen mehr zu vernehmen, in den übrig gebliebenen Bundesstaaten finden seit zwölf Stunden ebenfalls Impfungen statt. Dasselbe gilt für Russland. Östlich des Urals lebt niemand mehr. Jekaterinburg ist menschenleer. In beiden Ländern wird mit einer etwas veränderten Zusammensetzung des Serums geimpft, weil man erst jetzt erst impfen kann, nachdem das Virus schon seit Tagen überall nachweisbar ist. Man hofft, den fatalen Folgen der Epidemie so noch Herr werden zu können. In Afrika ist die

Epidemie mit ihren tödlichen Folgen schon bis in die Höhe des Äquators vorgedrungen.

So weit die aktuellen Meldungen zum bisherigen Verlauf der europaweiten Impfaktion. – Das Wetter ...

12. Juni   Samstag   11:53 Uhr
Berlin

Bis zur Tagesschau um 12 Uhr sind es noch ein paar Minuten. Ich stelle den kleinen Fernseher etwas lauter und schaue gedankenversunken durch das Fenster nach draußen ...

Wegen der Impfung konnten wir gestern nicht arbeiten. Max ist deshalb heute mit den Leuten unterwegs und ich bin jetzt im Büro.

Gegen fünf Uhr morgens bin ich zum ersten Mal mit dem Fahrrad ins Büro gefahren, weil mir der Sprit für den Roller auszugehen droht und ich erst nächste Woche wieder volltanken kann, aber auf den Bus wollte ich mich nicht verlassen. Unterwegs waren kaum Leute, und die wenigen fuhren wie ich mit dem Fahrrad oder gingen zu Fuß. Alle hatten ein markantes Impfzeichen, meist ein Kreuz, auf der Stirn.

Irgendwie sehe ich damit aus wie in meinen Kindertagen, als wir uns als Indianer anmalten, dachte ich schon heute früh, als ich beim Rasieren in den Spiegel schaute. Aber damit bin ich ja nicht allein, wie ich auf meinem Weg zur Arbeit sehen konnte. Natürlich hat auch Max sein Kreuz bekommen. Als wir uns heute Morgen ansahen, mussten wir lachen. Mir fiel auf, dass ich schon lange nicht mehr so ungezwungen gelacht habe. Eigentlich viel zu lange. Aber haben wir in diesen Tagen überhaupt irgendetwas zu lachen?

Da noch etwas Zeit war, erzählte ich Max von meinem gestrigen Impferlebnissen. Er war verwundert, dass sich die Leute so gegen die Impfung zur Wehr gesetzt hatten. Dann meinte er:

»Bei uns im Viertel lief alles sehr gesittet ab. Es dauerte keine zehn Minuten, dann war die Impfung auf meiner Straße beendet, alles lief wahnsinnig schnell ab. Die Wohnungen und Keller wurden offensichtlich nur stichprobenartig kontrolliert. So viele Soldaten und Polizisten hatten die gar nicht dabei. Aber eines muss ich jetzt unbedingt loswerden. Mir ist aufgefallen, dass die Politiker nie öffentlich Bedenken in Bezug auf die Wirksamkeit der Impfung oder irgendwelche damit im Zusammenhang stehenden Risiken geäußert haben. Alles wurde nur in rosaroten Farben gemalt.«

Ja, er hatte damit irgendwie recht und sprach genau das aus, was mir schon die ganze Zeit ein latentes, nicht zu erklärendes Unwohlsein bereitet hatte. Tagelang war es offenbar nicht möglich gewesen, ein wirksames Gegenmittel zu entwickeln, aber just zu dem Zeitpunkt, als das Virus die EU-Außengrenzen überschritten hatte, war das Serum bereit und wir alle konnten geimpft werden. Oder war das einfach nur Glück, dass im letzten Augenblick das Serum hergestellt werden konnte?

»Aber warum sollen wir denn an der Wirksamkeit der Impfung zweifeln? Es hat jetzt wirklich niemand etwas davon, wenn wir alle tot sind. Auch nicht die Vertreter des Großkapitals, denn die geben ebenfalls den Löffel ab, oder?«, gab ich Max fragend zu denken.

»Schon gut, Konni, schon gut. Ich habe gerade nur laut gedacht.«

»Also haben wir noch schwierige Tage vor uns, wenn wir davon ausgehen, dass die Impfung unter Umstände nicht hundertprozentig wirksam ist«, bemerkte ich in einem Anflug von Galgenhumor.

»So ist es. Wir müssten vor allen Dingen wissen, wie viele Tage die Inkubationszeit beträgt, also wann wir das Virus sicher überwunden haben. Das hat uns bisher noch niemand konkret gesagt. Wenn wir aber genau Bescheid wissen, nehmen wir einen Tag vorher in einem Restaurant auf Kosten der Firma aber noch die Henkersmahlzeit ein.«

Max lachte, wie er immer lacht, wenn er einen Scherz macht. Mit heiterem Gesicht verließ er das Büro und ging mit großen Schritten zum Wagen. Ich schaute ihm nach, bis er aus meinem Blickfeld verschwunden war. Stimmt, über die Inkubationszeit wurde bisher noch nichts mitgeteilt. Werden wir bewusst im Unklaren gelassen oder kennt sie niemand ...? – Die Anfangsmelodie der Tagesschau reißt mich aus meinen Gedanken.

Guten Tag, meine Damen und Herren,
hier ist das Erste Deutsche Fernsehen mit der Tagesschau. Die europaweite Impfaktion wurde erfolgreich abgeschlossen. Die meisten der gestern nicht auffindbaren Personen sind inzwischen geimpft worden oder haben sich heute Morgen bei den Behörden gemeldet. Der Verbleib von ungefähr 2 000 Personen in der Europäischen Union konnte nicht geklärt werden. Meist handelt es sich um Ausländer, die auf dem Weg in ihre Heimatländer waren. Zum Schutz der Allgemeinheit werden diejenigen Personen, die heute Abend nach 18 Uhr nicht geimpft angetroffen werden, unter strengste Quarantäne gestellt. Die Bevölkerung wird dringend gebeten, den Behörden umgehend Meldung zu erstatten, wenn sie Menschen sehen, die keine Impfmarkierung auf der Stirn tragen.

Und nun ein weiterer Hinweis: Vereinzelt wird es auch nach der Impfung dazu kommen, dass Menschen an dem Virus in der bekannten Art sterben, indem sie zu Asche werden. So beunruhigend dies auch auf den ersten Blick sein mag, weil der Glaube an die Wirksamkeit der Impfung dadurch völlig in Frage gestellt wird, bewahren Sie bitte Ruhe und bedenken Sie Folgendes: Es ist absolut sicher, dass es sich um Personen handelt, die schon einige Tage vor der Impfung mit dem Virus in Verbindung gekommen sind, weil sie sich in virusverseuchten Gebieten ohne Impfschutz aufgehalten haben. Bitte melden Sie einen solchen Fall umgehend Ihrer zuständigen Virusbekämpfungsbehörde oder jeder Polizeidienststelle.

Und nun zu einem Filmbericht, den wir Ihnen nach erfolgreichen Entwicklung des Serums und nach Abschluss der Impfung zeigen können. Wir weisen darauf hin, dass dieser Filmbericht sehr dramatische Bilder zeigt. Gerade aber wegen der Gefährlichkeit dieses Virus, das die Welt nachhaltig wie nie zuvor verändert, halten wir es für geboten, Ihnen diese Bilder nicht vorzuenthalten. Erstmals jetzt sind Aufnahmen gelungen, die in Zeitlupe in allen Einzelheiten zeigen, wie die Menschen sterben, die Opfer des Virus geworden sind. Die Aufnahmen wurden in Indien gemacht:

Wie man sieht, halten die Menschen mitten im Sprechen, beim Essen oder in der Bewegung inne und verharren in dieser Position. Der Blick wird starr, und dann werden sie innerhalb weniger Sekunden grau. Begleitet wird dieser Vorgang durch ein eindringliches Knistern. Und als wenn der menschliche Körper bis dahin aus einer Form fest zusammengepresster Asche bestanden hätte, zerfällt er sofort, als hätte man die Form plötzlich entfernt. Es gibt keine Knochen, keine Zähne, keine Nägel und keine Haare, es verbleibt nur Asche. Das alles dauert weniger als fünf Sekunden und geschieht ohne irgendwelche sichtbaren Vorzeichen. Man konnte aber Menschen kurz vor ihrem Zerfall Blut abnehmen und hat dabei eine erschreckend hohe Anzahl höchst aggressiver Viren nachgewiesen.

Gespannt starre ich auf den Bildschirm. Die dazu gesendeten Bilder decken sich mit meinen schemenhaften Beobachtungen in Saigon. Es ist geradezu unheimlich. Alles geht sehr, sehr schnell. Bewahrheitet sich so die biblische Aussage, dass der Mensch wieder zu Asche wird? Asche zu Asche, Staub zu Staub! Das Kreuz bei allen Geimpften auf der Stirn passt dazu und erinnert mich an die Bedeutung des Aschekreuzes, das die Katholiken am Aschermittwoch nach den Karnevalstagen beim Besuch des Gottesdienstes auf der Stirn tragen. Ich habe das selbst so erlebt. Der Aschermittwoch war nie ein schöner Tag für mich.

12. Juni Samstag 13:22 Uhr Washington, DC Local Time
Hyatt Hotel, Media Service Center

»Hi, Mark, schön, dass wir uns jetzt auch sehen können. So eine Videoschaltung ist es doch viel angenehmer, wenn man hunderte Meilen entfernt in den Bergen ist. Ein Wunder, dass das Internet noch funktioniert.«

»Ja, da haben Sie recht. Hier in der Stadt hat sich so vieles verändert. Wir sprachen ja gestern schon darüber. Es ist schrecklich! Jeden Tag neue Hiobsbotschaften, immer neue Millionen von Toten, und das jeden Tag. Ich beneide Sie darum, dass Sie das alles weitab von der Zivilisation nicht mitbekommen müssen.«

»Sie irren! Ich bekomme über das Internet alles mit, auch wenn die Uhren hier etwas anders gehen.«

»Stimmt, so habe ich das noch nicht gesehen. Also erleben Sie das alles ja auch hautnah … Gott sei Dank konnten wir einen wirksamen Impfstoff entwickeln. Ab morgen früh läuft die Impfung im ganzen Land. Doug, ohne Ihre Hilfe wären wir noch nicht so weit.«

»Genau darüber wollte ich mit Ihnen sprechen«, ein Hustenanfall unterbricht ihn, »deswegen habe ich Sie auch angerufen. Ich habe mir noch einige Gedanken gemacht und bin zu der Erkenntnis gekommen, dass das Serum noch weiter modifiziert werden muss. Wenn die Produktion anläuft, müsste noch ein Zusatz beigefügt werden, damit die Impfung wirklich hundertprozentig schützt, weil wir ja alle schon mit dem Virus in Kontakt gekommen sind. Die Europäer hatten es da besser, weil sie vor dem Eintreffen des Virus impfen konnten ...«

»Sind Sie sicher? Wir haben genau diesen Umstand bei der Entwicklung des Serums berücksichtigt. Unser Serum ist doch schon gegenüber dem, was wir von den Europäern bekommen haben, reichlich modifiziert.«

»Ja, Mark, ich bin mir da ganz sicher. Schauen Sie sich bitte die Formel an, wie sie hinter mir auf der Tafel steht. Können Sie es sehen oder soll ich mit der Kamera näher heranfahren? Ich rutsche mit dem Stuhl mal ein bisschen zur Seite.«

»Ja, Doug, ich kann es jetzt genau sehen ... das ist ja wohl nicht wahr ... ich glaube, Sie haben damit die richtige Lösung des Problems gefunden ... verdammt, Doug, Sie haben recht! Wir hatten wirklich etwas vergessen! Es spricht nicht sehr für meine Firma, oder?« Mark West lacht gequält: »Ich muss das sofort an die Produktion weitergeben!«

»Mark, der letzte Teil der Formel fehlt aber noch. Ich weiß, dass ich keine Zeit mehr habe, die Formel zu vervollständigen«, sagt Doug schwach und hustet.

»Warum nicht? Doug, was ist los? Sind Sie krank?«

»Ja, so kann man es sagen. Bei den Versuchsreihen im Labor habe ich mich unvorsichtigerweise in der letzten Woche mit dem Virus infiziert. Und da hilft auch kein modifiziertes Serum mehr. Für mich gibt es keine Hoffnung.«

»Doug!«, ruft Mark entsetzt aus, »das gibt es doch nicht! Haben Sie nachgerechnet, ob Ihnen nicht doch ...«

»Mark, ich habe hundertmal nachgerechnet ... Glauben Sie mir! Führen Sie bitte die Arbeit zu Ende«, Doug atmet schwer, und ein längerer Hustenanfall schüttelt ihn, »es ist unbedingt notwendig, verstehen Sie?«

»Natürlich! Seien Sie bitte unbesorgt, ich führe die Arbeit zu Ende! Aber jetzt etwas anderes – was wird aus Ihrer Tochter? Sie haben doch viel von ihr erzählt«, fragt Mark West erregt.

Doug schluckt, und gepresst bringt er heraus: »Jenny ist bei Helen, meiner geschiedenen Frau, aber ich weiß, dass sie mich sehr vermissen wird ... Verdammt, ich wünschte, ich könnte die Zeit zurückdrehen und Jenny noch mal in die Arme nehmen, aber das geht nicht ...«

Die letzten Worte waren für Mark West kaum noch verständlich, so leise hatte Doug zum Schluss gesprochen, und jetzt hustet er wieder.

»Doug, kann ich noch etwas für Sie tun?«

»Danke, ich habe alles geregelt. Aber Sie haben noch eine Aufgabe vor sich, Mark. Sie müssen unbedingt heute noch die Berechnung der Formel zu Ende führen. Ich gehe mit dem Stuhl gleich etwas zur Seite ...«

Mark West sieht gerade, wie Doug den Blick zur Tafel freigeben will, da hört er ein Knistern und weiß sofort, was es bedeutet. »Neiin!«, entfährt es ihm, als Doug mit dem Kopf vornüber auf den Tisch fällt. Sekunden später sieht er, wie Dougs Körper sich zu einem konturenlosen Aschehaufen verwandelt und fast vollständig den Blick auf die Tafel mit der Formel verdeckt. Er kann das alles nicht fassen. Das, was er vorher dutzende Male im Fernsehen gesehen hatte, wie die Virusopfer sterben, muss er jetzt unmittelbar nahe mit eigenen Augen ansehen, wenn auch nur in einer

Videoübertragung. Vorhin habe ich noch mit Doug gesprochen, jetzt ist er tot und nur noch ein Haufen Asche ...!

Schockiert, wie gelähmt starrt er sekundenlang auf den Bildschirm. Dann reißt er sich mit aller Gewalt davon los. Er kann den Anblick nicht ertragen. Er steht schnell auf und will den Raum verlassen, als sein Blick unwillkürlich noch einmal auf den Bildschirm fällt. Der Aschehaufen ist zu seinem Erstaunen kleiner geworden und ermöglicht nun besser den Blick auf die Formel. Schnell geht Mark West zurück. Was hatte Doug noch mal gesagt? Er hat die Lösung für den Zusatz für das Serum, und ich soll die Berechnung der Formel zu Ende führen ... Gespannt schaut er auf den Monitor und schreibt die Formel auf, soweit sie erkennbar ist. Dabei wird die Sicht auf die Tafel immer freier, weil die Klimaanlage offensichtlich einen Luftstrom erzeugt, der die Asche allmählich wegbläst. Die Formel ist bis auf die letzten zwei Zeilen lesbar geworden, als der Bildschirm plötzlich dunkel wird. Es erscheint die Meldung, dass die Übertragung wegen Überlastung des Servers abgebrochen worden ist. Shit!«, denkt Mark West. Gerade auf den letzten Teil der Formel kommt es an, um sie zu Ende zu entwickeln ...

12. Juni   Samstag   20:15 Uhr
Erstes Deutsches Fernsehen – ARD-Brennpunkt

»Meine Damen und Herren, ich begrüße Sie heute zu einer neuen Ausgabe der Sendung ARD-Brennpunkt mit dem Thema *Impfung abgeschlossen, wie geht das Leben weiter?* Dazu haben wir im Gegensatz zu den bisherigen Sendungen einige Fachleute eingeladen, die hoffentlich kurz und prägnant ...«, ein warnendes Hüsteln aus dem Kreis der Experten ist zu vernehmen und verleitet den Moderator auf der Stelle zu einer verbalen Kurskorrektur, »... meine Damen und Herren Sachverständige, Sie werden verzeihen, aber da die meisten unserer Zuschauer medizinische Laien sind, möchte ich Sie bitten, Ihre Ausführungen nicht umfangreicher als nötig zu gestalten und nach Möglichkeit allgemein verständlich zu bleiben. Vielen Dank! Zu uns ins Studio gekommen sind hochqualifizierte Spezialisten auf dem Gebiet der Epidemiologie und Virologie. Ich begrüße Frau Professor Dr. Margrit Elsner vom Max-Planck-Institut, Frau Dr. Elisabeth Hübner-Müller, tätig an der Charité in Berlin, Herrn Dr. Jens Karlsen, stellvertretender Leiter des Instituts für Tropenkrankheiten in Hamburg und last but not least Herrn Dr. Dr. Ernst Mussgenug, Staatssekretär im Bundesgesundheitsministerium. Ferner begrüße ich auch erstmals bei einem Brennpunkt das Publi-kum, das nach Kriterien eines repräsentativen Querschnitts der Bevölkerung ausgesucht worden ist. Ich darf mich selbst noch kurz vorstellen. Mein Name ist Rolf Hartmann. Guten Abend!« Der Beifall des Publikums lässt nicht auf sich warten. »Wenn man so in die Runde schaut und auch ins Publikum, so fällt auf, dass wir im wahrsten Sinne des Wortes alle gezeichnet sind und...« – schallendes Gelächter unterbricht den Moderator, dann ist es wieder ruhig – »lassen Sie uns jetzt beginnen. Meine erste Frage richtet sich an unsere Expertenrunde.« Mit einer entsprechenden Handbewegung weist er auf die Runde: »Meine Damen und Herren, wie Sie wissen, kann das Virus seit gestern auch in der Europäischen Union in der Atmosphäre nachgewiesen werden. Nun die entscheidende Frage: Sind wir alle noch rechtzeitig geimpft worden?« Es scheint so, als wollen die Experten alle zur gleichen Zeit antworten. Schließlich wird Frau Professor Elsner der Vortritt gelassen:

»Ich glaube, dass ich im Namen aller hier versammelten Kollegen spreche, wenn ich ganz klar feststelle, dass dieses

Virus ungefähr vierundzwanzig Stunden braucht, um sich im Körper zu manifestieren. Wir hätten von daher auch noch heute impfen können, wenn uns das Serum erst jetzt zur Verfügung gestellt worden wäre, weil es im Körper sofort wirksam ist.«

Die anderen nicken zustimmend.

»Ja, dann können wir ja beruhigt sein«, ergreift der Moderator wieder das Wort, »meine nächste Frage würde ich gerne dem Experten des Bundesgesundheitsministeriums stellen. Mir ist nämlich direkt vor dieser Sendung zu Ohren gekommen, dass ein Wiederaufflammen der Epidemie möglich sein kann, wenn mehr als 0,5 Prozent der EU-Bevölkerung nicht geimpft worden sind. Herr Dr. Mussgenug, müssen wir mit diesem Prozentsatz an Nichtgeimpften rechnen?«

»Definitiv kann ich sagen – nein!«, entgegnet der Angesprochene, »nach den neuesten Zahlen ist lediglich ein Bruchteil des von Ihnen genannten Prozentsatzes der Bevölkerung in Deutschland nicht geimpft. Um Ihrer Frage zuvorzukommen, es sind ungefähr vierhundert Menschen, von denen wir nicht wissen, wo sie sich aufhalten. Entweder haben sie sich versteckt oder sie sind verschollen oder ins Ausland gefahren. Dafür haben wir zum Teil Anhaltspunkte. Es kann aber auch sein, dass sie nicht in ihrem Wohnort, sondern woanders geimpft, aber nicht registriert worden sind. Die Erfolgsquote ist nach meiner Ansicht durchaus mit hundert Prozent gleichzusetzen. In anderen Ländern der Europäischen Union sieht es bei weitem nicht so gut aus. Zumindest sagen das die Daten, die wir aus Brüssel bekommen haben.«

»Vielen Dank für diese ausführliche Darstellung der derzeitigen Lage«, Rolf Hartmann nickt dem Sachverständigen zum Dank zu und spricht die Sachverständige vom Max-Planck-Institut an: »Frau Professor Elsner, wenn also ein verschwindend geringer Prozentsatz der Bevölkerung, sagen wir einmal zweitausend Leute, nicht geimpft worden sind, inwieweit können diese dann für uns alle gefährlich werden? Können Sie uns das erklären?«

»Lassen Sie es mich so ausdrücken: Es könnte davon abhängen, ob diese Leute, wenn sie sterben, Viren freisetzen. Diese Frage konnte bedauerlicherweise noch nicht geklärt werden, ebenso auch nicht die Frage, ob diese Viren, wenn sie denn freigesetzt werden, mit denen vergleichbar sind, gegen die wir alle geimpft sind. Wir können nur hoffen, dass wir es nicht mit einer ganz neuen Qualität von mutierten Viren zu tun haben, gegen die unsere Impfung unwirksam ist.« Die anwesenden Experten nicken zustimmend. »Da wir eher davon ausgehen müssen, dass ein neuer Virustyp entsteht, haben wir den EU-Gremien und dem Bundesgesundheitsminister dringend empfohlen, die Impfung zu einer absoluten Pflicht zu machen.«

»Es könnte aber auch sein«, wirft Dr. Karlsen schnell ein, »dass die Viren, wenn sie denn tatsächlich in mutierter Form beim Sterben freigesetzt werden, in so geringer Menge auftreten, dass sie sich im Nu mit anderen Verbindungen in der Atmosphäre vermischen und dann ungefährlich sind.«

»Frau Dr. Hübner-Müller, wie sehen Sie das Problem?«

»Nach meiner Ansicht könnte es dann gefährlich sein, wenn die angenommenen zweitausend Leute sich sozusagen zum Sterben versammelt hätten. Dann hätten wir es mit einer massiven Zahl von Viren zu tun, vorausgesetzt, sie werden beim Sterben freigesetzt. Da aber anzunehmen ist, dass diese Leute vereinzelt sterben, werden sie aller Wahrscheinlichkeit nach keinen allzu großen Schaden anrichten, insbesondere dann nicht, wenn noch zu Lebzeiten der Betreffenden entsprechende Isolationsvorkehrungen getroffen werden.«

»Wir können festhalten«, übernimmt der Moderator wieder das Wort, »dass nach Lage der Dinge von denjenigen

Leuten, die nicht geimpft worden sind, schon eine gewisse Gefahr ausgeht, diese aber auch durch entsprechende Maßnahmen gebannt werden kann. Wenn wir ...«

»Entschuldigen Sie«, unterbricht Dr. Mussgenug den Moderator, »entschuldigen Sie, genau hierzu möchte ich eine Anmerkung machen.«

Der Moderator wendet sich ihm zu und nickt auffordernd. »Das Bundesgesundheitsministerium bittet die Bevölkerung eindringlich, uns sofort zu melden, wenn sie Kenntnis über Personen hat, die nicht geimpft worden sind oder sich der Impfung entzogen haben, gleichgültig, ob es sich um Gesunde oder Kranke, Säuglinge oder ältere Menschen handelt. Ich möchte ausdrücklich betonen, dass es dabei nicht um Denunzierung geht, sondern um einen notwendigen Beitrag zur Eindämmung der Epidemie.«

»Vielen Dank, dieser Appell von Ihnen an die Bevölkerung wäre die Schlussmoderation von mir gewesen. Aber noch sind wir nicht so weit. Ich möchte nun an die Experten die Frage stellen, wie erfolgreich die Impfung sein wird. Das Serum wurde doch wegen der Ähnlichkeit mit dem Immunsystem des Menschen an Schweinen getestet. Ganz vereinzelt wurde Kritik daran geäußert, dass der Mensch mit dem Schwein nicht vergleichbar sei ...«

»Warum denn nicht?«, tönt es auf einmal urkomisch und recht laut von einem Zuschauer her, nach seiner Mundart unverkennbar ein Berliner, und es folgt ein kurzes Gelächter.

»Ich habe nur von der Vergleichbarkeit der Immunsysteme von Schweinen und Menschen sprechen wollen«, der Moderator kann sich ein Grinsen nicht verkneifen, »meine Damen und Herren, wer möchte zuerst etwas dazu sagen«, er schaut sich um, »vielleicht Sie, Frau Dr. Hübner-Müller?«

Bevor die Ärztin antwortet, räuspert sie sich: »Also, wenn wir uns auf das Immunsystem von Menschen und Schwei-nen beschränken wollen«, antwortet sie leise, aber doch vernehmbar – ohne den geringsten Anflug von Humor, »dann kann mit Gewissheit gesagt werden, dass über neunundneunzig Prozent aller am Schwein getesteten Abwehrstoffe auch beim Menschen entsprechend wirken. Der Impfstoff gegen das Virus gehört in diese Gruppe der bisher erfolgreich angewandten Seren.«

»Mit anderen Worten, Sie gehen davon aus, dass die Impfung bei uns anschlägt und wir diese Epidemie überleben.«

»Das ist richtig, Herr Hartmann.« Die anderen Teilnehmer der Expertenrunde nicken zustimmend.

»Und was gibt Ihnen die Gewissheit, dass es wirklich so ist? Der gerade entwickelte Impfstoff ist ja nie am Menschen, sondern nur an Schweinen getestet worden, er hat sozusagen seine Feuerprobe noch nicht bestanden. Unsere Zu-schauer und wir alle hier im Studio sind brennend daran interessiert, mehr darüber zu erfahren. Vielleicht können Sie«, der Moderator wendet sich noch einmal an die Ärztin, »das noch näher erläutern, und im Anschluss auch die anderen Experten, wobei ich Sie bitte, für den Laien verständlich zu bleiben.«

»Ich kann mich eigentlich nur wiederholen. Es sind etliche Versuchsreihen bei uns durchgeführt worden, deren Ergebnisse die anderen Kollegen in ihren eigenen Labors bestätigen konnten. Noch einmal: Das Virus hat jetzt bei den Geimpften keine Chance, jemals aktiv zu werden.«

»Vielen Dank, jetzt bitte ...«, der Moderator sucht mit den Augen, »ja, Herr Dr. Karlsen, Ihre Meinung, bitte.«

»Ich möchte den Ausführungen der Kollegin Hübner-Müller noch hinzufügen, dass wir im Hamburger

Tropeninstitut mit allen maßgebenden Labors in Europa und mit der amerikanischen CDC kooperiert haben. Die Ergebnisse sämtlicher bei uns und in anderen Labors durchgeführten Versuche und Testreihen wurden gegenseitig verifiziert. In diesem Ausmaß ist weltweit bisher nie so effektiv geforscht worden. Selbst als wir vor einigen Jahren mit dem Ebola-Virus beschäftigt waren, gab es nur sehr wenige internationale Kontakte«, Dr. Karlsen wendet sich direkt an den Moderator, »das werden Ihnen meine Kolleginnen und Kollegen, die hier am Tisch sitzen, bestätigen können. Wir haben im Übrigen bei diesen gegenseitigen Verifikationen intensiv zusammengearbeitet, und das weltweit. Jeder hat die Ergebnisse des anderenüberprüft.«

Der Moderator macht nach Dr. Karlsens Beitrag eine kleine Pause: »Nun gut, mich überzeugt, dass wir nichts Weiteres zu befürchten haben«, sagt er, steht auf und geht langsam in Richtung der Zuschauer, »jetzt möchte ich ein mal unsere Zuschauer zu Wort kommen lassen und ihnen Gelegenheit geben, Fragen an unsere Experten zu stellen.«

Es melden sich gleich mehrere Personen und Rolf Hartmann geht auf eine ältere Zuschauerin zu: »Was möchten Sie unsere Experten fragen?«

»Ja, also ich weiß nicht«, sagt sie langsam mit fragendem Unterton, »ob diese Impfung bei mir auch wirkt. Ich bin schon 81 Jahre alt.«

»Ich werde die Frage gleich an die Sachverständigenrunde weitergeben. Ist das Alter eines Menschen entscheidend für die Wirksamkeit der Impfung?«

Es meldet sich spontan Professorin Dr. Elsner:

»Ich kann Sie da beruhigen. Das Alter spielt hier keine Rolle. Die Impfung bietet eine Art Schutzschirm in Ihrem Körper, damit das Virus nicht eindringen kann. Sie brauchen keine Angst zu haben.«

»Ist Ihre Frage damit beantwortet?«

»Ja, vielen Dank«, antwortet die Seniorin sichtlich erleichtert.

»Die nächste Frage bitte, ja Sie!«

Ein Mann um die dreißig im Anzug meldet sich: »Ich habe da mal eine Frage. Meine Schwiegermutter liegt derzeit mit einer Lungenentzündung im Krankenhaus und ist trotzdem geimpft worden. Ist das aus medizinischer Sicht überhaupt zu vertreten gewesen?«

Der Moderator schaut in Richtung der Experten, sein Blick ist auf Dr. Karlsen gerichtet und dieser ergreift das Wort:

»Es ist sicherlich so, dass eine Impfung immer eine Belastung für den Körper darstellt. Speziell bei einer Lungenentzündung sollte man erst recht vorsichtig sein, wobei wir hier in diesem Fall natürlich keine Wahl hatten. Darf ich Sie fragen, wie alt Ihre Frau Schwiegermutter ist und wie lange sie schon im Krankenhaus liegt?«

»Sie wurde gestern 62 Jahre alt und ist seit über einer Woche im Krankenhaus. Sie soll aber am Montag entlassen werden.«

»Also wenn das so ist und wenn keine Verschlechterung ihres Zustandes eintritt, dann werden Sie aller Wahrscheinlichkeit nach hoffentlich noch sehr viel Freude an ihr haben.« Den letzten Teil des Satzes äußert Dr. Karlsen genüsslich eher in Frageform als mit einer Feststellung. Das Publikum reagiert und lacht. »Noch eine Frage, die letzte – mit der Bitte um kurze Beantwortung, unsere Sendezeit ist gleich um, bitte schön! Sie sind doch, glaube ich, der Herr, der vor ein paar Minuten unbedingt den Vergleich Mensch und Schwein verteidigte!«

»Das ist richtig«, sagt ein etwas untersetzter Berliner mit Schnauzbart, völlig ruhig und ohne Hast mit einer gemütlichen, etwas brummigen Stimme, »das vorhin war auch etwas anders gemeint. Aber jetzt im Ernst die Frage: Was ist, wenn sich die Experten irren?«

Kaum hat der Zuschauer diesen Satz beendet, ist die ruhige und gelassene Stimmung unter den Fachleuten mit einem Mal dahin. Es herrscht Ratlosigkeit – wie soll man denn einem Laien das alles verständlich machen –, aber auch unter vorgehaltener Hand gedämpft geäußerte Empörung, wie jemand an den Ergebnissen der Versuchsreihen und letztlich auch an ihren Fähigkeiten zweifeln könne. Und bevor der Moderator für den Bruchteil einer Sekunde mit einem Gesichtsausdruck, der etwa aussagt »Musste denn das passieren?«, sich wieder etwas gefangen hat, um in dieser Situation einzugreifen, übertönt Professorin Dr. Elsner mit ihrer durchdringenden Stimme die aufgekommene Unruhe:

»Wir haben weltweit insgesamt über tausend Versuchsreihen ausgewertet, weit mehr als bei irgendeinem anderen Virus. Das Virus wird besiegt, warten Sie doch die Inkubationszeit von zwölf Tagen einfach ab!«

Als sie den letzten Satz beendet hat, fährt sie sich mit der Hand an den Mund, schaut entsetzt ihre Kollegen mit vielsagendem Blick an – das hätte ihr nicht passieren dürfen!

Doch da ertönt wieder die ruhige Stimme des Zuschauers von vorhin: »Und wenn Sie sich doch irren?«

Jetzt hält es die Experten kaum noch in ihren Sesseln. Ein jegliche Zurückhaltung aufgegebenes, undiszipliniertes Durcheinandersprechen und Gestikulieren in Richtung des Zuschauers beginnt. Wortfetzen wie »unglaublich«, »Unverschämtheit«, »keine Ahnung« werden gerufen, bis die Regie die Kamera auf den Moderator schwenkt.

»Meine Damen und Herren«, spricht Rolf Hartmann, der mittlerweile seine Fassung vollends wiedergewonnen hat, ruhig in sein Mikrofon, »das war der ARD Brennpunkt zum Thema *Impfung abgeschlossen, wie geht das Leben weiter?* Auch wenn es zum Schluss in der für die Menschheit wichtigsten Frage etwas kontrovers zuging, das ist eben das Wesen einer Livesendung. Abschließend nochmals die Bitte: Melden Sie nichtgeimpfte Personen den Behörden. Es kommt uns allen zugute. Unseren nächsten ARD-Brennpunkt als Fortsetzung zu der heutigen Sendung mit weiteren Gästen bringen wir am Freitag in 14 Tagen, ebenfalls nach der Tagesschau. Das Thema lautet dann: *Die Folgen der Epidemie. Haben wir daraus gelernt?* Guten Abend!«

13. Juni   Sonntag   07:47 Uhr
Berlin

Ich stehe auf und nun gibt es kein Licht mehr. Max hatte recht mit seiner Vermutung, als wir vor drei Tagen darüber sprachen, wann uns der Strom abgestellt wird. Jetzt, nach der Impfung, ist es so weit. Trotzdem muss der heiße Tee nicht ausfallen. Ich koche mit Gas, das gibt es noch.

Während des Frühstücks kreisen meine Gedanken um den gestrigen ARD-Brennpunkt, vor allem um die Kontroverse am Schluss, als er fast zu einem Tumult ausartete.

Natürlich ist es so, dass ein Verdacht, wenn er einmal besteht, nur sehr schwer wieder auszuräumen ist. Dürrenmatt hat es in einem seiner Werke so treffend ausgedrückt und hinzugefügt, dass das Schlimmste daran sei, dass er dann immer wieder auftauche. Max hatte ja vorgestern auch schon leise Zweifel an der Wirksamkeit der Impfung angemeldet. Aber heißt das nun, dass sich ein Verdacht auch unbedingt bestätigen muss? Ist denn jeder, den die Polizei verdächtigt, auch der Täter? Wie oft stellen sich Verdachtsmomente als unbegründet heraus – doch wesentlich häufiger, als sie zutreffen. Dieses Gedankenspiel hilft und beruhigt mich. Schließlich wollen die Forscher auch überleben. Es ist also sehr unwahrscheinlich, dass sie sich geirrt haben!

Nach dem Frühstück geht es zur Familie. Es ist einiges an Büroarbeit zu erledigen. Die Vermisstenanzeigen für Khai, die Schwiegermutter und Lanh vorbereiten, die Wohnung der Schwiegermutter kündigen und so weiter. Das wird wieder einige Tränen kosten – bei uns allen. Aber diese Arbeit muss getan werden. Lieber jetzt als später. Das Notebook, das ich von meinem Vater geerbt habe, wird mir mit frisch geladenen Batterien gute Dienste leisten. Die Korrespondenz kann ich erst heute Abend oder morgen drucken, wenn wir dann hoffentlich wieder Strom haben.

Auch heute fahre ich mit dem Fahrrad. Das Wetter erlaubt es noch. Der Himmel ist grau mit tief hängenden, regenschweren Wolken. An einem Zeitungsstand sehe ich auf einer Standtafel die Werbung, gerade heute den »Berliner Boten am Sonntag« zu kaufen. *Tumult beim ARD-Brennpunkt* steht in großen Lettern darauf. Und im Vorbeifahren kann ich gerade noch die Überschrift auf einem der Zeitungsexemplare lesen: *Impfung abgeschlossen. Geht das Leben weiter?* Ich kann nur noch den Kopf schütteln. Wieder, wie so oft bei diesem Blatt, diese reißerische Berichterstattung ohne Augenmaß, ohne Seriosität. Die Gemüter wird dann die barbusige Ilona besänftigen, spätestens auf Seite drei …!

An diesem Sonntagmorgen sind wenige Leute unterwegs, kaum Fahrrad- oder Motorradfahrer. Nur Busse des örtlichen Nahverkehrs. Aber selbst diese sind nur schwach besetzt. Zu meiner Überraschung überholen mich mehrere Autos. Einige sehe ich unten am »Alten Fritz« wieder, einem stadtbekannten Restaurant in der Nähe des Ortseingangs

Tegel. Die Polizei hat hier eine Kontrollstelle eingerichtet. So, wie ich es erkennen kann, prüfen die Beamten, ob jemand mit Heizöl fährt. Das wird, sollte jemand dabei erwischt werden, nach den nun gültigen Notstandsgesetzen mit Gefängnis nicht unter zwei Jahren bestraft, ohne die Möglichkeit einer Bewährung. Das alles ist bekannt und wurde mehrfach in den Medien fast gebetsmühlenartig wiederholt. Und dennoch ...! Vier verlassene PKWs stehen am Straßenrand, drei Mercedeswagen der A-Klasse und ein BMW-Kombi. In einem Polizeibus mit halbgeöffneter Hecktür sitzen Leute mit Kindern, die eigentlich nicht wie Kriminelle aussehen. Die Erwachsenen unter ihnen schauen mit resignierten Blicken nach draußen. Ihr Gesichtsausdruck erinnert mich an gefangene Verbrecher, die ein furchtbares Strafmaß zu erwarten haben.

Derjenige, der seiner Familie einen schönen Sonntagsausflug bescheren wollte – weg von den Sorgen um die unsichere Zukunft, oder der die erfolgreiche Entwicklung des Serums und damit sein eigenes und das Überleben der Seinen feiern und gezwungenermaßen diesen Ausflug mit ein bisschen Heizöl ermöglichen wollte, hat nun das Nachsehen. Was wird mit diesen Leuten geschehen? In normalen Zeiten hätte man sie weiterfahren lassen und ihnen anschließend einen Prozess wegen Steuerhinterziehung gemacht, zwar für die Betroffenen sehr teuer, weil man von staatlicher Seite bereits von längerer Praktizierung ausgegangen wäre. Aber man hätte die Leute nicht gleich verhaftet. Ist hier noch Verhältnismäßigkeit gewahrt?

Mich erinnert das an die Todesurteile eines bestimmten ehemaligen Ministerpräsidenten von Baden-Württemberg, die er in seiner Eigenschaft als Richter wenige Wochen vor dem Zusammenbruch des Dritten Reiches unterschrieben hatte, als allen längst klar war, dass es so kommen musste.

Ja, die Durchführung von Notstandsgesetzen hat es in sich! Jetzt aber haben wir ja auch wirklich einen Notstand ...!

Nur gut, dass wir seit Jahren unsere Heizung auf Erdgas umgestellt haben. Ich hätte sonst gute Chancen gehabt, auch in dem Polizeiwagen zu sitzen, denn auf die Idee, mit Heizöl zu fahren, wäre wohl auch ich gekommen.

13. Juni Sonntag 11:02 Uhr
Konferenzraum beim »Berliner Boten«

»Meine Damen und Herren«, beginnt in nervösem, gereiztem Ton Chefredakteur Hartmut Schäfer die Ansprache an seine Mitarbeiter, »wir haben mit der heutigen Ausgabe ganz schönen Mist gebaut. Seit heute Morgen stehen die Telefone nicht mehr still, die Bürger sind beunruhigt und auch der Bundesinnenminister, den ich persönlich kenne, hat bereits angerufen und mich gefragt, ob wir nicht mehr alle Tassen im Schrank hätten. Ja, schauen Sie nicht so ungläubig, Herr Senftleben, das hat er mich wirklich gefragt! Und nun möchte ich wissen, wer für diese Schweinerei verantwortlich ist!«

Er weist auf die vor wenigen Stunden erschienene Ausgabe und heftet sie kurzerhand mit zwei Reißzwecken an die Pinwand. In dicken Lettern prangt auf der ersten Seite die Aufschrift: *Impfung abgeschlossen. Geht das Leben weiter?* Darunter mit kleineren Buchstaben *Eklat beim ARD-Brennpunkt: Abweichende Meinung unerwünscht.* Daneben ein Foto mit den vier Experten, in dem Moment aufgenommen, als der Zuschauer seine Frage stellte, was sein würde, wenn sich die Experten doch irrten. Es zeigt sie in aggressiver Verfassung, gestikulierend, und man kann ihnen fast von den Lippen ablesen, was sie sagen. Unter diesem Bild wird berichtet, was sich gestern beim ARD-Brennpunkt zugetragen hatte. Diesem Bericht ist ein kleines Porträt des Zuschauers beigefügt mit der Bildunterschrift *Anton Krämer, ein kritischer Berliner.*

»Wie kann man denn nur so unsensibel sein?«, fährt Hartmut Schäfer polternd fort, ohne jemandem die Gelegenheit zu geben, sich für diese Ausgabe als Verantwortlicher zu melden. Manchmal kann er nicht anders. Sein cholerisches Temperament geht bisweilen mit ihm durch.

»Wir haben doch erst kürzlich in einer Besprechung dem Innenminister Stein und Bein geschworen, im Moment auf jeglichen Sensationsjournalismus zu verzichten. Und jetzt so etwas! Die Bevölkerung glaubt den Experten nicht mehr. Wir haben Zweifel gestreut, weil ein einziges, aber entscheidendes Wort in der Überschrift fehlt. Es hätte nämlich stattdessen heißen müssen: *Impfung abgeschlossen. W i e geht das Leben weiter?* Zu diesem Unterschied brauche ich Ihnen ja nichts zu sagen. Und unter dem Eindruck, wie fraglich unsere Zukunft ist, passt das Foto der Expertenrunde. Es strömt alles andere aus als Vertrauen! Und dann noch zu allem Übel der Schriftzug unter der Überschrift *Abweichende Meinung unerwünscht*. Und das Foto von diesem Anton Krämer lässt den Leser glauben, er habe recht. Er sollte dem Leser aber als ›Exot‹ vorgestellt werden. Ein Fragezeichen hinter der Bildüberschrift wäre doch das Mindeste gewesen, oder nicht? Ja, ist denn das niemandem aufgefallen? Wir hätten doch gleich schreiben können«, und jetzt wird Hartmut Schäfer immer lauter, »dass Sie, lieber Leser, das Vergnügen haben, den *Berliner Boten* noch zwölf Tage lang zu lesen, weil danach sowieso Feierabend ist. Habe ich es denn hier nur noch mit Hornochsen zu tun? Welcher Vollidiot hat diesen Scheiß hier verzapft? Ich will das jetzt wissen! Auf der Stelle!«

Mit einem lauten Faustschlag auf den Tisch, der die Anwesenden zusammenzucken lässt, unterstreicht er seine

Forderung. Es herrscht Schweigen, ein betretenes Schweigen, weil alle einsehen, dass hier wirklich große Fehler begangen worden sind. Aber Hartmut Schäfer, äußerst gereizt, hat seinen Mund schon geöffnet, um erneut loszupoltern, als ihm der leitende Schriftsetzer selbstbewusst zuvorkommt:

»Herr Schäfer, ich habe mich auch schon gewundert, als ich von der Redaktion die Titelseite so zum Druck bekam, und ich versuchte mindestens dreimal, Sie zu erreichen. Ich habe entsprechend oft auf Ihre Hausmailbox gesprochen mit der Bitte um sofortige Klärung und Rückruf. Im letzten Anruf sagte ich, dass die Titelseite so erscheinen wird, wenn ich von Ihnen nichts höre. Die Zeit drängte, und so haben wir dann gedruckt. Das ist, wie Sie wissen, gängige Praxis in unserem Hause.«

»Bitte, was? Sie haben mich angerufen, davon weiß ich nichts!« Hartmut Schäfer ist verblüfft und jetzt kommt wesentlich leiser über seine Lippen: »Wieso weiß ich davon nichts? Meine Sekretärin hat mir das nicht gesagt...«, und nach einer kurzen Pause fährt er fort, jetzt wieder etwas lauter, »das will ich jetzt wissen. Ich komme gleich wieder!«

Ungestüm verlässt er den Raum. Die Tür hinter ihm fällt allerdings nicht ganz so laut ins Schloss wie sonst, wenn er geladen ist, weil mal wieder jemand in der Redaktion Mist gebaut hat. Und schon geht das Gemurmel unter den Redakteuren los. Schneller als erwartet tritt Hartmut Schäfer wieder ein. Sofort verstummen alle. Er setzt sich – entgegen seiner sonstigen Gewohnheit – langsam, macht ein nachdenkliches Gesicht, aus dem jetzt jede Kampfeslust gewichen ist. Er schaut jeden einzelnen Mitarbeiter seines Teams an. Schließlich sagt er mit leiser Stimme:

»Herrschaften, hier ist wirklich einiges schiefgelaufen. Eine unglückliche Verkettung von Umständen ... Ich hatte gestern nach der regulären Redaktionssitzung einen Termin in Potsdam und bin entgegen meiner Ankündigung nicht wieder in die Redaktion, sondern von dort direkt nach Hause gefahren. Meine Sekretärin hatte mir zum Abzeichnen die Titelseite als Oberstes auf meinen Schreibtisch gelegt und die fragliche Überschrift markiert. Mein Telefon zeigte natürlich an, dass die Schriftsatzleitung versucht hatte, mich zu erreichen,« er schaut kurz zu dem Schriftsetzer hinüber, »meine Sekretärin hätte mich zu Hause anrufen können, wie Sie alle im Übrigen auch, denn die Titelseite musste Ihnen doch auch merkwürdig vorgekommen sein«, es nicken einige der Anwesenden leicht mit dem Kopf, »... und mein Fehler war es, nicht noch mal in der Redaktion angerufen zu haben, ob alles in Ordnung ist. Ich mache es doch sonst auch«, Hartmut Schäfer unterbricht kurz, schaut in die Runde und fragt mit einem fast leeren, hilflosen Gesichtsausdruck die Anwesenden, »Leute, werden wir denn jetzt alle verrückt?«

14. Juni   Montag   8:04 Uhr
Berlin

Irgendwie muss es mit unserer Firma auch in diesen Zeiten weitergehen. Wir haben für diese Woche gerade einmal 20 Liter Diesel zugeteilt bekommen. Um an der Tankstelle nicht allzu lange warten zu müssen, bin ich heute Morgen schon in aller Herrgottsfrühe um halb vier aufgestanden. Erfreulicherweise gab es Strom und ich musste nicht bei Kerzenlicht frühstücken. Danach ging es mit dem Fahrrad ins Büro. Von dort aus mit dem Firmenwagen zur nächsten Tankstelle. Dieses Mal war ich nicht der Erste, sondern hatte mindestens zwanzig Fahrzeuge vor mir. An der Tankstelle ging es ruhig zu. Gesprochen wurde nur das Allernötigste. Jeder hing seinen Gedanken nach. Alles lief sehr mechanisch ab, als gäbe es hier kein Leben. In der immer länger werdenden Schlange ließ niemand den Motor laufen. Wenn ein Wagen nach dem Betanken die Tanksäule verlassen hatte, stiegen nach und nach die Fahrer aus, schoben ihre Wagen drei, vier Meter nach vorne in Richtung Zapfsäule, hielten an und setzten sich wieder in ihre Autos. Das sich immer wiederholende Klack, Klack, Klack der Autotüren und das hohe Surren der elektrischen Kraftstoffpumpen unterstrichen die Eintönigkeit. Erst nach dem Betanken und dem Aufkleben der obligatorischen Kraftstoffzuteilungsplaketten wurden die Motoren angelassen – als krönender Abschluss.

Es war hier wie seinerzeit an den Grenzübergangsstellen der Bundesrepublik zur DDR. Auch hier schoben Tausende ihre Autos, um ein bisschen Sprit zu sparen. Nur gibt es einen gewaltigen Unterschied: Damals ließen die besser Betuchten den Motor laufen oder starteten ihn jedes Mal neu, wenn sich die Fahrzeugkolonne einige Meter weiter schob. Sie konnten es sich leisten. Heute ist es anders – der Kraftstoff wird rationiert, ob Arbeiter oder Manager, jeder bekommt die gleiche Menge. Aber noch etwas ist anders. Wehe dem, der einen großen schnellen Wagen hat, und noch dazu mit Automatik! Der Fahrer eines solchen alles andere als sparsamen Vehikels erntet mitleidige und schadenfrohe Blicke. Aber in einer Hinsicht stehen sich die Wohlhabenderen doch immer noch besser, der Preis pro Liter ist weiter gestiegen und sie können ihn problemlos bezahlen.

Noch in der längst vergangenen DM-Währung gerechnet, hätten wir heute einen Preis von über 5 DM pro Liter – eine alte Forderung der Grünen. Unter den jetzigen Umständen aber hätte sie das bestimmt auch nicht haben wollen.

Carl kommt verabredungsgemäß um acht Uhr ins Büro. Natürlich hat auch er den ARD-Brennpunkt am Samstag gesehen und mitbekommen, was der Berliner Bote daraus gemacht hat.

Wir sind beide der Ansicht, dass gerade diese Fernsehsendung und das Ausschlachten ihres kontroversen Endes durch den »Berliner Boten« bei der Bevölkerung eine allgemeine Verunsicherung in ungeahntem Ausmaß hervorgerufen hat, zumal sich auch andere Fernsehsender dieses Themas angenommen haben. Auf allen Kanälen, auch bei den privaten Anstalten, wird der Eklat wieder und wieder zum Thema gemacht. Und natürlich wird die Erwähnung der Inkubationszeit von zwölf Tagen, die im tumultartigen Geschehen am Ende der Fernsehsendung fast untergegangen war, wiederholt thematisiert, weil eine Expertin ganz offensichtlich aus dem Nähkästchen geplaudert hatte.

Allgemein ging man ja davon aus, dass mit der Impfung alles erledigt sei, weil sie rechtzeitig vorgenommen wurde. Jetzt aber sind Zweifel an deren Wirksamkeit aufgetaucht, die die Anspannung und Unsicherheit, die gerade erst gewichen war, wieder aufleben lässt. Im Grunde herrscht wieder dieselbe Situation wie vorher. Nur mit einem Unterschied: Die Uhr tickt! Die meisten werden die zwölf Tage verunsichert und ängstlich abwarten. Und, wird man sich öffentlich seine Zweifel eingestehen, dass vielleicht doch die letzten Stunden der Menschheit angerückt sind? Die Statements der Politiker, die Brandmarkung der Berichterstattung des *Berliner Boten* als unverantwortlicher Sensationsjournalismus und die wiederholten Beteuerun-en der Wissenschaftler werden mit Sicherheit nicht alle überzeugen. Zu oft wurden früher schon wahre Sachverhalte verschwiegen. Nach allem ist die Furcht erneut geweckt und lässt sich nicht unterdrücken. Der Blick ist zwar nach vorn gerichtet, aber mit Angst, mit sehr viel Angst.

Auch Carl und ich sind nicht mehr, wie früher, von dem Erfolgseintritt der Impfung überzeugt. Wir versuchen, die damit verbundenen Gedanken und Gefühle zu verdrängen, in weit weniger als vierzehn Tagen vielleicht nicht mehr zu existieren. Allerdings mit sehr mäßigem Erfolg. Dennoch ist Carl zu einem Scherz fähig:

»Wenn du Glück hast, bekommst du das Virus auch dieses Mal nicht, wie in Saigon.«

Für einen Moment stutze ich, dann winke ich ab:

»Daran habe ich schon lange nicht mehr gedacht. Du hast recht, normalerweise müsste ich schon längst tot sein«, ich mache eine kleine Denkpause, »es ist mir einfach unerklärlich. Aber ich glaube, so etwas wiederholt sich nicht, so viel Glück habe ich nicht.«

Und ich denke bei mir, ob es wirklich ein Glück wäre, zu überleben, während ringsherum alle sterben? Dann wäre ich ja noch einsamer, als ich es jetzt schon bin ohne Lanh. Nein, ich streiche diesen Gedanken. Mein Leben hängt genau wie das von Millionen vom Erfolg der Impfung ab!

Wenn ich an Lanh denke und mir vorstelle, sie wäre jetzt mit mir in Berlin und müsste das alles in den letzten Tagen mitverfolgen, dann bin ich froh – so sehr ich sie auch vermisse –, dass sie diese schweren Tage nicht mehr erleben muss. So muss ich alleine damit fertig werden. Lanh hat es hoffentlich ohne großen Qualen hinter sich!

Bis zum entscheidenden Zeitpunkt sind es jetzt noch neun Tage.

Die Uhr tickt!

16. Juni Mittwoch 8:08 Uhr Washington, DC Local Time
Oval Office, White House

»Ladies and Gentlemen, the President of the United States!«, schallt es in der üblichen Lautstärke vom Flur in das Konferenzzimmer im Weißen Haus. Edward ist wieder in seinem Element, aber Andrew Morgan kann es schon lange nicht mehr hören. Und heute ist wirklich nicht mehr der Augenblick für solche devoten Ankündigungen.

»Edward!«, brüllt er seinen Referenten an, »wenn Sie es nicht lassen können, dann bitte das nächste Mal leiser, und zwar wesentlich leiser, verstanden!«

»Ja, Mr. President«, antwortet er unterwürfig, wird krebsrot und beeilt sich, die Türen des Konferenzzimmers hinter seinem Präsidenten zu schließen.

Andrew Morgan scheint um Jahre gealtert, und auch die wenigen Anwesenden, die im Begriff sind aufzustehen, Sharon Davis, Mark West, Monika Fitzgerald und Matt Lynch.

»Bleiben Sie um Gottes Willen bitte sitzen!« Und nachdem Andrew Morgan seinen Platz erreicht, richtet er seinen Blick auf seine Sicherheitsberaterin, »Sharon, bitte!«

Auch sie hat nicht mehr die Konstitution wie früher, aber sie erscheint gefasster als Andrew Morgan.

»Mr. President, Ladies and Gentlemen. Ich habe zunächst die traurige Pflicht, Ihnen den Tod von Dr. Doug Tenner bekannt zu geben. Er hat sich im Labor seiner Firma mit dem Virus infiziert. Bis zum Schluss forschte er unermüdlich an der Entwicklung des Antiserums. Er war ein echter Amerikaner! Ich bitte Sie alle um eine Gedenkminute«, Sharon Davis senkt den Kopf und faltet die Hände zum Gebet. Die übrigen Teilnehmer der Sitzung tun es ihr gleich. Dann fährt sie fort: »Im Land herrschen Chaos, Panik und Verzweiflung.

Die noch lebenden Menschen haben Angst, dass die Epidemie auch sie hinwegrafft wie die Millionen zuvor in den Weststaaten. Das Land ist praktisch nicht mehr regierbar, da sich niemand mehr an Recht und Gesetz hält. Einerseits herrscht Trauer und Resignation, andererseits Gewalt und Terror. Viele versuchen das Land auf dem Seeweg zu verlassen. Manche sogar mit eigenen Flugzeugen oder gestohlenen oder entführten Verkehrsmaschinen. Die Lage ist alles andere als rosig: Aus den Staaten Minnesota, Iowa, Kansas, Arkansas und Louisiana und den von diesen westlich gelegenen Staaten gibt es keine Lebenszeichen mehr. Wir haben ungefähr zwei Drittel der USA verloren«, sie hält für einen Moment inne und es sieht so aus, als wundere sie sich über ihre eigene Gelassenheit, so über Millionen von Toten zu reden, »in den übrigen Staaten sind die Impfungen, soweit es die chaotischen Zustände zuließen, abgeschlossen.«

»Wer kann mir sagen«, Andrew Morgan ergreift mit zitternder Stimme wieder das Wort, »ob die Impfungen wirken werden? Und wenn ja, wie viele Tage müssen wegen der Inkubationszeit zwischen Virusinfektion und Impfung liegen?«

»Sir, wenn ich es Ihnen erklären dürfte«, meldet sich Mark West zu Wort, der noch einen recht frischen Eindruck macht. Der Präsident nickt schwach.

»Mr. President, wenn wir nach den europäischen Maßstäben vorgegangen wären, müsste die Impfung spätestens zwölf Tage vor der Infektion erfolgt sein. Auf unsere Verhältnisse übertragen, hätte das die Folge gehabt, dass es die Bevölkerung der Vereinigten Staaten nicht mehr geben dürfte, weil die landesweite Ausbreitung des Virus schneller als die Impfung erfolgt ist. Das letzte, was Dr. Tenner in seinem Leben vollbrachte, war die Aufstellung der Formel, auf deren Grundlage der modifizierte Impfstoff doch noch wirken kann. Vor ein paar Tagen hat er sie mir über Videotelephonie zugänglich gemacht. Allerdings nicht vollständig, denn er starb während der Übertragung ..., aber wir konnten die Formel weiterentwickeln und haben dem Serum den danach hergestellten Beschleuniger beigemischt, um es laienhaft auszudrücken. Die Schutzwirkung sollte bei uns allen eintreten und ...«

»Also müssten schätzungsweise 60 bis 80 Millionen US-Bürger überleben«, unterbricht ihn hektisch Andrew Morgan, »es leben dann erheblich weniger Menschen in Amerika als in Europa mit seinen mehr als 300 Millionen Einwohnern ...«

Es entsteht eine Pause, in der jeder der Anwesenden nachdenkt. Sharon Davis unterbricht sie schließlich:

»Wir haben da im Übrigen auch noch ein ökonomisches Problem. Wie wir alle wissen, hat unsere Wirtschaft wesentliche Teile der Produktion wegen der niedrigeren Löhne ins Ausland verlagert, vorwiegend nach Mexiko und nach Asien. Das rächt sich nun bitter, denn dort ist niemand mehr, der unsere Waren produziert. Wir selbst haben kaum Kapazitäten und vor allem kaum Know-how im eigenen Land. Ehrlich gesagt befinden wir uns, was die Produktion vieler Gütern betrifft, auf dem Niveau eines Landes der Dritten Welt. Das sehr hart für uns, aber es ist die Wahrheit! Je eher wir alle das akzeptieren und die Lehren daraus ziehen, umso besser. Das Einzige, was in diesem Land bisher beispielhaft funktioniert hat, war die Waffenproduktion, beispielsweise von Bombenflugzeugen. Allerdings nun auch nicht mehr, da die Fertigungsstätten bei Boeing in Seattle mangels vorhandener Arbeiterschaft jetzt verwaist sind. Wir müssen ganz von vorn anfangen und versuchen, mit den Europäern und ihrem in sich relativ geschlossenen Markt

Handel zu treiben. Diesmal aber werden wir es sein, die im übertragenen Sinne die Carepakete benötigen.«

Der letzte Satz kommt Sharon Davis nur leise, fast weinerlich über die Lippen. Ihr Stolz als Amerikanerin, als erste Farbige direkt an der Seite des ehemals mächtigsten Mannes der Welt ist sichtlich angekratzt. Die große amerikanische Nation, die sich die Führung der Welt in militärischer, politischer und moralischer Hinsicht auf die Fahne geschrieben und ihr Verständnis von Freiheit und Demokratie zu ehernen Werten erklärt hatte, scheint auf dem besten Weg zu sein, ein unbedeutendes Bittstellerland zu werden.

Nach diesen Worten herrscht betretenes Schweigen. Diese bitteren Fakten hat niemand hier bisher wahrhaben wollen. Eine solche fundamentale Schwächung der USA war bislang als Thema völlig tabu.

Schließlich ergreift Matt Lynch das Wort: »Mr. President, es gibt ein weiteres Problem. Wie wird sich zukünftig der Einfluss der USA in der Welt entwickeln? Ich meine, es wird in Zukunft einen recht starken europäischen Machtblock geben, dem wir wenig entgegenzusetzen haben, es sei denn, mit militärischen Drohungen. Es sollte vielleicht in nicht allzu weiter Ferne überlegt werden, ob wir unserem Staatsgebiet Teile von Asien, ich denke vornehmlich an China und Russland, einverleiben sollten. An die Golfstaaten werden wir wohl nicht herankommen, weil sich die Europäer mit Sicherheit vor uns dort festsetzen werden.«

»Ach, Matt«, sagt Andrew Morgan schwach und lächelt gequält, »dazu müssen wir erst einmal diese Epidemie überleben …, und dann sehen wir weiter. So help us God!«

21. Juni   Montag   20:00 Uhr
Berlin

Guten Abend, meine Damen und Herren, hier ist das Erste Deutsche Fernsehen mit der Tagesschau. Zunächst die Übersicht:

Aus Nord- und Südamerika und aus Afrika gibt es keine Lebenszeichen mehr. Ungefähr 380 Kilometer östlich von Polen verläuft derzeit die Sterbegrenze. – Weitere Treibstoffrationierungen für private PKWs in Zukunft nicht ausgeschlossen. Gasrationierung für Privathaushalte wegen Sicherheitsbedenken weiter aufgeschoben. Einstellung des zivilen Luftverkehrs steht unmittelbar bevor.

Die Meldungen im Einzelnen: ...

Ich schalte den Fernseher aus. Die Nachrichten über die Ausbreitung der Epidemie sind immer schockierender. Vier Kontinente sind mittlerweile menschenleer, und Europa wird von dem Heer der Toten mehr und mehr umzingelt.

Wir alle haben die Hoffnung, dass die Bastion geimpftes Europa hält, obwohl seit dem ARD-Brennpunkt und dem tags darauf folgenden Presseeklat die hinter der Hand geäußerten Zweifel an der Wirksamkeit des Serums nicht mehr verstummen. Neun Tage nach der Impfung brodeln im Verborgenen Ungewissheit, Angst und Zweifel. Wird das Serum uns alle vor dem Tode schützen? Ab und zu kommen in den Medien irgendwelche Außenseiter zu Wort, die das Ende der Menschheit ankündigen, natürlich immer im Beisein namhafter Wissenschaftler, die diese Kritiker argumentativ in die Enge treiben. Für viele mag das Balsam für die Seele sein, mich beunruhigt es. Wenn das Serum so sicher ist, braucht man doch kein Kasperletheater für Erwachsene über den Äther zu schicken!

Wieder erinnere ich mich an meine Taxifahrt, vorbei am Cho-Pham-Van-Hai-Markt, und an den Filmbericht aus Indien: Die Vorstellung, während eines Gesprächs plötzlich zu Asche zu werden, ist zu beklemmend. Besser, ich denke nicht so viel darüber nach!

Mit meiner Unsicherheit und dem Versuch, sie mit dem Verstand beiseitezuschieben, bin nicht allein. Ich habe es in den letzten Tagen von den Gesichtern der Menschen ablesen können – wie diese wohl auch bei mir!

Viele haben Vorbehalte gegenüber den Berieselungen im Fernsehen und sehen sich die Experten- oder Nichtexpertenrunden gar nicht mehr an, sondern warten in gedrückter Stimmung einfach ab. Niemand kann sich mehr so richtig freuen. Es bricht immer mehr Chaos aus. Für Lebensmittel gilt immer noch die Rationierung, nicht aber für Alkohol, obwohl sie sehr sinnvoll wäre, denn die Menschen ertränken ihre Angst vor der Zukunft und der Ungewissheit in Bier, Wein und Schnaps. Dann setzen sie sich in ihre Autos, liefern sich mit den letzten paar Litern im Tank, die sie haben, ein Wettrennen mit der Polizei, verursachen Unfälle, reißen andere und sich in den Tod. Und es geschieht immer öfter, dass Menschen vermisst werden. Findet man sie, dann stellt sich heraus, dass sie sich und ihre ganze Familie umgebracht haben. Die Anspannung ist für viele einfach zu groß.

All das wird von den Medien zur Kenntnis genommen, aber zunehmend wird wertend berichtet. So werden die betreffenden Leute als lebensuntüchtige oder lebensunfähige Sonderlinge hingestellt. Suizide werden im esoterischen Bereich vermutet. Als Nachweis werden Bücher und Schriften in die Kamera gehalten, die man bei den Toten findet. Wenn man aufmerksam hinschaut, sind es immer die gleichen Bücher mit ihren unverwechselbare

Kennzeichen, mal eine abgerissene Ecke, mal ein Fleck auf einer bestimmten Stelle des Bucheinbandes...

Immer mehr Menschen wenden sich den Religionen zu und suchen Zuflucht in vollen Kirchen und im Glauben. Der Sinn des Lebens und die bisherige Lebensführung kommen auf den Prüfstand. Das Ergebnis ist meist nicht gut, sagen die Geistlichen in ihren Predigten, aber zur Umkehr ist es noch nicht zu spät.

Auch die fernöstlichen Sekten, deren Gurus sich seit Längerem in Europa niedergelassen haben, erhalten Zulauf. Diejenigen aber, die zu laut das nahe Ende der Welt, das Kommen des Herrn oder die Errichtung einer neuen göttlichen Weltordnung prophezeien, verschwinden ganz plötzlich von der Bildfläche, und mit ihnen auch ihr Propagandamaterial.

Und wer in diesen Tagen nicht in Depressionen verfällt oder den Boden unter den Füßen verliert, führt ein ausschweifendes Leben in Bars und Bordellen oder treibt Schwarzhandel mit Benzin, Lebensmitteln und Spirituosen. Die Unterwelt lässt grüßen. Es sind die Tage der Schieber, Prostituierten und Zuhälter, die manch einem für horrende Summen einige Momente des Vergessens bescheren.

Die Wirtschaft kommt in diesen Tagen bis auf einige Dienstleistungen und Produktion von Lebensmitteln fast zum Erliegen. Die meisten Betriebe der Leicht- und Schwerindustrie haben Massenentlassungen vorgenommen oder Kurzarbeit angeordnet. Im günstigsten Fall ist die Belegschaft in einen vorgeschobenen Zwangsurlaub geschickt worden. In Deutschland hat sich die Arbeitslosenzahl vervierfacht und steigt weiter.

Nicht viel besser sieht es in anderen Ländern Europas aus. Irgendwelche Perspektiven stellen die Wirtschaftsverbände nicht mehr in Aussicht. Die Arbeitsämter haben keine Arbeit mehr zu verteilen, nur noch Arbeitslosengeld. Die Schlangen zu den Antragsstellen sind lang. Zum Teil wird hier bis in die Nacht gearbeitet.

Von den Politikern hört man keine Zukunftsversprechen mehr, sie sind anscheinend aus ihren Köpfen verschwunden. Auch sie verharren in der Position des Abwartens, beschäftigen sich jetzt nur mit der Gegenwart und rühmen sich, das derzeitige Chaos auf dem Arbeitsmarkt und seine Folgen sicher in den Griff zu bekommen: Jeder Arbeitslose erhält in wenigen Tagen die staatliche Unterstützung. Es kann also erst einmal weitergehen. Hoch lebe der Sozialstaat!

Den Banken geht es sehr schlecht. Das, womit sie sich selbst künstlich über Wasser gehalten haben – die Vergabe von Krediten für Wirtschaftsleute oder Privatpersonen, die nicht warten können, bis sie über das entsprechende Kapital verfügen, um möglichst schnell gewinnträchtige Investitionen zu tätigen oder sich nur den Wunsch nach einem neuen Wohnzimmer zu erfüllen – wird nicht mehr nachgefragt. Der Puls des Geldkreislaufes schlägt nur noch sehr schwach, kaum wahrnehmbar. Die geschlossenen Börsen und die weggebrochenen Weltmärkte tun dazu ihr Übriges.

Die Art der Mobilität der Menschen spiegelt die wirtschaftliche Lage wieder. Die Fortbewegung hat sich gewandelt. Noch fahren wenigstens Busse, U- und S-Bahnen, aber man muss sich vermehrt auf lange Wartezeiten gefasst machen, denn der öffentliche Nah- und Fernverkehr ist durch die sprunghafte Zunahme der Fahrgäste völlig überfordert. Es müssen jetzt doppelt so viele Menschen transportiert werden wie bisher, wenn das reicht. Im Fahrdienst Beschäftigte, die anfänglich auf der Einhaltung der maximal zulässigen Anzahl von Fahrgästen beharrten und vielen die Fahrt verweigerten, bekamen den Volkszorn zu spüren. Seitdem klappt es, vielleicht auch deshalb, weil die Polizei nicht mehr eingreift. Allerdings fallen deswegen oft Bahnen und Busse aus, weil die Fahrpläne nicht eingehalten werden können. Wer nicht unbedingt auf Bus oder Bahn angewiesen ist, hat vielleicht das Glück, in einem der ganz wenigen überfüllten PKWs mit anderen eine Fahrgemeinschaft zu bilden. Oder man teilt sich eines der wenigen noch fahrenden Taxis. Ansonsten fährt man mit dem Fahrrad oder geht zu Fuß. Hochkonjunktur haben jetzt einzig die Fahrradhändler, Vollbeschäftigung die Fahrradfabriken! Neue Fahrräder haben schon die Preise von Mopeds, und auch die Preise für gebrauchte Fahrräder steigen von Tag zu Tag, ebenso wie die Zahl der Fahrraddiebstähle. Das Zweirad, das man früher aus einer spontanen Laune heraus aus zu einem Sonderpreis aus einem Supermarkt mitgenommen hat, um es nach kurzer Zeit wieder dauerhaft in die Garage oder den Keller zu verbannen, hat plötzlich einen ungeheuren Wertzuwachs erhalten. Jetzt ist es das Auto, das verwaist in der Garage steht.

Die Straßen sind voller Menschen. Nicht nur wegen des schönen Wetters. Diejenigen, die erst kürzlich ihre Beschäftigung verloren haben, teilen sich die Straßen mit den Langzeitarbeitslosen. Leere Bier-, Wein- und Schnapsflaschen begleiten manchmal ihre Wege – Zeichen der Verzweiflung und Mutlosigkeit.

Zum Glück sind zu den bisherigen Rationierungen keine wesentlichen hinzugekommen. Neue sind zwar angekündigt, aber noch nicht in Kraft gesetzt worden. Nur die Stromabschaltungen haben zugenommen, zum Teil bundesweit, insbesondere in den Abendstunden. Fernsehsendungen, also auch Nachrichten fallen aus oder müssen erst gar nicht produziert werden ... Übrig bleibt das batteriebetriebene Radio. Allerdings werden Batterien und Taschenlampen nun auch schon knapp. Am Abend und in der Nacht hilft man sich mit Kerzenlicht aus Restbeständen vom letzten Weihnachtsfest oder mit Teelichten. Kerzen wird es wohl bald auch nicht mehr geben.

Angesichts der Ungewissheit über den Ausgang der Impfung lief während der letzten Tage die Arbeit in unserem Büro nicht immer in gewohnter Weise. Auch wir sind angespannt. Vieles läuft mechanisch ab, so zum Beispiel die Neueinteilung unserer Mitarbeiter, die wegen fehlenden Treibstoffs die von ihnen betreuten Objekte nicht mehr mit dem eigenen Auto, sondern mit dem Fahrrad anfahren.

Aber nicht alles ist Routine, erst recht nicht die Telefongespräche mit unseren Kunden. Offensichtlich sucht auch so mancher Ablenkung und nicht zuletzt menschliche Wärme. Und wir geben sie. In einem Fall wurden uns sogar Aufträge über Aufträge versprochen wurden, sobald sich die Krise wieder gelegt haben werde. Ob man sich später daran erinnern wird?

Einen Teil unserer Auftraggeber können wir weiterhin nicht bedienen, da deren Objekte schlecht zu erreichen sind. Die betreffenden Kunden haben Verständnis oder nehmen es sachlich zur Kenntnis. Wir vertrösten sie, dass wir sofort wieder tätig werden, wenn die Rationierungen aufgehoben sind. So richtig aber scheint das niemanden mehr ernsthaft zu interessieren. Es relativiert sich alles, Beanstandungen werden auf ein vernünftiges Maß reduziert, wenn man sie überhaupt noch äußert. Nicht Kritik ist jetzt gefragt, sondern menschliche Nähe.

Je näher wir dem Ende der zwölftägigen Zeitspanne rücken, umso mehr Angst habe ich vor dem, was noch kommen wird. Die Trauer um den Verlust von Lanh tritt immer mehr in den Hintergrund. Der Selbsterhaltungstrieb dominiert auch bei mir und weist alles ab, was ihm im Wege steht, Gefühle wie Gedanken.

Erfreulich aber ist, dass der Kontakt zu meinen Nachbarn zusehends menschlicher geworden ist. So fanden in den letzten Tagen tiefer gehende Gespräche über den Gartenzaun statt. Natürlich drückte jeder sein Mitgefühl und seine Anteilnahme aus, wenn er von Lanhs Schicksal wusste. Aber sehr schnell wurde die gegenwärtige Situation zum Thema, die Impfung, das Hoffen und Bangen und die Sorge um die Zukunft. Wir haben alle die gleichen Gedanken und sind froh, uns austauschen zu können. Ich habe das Gefühl, dass wir alle näher zusammengerückt sind. Warum war das nicht schon vorher so möglich?

In den letzten Tagen war ich einige Male nach der Arbeit bei Ngan und Hung zu Besuch. Auch sie sind in Bezug auf die Zukunft skeptisch. Aber nicht, weil sie an dem Erfolg der Impfung zweifeln, sondern weil Hung seinen Arbeitsplatz bei BMW gefährdet sieht. Seit einer Woche befindet sich die gesamte Belegschaft im Zwangsurlaub.

Hung schmiedet schon Pläne, was er machen will, wenn er entlassen werden sollte. Vielleicht, so sagte er mir, eröffnet er eine kleine Reparaturwerkstatt für Motorräder.

Ach, seine Sorgen möchte ich haben ...

22. Juni   Dienstag   20:33 Uhr
Berlin

Kaum war die Tagesschau mit einer Ansprache des Bundespräsidenten und dem anschließenden Wetterbericht, der alles andere als schönes Wetter für morgen ankündigte, vorbei, da flackerte kurz das Licht, um dann ganz zu erlöschen. Wieder Stromsperre!

Es ist mir auch ganz recht. Ich brauche keine Berieselung mehr. Zu sehr hatte mich dieser Tag bis eben beschäftigt.

Heute, am Vorabend des zwölften Tages, dem Ende der Inkubationszeit, scheint die Anspannung unter den Menschen riesengroß zu sein, da sich morgen herausstellen wird, ob die Impfung wirkt oder nicht. Tagsüber waren mehr Menschen auf den Straßen als sonst. Und als hätten viele Benzin und Diesel gehortet haben, nahm der Autoverkehr in der Stadt deutlich zu. Mir war überhaupt nicht klar, ob die Menschen sich jetzt noch einmal etwas Gutes gönnen wollten, weil sie glaubten, dass es mit ihnen in Kürze zu Ende geht, oder ob es die reine Nervosität der Masse war, hervorgerufen durch die Vorstellung, dass nach dem glücklichen Überstehen des morgigen Tages das Leben wie gewohnt weitergehen würde. Es war wohl von jedem ein bisschen.

In einigen Biergärten und etlichen Nachtclubs finden am Abend Weltuntergangspartys statt, die für die nächsten 24 Stunden geplant sind. Etwas für ganz hoffnungslose Optimisten. Von diesen scheint es doch mehr zu geben, als man sich vorstellen kann, denn über den Rundfunk wurde schon zum frühen Nachmittag die Mitteilung ausgestrahlt, dass die meisten Plätze ausgebucht und nur noch vereinzelt Eintrittskarten vorhanden sind.

Ich gehöre nicht zu diesen sorglosen, immer fröhlichen Menschen. Das Leben hat mich so nicht geprägt. Ich spüre heute deutlicher als bisher die innere Unruhe und will einfach nicht glauben, dass vielleicht morgen der große Schlussstrich gezogen wird. Ich reagiere hektisch und bin nervös. Vielleicht bin ich morgen Abend ruhiger, falls ich am Morgen wieder aufwachen sollte, aber im Moment habe ich die Situation nicht unter Kontrolle. Im Gegenteil, sie kontrolliert mich. Ich neige sonst eher dazu, eine Situation aktiv durchzustehen, wenn nötig, auch mit viel Energie, statt mich ihr willenlos zu übergeben. Nur heute nützt meine Energie nichts, die Angst ist stärker. Ich empfinde schmerzlich meine passive Rolle, und dieser Zustand – das Damoklesschwert über mir – ist unerträglich. Aber ich finde einen Ausweg. Von den Schlaftabletten meines Vaters, davon habe ich noch einen großen Vorrat, werde ich mir gleich eine Dosis genehmigen, die mich bis morgen früh sicher schlafen lässt. Wache ich auf, habe ich es geschafft und das Virus ist besiegt. Wache ich nicht auf, merke ich bewusst von dem Dahinscheiden und dem Zerfall nichts und bin in einer anderen, in einer besseren Welt ...

23. Juni   Mittwoch   7:00 Uhr
Berlin

Der Wecker klingelt und klingelt. Ganz langsam werde ich wach, bekomme aber nur mit Mühe meine Augen auf. Ein Gefühl der Schwere lastet auf Körper, Kopf und Augen. Ich würde lieber noch weiterschlafen, wenn mich der verdammte Wecker mit seinem schrillen Ton nicht daran hindern würde. Um ihn auszuschalten, müsste ich aufstehen. Mit Blei in den Beinen und fast noch geschlossenen Augen stehe ich auf und wanke zur Kommode, um den Störenfried für heute zu beruhigen.

Die vorabendliche Tablettenmenge war doch ein bisschen zu groß. Allmählich erinnere ich mich an die alles entscheidende Zeitgrenze. Geimpft wurde ich vor zwölf Tagen gegen 5:00 Uhr. Jetzt haben wir 7:00 Uhr. Seit dem sind also zwölf Tage und zwei Stunden vergangen. Ich müsste es eigentlich geschafft haben, vorausgesetzt der Inkubationszeitraum wurde auf die Stunde genau berechnet! Mehr als dreißig Minuten Toleranz soll es nach den Aussagen der Experten nicht geben. Aber ich bin noch sehr müde und kann das alles im ersten Augenblick noch nicht so richtig werten. Im Badezimmer halte ich mir die Brause mit kaltem Wasser über den Kopf. Das weckt die Lebensgeister zwar nur zögerlich, aber an Wiedereinschlafen ist jetzt wirklich nicht mehr zu denken. Ich will es auch nicht mehr. Also habe ich es wirklich geschafft, kommt es mir noch mal in den Sinn. Wie schön wäre es, wenn ich das mit Lanh an meiner Seite erleben könnte. Ich beginne wieder wehmütig zu werden. Jedoch reißt mich das Klingeln des Telefons aus dieser Stimmung, geradezu eine Erlösung. Es ist Max.

»Guten Morgen, Konni, lebst du noch?«

Ich freue mich, seine Stimme zu hören und mein Schmerz ist für diesen Augenblick vergessen. Fast mechanisch kommt von mir die Antwort.

»Nein!«, und wir lachen beide, »da haben wir uns ja mit den Zweifeln ganz schön anstecken lassen. Sag mal, Max, wie lange ist die Impfung bei dir und Helga her?«

»Wir sind zeitlich noch vor dir geimpft worden. Wir waren mit die ersten. Sie liegt jetzt genau zwölf Tage und ungefähr dreieinhalb Stunden zurück.«

»Ja, dann habt ihr es ja auch geschafft. Unsere Zweifel waren also unbegründet«, stelle ich fest.

»Als wir heute Morgen erwachten, waren wir ziemlich erleichtert, das ging dir sicher auch so. Irgendwie stand es ja nur fünfzig zu fünfzig, obwohl die Fachleute sich ja von Anfang an sicher waren. Wir alle sind ganz schön Opfer von Panikmachern geworden.«

»Mir gingen ähnliche Gedanken durch den Kopf.«

»Übrigens, der Tipp, abends Schlaftabletten zu nehmen, war gut. Und auch der Ratschlag, bis an die Maximaldosis zu gehen, sonst hätten wir wohl vor lauter Angst kein Auge zugemacht.«

»Aber müde bist du auch noch«, stelle ich an seinem Gähnen fest, »doch nicht mehr lange, denn heute wird einiges in der Stadt los sein. Es wird sicher Feiern ohne Ende geben, weil der Sensenmann uns noch verschont hat.«

»Ja, das kann sein. Ausnahmsweise haben die Politiker dieses Mal die Wahrheit gesagt. Aus Dankbarkeit kannst du ja jetzt wieder wählen gehen«, versucht mich Max aufzuziehen.

»Dir werde ich helfen«, antworte ich grimmig, aber mit hintergründigem Humor.

Seit einigen Jahren nehme ich an den Wahlen nicht mehr teil, da ich das für ein reines Kasperletheater halte. Alle vier Jahre wählt man irgendeine Partei, die meist durch einzelne bekannte Politiker und dumpfe Phrasen, aber nicht mit durchdachten Programmen überzeugen will. Und über die wirklich wichtigen Fragen lässt man das Volk nicht auf dem Weg eines Volksentscheids abstimmen mit dem Hinweis, das System der Bundesrepublik sei durch seine Parlamentarier doch eine repräsentative Demokratie. Man befürchtet sogenannte populistische Entscheidungen. Aber in Wirklichkeit hat man Angst vor den Bürgern. Entgegen allen Beteuerungen und Verweisen auf die demokratische Ordnung hat die Bevölkerung sehr wenig zu sagen.

Sicher ist meine Position angreifbar, weil ich meine Stimme verschenke. Ich will aber der wachsenden Korruption der politischen Amtsträger, die letzten Endes auf Kosten des Steuerzahlers erfolgt und den moralischen Zerfall der Gesellschaft fördert, nicht noch Vorschub leisten, indem ich durch mein Votum die entsprechenden Parteien an der Macht halte oder ihnen dazu verhelfe.

»Ich kann dich ja verstehen«, sagt Max, »man sollte mit den Politikern und der dahinter stehenden Wirtschaft mal richtig Schlitten fahren, dass die Kufen qualmen. Letzten

Endes waren sie es nämlich, die die weltumspannende Epidemie aus reiner Habgier ausgelöst haben.«

»Sind nicht auch all die Kriege aus genau diesen Gründen in der sogenannten zivilisierten Welt vom Zaun gebrochen worden? Es war doch kaum nur eine Ideologie, die dafür Pate stand«, werfe ich ein, »aber Max, lass uns nachher weiter die Welt auseinandernehmen, ich muss jetzt in die Firma. Wenn du nachher vorbeikommst, gehen wir zusammen es-sen. Vielleicht kommt Carl auch mit?«

»Gute Idee, ich bin gegen 12 Uhr im Büro.«

»Bis nachher.«

Ich lege auf, und für einen Moment bin ich mit meiner Lage fast zufrieden, weil ich mir etwas Luft gemacht habe. Lanh kann ich nicht zurückholen, so schwer es für mich auch verkraftbar ist. Das ist das eine, aber zum anderen – ich habe das Virus überlebt, das große Bangen ist vorbei. Den überlebenden Menschen stehen nun gewaltige Aufgaben bevor, innerhalb und außerhalb Europas. Ob ich dazu mit über fünfzig noch etwas beitragen kann, wo ich doch, wäre ich arbeitslos, längst keinen Job mehr finden würde, weiß ich nicht. Aber ich lebe und kann den gewaltigsten Umbruch in der Menschheitsgeschichte bewusst miterleben. Ist das nicht auch etwas?

23. Juni   Mittwoch   20:18 Uhr
Berlin

Kurz nach dem Wetterbericht gibt es wieder keinen Strom. Liegt es jetzt an dem immer näher kommenden Gewitter – es kracht und blitzt unentwegt, wie ich es noch nicht erlebt habe – oder wurde der Strom willentlich abgeschaltet? Es wird sich morgen herausstellen, wenn dann irgendwann wieder Nachrichten gesendet werden. Nur gut, dass ich gerade noch unter der Dusche war, denn ohne Strom gibt es kein warmes Wasser.

Die Nachrichten vorhin wurden von den Sprechern erstmals seit Tagen in gelöster Stimmung vorgetragen. Ihnen war die Erleichterung anzumerken. Zwar erinnerte die Impfmarkierung der Moderatoren noch an die zurückliegende aufregende Zeit, aber Druck, Hektik und Angst waren nun verflogen. Die erste Meldung lautete, dass es keinen virusbedingten Todesfall in der Europäischen Union unter den geimpften Personen gegeben hat. Auch all jene, die vor zwölf Tagen erst in den Abendstunden geimpft wurden, konnten erleichtert aufatmen. Die Menschen, die aus verschiedenen europäischen Städten an bekannten Plätzen interviewt wurden, strahlten. Alle waren erleichtert und bester Stimmung. Das ausgeprägte Tiefdruckgebiet in Mitteleuropa mit Stürmen in Orkanstärke und Starkregen konnte ihrer guten Laune nichts anhaben. Das sind jetzt Kleinigkeiten für uns, sagten sie fröhlich in die Kamera. Nur die für heute Abend angekündigten Feierlichkeiten aus Anlass des Überlebens wurden wegen des Wetters kurzerhand auf den kommenden Samstag verschoben.

Nun sitze ich an meinem Schreibtisch und schaue in den Garten. Der Regen hat aufgehört. Langsam dämmert es. Ab und zu zuckt noch Wetterleuchten über den Horizont. Der Tag geht. Die alte Welt geht. Und morgen beginnt ein neuer Tag.

24. Juni   Donnerstag   18:55 Uhr
Berlin

Es ist kurz vor 19 Uhr, Zeit für die Nachrichten, als wieder der Strom ausfällt. Für heute war zwar keine Energiesperre angekündigt, aber so muss es wohl sein. Oder soll der Bevölkerung dadurch der Ernst der Lage wiederholt vor Augen gehalten werden? Vielleicht waren die Menschen heute doch zu verschwenderisch und haben die Energiewirtschaft an den Rand des Möglichen gebracht. Wundern würde es mich nicht, heute, am Tag zwei nach der Wiedergeburt Europas. Viele wollen sich nicht mehr länger gängeln lassen nach der erfolgreichen Impfung, wollen nach den endlosen Stunden des Bangens und Hoffens jetzt das Leben in vollen Zügen genießen und lassen die Appelle zum Energiesparen völlig außer Acht.

Ja, die Stimmung der Menschen hat sich überdeutlich gewandelt. Aus Furcht wurde ausgelassene Freude, aus Lethargie Aufgeschlossenheit und aus Passivität wurde Aktivität. Zwar ist kein einziges der größten Probleme auch nur im Ansatz gelöst, wie beispielsweise die weiter steigende Arbeitslosenzahl, aber die Menschen haben jetzt, was sie vorher glaubten nie mehr haben zu können: Hoffnung! Das ist selbst auf der Straße zu spüren. Der Fahrradverkehr hat stark zugenommen, und die Drängelei in Bussen und Bahnen nimmt nun erst recht überhaupt kein Ende mehr. Jeder will nach draußen, auch wenn es nur für wenige Stunden ist, will Verwandte oder Freunde besuchen, Besorgungen machen oder sich etwas Schönes gönnen, obwohl das Wetter mit Regen, Sturm und kühlen Temperaturen alles andere als einladend ist. Eine Aufbruchstimmung scheint in der Luft zu liegen und hat die Menschen erfasst, auch in den wenigen Produktionsstätten, in denen noch gearbeitet wird.

Viele hoffen jetzt auf wegweisende Informationen in der morgigen ARD-Brennpunkt-Sendung, mit führenden Politikern als Gästen. Vielleicht wird sie weitere Wege für die Zukunft weisen. Nur eines passt überhaupt nicht zur allgemeinen optimistischen Stimmung: die Markierungen, die

Kreuze auf unseren Gesichtern, denn niemand will mehr an die Vergangenheit erinnert werden. Der Blick ist nach vorn gerichtet, nur nach vorn!

Auch in unserer Firma spüren wir diese Veränderung. Zum Teil fragen unsere Kunden nach, wie und wann wir unsere Aufträge erledigen können. Mitunter ist es nicht so einfach, für alle Beteiligten eine zufriedenstellende Lösung zu finden. Carl und ich verstehen das als Herausforderung, und irgendwie haben wir den Eindruck, dass sich allmählich eine wie auch immer geartete Normalität einstellt.

25. Juni   Freitag   20:15 Uhr
Erstes Deutsches Fernsehen – ARD-Brennpunkt

»Guten Abend, meine Damen und Herren, ich möchte Sie ganz herzlich begrüßen zu unserem heutigen ARD-Brennpunkt: *Die Folgen der Epidemie. Haben wir daraus gelernt?* Wir haben heute wieder Zuschauer eingeladen, und als Studiogäste sind führende Politiker zu uns gekommen. Ich möchte Sie Ihnen der Reihe nach vorstellen. Es ist dieses zunächst der Bundeskanzler Ernst Wagner«, der Beifall der Zuschauer unterbricht den Moderator, der Abendgruß des Kanzlers geht im Beifall unter, »der Außenminister und Vizekanzler Sascha Reißer«, wieder fordert der Beifall eine kurze Pause, »der EU-Industriekommissar Gunter Hagen und der Innenminister Eberhard Brinkmann«, und wieder gibt es Beifall, »weiter sind fünfzig für unsere Stadt repräsentative Berlinerinnen und Berliner zu uns gekommen. Und ich bin Rolf Hartmann. Noch einmal: Guten Abend!« Wieder ertönt Beifall, der schnell abebbt.

»Meine Damen und Herren, sehr geehrte Zuschauer! Gestatten Sie mir ein kurzes Vorwort oder besser eine offene Frage: Hätten Sie alle gedacht, heute diesen ARD-Brennpunkt zu besuchen oder Sie zu Hause an den Bildschirmen, uns heute wieder empfangen zu können? Ich glaube, nicht alle haben das erwartet.« Ein zustimmendes Raunen geht quer durch das Studio. »Aber wenden wir uns jetzt unseren Gästen im Studio zu, und gestatten Sie mir, dass ich Sie jetzt direkt frage: Herr Bundeskanzler, das Motto unserer heutigen Sendung lautet: *Die Folgen der Epidemie. Haben wir daraus gelernt?* Jetzt frage ich Sie: Haben Sie daraus gelernt?«

Für einen Moment wirkt der Kanzler unsicher, dann jedoch fasst er sich: »Herr Hartmann, also das Erste, was wir alle wohl gelernt haben, ist, dass wir uns nicht so schnell ins Boxhorn jagen lassen dürfen. Eine Umfrage zwei Tage nach der Impfung, in der die Frage gestellt wurde, ob man an einen Erfolg der Impfung glaubt, hat ergeben, dass über fünfzig Prozent der Bevölkerung daran zweifelten. Sie sind alle, Gott sei Dank, eines Besseren belehrt worden, ... meine Frau übrigens auch!« Schallendes Gelächter aus dem Publikum unterbricht ihn, und er fährt mit heiterer Mine fort: »... und ich bin sehr froh darüber«, wieder unterbricht ihn Gelächter, das schnell in wohlwollenden Beifall übergeht, »aber jetzt im Ernst. Wie Sie wissen, ist es zu dieser Katastrophe nur deshalb gekommen, weil bei der Düngerherstellung ein hochtoxisches Abfallprodukt abfiel, das bei einem Transportunfall auslief und sich mit Sauerstoff verbinden konnte. Wir dürfen es in Zukunft nicht mehr zulassen, dass solche chemische Produktionsprozesse mit ihren Nebenprodukten die Existenz der Menschheit derart bedrohen können. Dazu kann Ihnen der Außenminister in seiner Eigenschaft als Vertreter der Grünen Partei bestimmt mehr sagen.«

Der Moderator nickt dankend und wendet sich dem Vizekanzler Sascha Reißer zu: »Herr Reißer, bitte schön!«

»Vielen Dank. Ich möchte zunächst den Gedanken des Bundeskanzlers aufgreifen. Auch ich bin sehr froh, dass wir die Krise bewältigen konnten. Ich glaubte ehrlich gesagt nicht, dass wir heute noch einmal so zusammensitzen und auch wieder lachen können.« Er sagt dies fast den Tränen nahe. Nichts ist vom Publikum zu hören, und nach einer kurzen Pause fährt er nachdenklich fort, »ich meine, wir müssen uns in Zukunft von jeglicher für Mensch und Natur gefährlichen Technik verabschieden. Warum muss beispielsweise mit viel Chemie gedüngt werden, wenn doch Naturdünger oft ausreichend zur Verfügung steht? Wenn wir chemische Produkte durch natürliche ersetzen, so wie früher, dann müssten die Gefahren aus der Chemie zumindest im Agrarbereich gebannt sein ...«

»... und wir sind wieder in der Steinzeit!«, unterbricht ihn Gunter Hagen laut und erzürnt, »wie stellen Sie sich das denn vor! In letzter Konsequenz läuft das auf eine Zerschlagung großer Teile der chemischen Industrie hinaus. Was glauben Sie, was uns die Anteilseigner erzählen werden! Die laufen doch jetzt schon Sturm. Und wie viel Arbeitslose wollen Sie denn noch haben?«

»Das eine hat doch mit dem anderen nichts ...«

»Aber sicher hat das etwas damit zu tun. Aus Ihrem Ministerium wurden der chemischen Industrie Vorschriften über Vorschriften gemacht. Wie sollte denn dann ...«

»Meine Herren, bitte!«, fährt der Bundeskanzler beschwichtigend dazwischen, »nichts ist jetzt doch so, wie es einmal war. Es ist zwar noch sehr früh, jetzt schon fertige Lösungen zu präsentieren, aber auch die Eigentumsfrage in Form von Aktien, also große Teile des Kapitalmarkts müssen, wenn man so will, neu bewertet werden. Wir haben die einmalige Chance – wie nie zuvor – jetzt unserer Welt ein menschlicheres Ansehen zu verschaffen. Viele Fehler der Vergangenheit, auch die in der Politik, dürfen nicht wiederholt werden, darüber sind sich alle Regierungschefs in Europa einig. In Kürze werden Kommissionen gebildet, die sich genau mit diesen Fragen befassen werden. Der Vizekanzler wird im Übrigen den Vorsitz haben.«

»Vielen Dank, Herr Bundeskanzler.« Der Moderator wendet sich nun dem Innenminister zu:

»Herr Brinkmann, wir haben eine Arbeitslosenzahl von ungefähr zwanzig Millionen Menschen, das entspricht einer Quote von etwa fünfundvierzig Prozent, können Sie da noch ruhig schlafen?«

»Herr Hartmann, ich habe in den letzten Tagen so gut wie gar nicht geschlafen, geschweige denn ruhig«, aus dem Publikum ist vereinzelt verhaltenes Gelächter zu hören, »wir stehen vor Problemen, wie wir sie noch nie hatten. Die Absatzmärkte sind weggefallen, und es ist überhaupt nicht absehbar, wie die damit zusammenhängenden Probleme gelöst werden können. Das betrifft im Übrigen nicht nur uns, sondern die ganze exportabhängige Wirtschaft in der Europäischen Union. Wir müssen mit neuen Konzepten bei null anfangen. Wir arbeiten daran, aber Lösungen dieses Ausmaßes sind nicht von heute auf morgen zu erwarten. Nur soviel sei gesagt. Wir kümmern uns um die Arbeitslosen. Und ich kann versichern, dass wir niemanden verhungern lassen und jeder Arbeitslose eine Grundsicherung erhalten wird.«

»Herr Brinkmann, können Sie konkreter werden, wie den Arbeitslosen geholfen wird? Wie sollen sie wieder in Beschäftigung kommen?«, hakt der Moderator nach.

»Ich kann nur wiederholen, was ich bereits gesagt habe. Wir arbeiten daran und stimmen uns in allen Fragen mit den europäischen Partnern ab. Mehr kann ich Ihnen zurzeit nicht sagen.«

»Vielen Dank, meine Herren. Ich möchte jetzt einmal die Zuschauer mit ihren Fragen zu Wort kommen lassen.«

Der Moderator geht auf die Zuschauer zu. Ein ungefähr 45-jähriger hagerer Mann mit wachen Augen ergreift das Wort:

»Also, wenn ich die Situation richtig einschätze, werden wir innerhalb der Grenzen Europas keine neuen Arbeitsplätze schaffen können. Wir sollten überlegen, so bedenklich dieser Gedanke im jetzigen Moment erscheinen mag, ob wir die Gebiete bzw. die Länder, in denen jetzt niemand mehr lebt, wieder besiedeln. Das mag zwar jetzt, bezogen auf die dort vorhandenen wirtschaftlichen Ressourcen, wie Leichenfledderei klingen. Wir müssen uns aber diesem Thema stellen, und zwar europaweit.«

Der Bundeskanzler machte keinen glücklichen Eindruck, als er das hört, und vermittelt schnell über Blickkontakt und Kopfnicken, dass sein Außenminister darauf antworten soll. Dieser richtet sich in seinem Sessel auf und schaut in Richtung des Zuschauers.

»Herr ... – wie ist Ihr Name?«

»Stallmann!«

»Herr Stallmann, Sie haben hier etwas angesprochen, was wir gerade heute im Rahmen der EU-Außenministerkonferenz besprochen haben. Wir arbeiten an einer gemeinsamen Lösung. Das Ziel muss sein, diese Gebiete nur in Absprache mit dem Europäischen Parlament wieder zu besiedeln. Wir wollen uns von der Vielstaaterei lösen. Eine Aufteilung in Nationen streben wir nicht mehr an. Sonst haben wir in ein bis zwei Jahrhunderten größere Länder, die sich gegenseitig Konkurrenz machen. Und wozu das führen kann, nämlich zu Kriegen, haben wir in den vergangenen Jahrhunderten allzu oft gesehen. Wir wollen einen wahren Neuanfang mit der Hoffnung auf dauerhaften Frieden. Ob dieser dann auch Jahrhunderte anhält, ist eine andere Frage. Aber wir halten es jetzt für geboten, die Saat einer zukünftigen kriegerischen Auseinandersetzung erst gar nicht zu legen.«

»Vielen Dank, Herr Reißer«, meldet sich der Moderator zurück, während der Kanzler den Ausführungen seines Vizekanzlers zustimmend nickt, »für die Zukunft gibt es möglicherweise ganz neue Perspektiven. Hat noch jemand aus dem Publikum eine Frage? ... ja Sie, bitte!«

Eine junge Frau meldet sich: »Ich würde ganz gerne wissen, wann Sie die Besiedlung vorsehen. Derzeit ist es so, dass die Grenzen, zumindest nach Russland hin, undurchlässig sind. Den Gedanken der Besiedlung hatten wir auch schon. Mein Mann, der sich zurzeit aus beruflichen Gründen in Polen aufhält, wollte heute Morgen einen kurzen Abstecher nach Russland machen. Er wurde aber von den polnischen Behörden daran gehindert, und es wurden ihm ernsthafte Konsequenzen für einen erneuten Versuch angekündigt. Das berichtet er mir gegen Mittag über sein Funktelefon. Jetzt meine Frage: Sind wir in Europa nun eingeschlossen? Haben wir keine Reisefreiheit mehr wie früher in der DDR, die ich als ehemalige Bürgerin dieses Staates noch zu Genüge kenne?«

Die letzten Worte der Frau waren etwas schrill und verfehlten ihre Wirkung nicht.

Gunter Hagen, der EU-Kommissar, antwortet direkt, ohne seine Kollegen vorher anzusehen:

»Wie Sie vorhin schon gehört haben, wird derzeit an einer EU-weiten Regelung in dieser Hinsicht gearbeitet. Bis zum Inkrafttreten, womit im Übrigen in zwei bis drei Wochen zu rechnen ist, bleiben die Grenzen geschlossen. Danach findet ein geregelter Zuzug statt. Durch Sicherungsmaßnahmen der europäischen Streitkräfte sollen diese Gebiete Stück für Stück freigegeben werden. Wir wollen beispielsweise niemanden Gefahren aussetzten, die nicht voraussehbar sind. So kann ich mir vorstellen, dass das Gebiet um Murmansk, den größten Hafen Russlands, wo zu Hunderten ausgediente Atom-U-Boote im Hafen liegen und vor sich hinstrahlen, weitgehend für jegliche Besiedlung ausgeschlossen sein wird. Diese Gefahr ist bekannt und hier gibt es mit Sicherheit keinen Handlungsspielraum. Es existieren aber viele andere Gefahren, die wir nicht kennen. Wir müssen uns erst vor Ort ein Bild machen, bevor Siedlungsgebiete freigeben werden. Ich bitte um Ihr Verständnis.«

»Ist damit Ihre Frage beantwortet?« fragt der Moderator die Zuschauerin. Sie nickt.

»Wir haben da noch ein weiteres Problem«, wirft der Innenminister ein, »in den neuen Siedlungsgebieten, die aus genannten Gründen keinem Land zugeordnet werden sollen, haben wir quasi einen rechtsfreien Raum, weil die Dominanz des Rechtssystems eines einzelnen Landes nicht vorgesehen ist. Hier müssen wir also ganz schnell ein System im Privat- und im öffentlichen Recht schaffen. Es soll später weitgehend die nationalen Regelungen in den EU-Staaten ablösen. Wir wollen keinen wilden Osten haben. Diese Aufgabe ist also doppelt schwer.«

Zustimmend nickt der Bundeskanzler und sein Stellvertreter.

»Meine Damen und Herren, wir stehen vor Aufgaben, die schwer zu bewältigen sind«, ergreift der Moderator das Wort, »und wir können uns nur fragen, ob ... einen Moment bitte, ich höre gerade, dass eine wichtige Meldung der Nachrichtenredaktion vorliegt.« Kaum hat er das gesagt, wird ihm ein Blatt Papier gereicht. Er überfliegt es und wendet sich den Politikern zu: »Diese Nachricht – *Italienischer Containerfrachter in Neapel mit dem Ziel USA ausgelaufen. Maßnahmen der EU noch unklar* – passt genau zu unserem

Thema. Herr Bundeskanzler, es sieht so aus, als ob hier die gegenwärtige EU-Politik der geschlossenen Grenzen von den Italienern unterlaufen wird!«

»Herr Hartmann, von einem Unterlaufen der EU-Beschlüsse durch die italienische Regierung kann keine Rede sein. Ich kenne den Fall. Hier versuchen einige Leute in die USA zu fahren, an der Küste die Kaufhäuser und Fabriken zu plündern und sich durch den Vertrieb in Europa zu bereichern. Das wollen wir nicht. Es wird aber nicht immer zu vermeiden sein. Die Frage ist jetzt, wie gegen solche Aktionen eingeschritten werden soll. Da ist zugegebenermaßen noch viel Kleinstaaterei im Ringen um Kompetenzen am Werk. Das müssen wir schleunigst aufgeben. Am kommenden Dienstag treffen sich alle europäischen Regierungschefs in Brüssel, und seien Sie versichert, dass ich dieses Thema ansprechen und auf eine umgehende Lösung dringen werde.«

»Vielen Dank, Herr Bundeskanzler.« Der Moderator schaut auf die Uhr, »meine Damen und Herren hier im Studio und zu Hause an den Bildschirmen, ich danke für Ihre Aufmerksamkeit. Das war der heutige ARD-Brennpunkt. Die nächste Sendung bringen wir in einer Woche, am nächsten Freitag, ebenfalls um 20:15 Uhr nach der Tagesschau. Das Thema lautet dann: *Aufbruch in eine bessere Zukunft?* Guten Abend!«

26. Juni Samstag 12:00 Uhr
Europa

Überall in Europa, in jedem Dorf, in jeder Gemeinde, in jeder Stadt und in jeder Metropole läuten um zwölf Uhr die Glocken. Heute, am Tag vier des Neubeginns, wird der Milliarden von Toten gedacht, die die Todesepidemie gefordert hat.

Überall sind die Gotteshäuser aller Konfessionen bis auf den letzten Platz gefüllt. Die verschont gebliebene Menschheit gedenkt und dankt. Unendliche Trauer über das Vergangene vermischt sich mit Tränen der Freude über die Gegenwart. Wir gehören zu den Überlebenden! In allen Ländern der Europäischen Union herrscht eine Solidarität, ein Frieden, ein Zusammenhörigkeitsgefühl, wie es die Menschheit nur selten in ihrer Geschichte empfunden hat. Vielleicht ist es mit der Stimmung der Menschen in New York, in London oder in Paris vergleichbar, als das Ende des Zweiten Weltkrieges verkündet wurde, als das Töten, Morden und Bomben nach fast sechs langen Jahren endlich vorbei war und der Feind am Boden lag.

In unzähligen Predigten und Ansprachen wird noch einmal an die vergangenen Tage und Wochen erinnert, wie Millionen, ja Milliarden dahingingen, ohne die geringste Chance, sich gegen das schreckliche Virus wehren zu können. Und an das lange Bangen, das Hoffen auf ein wirksames Serum – und dann, als wir es endlich hatten, die Frage nach seiner Zuverlässigkeit.

Ja, wir haben ganze Kontinente wegsterben sehen – unfassbar und unbegreiflich! Kaum zu ertragen für jeden Einzelnen von uns, der sich nun zu dem kleinen Rest der Menschheit zählen darf. Wir können jetzt in unendlicher Dankbarkeit aufatmen. Die Gefahr ist endlich vorbei! Ist Europa nun das gelobte Land, der gelobte Kontinent? Irrte gar die Bibel, irrte gar Gott?

Heute Abend sind in den Großstädten, London, Paris, Madrid, Prag, Warschau und Berlin weitere Gottesdienste und Gedenkveranstaltungen mit anschließenden Feiern, Feuerwerk und öffentlichen Konzerten geplant. In Rom hält sogar der Papst auf dem Petersplatz eine Messe ab. Bei uns in Berlin findet auf der Straße des 17. Juni um 18:00 Uhr ein ökumenischer Gottesdienst statt. Hunderttausende werden erwartet.

In Warschau wird um 19:00 Uhr ein zentraler Dankgottesdienst aller neu in die EU aufgenommen Länder Osteuropas abgehalten. Es wird die größte kirchliche Veranstaltung sein, die in der Geschichte der Menschheit je stattgefunden hat. Trotz der widrigen Verkehrslage sind dort schon mehr als vier Millionen Menschen versammelt. Und es werden stündlich mehr. Ab 19 Uhr wird im Rahmen einer Eurovisionssendung der Gottesdienst aus der polnischen Hauptstadt europaweit auf allen Programmen live übertragen.

Auf zahlreichen Großbildschirmen kann dieses Großereignis in Berlin entlang der Straße des 17. Juni verfolgt werden. Danach gibt es eine Ansprache des Bundespräsidenten und anschließend eine große Feier, größer und schöner als alle vorherigen Veranstaltungen, die auf dieser Straße je stattgefunden haben. Der krönende Abschluss wird gegen Mitternacht ein gigantisches Feuerwerk sein. Dieser Tag, so ist es schon jetzt in der Presse zu lesen, wird als der zweite Geburtstag der Menschheit in die Geschichtsbücher eingehen.

Wir schreiben das Jahr null!

26. Juni Samstag 19:47 Uhr
Berlin

An diesem Tag, dem größten Feiertag seit Menschengedenken, geht es mir nicht gut. Was habe ich zu feiern? Ich habe Lanh verloren! Andere sind natürlich froh und ausgelassen, aber mir ist nicht danach. Ich hätte mit Carl und Cornelia oder auch mit Max und seiner Freundin zu der Feier an der Straße des 17. Juni gehen können. Sie hatten mich angerufen, aber ich habe meine Teilnahme abgesagt. Selbst in der Masse von Hunderttausenden wäre ich einsam gewesen. In meiner Verfassung hätte ich mit Sicherheit den anderen den Abend verdorben. Es ist besser, dass ich zu Hause geblieben bin und auch die Einladung zum Abendessen von Ngan und Hung nicht wahrgenommen habe. So belaste ich niemanden mit meinen Gefühlen. Wenigstens habe ich heute Morgen im Supermarkt mein Lebensmittelkontingent noch voll ausgeschöpft und für mein leibliches Wohl gesorgt.

Ich beschäftige mich, wie es meine Stimmung zulässt, mit Dingen wie Sortieren und Abheften der Post, Ausfüllen von Überweisungen – eben die übliche häusliche Büroarbeit. Nebenbei läuft der Fernseher. Man berichtet gerade über die Vorbereitungen zu den Veranstaltungen und Feiern. Fast alle europäischen Hauptstädte sind über Direktleitungen miteinander verbunden. Von Helsinki bis Malta, von Warschau bis Paris soll ab heute Abend live berichtet werden. Es wird die größte und umfangreichste Kooperation von Fernsehanstalten, die es in Europa je gegeben hat, sagte vorhin ein Fernsehsprecher.

Zurzeit läuft ein Vorprogramm, ehe dann um 18 Uhr nach Berlin auf die Straße des 17. Juni zum Gottesdienst geschaltet wird.

»Erkennen Sie Ihren Partner an der Stirn?« ist der Titel der jetzt laufenden Unterhaltungsshow. Ausgesuchte Kandidaten sollen ihren Partner unter mehreren zur Auswahl stehenden Personen an der Stirn erkennen. Wir alle tragen ja noch die Impfmarkierungen, meist sind es Kreuze, die noch nicht verblassen wollen. Etwas makaber ist es schon, finde ich. Aber will man den Schmerz der vergangenen Tage und Wochen mit in die heutigen Feierlichkeiten hinübernehmen? Bis auf die Dankesgottesdienste in Berlin, Warschau und Rom, die natürlich die vergangenen Ereignisse wieder in den Vordergrund stellen, soll heute nur Freude über das neu geschenkte Leben dominieren. Nach all den Ereignissen der vergangenen Tage und Wochen ist es kein Wunder, dass man auf solche Ideen gekommen ist.

Punkt 18 Uhr beginnt der Gottesdienst am Großen Stern auf der Straße des 17. Juni. An der Siegessäule, die im oberen Drittel noch links und rechts jeweils einen Querbalken erhalten hat, um die Vorstellung eines überdimensionalen Kruzifixes entstehen zu lassen, ist auf einem erhöhten Podest ein Altar aufgebaut. Ein evangelischer und ein katholischer Geistlicher zelebrieren die Messe, und an zahlreichen Großbildschirmen entlang der Straße, wo sich bei angenehmen Temperaturen in der abendlichen Sonne Hunderttausende versammelt haben, nehmen die Menschen an dem Gottesdienst teil. Es herrscht eine fast unheimliche Anspannung unter den Anwesenden. Gebannt schauen sie zu und nehmen die Worte der Geistlichen in sich auf, als sehnten sie sich geradezu danach oder als müssten sie jetzt jahrelange religiöse Abstinenz kompensieren, weil sie verstanden haben, worum es im Leben wirklich geht. Menschen, die nie eine Kirche von innen gesehen haben, stehen hier in stiller Andacht. Sie hören und versuchen zu verstehen. Und sie verstehen! Nie waren sich die Menschen näher, nie waren sie sich so einig wie heute, jetzt, während des Dankesgottesdienstes. Die Predigt tut dazu ein Übriges: Worte von Liebe unter den Menschen und von der Güte Gottes, nicht von Zwietracht und der Gier nach immer mehr Geld und Gold, hallen über unzählige Lautsprecher. Nie waren Menschen so einmütig, so friedfertig versammelt wie heute.

Als dann der Gottesdienst endet, spenden sie Beifall. Erst beginnt er kaum vernehmbar, dann schwillt er immer mehr an, bis er sich schließlich wellenförmig ganz langsam laut und wieder leise und wieder laut und wieder leise ausbreitet.

Niemand hat das so inszeniert, niemand so geplant. Nach einigen Minuten des stetigen Auf und Ab endet der Beifall, wie er begonnen hat. Nicht hektisch und spontan, sondern sanft, immer leiser, bis eine vollkommene Stille eingetreten ist. Mir läuft ein Schauer über den Rücken. Ein ergreifendes Schauspiel! Ja, die Menschen haben verstanden, endlich!

Auch der Moderator, der sich jetzt zu Wort meldet, ist ergriffen von der friedfertigen und einmütigen Stimmung und findet kaum die richtigen Worte, um sie den Zuschauern am Bildschirm zu vermitteln. Schließlich kündigt er eine Direktschaltung nach Warschau an, wo in diesen Minuten der zentrale Dankesgottesdienst beginnen soll. Aber zu seiner Verblüffung bleiben die Bildschirme dunkel. Die Verbindung zum polnischen Fernsehen kommt auch nach mehreren Versuchen nicht zustande. Warschau meldet sich nicht. Schließlich erscheint der Moderator wieder auf dem Bildschirm, zunächst ratlos, aber dann scheint er eine Anweisung der Regie über seinen Ohrhörer erhalten zu haben. Er entschuldigt sich für die Panne, die auf einen nicht so schnell behebbaren technischen Fehler zurückzuführen ist, und verweist auf die VIP-Tribüne, auf der sich die politische Prominenz versammelt hat. Dort soll nun in wenigen Augenblicken anstelle des erkrankten Bundespräsidenten der Bundeskanzler eine Ansprache an die Bevölkerung richten, und augenblicklich schwenkt die Kamera auf Ernst Wagner:

Liebe Mitbürgerinnen und Mitbürger! Wir sind soeben Zeuge eines großen Ereignisses geworden. Millionen von Menschen in Deutschland, hier auf der Straße des 17. Juni in Berlin oder zu Hause an den Bildschirmen, haben an einem Gottesdienst teilgenommen, der in seiner Bedeutung in die Geschichtsbücher der Weltgeschichte eingehen wird. Wir sind zutiefst dankbar dafür, dass die Epidemie vor den Toren unseres europäischen Hauses zum Stehen gekommen ist und uns das schreckliche

Dahinscheiden, das uns allen aus Filmberichten bis in alle Einzelheiten bekannt ist, verschont hat. Und erst recht sind wir den unzähligen Wissenschaftlern und deren Mitarbeitern zu Dank verpflichtet, dass sie ein wirksames Mittel gegen die Epidemie entwickeln konnten. Wäre dies nicht gelungen, hätte das das abrupte Ende der gesamten Menschheit bedeutet. So verneigen wir uns vor allem in tiefer Dankbarkeit vor demjenigen, der alles geschehen und nicht geschehen lässt.

Ernst Wagner unterbricht seine Ansprache für ein paar Sekunden und senkt seinen Kopf und verneigt sich tief in Richtung der zum Kruzifix umgebauten Siegessäule. Es ist absolut ruhig – kein Husten, kein Gemurmel, niemand bewegt sich, nur absolute Stille. Dann richtet er sich wieder auf und setzt seine Rede fort:

Sehr ergriffen bin ich von der Solidarität der Menschen, die ich während des Gottesdienstes immer wieder verspürt habe. Es ist genau das, was für die Zukunft auch anhalten muss. – Liebe Mitbürgerinnen und Mitbürger! Die Aufgaben, vor denen wir stehen, hat es in diesen Ausmaßen in der Menschheitsgeschichte noch nicht gegeben. Selbst die Anstrengungen des Wiederaufbaus nach dem Ende des Zweiten Weltkrieges in ganz Europa können mit dem, was vor uns liegt, nicht im Entferntesten verglichen werden. Es ist eine andere Art des Wiederaufbaus, als wir ihn kennen. Es geht um nicht weniger als die Neuorientierung der Welt und der Länder, in denen Menschen am Leben geblieben sind. Lassen Sie uns dafür beten, dass wir dies mit Zuversicht vollbringen, uns immerwährender Frieden beschieden sei und uns allen die Weitsicht gegeben werde, die Fehler aus der Vergangenheit nicht zu wiederholen.

Ernst Wagner faltet sichtbar die Hände, senkt den Kopf zum stillen Gebet. Dann schaut er wieder auf:

Ich danke Ihnen allen.

Die Menschen klatschten wieder, aber weniger stark als nach dem Gottesdienst. Auch das Auf und Ab wiederholt sich nicht. Und als der dennoch lang anhaltende Beifall dann immer leiser wird und noch nicht ganz erloschen ist, beginnen die Berliner Philharmoniker unter der Leitung des Generalmusikdirektors der Staatsoper Beethovens Neunte Symphonie zu spielen. Die Kamera macht einen Schwenk und zeigt das Orchester unter einem nach drei Seiten offenen Zelt, ungefähr einhundert Meter entfernt, schräg gegenüber der Prominententribüne. Daneben ist ein riesiger Chor platziert, der sich aus drei Einzelchören zusammensetzt. Während das Orchester spielt, gibt es mehrere Kameraeinstellungen auf das gesamte Orchester, auf einzelne Mitwirkende sowie auf den Dirigenten und schließlich auf die Prominenten und die hier zu Hunderttausenden versammelten Zuschauer. Meist stehen sie oder sitzen auf dem Boden, dem Rasen oder den Randsteinen der Straßenbegrenzung und verfolgen das Konzert direkt oder auf einem der überall aufgestellten Großbildschirme. Aus den Gesichtern ist die Anspannung der letzten Tage und Wochen gewichen. Es ist heute nicht ein Tag des überschwänglichen Feierns, sondern ein Tag der reinen Freude und Dankbarkeit eines jeden einzelnen, die schreckliche Epidemie überlebt zu haben. Frieden, innerer Frieden steht unsichtbar auf jeder immer noch mit dem Impfungskreuz versehenen Stirn geschrieben.

Und wenn zeitweise die Trauer um Lanh mein Gemüt nicht in Beschlag nimmt wie gerade eben, dann empfinde ich genauso eine tiefe Dankbarkeit.

Die Musiker spielen heute anders als sonst. Ihren Gesichtern sieht man die Freude an, mit der sie sich Beethoven hingeben. Es scheint, als bräuchten sie keine Führung durch den Dirigenten. Jetzt, wenige Sekunden vor dem Choreinsatz, wird die Kamera erst auf den Dirigenten, dann auf den Chor gerichtet, der mit aller Macht einsetzt: *Freude, schöner Götterfunken, Tochter aus Elysium ...*

Der Gesang erscheint mir fast so, als bebe die Erde, mit so viel Kraft, mit so viel Energie, obwohl ich das alles nur im Fernsehen verfolge. Wie eindrucksvoll muss es erst an Ort und Stelle sein? Auf einmal finde ich es sehr schade, nicht dabei zu sein, mich stattdessen zu Hause versteckt zu haben. Eigentlich weiß ich, dass mich in der Vergangenheit Musik aus traurigen und depressiven Stimmungen herausholen und mir neue Energien vermitteln konnte. Und nun habe ich wieder genau dieses Gefühl. Ja, ich bereue es sehr, nicht mit dort zu sein.

Die Symphonie neigt sich dem Ende, der Chor singt die letzten Strophen. Mit Gelassenheit, Hingabe und mit geschlossenen Augen führt der Dirigent seinen Stock. Er lebt in diesem Augenblick in dieser Musik – wird völlig eins mit ihr!

Während der letzten Takte blendet die Kamera noch einmal frontal das ganze Orchester ein. Dann ist die Symphonie beendet und begeisterter brausender Beifall erschallt. Alle sind aufgesprungen. Auch die Prominenz auf der VIP-Tribüne. Stehende Ovationen minutenlang, auch von den vielen Zuschauern, die alles nur auf den Großbildschirmen verfolgen konnten. Eine Fernsehansagerin mit Mikrofon in der Hand und einer markanten lotosblumenähnlichen Impfmarkierung auf der Stirn ist auf der Bühne des Orchesters erschienen und versucht, dem tosenden Beifall Einhalt zu gebieten, indem sie einige Worte ins Mikrofon spricht. Aber sie wird gnadenlos übertönt. Schließlich zuckt sie ratlos mit den Schultern und deutet an, wie sinnlos es ist, jetzt die Moderation zu beginnen. Die Regie reagiert, und wieder wird wieder das Orchester mit Chor gezeigt. Der Dirigent verneigt zum wiederholten Male und verweist auf den Chor und das Orchester.

Die Menschen spenden Beifall, es ist ihnen auch ein inneres Bedürfnis, nicht nur der großartigen Darbietung Befall zu zollen, sondern auch ihre Erleichterung über das Ende der unsäglichen Anspannung und des Leidens der letzten Zeit zum Ausdruck zu bringen. Ja, die letzten Tage und Wochen waren schrecklich und die Zukunft ist ungewiss, aber so schlimm, wie es war, kann es nun nicht mehr kommen. Wir werden die Zukunft zusammen meistern. Dieses unausgesprochene Gefühl beherrscht die Menschen und lässt sie wirkliche Freude empfinden. Auch ich lasse mich davon anstecken. Es kann einfach nur besser werden! Vorwärts schauen, nur vorwärts und nicht mehr zurück. Nie mehr!

Die Moderatorin wird wieder eingeblendet, und der Beifall wird nach Minuten allmählich immer leiser. Die auf ihrer Stirne abgebildete Lotosblume steht ihr wirklich gut. Höchstwahrscheinlich hatte sie damals bei der Impfung eine Schablone, über die das Markierungsmittel gestrichen worden ist. Ich habe es bei den Fernsehmoderatoren oft gesehen, dass sie sich offensichtlich dieses Hilfsmittels bedient haben müssen, um sich einigermaßen ansehnlich vor Millionen von Zuschauern zu präsentieren.

»Meine Damen und Herren ..., das habe ich noch nie erlebt ...«, sagt sie und findet kaum die richtigen Worte, »... eine so schöne Darbietung in einer so wundervollen Stimmung – das ist einmalig in der Welt, vielen, vielen Dank!« Und wieder erschallt Beifall, sie lässt sich aber nur kurz unterbrechen, dann hat sie sich gefasst: »Meine Damen und Herren, ich möchte Ihnen nun ...«

Weiter kommt sie nicht. Ihr Blick wird starr. Die Hautfarbe verändert sich von einer Sekunde auf die andere von Weiß in Aschgrau. Ein leichtes Knistern, das Mikrofon fällt ihr aus der Hand, schlägt hart auf den Boden. Das Geräusch, hundertmal verstärkt, hallt wie ein plötzlicher Donner unbarmherzig laut über die zahlreichen Lautsprecher und lässt alle zusammenzucken. Dann werden ihr Gesicht, die Arme und Hände blitzschnell von tiefen Rissen durchzogen, das Gesicht verliert jegliche Konturen und – der ganze Körper fällt in sich zusammen.

Ein gellender Aufschrei des Entsetzens bricht los. Es hält die Menschen hält nicht mehr, sie springen auf. Alle kennen diese Bilder aus dem Fernsehen. – Aber die Moderatorin war doch geimpft worden und hatte doch die Markierung auf der Stirn. Wie konnte das geschehen?

Jemand von der Regie, offensichtlich eine Art Notmoderator, tritt auf die Bühne und ist bemüht, die Menschen zu beruhigen. Doch vor Entsetzen bringt er keinen Ton heraus. Hinter ihm verlassen die Musiker fluchtartig die Bühne. Und plötzlich wiederholt sich der Vorgang. Ein Musiker mit einer Geige in der Hand will hinter dem neuen Fernsehsprecher eilig die Bühne verlassen, hält plötzlich beim Gehen inne, seine Hautfarbe ändert sich, wieder dieses Knistern ... und polternd fällt seine Geige zu Boden. Wieder erfolgt ein Aufschrei, noch lauter als der erste, und nun bricht eine totale Panik aus. Die Menschen wollen flüchten, wollen weg, aber wohin sie sich auch drehen und wenden – erneute Schreie und immer wieder geschieht das Gleiche, auch mit den Menschen aus dem Publikum. Auf dem Bildschirm sieht man einen kleinen Kreis unförmiger mit Asche vermischter Kleiderbündel.

Doch damit nicht genug! Die Kamera schwenkt auf die VIP-Tribüne. Da, wo bis vor ganz wenigen Sekunden Politiker und Prominenz gesessen haben, sind die Stühle jetzt leer. Auf zwei, nein drei Plätzen liegen wahllos nur noch einige Kleidungsstücke herum.

Fast wie von Geisterhand wird die Kamera nach wenigen Sekunden wieder auf das Publikum gerichtet. Entsetzte Gesichter, schreiende Menschen. Die Zuschauer beginnen seitwärts in den Tiergarten zu flüchten, der sich auf beiden

Seiten der Straße erstreckt. Aber vielen gelingt es nicht mehr. Während sie laufen, halten sie in der Bewegung inne und ihr Körper fällt in sich zusammen. Entsetzt schreiend weichen jene aus, die das mit ansehen mussten, um einige Sekunden später auch so zu enden. Immer mehr Menschen werden plötzlich zu Asche – einzelne Personen und auch ganze Familien. Aber sie alle waren doch deutlich sichtbar geimpft!

Auch die verzweifelte Mutter und ihr Kind tragen das Zeichen, aber schon verwandelt sich das Kind in den Armen der Mutter zu einer konturenlosen Masse und rieselt zwischen den haltenden Händen auf den Boden. Die Mutter schreit entsetzt auf. Sekunden später ist auch sie nicht mehr. Und so wiederholt es sich unzählige Male. Manchmal sind es ganze Gruppen, vierzig, fünfzig oder Hunderte und noch mehr, als hätten sie sich vorher abgesprochen. Schließlich verebben allmählich die verzweifelt klagenden Schreie und Rufe. Dann regt sich auf der mit Kleidungsstücken übersäten Straße nichts mehr – Totenstille ist eingetreten.

Ich bin wie erstarrt. Von einer Sekunde auf die andere wird klar, was da geschehen ist: Die Impfung hat nicht gewirkt, sondern nur den Eintritt des Todes verzögert! Mein Atem stockt, mein Herz klopft wie wild, ich bin wie gelähmt. Ich kann nicht schreien, meine Kehle ist wie zugeschnürt ... Oh Gott, Carl, Cornelia, Max waren doch auch auf der Feier ..., sie sind jetzt auch tot? Das kann, das darf doch nicht sein! Aber ein Blick auf den Fernseher zeigt, dass sich auf der ganzen Festmeile nichts mehr bewegt. Dann wird mit einem Mal der Bildschirm dunkel.

Mir fällt die Familie ein – schnell anrufen! Und wenn sie auch nicht mehr leben?

... aber was ist jetzt mit mir? Wann bin ich dran? Ja, was ist mit mir? Werde ich es erleben, wie es ist, plötzlich im Sprechen, Denken, Sehen und Fühlen innezuhalten und dann zusammenzufallen? Höre ich vorher noch das Knistern als warnendes Zeichen? Ich schaue auf meine Hände. Ist meine Haut noch weiß oder ändert sie jetzt ihre Farbe? Panik überkommt mich ... Was geschieht jetzt? ... Was ist dann mit mir, wenn ich nicht mehr bin? ... Ich rufe nach meiner Mutter, weiß aber auch im gleichen Moment, dass sie mir nicht helfen kann. Ich atme hektisch, kann meine Atmung nicht steuern, der Puls rast. Schließlich wickle ich mich in eine Decke und rolle mich auf der Couch zusammen. Obwohl ich am ganzen Körper zittere, empfinde ich unter der Decke ein bisschen Wärme und Geborgenheit und bleibe so liegen. Die Gedanken, die Gefühle und die Angst aber bleiben: Gleich wird es passieren ...! Bekomme ich diese Änderung noch mit? Wird es schmerzen, wenn die Haut auf einmal porös wird, wenn mir die Arme abfallen? Mir schlottern die Knie. Mein Atmen wird immer kürzer. Ich möchte hier weg, flüchten, einfach fort! Aber wie und wohin? Das Zittern wird heftiger, ich habe mich mehr unter Kontrolle. Werde ich wahnsinnig? Ich ringe mehr und mehr nach Luft und habe das Gefühl, als sei keine Luft mehr da ... Mir wird schwarz vor Augen ...

Irgendwann wache ich auf. Der Fernseher läuft und beleuchtet mit einem Testbild das Wohnzimmer. Sonst ist es dunkel. Die Uhr über dem offenen Kamin zeigt zwanzig Minuten nach eins. Was ist los? Allmählich kommen die Erinnerungen wieder ... Nein, ich bin noch nicht tot, ich bin zu Hause und liege im Wohnzimmer auf der Couch. Ich fühle meinen Körper, atme, kann mich normal bewegen. Ich kneife mich in den Arm und spüre es. Also lebe ich! Was aber war vorhin mit mir los? Ich muss Stunden geschlafen haben oder besinnungslos gewesen sein, wohl ein Nervenzusammenbruch – ähnlich wie auf dem Pariser Flughafen. Ich lebe, sage ich mir immer wieder! Aber wieso?

Wieder überkommt mich Angst, wieder sehe ich die Bilder, die Ansagerin mit der markanten Impfmarkierung, den Geiger, die flüchtenden Menschen ... Passiert das auch gleich mit mir? Ich betrachte meine Haut. So geht es eine ganze Zeit, bis sich unerbittlich meine Blase meldet. Kann ich überhaupt aufstehen und ins Badezimmer gehen? Es geht – mit weichen Knien. Immer wieder beobachte ich mich. Zurück im Wohnzimmer mache ich Licht an und schalte den Fernseher aus. Die Farbe meiner Haut hat sich nicht verändert, stelle ich fest.

Langsam beginnt mich die intensive Selbstbeobachtung zu nerven. Wenn ich gleich zerfalle, dann ist es eben so! Ich weiß sehr wohl, dass meine Stimmungslage jetzt von Todesangst geprägt ist, aber ich halte das nicht lange aus, es verdammt zur absoluten Passivität, zum Nichtstun, zur Hoffnungslosigkeit ... Aber das bin doch nicht ich! Mein Verstand beginnt, wie ich es von mir kenne, dieses Angstgefühl zu bekämpfen. Es ist der alter Trick: Gehirn einschalten, Angstgefühle beiseiteschieben und mich daran erinnern, was ich definitiv weiß. Denn nur damit kann ich meine Angst überwinden. Auch früher habe ich das schon so gemacht. Nur geht das leider dann nicht, wenn die Angst zu tief sitzt, denn dann ist man eingeschlossen vom Gefühl der völligen Hoffnungslosigkeit.

Ausgerechnet jetzt fällt mir ein Erlebnis aus der Studentenzeit dazu ein? Läuft unmittelbar vor dem Tod das Leben noch mal wie in einem Film vor meinen Augen ab ...?

Damals verdiente ich mir während des Studiums etwas Geld hinzu, indem ich von einem Schrottplatz kleine defekte Warmwasserboiler mit fünf oder zehn Litern Inhalt ankaufte, reparierte und sie dann verkaufte. Als eines Tages keine kleinen Geräte mehr da waren, sondern nur noch zehnmal so große wie die bisherigen, hatte ich eine fast panische Angst, mich an diese Geräte heranzuwagen. Ich traute mir das an diesen großen Geräten einfach nicht zu. Zudem brauchte ich auch noch größere Schraubenschlüssel. Das Ganze war mir unheimlich. Ich hatte es nicht im Griff, sondern nur Angst. Schließlich überwand ich meine Furcht, besorgte mir das entsprechende Werkzeug und montierte drauflos. Und schon während der Arbeit verflog meine Angst. Später konnte ich mir nicht erklären, warum ich diese Furcht überhaupt hatte.

Was soll schon sein, versuche ich mir mit dem Verstand klarzumachen, wenn ich sterbe. Meine Seele wird weiterleben! Mein Körper zerfällt zu Asche, na und? Natürlich wäre es jetzt schön, wenn ich einen »persönlichen« Gott hätte, dem ich mich anvertrauen kann, der alles regelt, mich führt, mich tröstet und meine Zweifel beseitigt. Aber das war für mein Leben so nicht vorgesehen. Es gelingt mir, mich mit diesen Gedanken langsam zu beruhigen. Schließlich sage ich mir, wenn ich jetzt doch sterben sollte, dann soll es eben so sein.

Es ist mittlerweile etwa halb vier geworden, aber ich bin nicht müde. Jede Sekunde kann es mich erwischen. Aber vielleicht kann ich es erreichen, im Schlaf zu sterben. So wie vor vier Tagen, als ich die Impfwirkung bezweifelte. Mit vollem Bewusstsein muss ich meinen eignen Tod nicht unbedingt erleben! Also stehe ich noch einmal auf und nehme eine Dosis Schlaftabletten. Langsam verlassen mich die Kämpfer Angst und Verstand ...

27. Juni   Sonntagvormittag
B e r l i n

Als ich ganz allmählich aufwache und die Augen für einen Moment öffne, scheint die Sonne durch die halb geschlossenen Jalousien und erhellt das Schlafzimmer.

Alles an mir fühlt sich schwer an, nicht nur die Augenlider, auch die Beine und Arme, der Körper, einfach alles, eine bleierne Müdigkeit. Zuerst ganz langsam, dann aber von einer Sekunde auf die andere dämmert mir, was gestern alles geschah ... Blitzschnell sind die Gedanken von gestern wieder gegenwärtig, und auch die Angst, den nächsten Augenblick nicht mehr zu erleben. Die Müdigkeit ist wie weggeblasen. Ein Bedürfnis treibt mich ins Bad. Dann, auf dem Weg zurück, fällt mein Blick einen Moment durch das Flurfenster in Nachbars Garten. Ich sehe Herrn Schneider aus dem Hinterausgang seines Hauses gehen. Er lebt! Aber irgendetwas stimmt nicht mit ihm. Er wirkt sehr verstört. Durch die geschlossenen Fenster höre ich ihn »Erika« rufen, den Namen seiner Frau. Es ist ein trauriges Rufen, dann hält er plötzlich inne, wird aschgrau, porös und in Sekunden fällt er in sich zusammen. Ich sehe diese Art zu sterben jetzt zum ersten Mal mit eigenen Augen, nicht wie in Saigon, wo mir der Autoverkehr den Blick verstellte, und nicht wie im Fernsehen. Ich möchte schreien – nein, ich will nicht mehr! Ich schleppe mich wieder ins Bad und nehme eine weitere Dosis Schlaftabletten. Schnell werden meine Glieder schwer.

27. Juni Sonntagabend
Berlin

Im Schlafzimmer ist es noch hell. Die letzten tiefen Sonnenstrahlen des Tages fallen auf die verglasten Türen des Kleiderschranks und spiegeln sich. Wieder lastet diese bleierne Müdigkeit auf mir, es fällt mir schwer, wach zu werden, ich fühle mich sehr schwach. Es dauert eine ganze Zeit, bis die Erinnerungen, die Gedanken und die Angst in mein Bewusstsein aufsteigen, als mir plötzlich einfällt, dass die Schneiders erst vor einigen Tagen aus ihrem

Südfrankreichurlaub zurückgekommen sind. Dort wollten sie sich für drei Wochen vom Stress der Großstadt erholen, sagten sie Lanh vor unserer Reise nach Vietnam. Und nach Südfrankreich kam das Virus aus klimatischen Gründen erst einen Tag später als in die übrige Europäische Union, wurde damals in den Nachrichten gesagt. Und wenn das so war, dann hatten sich die Schneiders einen Tag später mit dem Virus infiziert und konnten folglich auch einen Tag länger leben, also bis heute! Herr Schneider rief seine Frau, die zu dem Zeitpunkt, als er sie gerufen hatte, noch leben musste, denn sonst wäre das Rufen ja sinnlos gewesen. Also stimmt meine Überlegung! Und was bedeutet das für mich?

Obwohl ich die Müdigkeit, hervorgerufen durch die Schlaftabletten, am ganzen Körper spüre, richte ich mich im Bett auf. So kann ich besser denken: Da ich nicht in Südfrankreich war, muss ich das Virus zur gleichen Zeit wie alle anderen hier bekommen haben.

Die Menschen, die mit mir zum gleichen Zeitpunkt das Virus aufgenommen haben, müssten jetzt alle gestorben sein. Und das ist auch der Fall, zumindest für alle, die gestern auf der Feier waren.

Es liegt nahe, dass aus diesem Grund keine Fernsehübertragung mehr aus Warschau möglich war, das Virus hat die Menschen dort vorher erreicht ... Es ist unfassbar – sollten die Auswirkungen des Virus so »pünktlich« sein?

Aber stimmt das alles, was ich mir jetzt gerade zusammengereimt habe? Ich müsste doch auch schon längst tot sein, aber ich lebe noch! Wenn der Eintritt des Todes so pünktlich abläuft, wie es gestern im Fernsehen zu sehen war, und ich dennoch nicht an dem Virus gestorben bin, dann konnte mir das Virus offensichtlich nichts anhaben ...! Und wenn es so ist, gibt es andere Überlebende? Was ist mit der Familie?

Ich schaue auf das Telefon, nehme den Hörer ab, warte auf das Freizeichen und will gerade voller Hoffnung die Nummer von meiner Schwägerin wählen, als die Ansage ertönt: *Dieser Anschluss ist vorübergehend nicht erreichbar.* Merkwürdig! Ich habe doch noch gar keine Nummer gewählt. Ich lege auf und probiere es noch einmal. Wieder die gleiche Ansage. Das Telefonnetz muss erheblich gestört sein.

So bekomme ich keine Antwort auf meine Frage. Für einen Moment überlege ich, ob ich nicht einfach ins Auto steige und zur Familie fahre. Aber dazu fehlt mir jetzt die Kraft.

Aber vielleicht bekomme ich über Funk und Fernsehen Klarheit. Das kleine Taschenradio neben dem Telefon, mit dem ich morgens vor dem Weg zur Firma immer Nachrichten höre, gibt auf dem eingestellten Sender nur ein Rauschen von sich. Ich drehe auf einen anderen Sender, wieder nur Rauschen. Ich drehe weiter, aber nichts ist auf dem UKW-Band zu hören. Auf der Mittelwelle das Gleiche! Vielleicht haben die Rundfunkanstalten zurzeit Stromsperren. Es bleibt noch das Fernsehen und das Internet als Informationsquelle übrig. Aber gerade sehe ich, dass beim elektrischen Wecker das Display dunkel ist, wir haben wieder eine Stromabschaltung.

Also kann ich jetzt nicht herausfinden, was sich wirklich abgespielt hat. Ich muss es wohl auf morgen verschieben, wenn es für mich noch ein Morgen gibt, und wende mich wieder dem Wenn-dann-Gedankenspiel zu. Dabei kommt mir in den Sinn, dass ich vielleicht schon in Vietnam gegen das Virus immun war, so unwahrscheinlich das auch klingen mag. Und ich erinnere mich an ein Gespräch darüber mit Carl, aber ich hatte den Gedanken damals verworfen, weil ich es für völlig unmöglich gehalten hatte. Wenn es aber doch so ist, kann das Virus mir auch jetzt nichts anhaben! Denn wäre das nicht der Fall gewesen, wäre ich ja schon längst gestorben, und zwar am 6. Juni, weil ich am 23. Mai asiatischen Boden betreten habe und weil ich wie die anderen mit Sicherheit mit dem Virus in Kontakt gekommen bin ... Am 6. Juni begann in Saigon das große Sterben. Aber am Flughafen Tegel bei der Untersuchung haben die Ärzte zu ihrer übergroßen Verwunderung bei mir nichts feststellen können. Kann es denn sein, dass ich gegen das Virus wirklich immun bin? Allerdings wurde bisher eine Immunität von allen Sachverständigen für völlig unmöglich gehalten. Aber auch Sachverständige können irren, zumindest in meinem Fall liegt es sehr nahe! Ist der Kelch wieder an mir vorübergegangen? Noch bin ich mir nicht sicher. Die Hoffnung aber keimt, vor vierundzwanzig Stunden noch unvorstellbar!

Ich fühle mich wie benebelt von den Tabletten, als ich aufstehe. Aber ich sage mir, dass ich etwas essen muss, um wieder zu Kräften zu kommen. Entweder werde ich gleich zu Asche oder ich verhungere. Über diesen Gedanken muss ich schmunzeln. Auf dem Weg in die Küche wanke ich mehr, als ich gehe. Dort angekommen, setze ich mich erst an den Tisch. Die Beine wollen es so. Mein Blick fällt durch das Fenster und dann sehe ich Herrn Schneider, beziehungsweise was von ihm übrig geblieben ist. Ich reiße mich von diesem Anblick los und öffne eine Packung asiatischer Nudeln, ein Fertiggericht. Komisch, denke ich, als ich das Wasser in den Kochtopf gebe, der Wasserdruck ist sehr schwach. Obwohl ich keinen richtigen Hunger habe, genieße ich die Suppe. Sie ist scharf und zum Abmildern der Schärfe nehme ich etwas Apfelmus zu mir. Lanh wunderte sich jedes Mal über diese merkwürdige Mischung. Lanh! Die gedankliche Beschäftigung mit ihr, die Erinnerungen, die Sehnsucht und die Angst vor dem Tod bereiten mir ein Wechselbad der Gefühle. Und die letzten Löffel der Suppe schmecken salzig. Wozu eigentlich das alles noch? Wäre es nicht besser, wie die vielen anderen tot zu sein?

Wieder nehme ich Tabletten, um in den Schlaf zu flüchten.

28. Juni Montagvormittag
Berlin

Als ich langsam wach werde, ist es zu warm, obwohl ich nur unter einer dünnen Sommerdecke liege. Ich streife sie ab und versuche aufzustehen, aber noch zu sehr wirkt das Schlafmittel nach. Also Augen zu und weiterschlafen! Nach etwa einer Stunde probiere ich es noch einmal, nachdem ich aus dem unruhigen Halbschlaf wieder zu mir gekommen bin. Allmählich werden mir die Ereignisse der letzten Stunden wieder präsent: die Angst zu sterben, dann die durchaus in Betracht zu ziehende Möglichkeit, dass ich gegen das Virus immun bin und die Sehnsucht nach Lanh. All das will wieder von mir blitzschnell Besitz ergreifen. Beginnt dieser Tag, wie der gestrige aufgehört hat? Kurz bevor ich diese Frage für mich bejahen muss, wehrt sich etwas in mir. Es ist der alte Freund, der Verstand, und nun wiederholt sich das alles, was schon gestern in mir vorging, jetzt nur noch aufdringlicher, noch bohrender: Wie ist jetzt meine Situation? Ich lebe immer noch! Spricht etwas dafür, dass ich gegen das Virus wie damals in Vietnam immun bin?

Ich lebe jetzt mittlerweile anderthalb Tage länger als die übrigen Menschen in Berlin, bin ich wirklich gegen das Virus immun oder bin ich nur ein »Spätzünder«, den es gleich erwischen wird? Ich sehe wieder die schrecklichen

Bilder aus dem Fernsehen vor mir. Hat außer mir sonst noch jemand überlebt, jemand aus der Familie?

Ich greife zum Telefon, höre aber jetzt noch nicht einmal mehr ein Freizeichen. Im Radio kann ich wieder keine Sender mehr empfangen, Fernsehen und Internet lassen sich nicht einschalten. Es gibt immer noch keinen Strom.

Das ist doch alles nicht wahr, was ich hier erlebe! Oder doch? Unzählige Gedanken konzentrieren sich allmählich nur auf eine einzige Frage: Gibt es andere Überlebende?

Ob ich nun will oder nicht, ich muss mich nach draußen begeben. Schließlich gebe ich mir einen Ruck und stehe auf. Obwohl ich jetzt geistig hellwach bin, fühle ich mich körperlich noch müde und schlapp. Kein Wunder nach diesem Tablettenkonsum in den letzten Tagen. Eine kalte Dusche wäre jetzt das Richtige, um mich wach zu bekommen. Aber als ich den Wasserhahn aufdrehe, kommen nur noch ein paar Tropfen. Jetzt gibt es also auch kein Wasser mehr! Mit mulmigen Gefühlen gehe ich aus dem Haus. Es ist gespenstisch ruhig. Nur ab und zu sind einige Krähen zu hören, und der Wind, wie er sich in den Bäumen verfängt und die Blätter zum Rauschen bringt. Die Krähen leben also auch noch, denke ich. Sonst ist es still. In den Gärten und auf der Straße ist niemand zu sehen und zu hören. Kein Mensch, kein Verkehr, kein Motorgeräusch, einfach nichts, so, als ob diese Gegend im wahrsten Sinne des Wortes ausgestorben ist. Nachdenklich gehe ich zum Haus zurück. Ist es überall so? Ich muss unbedingt in die Stadt, am besten mit dem Motorroller, weil er noch einen fast vollen Tank hat. Von hier bis in den Ortsteil Tegel sind es nur wenige Kilometer. Für einen ersten Überblick müsste das reichen. Und dann weiter zur Familie!

Nach dem Frühstück fahre ich los. Auf der Straße in Richtung Tegel ist alles ruhig. Niemand kommt mir entgegen. Die ersten hundert Meter finde ich das auch nicht so ungewöhnlich, das hätte durchaus auch früher so passieren können. Aber je weiter ich fahre, desto unheimlicher wird es mir dann doch, weil es so bleibt.

Auf dem Bürgersteig liegen manchmal irgendwelche Kleidungsstücke herum. Bei näherem Hinsehen erkenne ich graue Asche, und mitunter auch einzelne Schuhe, eine Armbanduhr, die danebenliegt, manchmal auch eine Damenhandtasche …

Mir wird klar, dass auch hier das große Sterben stattgefunden hat, und dass ich hier wirklich ganz alleine bin. Aber das richtig zur Kenntnis nehmen, es als wahr akzeptieren will ich ganz einfach nicht!

Hinter der nächsten Straßenbiegung sehe ich einen PKW, der mit einem Reifen schon auf der Fahrbahn steht, um sich von seinem Parkplatz in den Verkehr einzureihen. Also bin ich doch nicht allein? Ich fahre langsamer, aber der Wagen bewegt sich nicht, sondern er steht. Dann ahne ich, was hier passiert ist, und bremse ab. Als ich in den Wagen hineinschaue, entdecke ich auf dem Fahrersitz Asche und einige Kleidungsstücke. Der Zündschlüssel steckt noch. Meine leise Hoffnung, noch andere Menschen lebend zu finden, beginnt zu schwinden, aber dennoch fahre ich weiter. Hinter der nächsten Kurve steht ein Kombi quer auf der Fahrbahn. Ein anderes Fahrzeug, ein PKW, ist ihm in die Seite gefahren. Die Türen und Fenster beider Fahrzeuge sind geschlossen. Wieder das Gleiche! Dieser Unfall muss sich unmittelbar vor dem Tod des PKW-Fahrers ereignet haben.

Ein Blick durch die Autoscheiben genügt mir – wieder der gleiche Anblick, und auf dem Rücksitz ein kleines Kleidungsbündel mit Asche, in einem Kindersitz. Was muss sich hier zugetragen haben!

Mein Weg führt mich nun einige Kilometer durch den Wald. Alles ist ruhig, niemand ist zu sehen, niemand kommt mir entgegen. An der Kreuzung zum Orteingang Tegel stelle ich fest, dass die Ampeln außer Betrieb sind. Dahinter stehen in einer Haltebucht zwei Nachtbusse der Berliner Verkehrsbetriebe, der eine so, als wolle er gerade abfahren, die Stellung der Vorderräder und der Blinker, der aber nur noch schwach leuchtet, zeigen es an. Ansonsten auch hier das gleiche Bild wie vorhin.

Weiter geht es auf der Hauptverkehrsstraße nach Tegel. Es ist gespenstisch. Heute, am Montagvormittag um kurz nach neun Uhr müsste hier normalerweise das Leben toben. Jetzt herrscht geradezu eine Friedhofsstille. Links und rechts entlang der Berliner Straße sind alle Geschäfte geschlossen, auch in den Seitenstraßen, soweit ich es erkennen kann. Keine Fußgänger sind zu sehen, niemand, der aus der U-Bahnstation nach oben zu den Bussen hastet. Nichts ist noch so, wie es einmal war. So geht es durch den ganzen Stadtteil Tegel auf einer völlig leeren Straße. Gibt es denn hier niemanden mehr? Ich kann es einfach nicht fassen.

Ich will das Schicksal herausfordern, indem ich auf der Autobahn entgegen der Vorschriften mit meinem Roller von hier bis zur nächsten Abfahrt zurück in Richtung Heiligensee fahre. Vielleicht sind ja dort noch Menschen unterwegs. Dieser viel befahrene Autobahnabschnitt, den ich früher immer zur Arbeit und zurück benutzt habe, ist zum Teil unterirdisch angelegt und beleuchtet. Heute aber gibt es in der Tunnelröhre kein Licht. Ich fahre hinein, und schnell wird es um mich dunkel. Nur der Frontscheinwerfer meines Rollers beleuchtet die Fahrbahn. Immer wieder schaue ich in den Rückspiegel, aber von hinten kommt niemand. Und so fahre ich allein einige Kilometer durch die lange dunkle Röhre, bis schließlich ganz in der Ferne

Tageslicht das Ende des Tunnels anzeigt. Und immer noch kommt niemand von hinten! Aber von weitem sehe ich hinter dem Tunnel kurz vor der Ausfahrt auf der rechten Seite ein Stau von einigen Fahrzeugen. Offensichtlich hat es einen Unfall gegeben. Langsam nähere ich mich, aber wieder wird meine Hoffnung enttäuscht, jemand noch lebend anzutreffen.

Ich habe jetzt genug gesehen, umfahre den Stau der führerlosen Autos und fahre die Ausfahrt hinaus nach Hause, ohne den Umweg zur Familie. Und mir wird schmerzlich bewusst: Ich lebe, aber ich bin völlig allein, die Angst vor dem Tod wird zunehmend von dieser Gewissheit überlagert. Ich habe also nicht nur meine Frau verloren, sondern jetzt auch noch alle anderen Menschen. Während ich versuche, diese Situation irgendwie für mich zu verarbeiten, sagt eine Stimme in mir: Warum sollte ich denn der einzige Mensch sein, der diese Katastrophe überlebt hat, nur einer von den ungefähr sechs Milliarden Menschen? Es wird und es muss doch mehr Ausnahmen geben! – Und wenn nicht? Was ist dann?

Einsamkeit kann etwas Faszinierendes haben, zum Beispiel beim Bestehen von Abenteuern. So bin ich vor einigen Jahren in den USA in Arizona von Wickieup nach Yucca quer durch die Wüste auf einer unbefestigten Straße gefahren. Die Möglichkeit, nicht heil anzukommen, bestand ich sehr wohl, wenn ich mich an den Weg und seinen Zustand erinnere. Schlaglöcher und Versandungen an den Rändern des besseren Feldweges hätten der Fahrt schnell ein Ende bereiten können. Natürlich hatte ich genug Wasser bei mir, und ich stellte den Tagesmeilenzähler zurück, um zu wissen, wie lange die Strecke zu Fuß bei einer Havarie gewesen wäre. Ein bisschen mulmig aber war mir doch bei dieser Aktion. Doch alles ging gut. Als ich einmal eine Pause machte und aus dem Wagen stieg, war nichts, aber auch gar nichts zu hören. Nur ein Rauschen, aber das höre ich immer, wenn es sehr still ist oder ich mich darauf konzentriere. Dann probierte ich, wie weit sich der Schall in der Wüste ausbreitet, indem ich sehr laut »Hallo« rief. Ich war überrascht, es gab kein Echo, und ich hatte den Eindruck, als würde der Schall in der Einsamkeit der Wüste ganz einfach verschluckt.

Aber Einsamkeit verliert ihren Reiz, wenn man nicht in die Geborgenheit vieler oder wenigstens eines einzigen Menschen zurückkehren kann, weil es einfach niemanden mehr gibt. Wo soll ich denn jetzt hin? Doch ich will jetzt nicht mehr darüber nachdenken.

Als ich zu Hause ankomme und meinen Roller vor der Tür abstelle, höre ich auf einmal ein Geräusch. Es klingt wie ein unterdrücktes Hundegebell, eher wie ein Jaulen. Wo kommt das her? Ich nehme den Schutzhelm ab, und jetzt ist es deutlicher zu hören. Es ist ganz klar, dass es von dem Haus des Nachbarfamilie Lorenz herkommt. Das kann nur Sally, eine schwarze, ungefähr ein Jahr alte Tibet-Terrierhündin, sein. Um zum Haus des Nachbarn zu gelangen, muss ich fast bis zur Straße laufen und dann die gleiche Strecke zurück, weil unsere Häuser zurückgesetzt gebaut worden sind. Ich mache mich auf den Weg und komme zwangsläufig an dem Haus der Familie Schneider vorbei. An der Stelle, wo der Nachbar starb, liegen noch seine Kleidungsstücke auf dem Boden, von der Asche sind nur noch Reste zu sehen. Der Wind hat schon ganze Arbeit geleistet. Bei dem Anblick – hier stand vor kurzem noch ein lebendiger Mensch – bekomme ich ein flaues Gefühl im Magen. Wenig später stehe ich vor dem erhöhten, nur über eine Treppe zu erreichenden Hauseingang. Ich höre, wie es drinnen heftiger raschelt, kratzt, jault und bellt. »Sally«, rufe ich, und schlagartig werden die Geräusche noch intensiver. Die Hündin hat mich gehört. Was soll ich jetzt tun? Ich kann doch nicht einfach ein fremdes Haus aufbrechen? Vielleicht lebt noch jemand? Ich denke kurz daran, anzurufen, aber dann fällt mir ein, dass das Telefon nicht funktioniert. Und die Klingel ebenfalls nicht, weil es keinen Strom gibt. Da auf mein Klopfen niemand öffnet, entschließe ich mich, die Tür gewaltsam zu öffnen, denn Sally bittet inständig um Hilfe. Ich trete vorsichtig gegen die untere Türverglasung, um das ungeduldige Tier nicht zu verletzen. Nach dem ersten Tritt rührt sich nichts. Aber in mir rührt sich etwas: Wie ein Einbrecher, der Angst hat, auf frischer Tat ertappt zu werden, schaue ich mich um. Es ist merkwürdig, auf diese Weise in eine fremde Privatsphäre einzudringen, und mir ist nicht wohl dabei.

Es erinnert mich an die Auflösung der Wohnung meines Vaters, nachdem er gestorben war. Dabei hatte ich auch ständig den Eindruck, mich in einer privaten Sphäre zu bewegen, die mich nichts angeht. Nachdem ich schon einige Möbelstücke verkauft hatte und die Bilder, an denen er so sehr hing, auch nicht mehr da waren, stellte ich mir manchmal vor, während ich mich in der Wohnung aufhielt, dass plötzlich die Tür aufgeht, mein Vater hereinkommt, sich umsieht und mich sehr vorwurfsvoll fragt, wo denn die Sachen aus der Wohnung seien.

Es hilft nichts, der Hund fordert meine Unterstützung, und zwar vehement! Nach einigen Tritten gegen das Glas fällt es in einem ganzen Stück nach innen. Und kaum ist das geschehen, sehe ich zuerst Sallys Kopf und dann das ganze Tier. Wie ein Blitz schießt sie an mir vorbei, rast die

Treppe bis zum Hof herunter, bleibt dort erschöpft auf der Seite liegen und japst nach Luft. Sie muss ihre letzte Kraft aufgewendet haben, um aus dem Haus heraus zu kommen. Ich ahne schon wieder etwas... Hat sie vielleicht das Ableben von Frauchen und Herrchen miterlebt? Schnell gehe ich zu ihr. Sie ist erschöpft, atmet schwer und rührt sich kaum noch. Ich will für Sally etwas Wasser holen und drehe mich um, ob sie mir folgt. Sie versucht es, kommt aber vor Schwäche nicht mehr auf die Beine. Schnell gehe ich zu ihr zurück, streichele sie und sage ihr, dass ich gleich wieder zurückkomme. Sie hat wohl verstanden, das verhaltene Jaulen wird leiser und hört schließlich ganz auf. Im Haus nehme ich eine Flasche Stilles Wasser und eine Schale und laufe schnell zurück. Sobald sie mich sieht, beginnt sie wieder zu jaulen. Ich spreche beruhigend auf sie ein und gebe ihr das Wasser. Gierig hat sie die Schüssel geleert und schaut mich danach fragend an. Kann ich noch mehr Wasser haben? Sie muss seit fast zwei Tagen nichts mehr getrunken haben. Auch die zweite und dritte Schüssel leert sie hastig. Ich ernte dankbare Hundeblicke. Sally wird sicherlich auch Hunger haben, und Hundefutter in Dosen müsste es beim Nachbarn noch geben. Die Öffnung in der Haustür ist so groß, dass ich mich hindurchzwängen kann. Irgendwie fühle ich mich in der fremden Wohnung sehr hilflos. Ich möchte die Nachbarn rufen und ihnen sagen, was ich hier tue, als ich durch die geöffnete Küchentür blicke. Da liegt ein Aschehaufen inmitten der Kleider. Und im Wohnzimmer ebenfalls einer. Obwohl mir diesen Anblick mittlerweile nicht mehr neu ist, kann ich mich daran nicht gewöhnen. Was mögen die letzten Worte der Nachbarn gewesen sein?

Ich wende mich schließlich ab und finde das Hundefutter. Alle Dosen einschließlich der Leckereien für Hunde nehme ich mit. Als ich aus dem Haus komme, liegt Sally immer noch bei der Wasserschüssel. Ich gebe ihr aus einer geöffneten Packung erst mal einen Hundekuchen. Sie frisst ihn mir schnell aus der Hand. Ist das alles, scheint sie mich mit großen Augen zu fragen. Es gibt Nachschub, aber nicht zu viel. Sie soll sich in ihrem geschwächten Zustand nicht überfressen. Ich überlege, ob ich sie mit zu mir nehme. In ihrem alte Zuhause kann sie nicht bleiben. Da ich ziemlich sicher bin, dass sie noch zu schwach ist, um selber zu laufen, reiche ich erst das gesamte Hundefutter über den Zaun auf unser Grundstück und nehme sie dann vorsichtig auf den Arm. Sally lässt es willenlos mit sich geschehen und es scheint ihr recht zu sein, dass es noch jemand gibt, der sich um ihr kleines Seelenleben kümmert. Auf der Veranda breite ich eine Decke aus. Jetzt muss sie erst mal zu Kräften kommen.

Kaum habe ich sie fürs Erste versorgt, stellen sich wieder die quälenden Gedanken und Gefühle ein. Was erwartet mich jetzt? Wie geht es weiter? Statt weiter zu grübeln, sollte ich jetzt erst einmal eine Tasse Kaffe trinken. Doch schon bei der Zubereitung beginnen die Probleme. Es gibt weder fließendes Wasser noch Strom. Wenn niemand mehr lebt, kümmert sich auch niemand mehr darum. Also muss auf unserem kleinen Gaskocher mit Flüssiggas und Mineralwasser gekocht werden. Ich schaue auf das Radio auf dem Küchentisch. War das vielleicht heute Morgen nur eine Täuschung, dass ich bisher nichts empfangen hatte? Nein, auch jetzt ist auf allen Wellenbereichen nichts als Rauschen zu hören. Sofort habe ich wieder das Gefühl der völligen Einsamkeit. Während des Kaffeekochens denke ich an Robinson Crusoe. Er konnte wenigstens die Hoffnung haben, eines Tages wieder unter Menschen zu sein, deren Existenz in der Geschichte ja nicht in Frage gestellt wurde.

Ich habe zwar auch die Hoffnung, wieder unter Menschen sein zu können, doch weiß ich im Gegensatz zu Crusoe nicht, ob und wo es noch Menschen gibt. Aber ähnlich ist: Auch ich kam unerwartet zu einem Hund. Und wann lerne ich *Freitag* kennen?

Wo ist Sally, schießt es mir durch den Kopf. Sie liegt noch auf der Terrasse, wie ich sie verlassen habe, und freut sich, mich zu sehen. Ich bringe ihr Wasser und Dosenfleisch. Langsam scheint es ihr besser zu gehen.

Ich habe immer noch Angst zu sterben. Wer soll sich um Sally kümmern, wenn ich auf einmal nicht mehr da bin?

Mir fällt auf, dass meine Gedanken ständig hin und her springen. Aber ist es ein Wunder? Ich musste heute feststellen, dass offensichtlich hier im ganzen Bezirk kein menschliches Leben mehr existiert. Ob das auch für einen größeren Umkreis gilt, kann ich noch nicht mit Sicherheit sagen. Es spricht aber alles dafür, dass es so ist. Und auch dafür, dass ich wahrscheinlich kein Opfer des Virus werde. Es ist unfassbar! Werde ich das alles jemals begreifen können?

Zweiter Teil
Der Anfang

28. Juni Montagmittag
Berlin

Man muss das Leben nicht immer verstehen, um es zu leben. Und in erster Linie will ich überleben!

Nach allem, was ich bisher gesehen habe, sollte ich mich nicht darauf verlassen, dass irgendetwas noch so ist oder so funktioniert wie vor dem Massensterben. Wie Robinson Crusoe bin ich völlig allein auf mich gestellt. Das Wichtigste ist jetzt, eine vernünftige Planung in mein Dasein zu bringen. – Mein Verstand hat jetzt wieder voll von mir Besitz ergriffen.

Was muss dringend erledigt werden? Ich brauche Nahrungsmittel. Noch vor vier Tagen hatte ich unseren Kühlschrank mit vegetarischen Lebensmitteln gefüllt, die mir Hung gebracht hatte, weil niemand von der Familie sie noch essen wollte. Nun besteht die ernste Gefahr, dass sie verderben. Die Kühltemperatur im Gefrierfach ist auf Minus vier Grad angestiegen und steigt weiter an, weil es keinen Strom mehr gibt. Hier muss etwas geschehen, und zwar umgehend. Glücklicherweise habe ich ein Stromaggregat im Schuppen. Obwohl das Gerät seit Jahren nicht im Betrieb war, bekomme ich es fast mühelos zum Laufen und verlege die Leitung ins Haus. Der Tank ist noch halb voll und dürfte erst einmal den Kühlschrank ausreichend versorgen. Bei all dem beobachtet mich Sally, die immer noch auf ihrer Decke auf der Terrasse liegt. Sie säuft und frisst, wenn ich ihr bisweilen etwas gebe, und sie ist für jeden Klaps dankbar. Ab und zu versucht sie, länger auf den Beinen zu bleiben.

Die zweite Aufgabe ist die Wasserversorgung. Hier schließeich die Brunnenpumpe der Regenwassergewinnungsanlage an den Generator an und den Schlauch von der Pumpe an einen Wasserhahn, der normalerweise nur für die Gartenbewässerung vorgesehen ist, dann schließe ich den Schieber zum Stadtwasser und habe jetzt ein in sich geschlossenes Wassersystem. Das Wasser aus dem Erdtank wird ungefähr für einen Monat reichen, wenn es bis dahin nicht regnet und der Tank nicht mit Regenwasser nachgefüllt wird. Jetzt kann ich erst mal duschen, fürs Erste nur kalt.

Ich bin froh, dass ich das alles so bewerkstelligen kann, obwohl es bestimmt auch nicht immer perfekt ist. Schon als Kind habe ich gerne gebastelt, konnte aber nie richtige Qualität liefern, weil ich kein richtiges Werkzeug hatte. So habe ich beispielsweise mangels einer Bohrmaschine mit einer Schere unzählige Löcher in Metall oder Holz gebohrt. Vieles, was ich baute, genügte meinen Ansprüchen nicht. Das, was ich machen wollte und das, was ich machen konnte, klaffte weit auseinander. Später, als ich in meiner Studentenzeit die Warmwassergeräte ankaufte, reparierte und verkaufte, wurde es besser. Ich hatte endlich genug Geld, um mir das erforderliche Werkzeug kaufen zu können. Trotzdem war mitunter Improvisation gefragt. Und da half mir die Erfahrung aus der Kindheit und Jugendzeit. Ich bin sicher, dass ich diese Fähigkeiten noch oft brauchen werde.

Nebenbei fällt mir ein, dass damals auch das ökonomische Denken bei diesem Geschäft nicht zu kurz kam, und ich muss schmunzeln: Anfang der achtziger Jahre in den Sommerferien hatte ich eine »wirtschaftliche Absatzkrise«, da trotz intensivster Werbung und günstiger Preise kaum eines meiner Warmwasserboiler an den Mann zu bringen war. Es waren wohl viele im Urlaub, jedenfalls gab es so gut wie keine Nachfrage. Es war zum Verrücktwerden! Wochenlang kaum ein Anruf. Ich verkaufte sogar mein Auto, weil ich es mir nicht mehr leisten konnte, und begnügte mich mit einem alten Moped. Als ich damit eines Tages an der damals noch existierenden Berliner Mauer entlangfuhr, erschrak ich doch gehörig über mich selbst. Da war mir doch tatsächlich die Idee gekommen, wenn die damaligen Westmächte in die DDR und in Ostberlin einfach »einmarschieren« und dadurch neue Märkte erschlossen würden, ich jedenfalls wegen der Unterversorgung der Ostberliner Bevölkerung mit Sanitärgeräten keine Probleme mehr hätte, meine Geräte loszuwerden. – So also gebärdet sich das Kapital, wenn es in eine Krise gerät. Beschrieb das nicht so Karl Marx? Der Mensch ist nichts, der Profit alles ... Einerseits war ich damals über meinen Gedankengang bestürzt, andererseits sehr froh, das Wesen des Kapitalismus in den Grundzügen verstanden und vor allem durch eigenes Erleben nachempfunden zu haben. Aber was nützt mir diese Erkenntnis jetzt noch ...?

28. Juni Montagnachmittag
B e r l i n

Nachdem ich die Elektrizität und die Wasserversorgung im Haus installiert habe, mache ich einen Plan, was ich alles für die nächsten Tage besorgen muss: zunächst Benzin für den Generator, dann Nahrungsmittel, Obst, Gemüse, Konserven, Wasser, Hundefutter, Gasflaschen zum Kochen und für Beleuchtungszwecke. Diesel für den Wagen ..., die Liste ist lang.

Zwar war die Zusammenstellung des Einkaufszettels ja recht einfach und allein vom Verstand geprägt, verbunden mit einer gehörigen Portion Kaltschnäuzigkeit. Jetzt aber, während ich im Auto sitze und im Begriff bin, meine Einkaufsplanung in die Realität umzusetzen, melden sich wieder die Gefühle ... Es ist weniger die Angst vor dem Tod, da ich von Stunde zu Stunde immer mehr davon überzeugt bin, dass ich am Leben bleibe. Nein, es ist die schreckliche Vorstellung, die sich aller Wahrscheinlichkeit zur Wahrheit verdichten wird, dass ich bis an das Ende meiner Tage völlig allein mit vergeblich suchendem Blick durch die Straßen irren und keine Menschenseele entdecken werde. Und es sind die näher liegenden Gedanken, wie ich nachher »einkaufe«. Es wird ähnlich wie bei meinem Nachbarn sein. Mit Gewalt muss ich mir den Zutritt verschaffen.

Minutenlang bleibe ich im Wagen sitzen und bringe es nicht fertig, den Zündschlüssel zum Starten des Motors umzudrehen. Über viel zu viel denke ich gleichzeitig nach, sodass mir fast schwindlig davon wird. Schließlich aber reiße ich mich zusammen. Du musst Hoffnung haben, sage ich mir. Irgendwann bekommst du bestimmt Kontakt zu anderen Menschen. Nur bis dahin musst du leben, überleben! Das hat jetzt absolut Priorität! Grübeln, Trauern und Tränenvergießen stehen, wenn überberhaupt, erst heute Abend auf dem Programm, wenn du wieder zu Hause bist, nicht jetzt! – Ja, wenn ich das alles so planen könnte ...!

Bevor mich meine Gefühle wieder in Beschlag nehmen, fahre ich los, aber ohne Sally. Sie soll sich erst einmal erholen. Mein Weg führt mich zunächst zu der nahegelegenen Tankstelle im Ort. Es ist die gleiche Strecke wie heute Morgen, vorbei an den Unfallfahrzeugen. Nein, ich lasse mich dadurch nicht wieder herunterziehen!

An der Tankstelle angekommen, habe ich ein seltenes Glück. Aus mir nicht erklärbaren Gründen stehen neben dem Gebäude acht 20-Liter-Kanister, vier gefüllt mit Benzin, wie ich rieche, und ebenfalls vier Kanister mit Diesel. Die Stromversorgung und der Treibstoff für den Wagen wären also für die nächsten Tage gesichert. Ich brauche mich erst einmal nicht in die Technik einer Tankstelle einzuarbeiten, wie man einen Generator anschließt, um die elektrischen Pumpen anzutreiben. Wobei natürlich auch noch fraglich ist, ob mir das alles so gelingen würde. Für die Zukunft heißt das aber, dass ich in erster Linie Diesel als Treibstoff verwenden werde, da er erstens nicht so entzündlich ist wie Benzin und zweitens fast überall verfügbar ist. In vielen Häusern wird mit Heizöl geheizt. Und mit Heizöl können bekanntlich Fahrzeuge und auch Generatoren betrieben werden.

Ich fahre weiter durch den Wald in Richtung Tegel. Wieder durch menschenleere Straßen. Seit dem Morgen hat sich nichts geändert, keinerlei Anzeichen, dass in der Zwischenzeit noch jemand hier gewesen ist, so sehr ich auch danach Ausschau halte. Als ich mitten in Tegel bin, kommt mir eine Idee. Ein paar hundert Meter weiter ist doch in einem größeren roten Sandsteingebäude die Polizeiwache des Abschnitts 14 untergebracht, unweit des berühmten Tors der früheren Borsigwerke. Vielleicht sind dort doch noch ein paar Beamte da? Das sollte ich nachprüfen.

Aber ich habe nicht viel Hoffnung, als ich die Eingangstür des Gebäudes öffne. Im Flur ist es hell genug, sodass ich auf eine Taschenlampe verzichten kann. Zur Wache geht es geradeaus. Zur Meldestelle links ins Treppenhaus. Die Doppeltüren zur Wache stehen einladend offen. Ich trete in einen größeren Raum ein, der durch einen langen Tresen geteilt ist, sehe aber niemanden. »Hallo, ist hier jemand?«, rufe ich. Keine Antwort. Nur ein einmaliges plötzliches Knacken. Ich rufe noch einmal, und dieses Mal lauter, aber ich bekomme keine Antwort. Schließlich schwinge ich mich über den Tresen. An vier Tischen auf dem Boden und auf den

Stühlen liegen Polizeiuniformen mit Asche vermischt... Hier antwortet niemand mehr!

Dann knackt es wieder. Und jetzt sehe ich, woher dieses Geräusch kommt. Auf einem Tisch entdecke ich ein Polizeifunkgerät. Es scheint über eine Batterie versorgt zu werden, die noch nicht leer ist. Ich werfe kurz einen Blick auf die Bedienungselemente, nehme das an der Seite eingeklinkte Mikrofon, drücke die Sprechtaste und rufe ohne zu überlegen um Hilfe. Niemand antwortet, nur ein Rauschen ist zu hören. Ich versuche es wieder und wieder, auch über andere Kanäle, aber das Ergebnis ist immer das Gleiche. Es gibt also auch keine Polizei mehr! Vielleicht aber gibt es noch irgendwelche Rettungskräfte, die sich über den Polizeifunk melden könnten. Zu diesem Zweck sollte ich einige Polizeifunkgeräte zu Hause haben und von dort die Frequenzen überwachen, spricht der Funkamateur in mir. Ich sehe mich um und finde, was ich suche: Handfunkgeräte, Batteriesätze und Ladegeräte.

Bei den Kleidungsstücken auf den Stühlen und auf dem Boden fallen mir die Pistolentaschen mit Ersatzmagazinen ins Auge. Irgendetwas in mir sagt, dass ich diese Waffen vielleicht einmal brauchen werde und gegen jemanden richten muss ... vielleicht am Ende gegen mich selbst? Ich fühle mich nicht gut, als ich, einem Leichenfledderer gleich, aus den Kleiderhaufen die Pistolen und die vollen Magazine an mich nehme. Jetzt bin ich ein Outlaw! Nur ist niemand mehr da, der das über mich sagen könnte.

Gegenüber der Polizeiwache gibt es einen Laden für Gasflaschen und Zubehör. Es ist wie alle anderen geschlossen. Mein Gewissen meldet sich, aber dieses Geschäft eröffnet niemand mehr; es gibt niemanden mehr, dem es gehört! Ich mache mich ans Werk. Den mannshohen Zaun habe ich schnell überwunden. Von innen lässt sich das Tor öffnen. Ich drücke es auf und schleppe vier volle Gasflaschen, die im Hof stehen, ins Auto. Im Schaufenster des Geschäfts steht ein Campingkühlschrank, der auch mit Gas betrieben werden kann. Den sollte ich haben, wenn mal der Generator ausfällt. Mit dem Gefühl eines Kriminellen, der aber noch ein funktionierendes Gewissen hat, schlage ich die Glastür des Ladens mit einem Stein ein. Sofort ertönt eine laute Sirene, die mich zu Tode erschreckt. Was habe ich nur getan? Was mache ich jetzt? Laufe ich weg? Kommt gleich die Polizei und verhaftet mich? – Ja, wenn sie doch kommen würde und wenn es noch Menschen geben würde, die sich, egal wie, um mich kümmern! Aber es gibt sie nicht!

Schließlich gehe ich in das Geschäft hinein, suche die batteriebetriebene Alarmanlage und kappe das zur Sirene führende Kabel. Sofort kehrt wieder Ruhe ein, und ich nehme mit, was ich brauche.

Gegenüber dem Gasgeschäft ist ein großer Lebensmittelmarkt. Auch hier öffne ich die Tür mit Gewalt. Es riecht stark nach verdorbenen Lebensmitteln, noch bevor ich im Schein der Taschenlampe die allmählich verderbenden Waren in den Kühlboxen erkennen kann. Auch hier bediene ich mich selbst, nehme einige Flaschen Trinkwasser mit und ein paar Konserven, auch etwas Obst und Gemüse, das noch nicht verdorben ist.

Und auf einmal stellt sich noch ein anderes Gefühl ein: Ich fürchte, von anderen Überlebenden, sollte es sie geben, überrascht zu werden. Es scheint ein uralter Instinkt zu sein. Ich suche zwar menschliche Nähe, möchte sie aber nicht unvermittelt, weil ich sie dann als Bedrohung empfinde. Seltsam! Aber genau diesen Instinkt schätze ich. Vielleicht wird er mich später einmal vor unliebsamen Überraschungen bewahren?

Zurück nach Hause fahre ich einen anderen Weg. Wieder ist es das gleiche Bild, es kommt niemand, es hört niemand, es ruft niemand! Während der Rückfahrt denke ich die ganze

Zeit über mein zukünftiges Leben nach – sieht es nun so aus, dass ich mich nur durch Einbrüche in Lebensmittelgeschäfte ernähre? Ziemlich deprimierend! Und so hadere ich mit meinem Schicksal, bis ich wieder zu Hause ankomme. Dort allerdings werde ich schnell abgelenkt. Sally kommt mir entgegen und begrüßt mich freudestrahlend, und das gibt mir wieder Mut.

Als es schon dunkel ist, gehe ich noch mal mit einer Taschenlampe nach draußen, um den Generator für morgen mit Benzin zu versorgen. Danach stelle ich ihn ab. Er muss in der Nacht nicht laufen. Die Temperatur im Kühlschrank ist fast wieder normal. Licht habe ich über die Taschenlampen und die kleinen Gaslampen aus dem Gasgeschäft. Ich nehme Sally mit ins Haus, sie bekommt noch ein paar Streicheleinheiten. Die Terrassentür lasse ich einen Spalt offen, damit sie ungehindert nach draußen Gassi gehen kann.

Für diese Nacht nehme ich noch mal zwei Schlaftabletten. Morgen werde ich sie absetzen. Ich will versuchen, ohne sie mit meiner Situation fertigzuwerden.

29. Juni   Dienstagmorgen
Berlin

Als ich aufwache, zeigt das kleine Display des Weckers 6:54 Uhr. Beim näheren Hinschauen fällt mir auf, dass der kleine Funkturm neben den Ziffern blinkt. Normalerweise ist das ein Zeichen dafür, dass die Uhr außerhalb der Reichweite des Zeitzeichensenders benutzt wird, so sagt es die Anleitung. Der Fall, dass es keine Zeitzeichensender mehr gibt, ist nicht vorgesehen. Aber nicht nur die Sonnenstrahlen, die ins Zimmer fallen, lassen mich nicht weiterschlummern, sondern auch Sally, die mir gerade die Bettdecke wegzieht.

Sie weiß offensichtlich genau, wie sie ihr neues Herrchen am weiteren Schlafen hindert. Obwohl ich gestern wieder zwei Tabletten genommen habe, komme ich heute schneller auf die Füße als die Tage zuvor. Zwar sind die Augenlider noch schwer, aber es ist kein Vergleich zu dem Zustand, in dem ich mich noch gestern und vorgestern nach dem Aufwachen befand.

Heute ist der dritte Tag nach dem großen Ableben, und mir ist mittlerweile ziemlich klar, dass ich wahrscheinlich nicht zu einem Aschehaufen zusammenfallen werde. Dafür aber bin ich allein. Es gibt keine Menschen mehr ... Für einen Moment gelingt es mir, die quälenden Gedanken beiseitezuschieben. Dafür sorgt Sally. Sie freut sich, springt an mir hoch, springt hin und her und will spielen. Ihr scheint es wieder gut zu gehen. Ich tue ihr den Gefallen und gehe mit ihr nach draußen. Außer ein paar Vögeln, die ab und zu zwitschern, herrscht sonst eine unheimliche Stille.

Meine Gedanken kreisen wieder um meine derzeitige Situation. In mehrfacher Hinsicht stehe ich unter einem gewissen Zeitdruck, weil ich mir überlegen muss, wie ich mich auf längere Sicht allein versorgen kann.

An Lebensmitteln in Konserven gibt es keinen Mangel. Ich kann in jedes Geschäft gehen. Allerdings sind die Waren, die gekühlt werden müssen, jetzt – nach drei Tagen ohne Strom und ohne Kühlung – mit Sicherheit verdorben. Frisches Obst und Gemüse muss ich mir daher aus den umliegenden Gärten besorgen. Oder ich fahre zu einem der Bauernhöfe, die Obst und Gemüse anbauen. Ich brauche nur zu ernten. Zwar habe ich keine Ahnung vom Anbau und Pflege, sodass der Ertrag immer weiter sinken wird, nur für mich alleine dürfte es wohl reichen! Spätestens nach fünf Jahren ist aber alles, was es heute noch in den Supermärkten zu essen gibt, ungenießbar. Dann würde mein Speisezettel sehr eingeengt werden. Auch

Sallys Büchsen mit Hundefutter werden irgendwann schlecht sein.

Mithilfe der Generatoren, die es zuhauf gibt, könnte ich auch die kalte Jahreszeit überleben. Diesel und Häuser mit gefüllten Heizöltanks gibt es zu Genüge. Ich muss eben mehrmals umziehen, wobei dann natürlich immer wieder die Wasserversorgung neu zu installieren wäre. Probleme mit dem Auto gibt es vielleicht in einigen Jahren, wenn es keine funktionierenden Autobatterien mehr gibt. Dann sind Fahrzeuge nicht mehr so ohne weiteres zu starten. Aber bis dahin hätte ich mit Sicherheit eine Lösung parat. Kritischer können gesundheitliche Probleme werden. Sollte ich eine akute Blinddarmentzündung bekommen oder einen Unfall erleiden, wäre ich rettungslos verloren und würde elendig zugrunde gehen!

Und wie lange halte ich diese Einsamkeit aus? Diese Frage scheint mir fast die wichtigste zu sein. Wann führe ich Gespräche mit jemandem, von dem ich annehme, dass er, sie oder es existiert – und es sind doch nur Selbstgespräche. Wann kann ich die Realität und mein Gefühlsleben nicht mehr auseinanderhalten? Wann fange ich an durchzudrehen? Wann bin ich so weit, mir selbst etwas anzutun? Noch habe ich mich verstandesmäßig unter Kontrolle, aber ich fürchte, das wird nicht auf Dauer so bleiben! Ich glaube, ich habe es noch gar nicht begriffen, was es wirklich bedeutet, allein zu sein, einfach keinen einzigen Menschen mehr zu haben! Manchmal glaube ich schon, dass ich nur in einem bösen Traum bin, aus dem ich nicht aufgewacht bin.

Aber es kann einfach nicht sein, dass ich auf der Welt der einzige Überlebende dieser Katastrophe bin. Daher muss ich jede noch so kleine Chance wahrnehmen, irgendwie Kontakte zu knüpfen zu anderen Menschen, die vielleicht überlebt haben. Aber wie finde ich sie? Am besten fahre ich die Hauptverkehrsstraßen der Stadt ab. Sollte es noch Überlebende geben, hoffe ich, dass sich genau dort aufhalten. Oder auch in Markthallen und Einkaufszentren, denn andere hätten die gleichen Probleme wie ich, sich zu versorgen.

Bei einer Kontaktaufnahme könnten die Funkgeräte der Polizei, wie ich sie aus der Wache in Tegel mitgenommen hatte, gute Dienste leisten: Mit Sicherheit wird jemand versuchen, mit mir in Verbindung zu treten, wenn ich die Geräte in der ganzen Stadt an markanten Punkten und mit einer Anleitung verteile.

Eine weitere Chance, auch überregional noch lebende Menschen zu finden, ist der Bereich des Amateurfunks: Weltweit gab es Funkamateure, besonders viele in den durch Unwetter und anderen Katastrophen immer wieder hart geprüften Bundesstaaten der USA. Mit einigen von ihnen hatte ich vor Jahren hin und wieder ganz nette Gespräche. Und ich könnte mir vorstellen, dass dort Überlebende wie ich dieses Medium zur Kontaktaufnahme nutzen würden, wenn sie sich damit auskennen oder selbst Funkamateure sind. Also muss ich mir entsprechendes Nachrichtenmaterial besorgen und meine schon bestehende Anlage entsprechend erweitern.

Und anschließend werde ich mir heute einen guten Feldstecher besorgen und versuchen, heute gegen Abend den Berliner Funkturm zu besteigen. Sollte es noch irgendwo Überlebende geben, würde es in den Abendstunden vielleicht Lichter geben. Diese ließen sich bei klarer Sicht etliche Kilometer weit ausmachen. Sogar ein glühender Zigarettenstummel ist noch in einer Entfernung von mehreren hundert Metern mit bloßem Auge wahrnehmbar. Selbst wenn ich niemanden sehe, sollte ich jede Möglichkeit nutzen, dass zumindest ich gesehen werde, und so anderen mitteilen, dass es einen Überlebenden gibt. Zu diesem Zweck will ich einige Lampen von Baustellen, die sich tagsüber zur Stromersparnis selbst abschalten, am Turm anbringen. In der Nacht wäre dieses Licht weit zu sehen und würde mit Sicherheit andere Überlebende neugierig machen. Sie wären ja in der gleichen Situation wie ich.

Und da ich noch einige Besorgungen machen will und mein PKW dafür zu klein ist, werde ich mir von der Polizeiwache einen Bus holen, wenn genügend Sprit im Tank ist.

Was ich eben so gedanklich zusammengetragen habe, gibt mir Hoffnung. Ja, ich muss aktiv werden. Nur Grübeln und in Selbstmitleid verfallen hilft mir nicht. Wenn ich mich hier verkrieche, kann ich niemanden finden. Und – es wird mich niemand finden!

Ich gehe zur Tat über. Wieder fahre ich durch die Siedlung, durch den Wald und dann in den »Geisterortsteil« Tegel bis zur Polizeiwache, heute aber in Hundebegleitung. Es dauert etwas, bis ich in der Amtsstube die Schlüssel zu den einzelnen Fahrzeugen finde. Ich probiere alle Fahrzeuge aus und habe Glück. Bis auf ein Auto sind alle Polizeifahrzeuge vollgetankt. Das erleichtert mir mein Vorhaben kolossal. Ich nehme eine »Wanne«, das heißt einen rundherum vergitterten Daimler-Benz-Bus.

Diese Fahrzeuge haben ihre eigene Geschichte: Sie waren bei gewalttätigen Demonstranten sehr berüchtigt, da sie damit früher nach der Verhaftung zur »GESA«, der Gefangenensammelstelle der Polizei, gebracht wurden. Irgendjemand nannte diese Fahrzeuge, die im Polizeideutsch als »GruKa«, Gruppen-KFZ, bekannt waren, dann »Wanne«, und jeder in Berlin wusste, worum es sich handelte. Zwar hatte ich nie die Bekanntschaft einer Wanne von innen gemacht, dennoch ist es ein komisches Gefühl, jetzt ein so verhasstes Fahrzeug zu steuern.

Nachdem alles, was ich von der Wache mitnehmen wollte, im Wagen verstaut ist, führt mein Weg direkt zu einem nahegelegenen Supermarkt. Obwohl es mir immer noch gegen den Strich geht, breche ich hier ein. Wieder kommt mir fauliger Geruch entgegen und segnet sozusagen meine Handlungsweise ab. Nach gut einer Stunde habe ich die Sachen, die ich für die nächsten Tage und Wochen brauche, einschließlich Hundenahrung und Hundekuchen, im Fahrzeug. Sally hat heute allen Grund, sich zu freuen, denn ab und zu erhält sie ein Leckerli.

Mein nächstes Ziel ist ein Baumarkt. Hier will ich mir einen Dieselgenerator und Baustellenlampen einschließlich der passenden Batterien besorgen. Den Weg dahin fahre ich ganz bewusst auf Hauptverkehrsstraßen. Und recht langsam. Das Martinshorn schalte ich sporadisch ein. Aber nichts rührt sich. Nur die bekannten Kleiderbündel auf den Bürgersteigen und Straßen fallen mir ins Auge. An früher sehr belebten Straßenecken halte ich manchmal an, nachdem ich minutenlang das Martinshorn ertönen ließ, stelle den Motor ab und lasse Sally aus dem Auto. Aber weder wittert sie andere Menschen, noch sehe ich irgendjemand. Erbaulich ist das natürlich nicht. Aber hatte ich mit etwas anderem gerechnet? Der Verstand sagt »Nein«, nur das Gefühl ist anderer Meinung.

Im Baumarkt angekommen, bekomme was ich alles, was ich brauche. Auf meinem Weg zu einem Amateurfunkladen entdecke ich ein Autozubehörgeschäft. Hier nehme ich Autobatterien und Ladegeräte für die zu errichtenden Funkstellen mit.

Bei all diesen Aktionen, in denen ich mir Sachen aneigne, ohne sie zu bezahlen, besser gesagt, ohne sie bezahlen zu können, habe ich immer noch Skrupel, weil ich meine, etwas Verbotenes zu tun. So geboten die Selbstbedienung jetzt ist, um zu überleben, so sehr aber nehme ich mir vor, dass diese Art nicht Bestandteil meiner Einstellung wird.

Denn sollte ich doch einmal auf andere Menschen treffen, müssen natürlich wieder die früheren Regeln, das Eigentum anderer zu achten, gelten. Ich befürchte, im Laufe der Zeit zu verwildern.

Obwohl mir hier alles wie im Schlaraffenland vorkommt, hat nichts mehr den Wert, den es früher einmal hatte. Aber auch gar nichts! Aus jedem Juweliergeschäft könnte ich, wenn ich wollte, die edelsten und teuersten Schmuckstücke mitnehmen. Bedeuten sie mir etwas, verbessern sie mein Leben in irgendeiner Weise? In unserem Bankschließfach liegen noch ein paar Goldmünzen für schlechte Tage. Die Tage jetzt sind aber so schlecht, dass alles Gold und Geld der Welt daran in meiner derzeitigen Lage nichts ändern kann. Selbst der alte Satz, dass Geld nicht glücklich macht, sondern nur beruhigt, stimmt nicht. Geld hat einfach keinerlei Bedeutung mehr! Müsste ich jetzt ein Holzfeuer mit Papier entfachen, würde ich statt einer Zeitung auch Geldscheine nehmen. Es wäre völlig egal.

Ich sehe auf die Uhr. In spätestens zwei Stunden wird es dämmern. Es ist Zeit, mit Sally zum Funkturm zu fahren. Am Ziel angekommen, stelle ich natürlich fest, dass der Aufzug nicht mehr fährt, und so nehme ich zu Fuß die zum Teil schon bedenklich angerostet Nottreppe. Ziemlich außer Atem gelange ich endlich direkt unter die ungefähr fünfzig Meter hoch gelegenen Restaurantplattform. Ein beißender Gestank von verdorbenen Lebensmitteln strömt mir aus der Küche entgegen, als ich die Tür zum Restaurant öffne. Mit einem Stuhl gelingt es mir, zwei Fenster einzuschlagen. Durch den Höhenwind, der für einen spürbaren Durchzug sorgt, wird die Luft sehr schnell erträglich. Nachdem ich noch Ess- und Trinkbares aus dem Restaurant eingepackt habe, geht es auf die Aussichtsplattform. Es ist noch mal ein langer Weg von ungefähr siebzig Metern Höhe zu überwinden. Unterhalb der Plattform stelle ich die Baulampen auf. Sie werden automatisch anfangen zu blinken, sobald es dunkel wird und für Überlebende weithin wahrzunehmen sind.

Von hier oben hatte man immer eine herrliche Aussicht über ganz Berlin. Aber heute stellt sich keine Freude ein, als ich die Straße des 17. Juni, die immer noch zu einem überdimensionalen Kreuz umfunktionierte Siegessäule, das Brandenburger Tor, das Olympiastadion, den Tiergarten und den Grunewald erkenne. Mir kommen wieder die schrecklichen Erinnerungen an den verhängnisvollen Abend hoch. Deswegen wollte ich auf dieser Straße auch mehr nicht fahren. Und nun sehe ich doch diesen Ort, wenn auch nur von ferne.

Mit dem Fernglas suche ich die Stadt Straße für Straße nach Menschen ab. Aber niemand ist zu sehen, nichts rührt sich, nur die Zweige von den Bäumen wiegen sich im leichten Wind hin und her.

Ganz allmählich kündigt sich die Abenddämmerung an und mit ihr Wolken, die einen Blick auf die Sterne verwehren. Es ist jetzt die Zeit, in der früher die ersten Lichter in den Häusern eingeschaltet wurden. Darauf folgten die Straßenlaternen und die vielen Reklameschilder. Die Autos fuhren mit Licht. Aber das ist Vergangenheit, heute geschieht nichts dergleichen.

Im Westen nimmt der noch helle Horizont allmählich die Farbe des Himmels an. Mein Blick wandert unruhig über das immer dunkler werdende Berlin. Schon kann ich den markanten Fernsehturm im Ostteil der Stadt nicht mehr ausmachen. Allmählich versinkt die ganze Stadt in völliger Dunkelheit.

Das erinnert mich an den Herbst 1987, als ich das zweite Mal in Vietnam war und in Hue, der ehemaligen Kaiserstadt, eintraf. Vom Hotel aus war über den Perfume River das große Gebäude des Cho Hue, der zentralen Markthalle, zu sehen. Als dann die Nacht anbrach, erwartete ich, wie es bei uns üblich wäre, die Beleuchtung des Gebäudes durch Scheinwerfer. Aber nichts geschah. Die Halle wurde von der aufkommenden Nacht verschlungen.

So ist es auch jetzt in Berlin. Es ist kein Unterschied, ob ich die Augen offen oder geschlossen habe. Die Nacht hat alles in sich aufgenommen. Ich kann nicht einmal mehr die Hand vor den Augen sehen. Für Sally ist das offensichtlich normal. Sie liegt in einer Ecke und schläft. Mir aber ist das unheimlich. Nur im Schein der Taschenlampe bewege ich mich auf der Plattform, um zu sehen, ob es nicht doch irgendwo Licht gibt. Aber sooft ich auch hin und her gehe, es ist völlig dunkel. Nicht einen einzigen Funken kann ich ausmachen. Es ist deprimierend und zum Verzweifeln.

Aber ich versuche mich damit zu trösten, dass ich ja erst am Anfang meiner Suche bin. Und wenn hier niemand mehr existiert, dann heißt das ja nicht, dass es überhaupt keine Überlebenden mehr gibt. Also den Kopf nicht hängen lassen! Vielleicht sollte ich die Augen für einige Zeit schließen und etwas schlafen, um diese Gedanken für ein paar Stunden zu verdrängen. Warm genug ist es ja. Und auf den gepolsterten Sitzunterlagen, die ich aus dem Funkturmrestaurant mitgenommen hatte, lässt es sich sehr bequem liegen. Genau das werde ich tun.

Ich muss wohl zwei oder drei Stunden geschlafen habe, als ich langsam die Augen öffne. Um mich herum ist es nicht mehr so dunkel, wie es war, als ich eingeschlafen bin. Ich sehe die schlafende Sally und die Tüte mit ein paar Lebensmitteln aus dem Restaurant, die ich in einer Ecke abgestellt habe. Dann schaue ich nach oben und staune. In einer nie zuvor erlebten Klarheit erscheint vor mir ein Himmel mit Millionen funkelnder Sterne. Die Milchstraße, deren Schleier auch aus nichts anderem besteht als aus weiteren unzähligen Sternen, die im Licht ferner Sonnen reflektieren. Und Sterne, die intensiver leuchten als andere, und da ist auch das Sternbild des kleinen und großen Wagens.

Und mitten in diesem Universum schwebt die Erde und zieht ihre Bahn. Es ist, als ob ich in einem Raumschiff mit übergroßen Fenstern sitze. Überall funkelt es um das Raumschiff Erde. Ich beginne zu fühlen, dass ich ein Teil dieses gewaltigen Universums bin. Es ist großartig! Raum und Zeit, was gelten sie hier? Unendlichkeit – kann ein Mensch dieses Wort auch nur im Ansatz begreifen? Andere Sonnensysteme? Andere Galaxien? Gibt es Leben auf anderen Sternen? Und brauchen diese Lebewesen die gleichen Bedingungen wie wir, eine Sauerstoffatmosphäre und Temperaturen, wie wir sie haben? Oder gibt es Lebensformen, von denen wir auf der Erde überhaupt keine Vorstellung haben, die lediglich als Produkte unserer Phantasie über die Leinwände gehuscht sind? Und wenn es sie gibt, sind sie nicht Lichtjahre, Jahrhunderte, Jahrtausende von uns entfernt, ohne jegliche Hoffnung, von der Existenz des anderen zu erfahren und miteinander kommunizieren zu können, weil es eine schnellere Geschwindigkeit als die des Lichts physikalisch nicht gibt. Aber ist diese Sicht der Dinge der einzige Maßstab? Gibt es nicht andere Ebenen des Seins, in denen ganz andere Gesetze herrschen, in denen Raum und Zeit keine Bedeutung haben? Kann es nicht sein, dass sich genau solche Lebewesen schon immer auf der Erde befinden, nur wir Menschen konnten sie auf Grund unserer beschränkten Wahrnehmungsfähigkeit nicht wahrnehmen?

Eines glaube ich jetzt zu wissen – wir sind nicht allein, ich bin nicht allein!

Als ich vor Stunden auf dem Turm meine Umgebung in die Dunkelheit eintauchen und mich mit ihr eins werden sah, war das kein Anblick der Ermutigung. Jetzt aber geben die Millionen Sterne ein Licht der Hoffnung. Haben Sterne Macht oder üben sie Einfluss aus? Wenn sie es können, dann helfen sie mir in diesem Moment. Ich habe das Gefühl, ihre Energie regelrecht in mir aufzunehmen, und damit auch die Zuversicht auf ein Ende meiner Einsamkeit.

Es ist eine warme, windstille Nacht in Berlin. Im Angesicht des Universums schlafe ich wieder ein.

8. Juli   Donnerstag, gegen Mittag
Berlin

Heute, acht Tage nach dem verhängnisvollen Ausgang der Feierlichkeiten im Tiergarten, habe ich die begründete Hoffnung, nicht der einzige Überlebende der Epidemie zu sein. Manchmal aber frage ich mich doch, ob ich nicht schon an Wahnvorstellungen leide.

Nach meiner Sternennacht auf dem Funkturm wachte ich mit einer fast nicht zu erklärenden positiven Grundstimmung auf und hatte meine Angst vor dem plötzlichen Tod verloren. Obwohl ich nur wenige Stunden geruht hatte, fühlte ich mich sehr ausgeschlafen. Ich konnte gerade noch die letzten Himmelskörper weichen sehen, als im Osten langsam die Sonne aufging. Es wurde ein strahlender Sommertag, und ich war voller Tatendrang, ohne das Gefühl der Einsamkeit. Nach einem kurzen Frühstück fuhr ich mit Sally schnell nach Hause. Es machte mir an diesem Tag nichts mehr aus, dass Berlin menschenleer war. Mittlerweile war es schon fast ein gewohntes Bild. Zu Hause angekommen, setzte ich mich erst einmal an den Rechner und schrieb die Anleitungen für die

Polizeifunkgeräte, die ich verteilen wollte. Danach fuhr ich wieder in die Stadt, stellte die Geräte an markanten Punkten auf und markierte sie deutlich mit roter Farbe. Für jeden Überlebenden war jetzt klar, wie er mit mir in Kontakt treten konnte. Mit einer der Wannen war ich dafür den ganzen Tag unterwegs. Anfänglich war ich sehr gespannt, ob sich jemand melden würde. Aber viel Hoffnung hatte ich trotzdem nicht, da ich vom Funkturm aus kein einziges Lebenszeichen wahrgenommen hatte. Drei Tage später – es hatte sich niemand gemeldet – kontrollierte ich die Plätze, wo ich die Geräte aufgestellt hatte. Das Ergebnis war wie befürchtet: Sämtliche Funkgeräte fand ich so vor, wie ich sie deponiert hatte. Und auch bis heute, neun Tage nach dieser Verteilungsaktion, hat sich niemand über Funk gemeldet.

Mehr Chancen hatte ich mir versprochen, wenn ich selber auf den international festgelegten Frequenzbereichen der Funkamateure auf Sendung gehen würde. Das Material dafür hatte ich mir ja schon besorgt. Sollte es Überlebende geben, dann würden sie auf diesen Frequenzen rufen und hören. Jetzt hatte ich die Gelegenheit, meine jahrelangen Erfahrungen sinnvoll einzusetzen. Ich erweiterte zu Hause meine eigene Station mit einer Vielzahl von Geräten. Für jeden Frequenzbereich sollte ein komplettes Gerät in Betrieb gehen, um möglichst gleichzeitig auf allen relevanten Amateurfunkbändern sende- und empfangsbereit zu sein. Innerhalb von vier Tagen baute ich die Anlage auf, montierte Antennen, verlegte Leitungen und überprüfte jedes einzelne Gerät. Zur Stromversorgung besorgte ich mir einen weiteren Stromerzeuger, ein Industriegerät mit genügend Leistungsreserven, das nun, genau wie die gesamte Funkanlage, Tag und Nacht lief. Den nötigen Sprit für den nimmersatten Generator fand ich zufällig in der Stadt in einem vollgetankten Heizöltransporters mit Anhänger, den ich auf der Straße vor meinem Haus abstellte. Jetzt hatte ich genug Öl für die nächsten Monate.

Ich richtete die Funkstelle im Wintergarten so ein, dass auf allen Amateurfunkbändern je ein Funkgerät allein arbeitete. Immer zur vollen Stunde sendeten die Geräte auf bestimmten Frequenzen eine Ansage auf Deutsch und Englisch für fünfzehn Minuten. Es war sozusagen ein »Anruf an alle«, der zum Antworten auf der gleichen Frequenz aufforderte. Danach gingen alle Geräte wieder auf Empfang und für jedes Gerät lief automatisch eine Tonaufzeichnung mit. Das Ganze funktionierte wie ein Anrufbeantworter für das Telefon. Sollte sich jemand auf meinen Anruf melden, so wird sein »Anruf« aufgezeichnet. Ich musste also nicht ständig an den Geräten sitzen. Und auf diese Weise konnte ich nachts schlafen.

Meistens aber war ich zu Hause, denn ich war viel zu aufgeregt und wollte wissen, ob jemand auf meine massiven Sendungen reagiert.

Und dann kam sie wieder, die Sorge, die Angst, keine Antwort zu bekommen. Am ersten Tag war ich nach drei Sendezyklen sehr enttäuscht und niedergeschlagen. Doch dann sagte ich mir, dass es vielleicht nur ein Zufall sein wird, wenn irgendjemand, der obendrein noch Funkamateur ist, eine Kurzwellenstation einschaltet und auf »Wellenjagd« geht. Ich kann nur Glück haben, wenn es jemanden gibt, der genauso denkt wie ich. Und es ist dann auch noch sehr fraglich, ob derjenige genau in der Zeit, wenn ich auf Sendung bin, seinen Empfänger auf meine Frequenz abgestimmt hat und mich hört. Bei den vielen Unwägbarkeiten kann ich nach gerade einmal drei Stunden wirklich nichts erwarten.

Ein weiteres Problem war die Reichweite bei Kurzwelle, die sich von Band zu Band in Abhängigkeit von der Jahres- und Tageszeit unterscheidet. Das alles ging mir durch den Kopf, als ich dabei war, wieder in Trübsinn zu verfallen. Ich meiner Unruhe hörte ich große Teile des Kurzwellenbereichs ab und konnte sogar einige Stationen, die im Morsekode sendeten, aufnehmen, doch war mir sofort klar, dass es sich lediglich um automatische Stationen, sogenannte Funkbaken, handeln musste, die im Verlauf von nur wenigen Tagen oder Wochen von selber verstummen würden. Sonst kam nur Rauschen, Rauschen, Rauschen aus dem Lautsprecher. Aber mehr konnte ich wirklich nicht tun. Ich musste mich auf ein Quäntchen Glück verlassen. Und in stillen Minuten sandte ich auf einer ganz anderen Welle – Stoßgebete!

Die Anlage läuft nun seit fünf Tagen, ohne dass sich irgendein Erfolg einstellt, und es fällt mir immer schwerer, nicht in Mutlosigkeit zu verfallen. Was aber sind schon fünf Tage, auch wenn die Station rund um die Uhr läuft?

Dann aber hatte ich heute Morgen ein hoffnungsvolles Erlebnis: Nach meinem anfangs zu jeder vollen Stunde gesendeten allgemeinem Anruf, sich zu melden, hörte ich auf dem 20-Meter-Band plötzlich ganz leise Stimmen in einer mir unbekannten Sprache. Beim näheren Hinhören stellte sich heraus, dass es zwei Stationen waren, die miteinander kommunizierten. Ich versuchte sofort in den sehr kurzen Sprechpausen auf mich aufmerksam zu machen. Ich meldete mich in Englisch und sprach: »Hello, this is the German Amateur Radiostation ...«

Ich machte das vier- oder fünfmal, bis die zwei Stationen schließlich eine längere Pause zwischen den Durchgängen machten und einer danach klar das Wort »Hello« aussprach. Möglicherweise wollte er seinem Gesprächspartner mitteilen, dass er mich gehört hatte. Das Übrige verstand ich nicht. Die Gegenstation erwähnte ebenfalls das Wort »Hello«. Danach hörte ich diese Stationen nicht mehr. Entweder schalteten sie ab oder machten einen Frequenzwechsel. Hatte ich das jetzt nur geträumt oder gab es wirklich noch andere Stationen, andere Menschen, die am Leben waren? Hielt ich die Einsamkeit nicht mehr aus? Ich war euphorisch und niedergeschmettert zugleich. Dummerweise hatte ich das Tonbandgerät abgestellt und konnte mir das vermeintliche Gespräch nicht mehr anhören.

Deshalb nahm ich mir für die Zukunft vor, die Tonaufzeichnung immer laufen zu lassen, wenn ich selbst am Gerät sitze und aktiv in ein mögliches Funkgeschehen eingreife.

Sollte ich noch einmal ein solches Glück haben? Besteht Hoffnung? Das Ganze erinnert mich irgendwie an den Roman von Nevil Shute »Das letzte Ufer«, in dem ein U-Boot vergeblich nach einem Ort sucht, der nach einem verheerenden Atomkrieg nicht tödlich verstrahlt ist. Die Hoffnung, die man in diese Suchaktion gesteckt hatte, erfüllte sich nicht. Das Ende der Menschheit war schon vorher besiegelt gewesen.

War das eben ein Kontakt oder nur pure Einbildung? Es gibt eine Chance, rede ich mir immer wieder ein. Trotz meiner Zweifel bestärkte mich dieses Ereignis letzten Endes doch, aktiv weiterzumachen. Aber jetzt sollte ich die Antennen bewusst in Richtung USA ausrichten, weil es da sehr viele krisenbewährte Funkamateure gab, die dann meistens bei Naturkatastrophen sehr effektiv die zusammengebrochene Telekommunikation übernahmen. Vielleicht hat dort jemand überlebt und setzt sich einmal nur aus purer Neugierde an ein Gerät.

Nachdem ich die Antennenarbeiten abgeschlossen habe, fahre ich mit Sally in die Stadt, um Lebensmittel zu besorgen. Das Ziel ist dieses Mal das asiatische Lebensmittelgeschäft im Bezirk Wedding, in dem ich damals zwei unserer Mitarbeiter beim Einkaufen getroffen hatte. Mein Gott, Kim und Luong leben auch nicht mehr …!

Der Zugang zu diesem Laden ist vom Parkdeck nicht mehr möglich, da es keinen Strom für den Aufzug gibt und ein Treppenhaus nicht vorhanden ist. Also parke ich auf der Straße. Es ist etwas unheimlich, zu dem Geschäft zu gelangen. Zuerst muss ich einen längeren Gang durchqueren, der früher natürlich beleuchtet war, jetzt aber stockdunkel ist. Und dann noch eine Treppe hinab zum eigentlichen Geschäft. Zum Glück habe ich eine Taschenlampe dabei, und bald stehe ich vor dem Eingang. Ich stutze. Die Eingangstüren weisen sichtlich Einbruchspuren auf. Mit brachialer Gewalt waren die Türen geöffnet worden. Es riecht wieder nach verfaultem Gemüse.

Merkwürdig, wieso ist die Eingangstür aufgebrochen? Während der großen Feier waren doch alle Geschäfte geschlossen! Oder gab es genau zu dieser Zeit hier ungebetene Besucher? An Überlebende, die sich später in diesem Laden bedient haben könnten, glaube ich eigentlich nicht mehr.

Im Schein der Taschenlampe schaue ich auf Sally, ob sie irgendeine Reaktion zeigt. Nein, sie verhält sich völlig ruhig, wir sind allein! Im Laden sieht auf den ersten Blick alles normal aus. Die Regale sind noch halbwegs gefüllt, aber sämtliche Reispaletten sind leer. Von weiteren Einbruchspuren ist nichts zu sehen, und das Gefühl einer latenten Bedrohung, dass ich immer habe, wenn ich allein in ein dunkles Kaufhaus gehe, ist gewichen. Als ich mich im Lichtschein meiner Taschenlampe einem Regal nähere und noch einige Kartons mit asiatischen Fertiggerichten entdecke, kracht es plötzlich fürchterlich. Vor Schreck fällt mir die Lampe aus der Hand. Sie fällt auf den Boden und erlischt sofort. Sally bellt ein-, zweimal. Dann herrschen eine völlige Ruhe und eine Dunkelheit wie ein paar Tage zuvor auf dem Funkturm. Ich sehe absolut nichts. Ich fühle eine Bedrohung! Ist doch jemand hier, den der Hund nicht gewittert hat? Sehr unwahrscheinlich! Aber wie finde ich mich jetzt ohne Lampe zurecht?

In diesem Moment fällt mir die griechische Sage ein, in der Ariadne Theseus ein Garnknäuel gibt, damit er wieder aus dem Labyrinth herausfindet. Aber ich habe keinen Faden, der mir den Weg weist. Herauskommen könnte ich nur, wenn ich die Taschenlampe finden würde. Zwar bin ich sicher, dass die Glühbirne durch den Aufschlag auf den Boden zerbrochen ist, aber die Lampe verfügt im Griff noch über eine Ersatzbirne. Die müsste ich nur wechseln. Oder ob Sally mich herausführen kann? Doch weder antwortet sie auf mein Rufen, noch ertaste ich die Lampe. Wo ist Sally? Hat sie vielleicht etwas umgeworfen und liegt jetzt unter dem, was da gefallen ist oder ist sie vor Schreck einfach weggelaufen? Ich rufe sie immer wieder, vergeblich! Mir bleibt nichts anderes übrig, als die Taschenlampe zu finden. Mit beiden Händen taste ich auf dem Boden, aber ich stoße nur auf irgendwelche Konservenbüchsen. Erst nach einiger Zeit, die mir unendlich lange vorkommt, finde ich sie. Wie ich vermutet hatte, lässt sie sich nicht mehr einschalten. Es dauert im Dunkeln eine Weile, bis ich die Birne gewechselt habe. Endlich wieder Licht! Und genau in diesem Moment kommt Sally vorsichtig durch die aufgebrochene Eingangstür in den Laden. Sie muss bei dem Krach nach draußen geflüchtet sein. Gott sei Dank ist ihr nichts passiert! Ein paar Meter neben mir sehe ich dann im Lichtkegel der Lampe, was passiert sein muss: Aus unerklärlichen Gründen ist ein Regal umgefallen. Aber nach den wenigen Waren zu urteilen, die jetzt auf dem Boden liegen, war das Regal nicht überladen. Ich kann auch keinen Defekt erkennen, dass es bei der geringsten Bewegung hätte umkippen können. Ich habe keine Erklärung! Und sicher war hier niemand außer uns beiden. Nachdenklich packe ich die Lebensmitteln zusammen und bringe sie in mehreren Schüben zum Wagen.

Als ich mit den letzten Sachen nach oben komme, ist eine Dose Eistee, die ich beim ersten Gang nach oben auf die rückseitige Trittstufe der »Wanne« gestellt hatte, um sie später zu trinken, verschwunden. Sie ist weder vom Wagen gefallen noch unter das Auto gerollt. Sally kann auch nicht mit ihr gespielt haben, da sie immer bei mir war. Auch für das spurlose Verschwinden dieser Dose habe ich keine Erklärung ...

Schnell fahren wir durch menschenleere Straßen wieder nach Hause.

9. Juli Freitagnachmittag
Berlin

Für heute Abend habe ich noch einmal einen Besuch auf dem Berliner Funkturm geplant, denn nach den gestrigen dubiosen Ereignissen möchte ich etwas Schönes erleben. Und auch etwas, was mir wieder Mut macht. Das Wetter dafür ist einladend und in diesem Sommer sind die Nächte im Juli angenehm warm. Es wird sicher ein schöner Aufenthalt in luftiger Höhe. Doch sollte ich vorher die Funkanlage überprüfen, den Generator warten und mit Diesel versorgen. Das alles ist schon zur Routine geworden, nur das Betanken des Generators ist recht mühsam, da der Einfüllstutzen des Tanks sehr ungünstig liegt und die 20-Liter-Kanister immer mit einem Kraftakt hoch angesetzt werden müssen.

Es ist ungefähr Viertel nach vier, als die Funkanlage gerade wieder den stündlichen »Anruf an alle« gesendet hat. Ich bin noch mit dem Hantieren der Dieselkanister beschäftigt, als auf einmal eine Stimme aus einem der aufgestellten Funkgeräte ertönt. Leise, aber doch verständlich:

»Hello, German amateur radio station Delta-Hotel-Ten-X-Ray-Uniform. This is Whiskey-Six-Five-Lima-Alpha-Charlie. Can you hear me?«

Zuerst bin ich völlig fassungslos. Ich glaube einfach nicht, was ich da höre. Geht meine Phantasie wieder mit mir durch? Nach kurzem Zögern lasse ich alles fallen und laufe zum Tisch, wo die Funkgeräte aufgebaut sind. Ich komme gerade recht-zeitig, um zu erkennen, auf welcher Frequenz die Station gesendet hat, greife nach dem Mikrofon und spreche mit zittriger, fast atemloser Stimme: »This is Delta-Hotel-Ten-X-Ray-Uniform. My name is Konni. Do you copy me?«

Nach einer quälend langen Pause – die Sekunden werden für mich zu Minuten und ich denke schon, dass das alles nur ein Hirngespinst in meinem Kopf war – ist die Station wieder zu hören, jetzt etwas lauter:

»Hi Konni, I can copy you very well. My name is Walter.«

Ich kann es kaum fassen. Doch es ist wahr! Es gibt doch noch einen lebenden Menschen! Ich empfinde eine überschwängliche Freude wie selten in meinem Leben. Mir kommen die Tränen, jetzt als Ausdruck der Freude.

»Walter«, sage ich, »ich bin so froh, endlich wieder mit einem anderen Menschen sprechen zu können. Sag mir, wo du bist?«

»Ich freue mich ebenfalls, dich zu hören. Ich bin in den USA, wie du es aus meinem Rufzeichen erkennen kannst.«

»Walter, bist du allein oder gibt es noch andere Überlebende?«

»Wir sind hier eine Gruppe von ungefähr achthundertfünfzig Leuten und sind in …«

Ein lautes kratzendes Geräusch ertönt im Lautsprecher, dann ist nur noch ein gleichmäßiges Rauschen zu hören. Verdammt! Ausgerechnet jetzt versagt meine Anlage, ausgerechnet jetzt! Obwohl geschockt und enttäuscht zugleich, gelingt es mir, in wenigen Sekunden mit zittrigen Händen auf ein anderes Funkgerät umzuschalten und Walter zu rufen. Aber er meldet sich nicht mehr. Wieder und wieder probiere ich es, ohne Erfolg.

Und jetzt wieder so ein Wechselbad der Gefühle! Hatte ich doch gerade festgestellt, dass ich doch nicht allein auf dieser Welt bin, und mich wie kaum zuvor darüber gefreut, so scheint nun alles wieder vorbei zu sein. Warum meldet sich Walter nicht mehr? Hat er vielleicht sein Gerät abgeschaltet, weil er von mir nichts mehr gehört hat? Aber dann kommt mir der Gedanke, dass vielleicht nicht meine, sondern seine Funkanlage ausgefallen sein könnte. Und wirklich, nach einem kurzen Test weiß ich, dass meine Station nach wie vor einwandfrei arbeitet. Also liegt es an Walter, sich zu melden. Er ist Funkamateur und wird sich schon zu helfen wissen. Und er wird sich wieder melden! Jedenfalls weiß er, wie er mit mir Kontakt aufnehmen kann. Ich muss nur warten. Aber ich wäre ein anderer, wenn nicht wieder die quälenden Gedanken auftauchen würden ... Dieses Mal habe ich die automatische Tonbandaufzeichnung jedoch nicht wieder abgeschaltet, als ich zum Mikrofon gegriffen habe. Ich spule das Band in gespannter Erwartung zurück und hoffe, alles noch mal zu hören:

»Hello, this is Whiskey-Six-Five-Lima-Alpha-Charlie. Can your hear me ...?"

Im ersten Moment atme ich auf, weil es sich wie eine ganz normale Tonbandaufzeichnung anhört und meine Bedenken ausräumt. Aber dann habe ich doch wieder Zweifel: Ist es wirklich eine Aufnahme und nicht ein Produkt der Phantasie? Ich höre mir das Band wieder und wieder an. Diese Verbindung hat wirklich stattgefunden, aber ich bin mir immer noch nicht ganz sicher und brauche hundertprozentige Gewissheit.

Ich rufe Sally, nehme sie auf den Schoß und stelle das Bandgerät auf maximale Lautstärke. Als die Stimme der amerikanischen Station aus dem Lautsprecher ertönt, springt sie mit einem Satz erschrocken von meinem Schoß und flüchtet in den Garten. Jetzt weiß ich, diese Funkverbindung hat wirklich stattgefunden! Ich bin nicht allein!

Während ich minutenlang auf das Funkgerät starre, lasse ich in Gedanken das kurze Gespräch mit Walter Revue passieren: So viel habe ich erfahren: In den USA gibt es eine ziemlich große Gruppe Überlebender. Aber wo sie sich befinden, hat er mir nicht mehr sagen können.

Nach endlosen Minuten, für mich wie Stunden, knackt es im Lautsprecher. Es ist Walter! Endlich!

»Gott sei Dank«, bebt meine Stimme, »meldest du dich wieder. Ich habe schon das Schlimmste befürchtet ...«

»Sorry, ich hatte ein Problem mit dem Funkgerät und musste mir erst noch ein anderes besorgen. Aber jetzt ist meine Anlage wieder voll betriebsfähig. Hier haben sich einige Leute um mich herum versammelt und hören aufmerksam zu. Sie können kaum glauben, dass ich mit jemanden aus Old Europe spreche. Sag mal, du bist in Berlin, wenn die Eintragung im Callbook noch stimmt?«

»Walter, ich kann es immer noch nicht so richtig fassen, dass ich mit dir hier spreche ... Du hast recht, ich bin hier in Berlin, aber ich bin ganz allein. Die vergangenen Wochen waren sehr schlimm. Ich dachte, der einzige Überlebende zu sein. Aber wie sieht es in den Staaten aus? Wo seid ihr und was macht ihr?«

»Wir haben alle an einer Kreuzfahrt auf dem Pazifik teilgenommen und haben seltsamerweise überlebt. Es gibt dafür einige Erklärungsversuche, aber denen kann ich noch nicht folgen. Wir wohnen im nördlichen Teil von Portland im Staat Oregon. Unsere Gruppe besteht aus Wissenschaftlern,

Ingenieuren, Ärzten, LKW-Fahrern und anderen Berufen. Wir versuchen, einigermaßen zurechtzukommen ... Konni, talk to you tomorrow at the same time. Battery is dead ...«

Wieder ist die Funkverbindung unterbrochen! Aber nun empfinde ich eine sehr große Freude. Ich rufe Sally, und schon kommt sie angerannt. Den Schreck von vorhin hat sie wohl vergessen. Sie scheint zu ahnen, dass etwas passiert sein muss. Sie bellt, ich belle aus Übermut zurück, und sie bellt wieder. Immer wieder springt sie an mir hoch und freut sich. Wir tollen noch ausgelassen ein paar Minuten. »Sally«, sage ich schließlich keuchend, »jetzt gibt es für dich eine Extraportion Hundekuchen.«

Während sie ihre Sonderration eifrig frisst, werde ich ruhig. Ich lege mich auf den Rasen, der eigentlich dringend geschnitten werden müsste. Meine Freudentränen wollen gar nicht mehr aufhören zu fließen. Die ganze Anspannung der letzten Wochen, die Einsamkeit ist von mir abgefallen. Was ich sehnlichst erhofft, aber dennoch so nicht für möglich gehalten habe, ist eingetreten. Ich bin nicht mehr allein! Jetzt gibt es Menschen, mit denen ich sprechen kann, zu denen ich vielleicht auch gehen und mit ihnen leben könnte. Nein, allein will ich nicht in Berlin bleiben. Dann muss ich eben Deutschland verlassen! Meine Zukunft ist die unter Menschen, nicht hier in der Einsamkeit. Ich muss in das Land ziehen, das ich bis vor kurzem noch so gerne besucht habe. Ich muss nach Amerika!

Morgen wird es einen neuen Kontakt geben. Walter wird sicher alles daran setzen, seine Stromversorgungsprobleme bis dahin wieder in den Griff zu bekommen. Unaufhörlich kreisen meine Gedanken. Ich muss wieder zur Ruhe kommen!

Der für heute Abend geplante Aufstieg auf den Funkturm wäre die Krönung von dem, was ich heute erlebt habe. Nach dem Betanken des Generators fahren wir los. Oben auf dem Turm angekommen, wechsele ich die Batterien der Baulampen, wobei ich jetzt nicht mehr genau weiß, warum ich das noch tue. Hier lebt doch niemand mehr. Und wenn ich nachher mit dem Glas Ausschau halte, wird sich genau das wieder bestätigen. Aber nun berührt es mich nicht mehr so wie beim ersten Mal. In Gedanken bin ich schon woanders und ich frage mich, was ich hier oben eigentlich noch soll. Sicherlich war das Erlebnis vor ein paar Tagen wunderschön. Aber ist das wiederholbar? Wäre es nicht besser, jetzt schon Pläne zu machen, wie ich nach Portland komme? Oder sollte ich erst mal die nächste Funkverbindung abwarten, um Näheres zu erfahren. Ich versuche, meine Gedanken zu zügeln, aber es gelingt nicht so recht.

Amerika hatte mich schon lange in seinen Bann gezogen. Das Land vieler Hoffnungen und Träume von Millionen Menschen. Das Land der Freiheit und der unbegrenzten Möglichkeiten, das Land mit seinen unendlichen Weiten und unvergleichbaren Schönheiten, die Niagarafälle, Monument Valley, Grand Canyon, die Bay Area in San Francisco ... All das habe ich schon selbst bewundert.

Aber es ist auch ein Land, in dem viele der indianischen Ureinwohner abgeschlachtet wurden, ein Land der Sklavenhaltung und des Rassismus, des ungezügelten Kapitalismus mit schrecklichen Auswirkungen, mit dem ausuferndem Sendungsbewusstsein, die Werte von Demokratie und Rechtsstaat, so wie sie in den USA verstanden wurden, in jedes Land der Welt bringen zu müssen. Hatte ich mir nach meinen ersten Besuchen in den achtziger Jahren schon vorstellen können, eines Tages dort zu leben, so ließ mein Interesse und das von Lanh später merklich nach. Wir hatten ja schließlich in Berlin unsere Firma, von der wir leben konnten. Wozu also dann auswandern und einen riskanten Neuanfang wagen? Die in den USA gebräuchliche Redewendung der vielen Dienstleistungsfirmen und Restaurants »Twentyfour hours, seven days a week« oder kürzer »We never close« habe ich immer mit gemischten Gefühlen wahrgenommen. Freizeit schien in diesem Land, in dem vorwiegend der eine den anderen bedient, schon immer Mangelware zu sein. Erst recht bei den kleinen Angestellten. Nicht selten hatten sie drei bis vier Jobs am Tag, um über die Runden zu kommen. Die USA waren nur etwas für die Reichen und Glücksritter. Für mehr als achtzig Prozent der Bevölkerung war es ein lebenslanger Kampf, den einmal erreichten Lebensstandard irgendwie zu halten. Nicht wenige blieben dabei auf der Strecke.

Und wenn ich an den Irakkrieg denke – warum überfielen die USA dieses kleine Land? Wegen der angeblich vorhandenen Massenvernichtungswaffen? Schon vor Beginn des Krieges war klar, dass es solche Waffen dort nie gab. Und obwohl der Präsident darüber zweifellos informiert sein musste, belog er unverblümt das eigene Volk und die Welt und führte diesen Krieg. Was aber war der wahre Grund dafür?

Was alles konnten sich die politischen Führer in diesem Land leisten? Welchen Wert hatten die amerikanischen Werte und Tugenden, auf die man in den fünfzig Bundesstaaten so stolz war? Gab es sie überhaupt? Welche Bedeutung maßen die doch so frömmelnden Amerikaner, ihr Präsident dabei an der Spitze, z. B. dem Begriff von Ehrlichkeit bei?

Und wenn man in der Geschichte zurückschaut, muss man sich fragen, wie Vertreter dieser Nation uns Deutsche nach dem Zweiten Weltkrieg umerziehen konnten und uns die Werte von Demokratie und Rechtstaatlichkeit näher brachten, wenn jahrhundertelang bis zu diesem Zeitpunkt und weiter bis in die sechziger Jahre des 20. Jahrhunderts die Rassentrennung in den Staaten praktiziert und allgemein verteidigt wurde. Die Schwarzen brauchten keinen Stern zu tragen, sie waren allein schon durch ihrer Hautfarbe zu erkennen ... Fragen, die mir nie jemand beantworten wollte.

Aber das alles ist nun Vergangenheit. Jetzt leben dort nur noch Menschen, die durch die schrecklichen Erlebnisse geläutert sein dürften. Und zu solchen Menschen sollte ich hin!

Die Dämmerung bricht herein. Im Westen färbt sich der Horizont zu einem schmalen goldgelben Streifen, darüber nimmt das letzte Hellblau schnell die Farbe des Nachthimmels an. Mond und Südstern steigen auf. Ein faszinierender Anblick.

Das letzte Mal sah ich Vergleichbares in Flagstaff, einer bekannten Stadt in Arizona nahe dem Grand Canyon. Dort nennt man es die »American Nights«. Dieser Himmel erscheint mir heute wie eine Aufforderung, Berlin so schnell wie möglich in Richtung Amerika zu verlassen.

Schnell wird das Goldgelb schmaler, bis es ganz verschwindet und der hellblauer Streifen allmählich ins Nachtschwarz übergeht. Und mit einem Mal sind all die vielen die Sterne da. Noch leuchten sie schwach, aber je mehr Zeit vergeht, desto kräftiger erstrahlen sie. Milliarden von Himmelskörpern. An diesem Schauspiel kann ich mich einfach nicht sattsehen, und ich empfinde wieder eine unbändige Freude. – ich habe die reelle Chance, wieder unter Menschen zu sein, und ich werde sie wahrnehmen – endlich!

Fast vergesse ich meinen Rundgang auf der Plattform, um nach Lebenszeichen zu suchen, aber auch dieses Mal ohne Erfolg. Aber heute bin ich darüber nicht mehr enttäuscht und deprimiert wie noch vor ein paar Tagen. Dieser Tag nach

Wochen der Verzweiflung war mehr als ein Lichtblick, er war mehr als nur ein Fingerzeig von höherer Stelle.

10. Juli Samstag, gegen 9:15 Uhr
Berlin

Sehr früh und erstaunlich munter komme ich mit Sally nach Hause. Auf den Tonbandgeräten sind keine Aufzeichnungen. Gegen neun Uhr ertönt über einen kleinen Kontrolllautsprecher mein Anruf an alle. Wie oft hatte ich ihn schon gehört! Wie oft nach jeder Sendung minutenlang mit höchster Anstrengung gelauscht, ob sich jemand meldet. Wie oft war ich danach enttäuscht!

Jetzt aber ist der enorme Druck, für immer allein sein zu müssen, gewichen. Die Ansage ist gerade zu Ende und ich trinke einen Schluck Kaffee, als die Funkgeräte von Senden auf Empfang umschalten. Auf einmal knackt es im Lautsprecher so laut, dass ich zusammenzucke. Auf dem S-Meter des auf das 80-Meter-Band eingestellten Geräts nehme ich zwei deutliche Ausschläge des Zeigers in unterschiedlicher Dauer, aber mit dem gleichen Wert wahr. Der Wert lag bei S-7. Was ist das denn? Sind es atmosphärische Störungen oder stimmt etwas mit der Anlage nicht? Oder ist da vielleicht jemand auf der Frequenz? Die Geräte arbeiten alle einwandfrei, stelle ich fest, und auch die Antennen sind in Ordnung.

Ich bin gerade dabei, diesen Vorfall als unerklärlich abzutun, als die Nadel des Instruments wieder ausschlägt und jetzt etwas hin und her pendelt, auf dem Wert von etwas über S-7 stehen bleibt, dann plötzlich auf S-8 hochschnellt, dort wieder etwas hin und her pendelt und schließlich auf S-8,5 stehen bleibt. Dann fällt das Signal mit einem Mal ab und aus dem Lautsprecher rauscht es nur noch.

Jetzt weiß ich Bescheid! Irgendwo sitzt jemand an einer Station und stimmt den Sender ab! Das habe ich doch früher bei so manchen Gegenstationen gesehen und hundertmal selbst gemacht. Zuerst wurde nur der Sender, dann der nachgeschaltete Verstärker abgestimmt. Sofort denke ich an Walter, obwohl mir klar ist, dass um diese Tageszeit das 80 Meter Band nur europaweit reicht. Eigentlich kann er es unmöglich sein. Ich überlege, was ich jetzt tun soll, selbst rufen oder weiter auf Empfang bleiben, um zu sehen, ob sich dieses Phänomen auf dem S-Meter wiederholt, als ich jäh in meinen Gedanken unterbrochen werde.

»Hallo! Ist da jemand? Hier ist der Georg!«, tönt es in ausgeprägtem schwäbischem Dialekt aus dem Lautsprecher. Ich bin verblüfft. Es ist der dritte Kontakt innerhalb von drei Tagen! Doch so richtig kommt bei mir keine Freude auf, denn irgendetwas gefällt mir nicht.

»Hier ist der Georg. Ist da jemand?«, ertönt es wieder aus dem Lautsprecher. Es war die Stimme eines Mannes um die vierzig. Aber sie klang seltsam. Als ob er diese Frage zwar stellt, aber etwas ganz anderes meint. Und es war die Art, wie er sich gemeldet hat. Es war kindlich, zu kindlich für einen Erwachsenen. Nun erwarte ich nicht, dass man sich, nachdem es kaum Überlebende gibt, immer noch absolut streng an die Amateurfunkregeln hält – für wen denn? Aber ein wenig erwarte ich es doch. Auch Walter aus Amerika zeigte, dass er durch die Schule der Funkamateure gegangen war und diese Regeln immer noch beherzigt, weil sie etwas Bindendes an sich haben. Aber vielleicht sollte ich auf Georg genau so kindlich eingehen, wie er sich gemeldet hat: »Hallo Georg, hier ist Konni! Kannst du mich hören?«

Ich warte einige Sekunden und denke schon, dass ich zu spät reagiert habe, als ich seine Antwort höre:

»Hallo, hier ist der Georg. Ich kann dich gut verstehen.«

»Es ist schön, dich zu hören. Wie gut, dass es offensichtlich noch weitere Überlebende in Deutschland gibt.«

Anstatt einer freudigen Antwort über diesen Kontakt sagt Georg nur »ja.«

Und dieses *Ja* klingt deprimiert. Sofort setze ich nach: »Sag mal, Georg, wo bist du jetzt, bist du allein, gibt es bei dir Überlebende? Ich bin in Berlin.«

Ich muss ungefähr zehn Sekunden warten, dann kommt seine Antwort: »Berlin ist schön.«

Er wirkt auf mich, als ob er mir nicht richtig zuhört und gerade eine Reise in eine andere Daseinsebene unternimmt.

»Georg, wo bist du?«, frage ich ihn noch mal.

Es dauert unendlich lange, bis er sich wieder meldet.

»Ich bin in Frankfurt.«

»Welches Frankfurt, in Hessen oder in Brandenburg?«

»Hessen.«

Es ist merkwürdig. Ich muss ihm regelrecht alle Informationen aus der Nase ziehen. Und er kann nicht direkt auf Fragen antworten. Irgendetwas stimmt mit ihm nicht. Ich bin mir ganz sicher!

»Georg, gibt es Überlebende in Frankfurt, wie viele sind es?«

Wieder eine lange Pause, bis er sich meldet.

»Meine Frau und meine Kinder sind …«, sagt er in einem verzweifelten Ton. Weiter kommt er nicht. Er hat die Sendetaste losgelassen.

»Georg, was ist los, was ist mit deiner Familie?«, frage ich eindringlich, bekomme aber keine Antwort. Ich rufe ihn ein paar Sekunden später. Wieder keine Antwort! Und auch noch ein drittes Mal, aber Georg meldet sich nicht.

Ich ahne, dass Georg seine Familie verloren hat. Es ist für mich offensichtlich, dass er damit nicht fertiggeworden ist. Nach einem erneuten Versuch meldet sich Georg, nun wieder mit ganz normaler Stimme.

»Ich bin hier in München und ich komme gleich nach Berlin. Du kannst auf mich am Flughafen warten.«

»Georg, wo bist du? In München? Vorhin hast du gesagt, dass du in Frankfurt bist.«

Wieder warte ich. Ungefähr nach einer Minute sagt Georg:

»Warte auf mich, in zehn Minuten bin ich da.«

Georg hat offenbar den Verstand verloren. In seiner Vorstellung springt er von einem Ort zu einem anderen. Weil er es vor Schmerz nicht mehr aushält, flüchtet er. Es wundert mich nicht. Auch ich war nahe daran, verrückt zu werden, davon bin ich überzeugt. Dass ich dann das Glück hatte, Kontakt in die USA zu bekommen, hat mich wohl gerettet. Georg tut mir unendlich leid, aber ich werde ihm in seinem Schmerz nicht helfen können.

»Wo bist du?«, fragt Georg jetzt. Es ist die erste Frage, die er stellt.

»Ich bin in Berlin.«

Seine Antwort kommt jetzt fast umgehend: »Ich dachte, du bist in Stuttgart.«

»Nein, Georg, ich habe dir vorhin gesagt, dass ich in Berlin bin.«

»Du lügst, du bist in Stuttgart«, sagt er jetzt etwas aggressiv.

»Nein, Georg«, sage ich eindringlich, »was ist los mit dir?«

»Du lügst!«, entgegnet er gereizt und dann macht er eine Pause, lässt aber dieses Mal die Sprechtaste seines Mikrofons nicht los, sondern bleibt auf Sendung. Zunächst ist nichts zu hören, auch kein Hintergrundgeräusch, aber dann fängt er an, eine eintönige Melodie zu summen. So geht es minutenlang. Georg ist schon in einer anderen Welt, zu der ich über Funk keinen Zugang bekomme. Er hat sich dorthin geflüchtet. Dann reißt der Kontakt unvermittelt ab, Georg muss die Sendetaste losgelassen haben. Ich rufe ihn immer wieder, aber er meldet sich nicht mehr. Schließlich gehe ich nachdenklich wieder zum normalen Funkbetrieb im Stundenrhythmus über.

Georg gehört also auch zu den wenigen, die aus irgendwelchen Gründen nicht an dem Virus gestorben sind. Aber er ist unter den Ereignissen zusammengebrochen und wird es allein nicht schaffen. Ich bin sicher, dass mir dieses Funkgespräch in allen Einzelheiten immer in Erinnerung bleiben wird.

10. Juli   Samstagnachmittag
Berlin

Gegen 16 Uhr werde ich allmählich nervös und bemerke, dass ich unruhig um die Funkstation herumgehe. Gerade läuft wieder mein »allgemeiner Anruf«, und ich mache mir ernsthaft Sorgen, dass sich Walter nicht mehr meldet. Meine Phantasie, merke ich, geht wieder ihre eigenen Wege: Wenn ich von ihm nichts mehr höre, hat er dann vielleicht sein Batterieproblem noch nicht gelöst? Oder sind die Ausbreitungsbedingungen so schlecht, oder hat das recht selten vorkommende Mögel-Dellinger-Phänomen, das für Stunden jeglichen Weitverkehr auf der Kurzwelle verhindert ausgerechnet jetzt zugeschlagen ...?

Aber meine Sorgen aber sind unbegründet, denn kaum ist die automatische Ansage meiner Funkanlage beendet, höre ich ihn rufen. Mir fällt ein Stein vom Herzen. Nach kurzer Begrüßung frage ich ihn, wie wir in Zukunft die Funkkommunikation gestalten wollen, vor allem wenn sich die Wellenausbreitung verschlechtert und kein Funkverkehr möglich ist. Zu meiner Verblüffung antwortet er, dass sich nach seiner Ansicht die Zeit unserer Funkerei sowieso einem baldigen Ende nähert, aber das sollte ich jetzt mit jemand anders besprechen. Mit den Worten »there is someone who like to talk to you" verabschiedet er sich. Und dann höre ich eine Stimme, die mich vor Freude fast platzen lässt.

»Hi, Konni, this is Long!" Ich erkenne Long, meinen Lieblingsschwager aus Seattle, sofort an der Stimme.

»Das gibt es doch wohl gar nicht, Long«, brülle ich vor Freude ins Mikrofon, die Sprechtaste festgedrückt. Sally stürmt auch schon heran und fragt auf ihre Art, was jetzt schon wieder los ist. Und dann besinne ich mich, dass ich mit ihm englisch sprechen muss: »Is it you, Long? This is a wonder that you have survived the epidemy. Is it really true? It is you? I can´t believe it!« Ich kann es immer noch nicht so richtig fassen, dass ich mit Long spreche: »Woher weißt du, dass ich überlebt habe?«

»Ganz einfach. Ich war zwar gestern bei den Kontakten von Walter mit dir nicht persönlich dabei, aber die Neuigkeit, dass er mit einen Überlebenden in Berlin gesprochen hatte, verbreitete sich bei uns wie ein Lauffeuer. Er sprach immer nur von einem Konni. Ich sagte ihm, dass mein Schwager auch Konni heißt und wir schauten im internationalen Callbook nach, wer sich dahinter verbirgt. Als ich dann deinen Nachnamen und die Adresse gelesen hatte, war für mich alles klar.«

»Long, das ist ja großartig! Ich glaube es kaum! Sag mal, wie geht es deiner Familie? Haben alle überlebt?«

»Ja, sie haben es alle geschafft, und ich bin sehr glücklich. Der Grund, warum wir überlebt haben, hat vielleicht etwas mit elektrischen Feldern zu tun«, aber bevor ich darüber nachdenken kann, fragt er, »was ist mit Lanh, Ma, Ngan und Khai?«

»Vietnam habe ich an dem Tag verlassen, als dort das große Sterben anfing. Lanh, Ma und Ha wollten zwei Wochen später nach Berlin kommen. Ich habe seitdem nichts mehr von ihnen gehört«, sage ich mit schwerem Herzen, »Ngan, Hung und Vinh sowie die Kinder haben das gleiche Schicksal erlitten wie die anderen auch. Ich war noch einmal in ihren Wohnungen.«

»Das macht mich traurig, sehr traurig. Aber nach allem hatte ich damit gerechnet. Nur mir fehlte bisher die Gewissheit ...«

Long hat die Sendetaste mitten im Satz losgelassen, dann meldet er sich wieder, wie ich an seiner Stimme erkenne, offenbar mit seinen Tränen kämpfend: »Konni, ich weiß von Walter, dass du allein in Berlin bist. Du musst unbedingt nach Amerika kommen!«

Long spricht mir aus der Seele. »Ja, ich habe mir das auch schon überlegt. Natürlich will ich kommen. Ganz sicher! Hier ist niemand mehr! Aber wie? Habt ihr einen Piloten, der mich abholen kann? Kann jemand von euch fliegen?«

»Ja, wir haben jemand«, antwortet er jetzt wieder mit fast gewohnter Stimme, »aber er kann nur kleine Sportflugzeuge fliegen. Ich glaube nicht, dass er so ohne weiteres mit größeren Maschinen für eine Atlantiküberquerung klar kommt. Aber ich spreche mit ihm darüber und gebe dir bei unserem nächsten Gespräch morgen Bescheid.«

Während des letzten Durchgangs kann ich Long kaum noch verstehen. Das für den Kurzwellenfunk übliche Fading, die Feldstärkeschwankungen, und damit verbunden auch die Schwankungen in der Lautstärke haben zugenommen.

Ein Zeichen, dass die Funkverbindung in Kürze zusammenbrechen wird.

»Long, die Funkbedingungen werden schlechter, wir sprechen morgen um die gleiche Zeit wieder miteinander. Grüße an deine Familie.«

Als ich die Taste loslasse, höre ich ihn sehr leise sprechen. Er hat meinen Durchgang nicht mehr in Gänze aufnehmen können und hat seinerseits zu sprechen angefangen. Verstehen kann ich kaum noch etwas, nur so viel, dass er auch morgen wieder mit mir in Kontakt treten will.

Das alles ist doch kaum noch zu steigern! Innerhalb der letzten Tage hatte ich zwei, vielleicht drei Kontakte mit Überlebenden. Schon gestern war für mich klar, dass ich der Einsamkeit entfliehen und nach Amerika gehen muss, und heute meldet sich auch noch mein Schwager und ermuntert mich dazu. Unglaublich, und doch wahr!

Wenn ich nicht abgeholt werden kann, und damit rechne ich, muss ich mit einem Schiff fahren. Dann wird es Zeit, dieses Projekt sehr bald in Angriff zu nehmen, denn, so erinnere ich mich, ist im August, spätestens ab September mit Hurrikans vor der amerikanischen Ostküste und im Golf von Mexiko zu rechnen. Und selber fliegen? Es reizt mich schon, und ich glaube, dass ich es mir auf einer kleinen Cessna auch selbst beibringen könnte. Aber wie weit kann diese Maschine fliegen? Selbst wenn ich eine zweimotorige Propellermaschine hätte, wäre die Reichweite wahrscheinlich auch nicht groß genug. Und dann gäbe es noch das Problem mit der Navigation, abgesehen davon, dass alles beim ersten Mal auch klappen muss, der Start, und auch die Landung! Die paar Stunden vor dem Computer mit einem Flugsimulationsprogramm vor zwei Jahren waren zwar sehr lehrreich, dürften aber nicht ausreichen. Vielleicht könnte ich auch vieles nachlesen, aber es ist mir mit zu vielen Risiken behaftet. Also geht es nur mit dem Schiff ...

Sally kommt und unterbricht meine Gedanken, sie hat Hunger und Durst. Der Generator im Übrigen auch, und so bin ich erst einmal die nächsten zwei Stunden beschäftigt, während meine Gedanken unaufhörlich um das Thema Atlantiküberquerung kreisen.

Als ich am Abend dann wieder Ruhe habe, sitze ich gemütlich am Schreibtisch, schreibe Listen und mache Pläne. Wenn es schon auf dem Seeweg nach Amerika gehen soll, dann muss ich einigermaßen fit sein in Navigation und in der praktischen Handhabung eines Schiffes. Am einfachsten wäre natürlich eine Motoryacht. Aber was mache ich, wenn unterwegs mitten im Atlantik der Motor ausfällt oder ich keinen Sprit mehr habe? Nein, auf die von Menschen erfundene Motorkraft allein will ich mich nicht verlassen. Das Beste wäre eine Segelyacht mit einem eingebauten Bootsdiesel, der auch für Langzeitbenutzung vorgesehen ist. Ich brauche eine ausreichende Ladekapazität für Wasser und Proviant. Und ich möchte natürlich auch ein paar persönliche Dinge mitnehmen.

Aber es gibt da noch so ganz kleines Problem – ich kann nicht segeln! Irgendwie müsste das doch hinzukriegen sein. Ich muss ja schließlich keine Regatta gewinnen. Aus Büchern und Learning by Doing müsste es möglich sein, sich das nötige Wissen anzueignen. Angst davor habe ich merkwürdigerweise nicht. Im Gegenteil – ich fühle mich regelrecht herausgefordert durch diese Aufgabe. Mit der Praxis könnte ich schon morgen früh beginnen, wenn die ersten Sonnenstrahlen zu sehen sind. Zum Tegeler See ist es von meinem Zuhause nur ein Katzensprung. Dort gibt es eine Unmenge von Segelbooten und Motoryachten. Nach dem ersten Segeltörn sollte ich ein Geschäft für nautischen

Bedarf besuchen, um mich mit der nötigen Literatur zum Selbststudium einzudecken. Mit diesen Plänen im Kopf schlafe ich erst lange nach Mitternacht ein.

12. Juli Montag, am späten Nachmittag
Berlin

Der Ausflug heute Morgen zum Tegeler See war nicht dazu angetan, zum enthusiastischen Segelsportler zu werden. Zunächst regnete es ohne Unterlass in Strömen. Nicht gerade motivierend, zumal Segeln und Bootsfahrten mich noch nie so richtig begeistert haben. Ich hatte es immer als eine recht langweilige Angelegenheit empfunden, weil es so zähfließend langsam vor sich geht.

Als Lanh und ich vor zwei Jahren eine einstündige Schifffahrt auf den Berliner Gewässern unternommen haben, hatten wir schon nach ungefähr zehn Minuten von der Fahrt genug. Wir haben sehr über uns und unsere Ungeduld gelacht. Daran wird sich bei mir wohl jetzt nichts geändert haben. Liegt die Faszination bei der Segelei vielleicht in der Ausnutzung der kostenlosen Windenergie, etwas für Schotten oder Schwaben? Als gebürtiger Schwabe werde ich, so Gott will, die Faszination des Segelns vielleicht bald erfahren.

Im Hafen des Tegeler Sees wimmelte es von Booten verschiedener Größen, aber die Motorboote machten den größten Teil davon aus. Vielleicht sollte ich bei diesem Wetter zunächst eine Fahrt mit einem solchen Boot machen, fragte ich mich, um erst einmal einen Einstieg in die Schifffahrt zu finden. Aber die Kajüten der Boote, die einen wettergeschützten Fahrstand hatten, waren alle abgeschlossen. Werkzeug zum Aufbrechen hatte ich nicht mit dabei. Und dazu noch der kräftige Regen, der mich bis auf die Haut nass werden ließ und die Schiffsplanken glitschig machte. Das konnte gefährlich werden. Ein besseres Wetter konnte ich mir wirklich nicht aussuchen. Also für heute fällt die Praxis aus, sagte ich mir. Vielleicht sollte ich heute eher einige Einführungsbücher lesen. Bei diesem Sauwetter muss ich ja nicht mit dem Segeln beginnen.

Und so fuhr ich bei strömendem Regen dann zu dem im Süden von Berlin gelegenen nautischen Laden. Dort gab es Material in Hülle und Fülle. Vor allem Seekarten von allen erdenklichen Gebieten der Erde. Ich packte erst einmal ein, was ich in die Finger bekommen konnte. Sortieren kann ich auch zu Hause, sagte ich mir. Auch Bücher über Navigation, Schiffsdieseltechnik, Segelkunde und Segeln für Fortgeschrittene, GPS-Geräte, Feldstecher, Nachtsichtgeräte, Taue, Regenkleidung usw. Nichts war vor mir sicher. In kürzester Zeit muss ich zu einem Skipper werden, der eine Atlantiküberquerung bewältigen kann. Wofür andere Jahre benötigen, dürfen es bei mir nur wenige Wochen sein – die Zeit drängt!

Zu Hause angekommen sitze ich nun nach Erledigung meiner Pflichten für Hund und Generator – beide wollen immer etwas von mir – mit einigen Anfängerbüchern über das Segeln am Schreibtisch. Die Funkstation läuft nebenbei. Gemeldet hat sich niemand mehr, auch nicht Georg, den ich noch mehrmals gerufen habe.

Dass ich mit Leib und Seele bei der Sache bin, kann ich nicht sagen. Allein an den Fachtermini für das Segeln kann ich schon fast verzweifeln. Was wird beispielsweise als »laufendes Gut« bezeichnet? Alle Leinen und Drähte, mit denen etwas bewegt wird, also die Fallen und Schoten, aber auch die Dirk, der Baumniederholer und der Bullenstander. »Stehendes Gut« dagegen ist Folgendes: Das gesamte feststehende Drahttauwerk, das zur Takelage gehört und den

Mast hält, also Wanten und Stagen, aber auch die Salinge und die Püttings. Alles klar? Ich kann mich gerade noch beherrschen, diese Lektüre nicht als »Fliegendes Gut« in die nächste Ecke zu feuern! Dann hätte ich nämlich keine Chance mehr hätte, sie je wieder benutzen zu können, sollte ich sie noch einmal brauchen. Sally fasst solche Handlungsweisen nämlich zu gerne als Aufforderung zum Spielen auf. Es ist ein Kräftemessen zwischen Mensch und knurrendem Hund. Hat Sally erst einmal das Buch, gibt sie es freiwillig nicht mehr her. Ich müsste es mir holen. Und bis ich dann bei ihr wäre, würde sie, als wäre es nicht genug, mir das Buch vorzuenthalten, noch anfangen, die Lektüre mit Wonne zu zerbeißen, Seite für Seite! Ich soll sie auf gar keinen Fall mehr bekommen. Diese nette Erfahrung habe ich mit ihr schon gemacht. So gemein kann ein Hund sein!

Das Buch bleibt also am Boden und lernt nicht fliegen ... Und im Praxisteil freue ich mich sehr auf die Seemannsknoten, Palstek, Schotstek und wie auch immer sie heißen, und sehe mich schon dabei, wie ich versuche, nach den Abbildungen einen der Knoten zustande zu bringen.

Ich bin mit meiner Literatur so beschäftigt, dass ich gar nicht mitbekommen habe, dass die Funkanlage zwischenzeitlich meine stündliche Ansage abgesetzt hat und jetzt wieder auf Empfang geschaltet hat.

Walter ruft mich klar und deutlich: »Delta-Hotel-Ten-X-Ray-Uniform, Whiskey-Six-Five-Lima-Alpha-Charlie!«

In Windeseile greife ich zum Telefon:» This is Delta-Hotel-Ten-X-Ray-Uniform, Whiskey-Six-Five-Lima-Alpha-Charly! Hotel-Ten-X-Ray-Uniform. Hello, Walter, can you copy me?"

»Ja, es klappt genauso gut wie gestern. Ich habe allerdings keine guten Nachrichten für dich. Hier bei uns ist eine geheimnisvolle Krankheit ausgebrochen, an der heute Morgen schon zwei Leute gestorben sind. Es könnte mit der Epidemie zusammenhängen, aber es kann sich auch nur um eine besonders aggressive Form der Grippe handeln. Unsere Doktoren sind ausgerechnet heute in aller Frühe zum Fischen aufgebrochen. Leider haben sie keine Funkgeräte mitgenommen. Und unser Suchtrupp hat sie auch noch nicht gefunden.«

»O, Shit, das hört sich nicht gut an!«, mir rutscht das Herz in die Hose. Mein Gott, werde ich doch wieder alleine sein? Irgendwie muss Walter ahnen, dass mich diese Nachricht zutiefst erschüttert hat. Er spricht mir Mut zu:

»Spätestens morgen sind unsere Medizinmänner wieder da. Wenn sie wissen, was los ist, werde ich mich außerhalb der üblichen Zeit melden.«

»Ja, alles klar und vielen Dank. Sag mal, wo ist mein Schwager?«

»Er ist mit bei dem Suchtrupp.«

»Okay, wir sprechen uns spätestens morgen wieder. Falls ich nicht am Gerät bin, wenn du dich wieder meldest, sprich bitte eine Nachricht auf mein Band, aber nicht nur auf einer Frequenz.«

»Alles klar, Konni, ich weiß Bescheid. Ich melde mich spätestens morgen wie üblich um 16 Uhr nach deiner Ansage, vielleicht auch schon eher. Bis dann und gute Nacht.«

»Gute Nacht, Walter, und Grüße an meinen Schwager. Delta-Hotel-Ten-X-Ray-Uniform, Whiskey-Six-Five-Lima-Alpha-Charlie, Ende!«

Das darf doch alles nicht wahr sein! Ich frage mich, ob denn diese Ungewissheit nun von Neuem beginnt. Die Angst, wieder allein zu sein, steigt in mir hoch und lässt sich nicht mehr abweisen. Der Verstand versagt. An einen guten Ausgang kann ich kaum noch glauben. Schon sind zwei Leute gestorben. Wenn Walter sich das nächste Mal meldet, ja, wenn er sich meldet, sind es vielleicht zehnmal so viele Tote. Fast willenlos spiele ich mit Sally, weil sie mich inständig dazu auffordert. Aber bald merkt auch sie, dass ich dazu nicht in der Verfassung bin. Sie kommt und legt sich vor meine Füße, als ob sie mir sagen will: »Schau mal, ich bin bei dir.«

So vergehen einige Stunden. Es ist schon Nacht. Ich müsste längst den Generator wieder betankt haben, als sich Walter plötzlich auf dem 15-Meter-Band meldet.

»Konni, ich habe eine gute Nachricht. Wir haben hier eine schwere Virusgrippe, die fast alle befallen hat. Die zwei Leute, die gestorben sind, waren um die siebzig. Sie waren schon sehr kränklich, und sie haben ihre ganze Familie verloren. Wir glauben, sie wollten auch sterben.

Unsere Ärzte nahmen zwar unsere Ängste zur Kenntnis, dass es zwischen der Epidemie und der jetzt aufgetretenen Krankheit einen Zusammenhang geben könnte, sie sind allerdings der festen Überzeugung, dass es sich ausschließlich um eine gewöhnliche Grippe handelt. Du kannst dir unsere Erleichterung vorstellen.«

Ich traue meinen Ohren nicht. Habe ich mir wirklich umsonst Sorgen gemacht? Es geht also weiter! Allerdings ist Long jetzt auch erkrankt und muss das Bett hüten. Er hatte Walter aber aufgetragen, mich zu grüßen. Überglücklich verabschiede ich mich von Walter, für dieses Mal mit dem Hinweis, dass jeden Moment meine Stromversorgung zusammenbrechen wird, weil ich zu deprimiert war, mich weiter darum zu kümmern. Walter lacht, aber er versteht.

»Good luck, hear you tomorrow again.«

Das Betanken des Generators war immer eine Knochenarbeit, aber jetzt nach diesem Gespräch ist es für mich eine Leichtigkeit, obwohl der Tank fast bis auf den letzten Tropfen leer war. Ich bin überglücklich. Die Sorgen der letzten

Stunden, die ich mir zu einem großen Teil selbst eingeredet habe, sind von mir abgefallen. Aber nach alledem, was ich erlebt habe, war es kein Wunder, dass ich so reagiert habe. Die Angst vor der Epidemie sitzt zu tief, nicht nur bei mir, sondern auch bei den Leuten in Amerika.

Beruhigt, erleichtert und froh kann ich mich jetzt wieder gedanklich mit dem Seefahrtsprojekt beschäftigen: Von welchem Hafen starte ich, wo gibt es hochseefähige Segelyachten? Von Berlin aus müsste ich durch viele Schleusen. Abgesehen davon, ob ich hier überhaupt ein hochseefähiges Schiff finde, ist nicht sicher, dass ich durch die Schleusen komme, wenn ich diese nicht bedienen kann, zumal es auch keinen Strom gibt. Also muss ich direkt an die Küste. Am besten wäre es natürlich, mit einem Wagen nach Südspanien oder Portugal zu fahren und dort ein hochseefähiges Schiff zu finden. Dann könnte ich mir die schwierige Strecke durch den Englischen Kanal mit seinen Hindernissen und Strömungen sparen. Ein weiterer Vorteil wäre, dass sich die Zeit auf See erheblich verkürzen würde. Dagegen spricht: Passiert etwas mit dem Wagen, habe ich vielleicht Probleme, an Ersatz heranzukommen. Bleibe ich hier im Land, kenne ich mich einigermaßen aus. Und, das ist das Wichtigste, ich bekomme ziemlich sicher ein Schiff mit Handbüchern in Deutsch, zur Not auch in Englisch. Als Anfänger sollte ich alle Bootsunterlagen in einer Sprache vorfinden, die ich auch verstehe. Zu viel kann vom Verständnis der einzelnen Vorrichtungen an Bord abhängen. Also kommt nur ein deutscher Hafen in Frage. Der Preis ist die wesentlich längere Zeit auf See und die Fahrt durch den Englischen Kanal. Aber auch das hat einen Vorteil. Ich komme ziemlich schnell auf ein Schiff, kann mich in relativer Nähe zur Küste daran gewöhnen und es in allen Einzelheiten kennen lernen. Für mich als Anfänger eine gute Vorbereitung für die darauf folgende Atlantiküberquerung. Deshalb wird es von der Nordsee aus losgehen – das ist jetzt geklärt!

In Cuxhaven gibt es, wie ich weiß, einen großen Yachthafen. Womit fahre ich dorthin? Am besten mit einer »Wanne«. Was nehme ich nur alles von hier mit? Was gibt es garantiert nicht in den USA und wird dort gebraucht? Wie rüste ich das Schiff aus? Wie viel Wasser, Proviant, Diesel für den Schiffsmotor, Ersatzteile, Ersatzsegel usw.? Vieles ist zu bedenken. Und diese Nacht wird, so schätze ich, sehr lang.

13. Juli Dienstag
Berlin

Heute Morgen hatte ich dann also meine erste Segelstunde bei fast klarem Himmel. Das schlechte Wetter hatte sich völlig verzogen.

Mein erstes Wasserfahrzeug sollte ein kleines Segelboot mit nur einem Großsegel sein, eine Jolle, die ich gestern schon gesehen hatte. Es schien, als wurde sie kurz vor dem Ausbruch der Epidemie am 6. Juni noch benutzt. Sie war wie geschaffen für mich. Nur noch das Segel musste gesetzt werden. Zusätzlich waren zwei Ruder an Bord, um es als Ruderboot zu verwenden. Sehr sinnvoll für mich als Anfänger, falls es mit dem Segeln nicht klappen sollte. Also zuerst musste ich die Leinen lösen. Und hier sah ich zum ersten Mal den Nutzen der Schiffsknoten. Sie gaben dieser kleinen Jolle am Anlegeplatz einen sicheren Halt. So ganz überflüssig sind die seemännischen Knoten wohl doch nicht, dachte ich mir. Ich muss mich ja nicht an den Bezeichnungen stören. Deshalb wird heute zumindest der Palstek so gelernt, dass ich ihn ohne Anleitungsbuch im Schlaf machen kann ...

Im letzten Moment des Ablegens nutzte Sally die Gelegenheit, mit einem großen Satz vom Liegeplatz ins Boot zu springen, um mitzukommen. Zwar wurde der Platz in der kleinen Jolle jetzt etwas eng, insbesondere deshalb, weil ich mich in die Taue, Seile und »Schnüre« erst einmal einarbeiten musste, um zu sehen, wofür was ist. Aber es war mir auch wichtig, Sally so schnell wie möglich an das Bootfahren zu gewöhnen.

Ich legte noch ohne Segel, nur mit den Rudern ab. Danach setze ich das Segel, und es passierte das, was den meisten Anfängern passiert: Der Wind greift in das Segel, und der Baum fegt alles, was ihm im Weg ist, über Bord. Es war gottlob nur eine Tasche mit etwas Proviant, die mit einem Knall im hohen Bogen ins Wasser geschleudert wurde. Wäre ich an der falschen Stelle im Boot gewesen, hätte es mich erwischt. Segeln kann lebensgefährlich sein! Erschrocken mahnte ich mich selbst zur Ruhe und Besonnenheit. Jede Handlung an Bord ist vorher zu überlegen, soweit sie nicht in Fleisch und Blut übergegangen ist. So wird es aber in Zukunft auf See immer sein. Am Anfang ging das Autofahren ja auch nicht wie von selbst.

Nachdem ich mich von dem Schreck erholt hatte, versuchte ich meine ersten Segelmanöver. Mit dem Wind zu segeln war kein Problem. Direkt gegen den Wind war natürlich nicht möglich, also blieb nur die Möglichkeit, gegen den Wind anzukreuzen. Zwangsläufig lernte ich so die Manöver Wende und Halse, denn auf dem Weg zurück zum Liegeplatz hatte ich einen schönen Gegenwind. Ziemlich ungewohnt, aber klar war mir, dass ein Schiff kein Auto ist, zum Beispiel keine Bremse hat. Es waren also Manöver auch immer unter dem Aspekt der Trägheit der Masse zu vollziehen. Das war am Anfang nicht so leicht und vieles musste ich wiederholen. Doch auch wenn nicht alles glatt ging, war ich mit mir einigermaßen zufrieden. Sally, die ich mit einer kurzen Leine anbinden musste, hat sich auch tapfer gehalten, und morgen geht es wieder aufs Wasser, dann aber schon mit einem etwas größeren Boot.

Am Nachmittag bereitete ich meine morgendliche Segelstunde theoretisch nach mit der Literatur aus dem nautischen Laden und las Bootsbeschreibungen, suchte nach Gemeinsamkeiten und Unterschieden zwischen den für mich in Frage kommenden Bootsklassen, überflog Reparaturanleitungen über Bootsdiesel und Außenborder.

Pünktlich zehn nach vier meldet sich Walter wieder:

»Delta-Hotel-Ten-X-Ray-Uniform für Whiskey-Six-Five-Lima-Alpha-Charly.«

»Hallo, Walter, kannst du mich aufnehmen?«

»Ja, es geht so einigermaßen. Es wird Zeit, dass du dich hier herbegibst«, sagt er und lacht, »jetzt macht dein Schwager hier weiter. Ich bin jetzt weg, bis morgen.«

»Danke Walter, bis morgen um die gleiche Zeit. – Hallo, Long, wie geht es dir heute?«

Mit noch etwas schwacher Stimme höre ich ihn antworten: »Hi, Konni, ich habe noch ein bisschen Grippe in den Knochen, aber heute geht es schon. Gestern war es schlimm, aber jetzt bin ich so einigermaßen über den Berg. Dafür sind jetzt Hoa und die Kinder krank. Aber nicht so schlimm.«

»Na, Gott sei Dank geht es dir besser«, sage ich erleichtert, »ich hoffe, Hoa bald auch. Grüß bitte alle von mir.«

»Mach ich«. Und nach einer kleine Pause fährt er fort: »Konni, ich habe unseren Piloten gefragt, ob er dich abholen kann. Im Prinzip könnte er es. Er würde sich an größere Maschinen, die zur Atlantiküberquerung notwendig wären, heranwagen. Das Risiko, ihn zu verlieren, ist aber zu groß, denn er ist der einzige Mensch, der fliegen kann. Wir alle haben auf unserer Versammlung beschlossen, dass er dafür momentan nicht zur Verfügung stehen kann. Jeder von uns hier ist ein Lehrer für die nachkommenden Generationen. Er bildet zurzeit einige Leute im Fliegen aus. In zwei Jahren wäre das mit Sicherheit anders, aber so lange wirst du bestimmt nicht warten wollen. Der einzige Weg für dich, hierher zu kommen, ist der Seeweg. Sei bitte nicht unzufrieden. In der Versammlung war man sich aber einstimmig einig, dass ich dich an der Ostküste abholen sollte.«

»Alles klar, Long«, sage ich ohne Enttäuschung, »ich habe auch nicht ernsthaft daran geglaubt, dass das klappen könnte. Ich lerne segeln und hatte heute früh meine erste Segelstunde. Und gestern war ich in einem nautischen Laden und habe alles mitgenommen, vom GPS über Karten, Taue, Ölzeug usw., einfach alles, was ich für eine Atlantiküberquerung brauchen könnte«

»Ich bin froh, dass du das so siehst«, sagt Long erleichtert, »ich hatte schon ernsthafte Sorgen, dass du mir das verübeln würdest.«

»Nein, Long«, lache ich, »es ist alles klar. Wenn wir regelmäßigen Funkkontakt haben, bin ich völlig zufrieden. Zum Glück habe ich keine zwei linke Hände und werde mir zu helfen wissen. Einen Plan habe ich auch schon. Ich werde mit einer Segelyacht und eingebautem Schiffsdiesel den Atlantik überqueren, zuerst mit Motorkraft. Mit dem Segeln werde ich später schon klarkommen. In gut einer Woche werde ich vieles gelernt haben, da sei sicher. Daneben lese ich so ziemlich alles, was ich über die Seefahrt wissen muss. Dann werde ich nach Cuxhaven an der Nordseeküste fahren und mir ein geeignetes Schiff suchen. Das Kennenlernen dieses Schiffs, das Beladen und die anderen Vorbereitungen werden schätzungsweise eine Woche dauern. Ich hoffe, Anfang August in See stechen zu können.«

»Konni, das hört sich gut an. Aber ich muss dir noch eines sagen. Das GPS-System funktioniert nicht mehr. Du musst versuchen, auf herkömmliche Art zu navigieren.«

»Okay, vom GPS hatte ich sowieso keine Ahnung, ich weiß gerade mal, dass es das gibt, nein, gegeben hat. Long, ich werde sehen, wie ich dieses Problem in den Griff kriege und die Navigation anderweitig lerne«, und als ob ein höheres Wesen mich zur Eile antreibt, in meinen Vorbereitungen weiterzumachen, verschlechterte sich der Empfang zunehmend. Ich höre nur noch, dass Long nicht alles aufnehmen konnte und dass wir morgen wieder miteinander sprechen werden.

Also ab jetzt wird es ernst! Schätzungsweise in einer Woche werde ich Berlin für immer verlassen. Zuvor gilt es noch, so viele Erfahrungen wie möglich beim Segeln auf den Berliner Gewässern zu sammeln und die entsprechende Theorie zu lernen. Auch wenn es wie aus Eimern regnen sollte, ist Segelunterricht angesagt. Vielleicht dann erst recht, denn ich kann mich nicht darauf verlassen, dass ich nur strahlenden Sonnenschein habe, wenn ich die große Reise antrete.

Und ich sollte mir schon jetzt am besten in den Abendstunden überlegen, was ich auf meiner Reise mitnehme. Es fängt an mit Büchern, die in Deutsch für mich natürlich einfacher zu lesen sind als die englische Literatur. Wahrscheinlich dürfte ich, sollte die Reise gelingen, der einzige Vertreter aus dem deutschsprachigen Raum sein. Deutsch dürfte dann keine Rolle mehr spielen. Für mich aber ist meine Sprache sehr wichtig. In ihr fühle ich mich geborgen und zu Hause. Englisch habe ich nie so gelernt, dass ich es als zweite Muttersprache bezeichnen könnte. Der Schulunterricht damals vor vierzig Jahren in Englisch begann für die meisten Kinder mit zehn oder elf Jahren. Und das war recht spät im Vergleich zu dem, wie es bis jetzt der Fall war. Ich sollte mir schon einige Bücher mitnehmen, wegen des Gewichts, wenn möglich, auf elektronischen Medien. Aber vielleicht doch nicht nur für den persönlichen Bedarf, sondern auch für die Allgemeinheit. Deutschland war in ökologischen Projekten führend. Und darüber werde ich auch Material mitnehmen. Aber vielleicht, so kommt mir der Gedanke, sollte ich die deutsche Sprache doch nicht so ganz ad acta legen. Wer weiß, wer sie später einmal lernen will. Also müssen auch einige grundsätzliche Werke mitgenommen werden.

Und was nehme ich an Erinnerungsstücken mit? Fotos, Bilder. Ich darf nichts vergessen, denn ein Zurück wird es nicht mehr geben! Allerdings wird auch der Laderaum an Bord des Schiffes sehr begrenzt sein. Viel wichtiger sind Ersatzteile für das Boot, Werkzeuge und Diesel für den Motor. Die Listen, die ich schreibe, werden immer länger, und die Streichungen auch.

So ungewiss diese Reise auch sein mag, so sehr freue ich mich über diese Aufgabe, die jetzt vor mir steht. Natürlich ist sie gefährlich und von der Hochseeschifffahrt habe ich nun wirklich keine Ahnung. Aber wer nicht wagt, der nicht gewinnt. Soweit ich schon mal in einem Buch über das sogenannte Einhandsegeln gelesen habe, wird das Ganze eine ziemlich schlaflose Angelegenheit werden. Insbesondere dann, wenn ein Sturm »abzuwettern« ist.

Ich werde mich also auf Schlaf – minutenweise oder stundenweise – einzustellen haben. Und das, wo ich bisher immer ausreichenden Schlaf brauchte und meistens auch bekommen habe. Hoffentlich geht das gut! Es ist aber auch ein Abenteuer, eine echte Herausforderung, die ich einfach bestehen muss, weil an deren Ende der Wiedereintritt in eine menschliche Gemeinschaft auf mich wartet. Ja, wenn es denn gelingt ...

Per aspera ad astra! So war mein Leben sehr oft. Jetzt ist erneut eine Prüfung zu bestehen, größer als alle zuvor.

2. August   Montagabend
Unterwegs nach Cuxhaven

Die letzten drei Wochen waren wirklich sehr ereignisreich und mit viel Arbeit verbunden. Fast jeden Tag war ich mit Sally auf dem Wasser. Ich hatte es zwar geschafft, kein Boot zu versenken, dafür aber aus einem Landungssteg Kleinholz gemacht, obwohl ich das Anlegemanöver zu diesem Zeitpunkt eigentlich ohne große Probleme beherrschte. Ich wollte einfach zu schnell wieder an Land, als es anfing, in Strömen zu regnen. Sally fand dieses »Glanzstück« meiner nautischen Fähigkeiten überhaupt nicht gut, weil das Krachen sie fürchterlich erschreckt hatte. Nur mit viel Überredungskunst kam sie, nachdem ich wegen des starken Regens bis auf die Knochen nass war, mit ins Auto und verschwand, zu Hause angekommen, auch gleich wieder im Garten. Erst gegen Abend ließ sie sich blicken und war wieder ganz die Alte. So eine Hundedame kann auch ganz schön beleidigt sein.

Es war aber nicht die einzige Panne, die in den letzten drei Wochen passierte. An einem Vormittag segelte ich weit in Richtung Süden. Der Wind ließ nach, und nun wäre guter Rat teuer gewesen, wenn ich nicht ein Klappfahrrad für genau den Fall mitgenommen hätte, dass das »Nachhausesegeln« nicht so richtig gelingt. Ich hatte schon so etwas geahnt, als ich diesen Törn begann. Aber ich war zu bequem, vorher den Außenbordmotor zu betanken. Das passiert mir nicht noch mal, schwor ich mir später. Im Großen und Ganzen machte ich aber Fortschritte und lernte zumindest, was man wissen musste, um in den Binnengewässern mit dem Segeln zurechtzukommen. Bei allem war mir jedoch bewusst, dass die Überfahrt auf dem Atlantik noch ganz andere Anforderungen an mich stellen würde.

Solange ich noch in Berlin war, hatte ich jeden Tag mit Portland Funkkontakt. Dabei äußerte Walter den Wunsch nach Sonnenkollektoren und den entsprechenden Reglern, da diese in den USA nicht oder nur schwer aufzufinden seien. Sie würden dringend gebraucht. Er nannte mir sogar die Anschrift der Firma Solartech in der Nähe von Cuxhaven. Diesen Wunsch wollte ich ihm auf jeden Fall erfüllen.

Funkverbindungen zu anderen Stationen gab es nicht mehr. Auch Georg hatte sich nicht mehr gemeldet.

Eine der Polizeiwannen hatte ich zu meinem Transportmittel nach Cuxhaven auserkoren und den Wagen auch ganz schön vollgeladen. Zunächst mit 200 Liter Diesel aus dem Tankwagen vor dem Haus, dann das nautische Material, Bücher und persönliches Gepäck, Lebensmittel sowie Hundefutter. Ebenso auch einen Teil der Funkgeräte und Antennen, und schließlich noch meinen Roller, denn sollte ich mit dem Wagen unterwegs eine Panne haben, wäre ich weiterhin mobil, um mir ein Ersatzfahrzeug zu besorgen.

Vorgestern am frühen Morgen war es dann so weit: Ich hatte die Nacht vorher sehr schlecht geschlafen. Um kurz nach drei ging es los. Es war noch stockdunkel. Der Wagen stand startklar vor dem Haus. Alles bis auf eine Reisetasche war schon gepackt und geladen. Der Generator brummte wie gewöhnlich. Um ihn muss ich mich jetzt nicht mehr zu kümmern – das einzig Positive, das mir dazu jetzt einfiel. Sonst aber war ich voller Wehmut. Ich hatte es mir nicht so schwer vorgestellt, mein Zuhause zu verlassen. Ich tat es ja auch nicht ganz freiwillig, sondern die Umstände trieben mich dazu. Ich brauchte das Zusammenleben mit anderen Menschen. Aber die Realisierung dieses Wunsches war mir in dem Augenblick, als ich mein letztes Frühstück zu Hause einnahm, sehr fern. Verdammt noch mal, sagte ich mir, bin ich denn schon so alt, dass ich keinen Neuanfang mehr wagen kann? Wie erging es denn den Menschen nach dem zweiten Weltkrieg, als sie wieder in die zerbombten Städte zurückkamen und glaubten, nun wäre alles zu Ende? Auch sie hatten gelitten und viel verloren. Aber auch sie haben es geschafft, ihr Leben neu aufzubauen. Und das kann ich doch auch, oder nicht!?

Mein letzter Weg im Garten führte mich zu meinem Trimmgerät, dem Generator. Ihn schaltete ich ab, obwohl es eigentlich keine Bedeutung mehr hatte. Er hätte auch weiterlaufen können. Aber ich hatte das Gefühl, damit für mich einen Schluss-Strich unter diesen Lebensabschnitt zu ziehen. Das langsame Absterben der Antriebsmaschine hatte für mich etwas Endgültiges, und das Licht, das den Hauseingang beleuchtete, wurde langsam dunkler und erlosch. Im Schein der Taschenlampe öffnete ich zum letzten Mal das Tor. Dann fuhr ich die »Wanne« auf die Straße. Auch Sally war an diesem Morgen irgendwie anders als sonst. Sie ahnte wohl, dass auch sie ihr früheres Zuhause für immer verlassen würde. Sie warf einen kurzen Blick auf die Stätte, wo sie seit ihrer Geburt mit ihrem Frauchen und Herrchen lebte, bevor ich sie zu mir nahm. Dann sprang sie schwanzwedelnd ins Führerhaus. Ich sah mich noch einmal um, als ich das große Tor an der Einfahrt schloss. Würde ich je wieder hierher zurückkehren? Wehmütig stieg in den Wagen und startete den Motor. So sollte also meine Berliner Zeit ihr jähes Ende finden.

Bei völliger Dunkelheit fuhr ich – nur im Licht der Scheinwerfer – durch die Stadt. Nach einer Viertelstunde Fahrzeit entdeckte ich in der Ferne mehrere Blinklichter, die sehr hoch waren. Einen kurzen Moment dachte ich, dass es sich um die Positionslichter eines Flugzeugs handeln könnte, aber dann war es mir klar: Die Baulampen, die ich selbst auf dem

Funkturm aufgestellt hatte und deren Batterien offensichtlich noch nicht leer waren, hielten mich zum Narren.

Ich fuhr am Funkturm vorbei weiter in Richtung Westen. Meine Vermutung, auf den Straßen nicht so voranzukommen, bestätigte sich bald.

Wie in Berlin hatte es auch auf der Autobahn einige Menschen beim Fahren erwischt. Fast auf jedem Kilometer standen Autos, zum Teil ineinandergefahren. Es war manchmal die reinste Slalomfahrt, die ich zu bewältigen hatte. Und das war nicht einfach, nur mit dem Scheinwerferlicht meines Fahrzeugs. Nach ungefähr zwanzig Kilometern hinter Berlin ging nichts mehr. Hinter einer Biegung erkannte ich im letzten Moment die Gefahr. Ein riesiger Stau hatte sich gebildet, aber natürlich war keines der Fahrzeuge beleuchtet. Ein Stau von Totenwagen – ein gespenstisches Bild!

Ich konnte gerade noch so bremsen und anhalten. Weder auf dem Standstreifen noch durch die Mitte wäre ich durchgekommen. So drehte ich um, fuhr bis zur nächsten Abfahrt und auf der entgegengesetzten Seite wie ein Geisterfahrer wieder zurück. Im Licht der nun allmählich aufziehenden Morgendämmerung sah ich auf der anderen Straßenseite, was sich zugetragen hatte. Mehrere Autos waren so aufgefahren, dass sie die ganze Autobahnspur einschließlich der Standspur blockierten. Dahinter bildete sich ein kilometerlanger Stau von Fahrzeugen. Bei manchen Fahrzeugen standen die Türen offen. Und dann lagen neben und vor den Autos viele Kleidungsstücke ...

Ich war sehr froh, dass ich von weiteren Stauhindernissen unbehelligt die an der Autobahn gelegene Solartech-Firma am Abend erreichen konnte.

Die Fabrik lag wie alles verlassen da. Nachdem ich das Firmentor gewaltsam geöffnet hatte, fuhr ich auf den Hof. Links war das Verwaltungsgebäude, rechts die große langgestreckte Produktionshalle. Da es bald dunkel wurde, bereitete ich alles für die Nacht vor. Im Verwaltungstrakt in der ersten Etage fand ich im Chefzimmer eine Liege. Sally hielt Wacht. Es war die erste Nacht auf meiner Reise, fern von Berlin. Ich hatte kein Zuhause mehr. Dennoch schlief ich schnell ein.

Mit den ersten Sonnenstrahlen war ich wach, machte Frühstück und eine Katzenwäsche. Sally tollte im Hof herum, während ich mir die Produktpalette zuerst in Katalogen, später in der Fertigungshalle und im Lager ansah. Hier gab es genau das, was ich suchte: Solarpaneele in verschiedenen Größen, Befestigungsmaterial und Steuerelektronik. Mit einem noch funktionierenden Gabelstapler belud ich bis zum Mittag die Wanne, die jetzt langsam, aber sicher ungemütlich voll wurde. Nun war es an der Zeit, die Funkanlage mit einer Behelfsantenne aufzubauen und Portland zu rufen. Walter meldete sich sofort. Die Verständigung war erstaunlich gut, und ich konnte ihm zu seiner Freude melden, dass ich einige Mitbringsel präsentieren kann, sollte ich mit der Fracht gut in den Staaten ankommen.

Am Nachmittag benutze ich nur noch Landstraßen nach Cuxhaven. Auch hier überall das gleiche Bild: Autos, die zum Teil kreuz und quer auf der Fahrbahn standen, und überall verstreute Kleidung. Von mehreren Bauerhöfen zog manchmal ein widerlicher Gestank von verendetem Vieh herüber. Kühe, Rinder und Schweine, die ohne Hilfe des Menschen elendig verhungert sein müssen.

Am späten Nachmittag kam ich am Yachthafen an der Grimmershörn-Bucht an. Hier waren an den Liegeplätzen mindestens fünfzig Boote vertäut. Aber einige dümpelten führerlos im Hafen herum, ohne dass sie an anderen Booten irgendwelche sichtbaren Schäden angerichtet hatten. Vermutlich hatten die Schiffsführer vergeblich versucht, der

Epidemie zu entkommen, und sind an Bord ihr Opfer geworden. Vor der Hafenausfahrt waren drei größere Schiffe ineinander verkeilt auf Grund gelaufen. Auch hier müssen sich ähnliche Dramen abgespielt haben, wie ich sie hinlänglich vom Straßenverkehr kannte. Zuerst sah es so aus, als wäre der Hafen blockiert und ich müsste dort auf die Suche nach einem geeigneten Boot verzichten. Doch dann bemerkte ich, dass zwischen den havarierten Schiffen und der Uferbefestigung noch ein Abstand von ungefähr zehn Metern war. Genug, um den Hafen verlassen zu können. Durch einen Blick auf die am Kai liegenden Schiffe verschaffte ich mir einen Überblick über die geeigneten Boote für die Überfahrt. Jetzt zahlte sich die Bootskunde aus, die ich mir in den letzten Wochen angeeignete hatte. Schnell fand ich heraus, dass etliche Boote nicht in Frage kamen. Das Boot, das ich suchte, musste absolut hochseefähig und sturmfest sein. Es sollte einerseits eine leicht zu segelnde Yacht sein, andererseits auch über einen Schiffsdiesel mit einem entsprechend großen Tank verfügen. Und die Kapazität des Lagerraums durfte nicht zu klein sein.

Jetzt stehe ich vor einer Yacht mit dem Namen *Laura*. Sie ist ungefähr 15 Meter lang, rundherum ist eine Reling, vorne der hohe Mast und kaum wahrzunehmen die Kajüte mit sehr kleinen und schmalen Fenstern sowie einigen Dachluken. Sie dürfte keinen großen Widerstand gegen Wellen bieten. Von der Bauweise her ist das Schiff auf Tempo ausgelegt. Es folgen der übliche Niedergang zur Kajüte und der Steuerstand. Am Heck befinden sich – eine Seltenheit – noch zwei Außenbordmotoren, die, wie ich sehe, parallel in Steuerung und Treibstoffversorgung geschaltet sind. Offensichtlich wollte der frühere Bootseigner nicht immer nur segeln, sondern sein Schiff auch als Motoryacht verwenden. Das kommt meinen früheren Überlegungen sehr entgegen.

Zunächst könnte ich mit Maschinenkraft versuchen, durch den Englischen Kanal zu kommen, und hätte mit den schwierigen Bedingungen, angefangen bei der Strömung, nicht viel zu tun. Danach dürfte Segeln auf dem Programm stehen, weil wahrscheinlich zu diesem Zeitpunkt der größte Teil des Treibstoffs aufgebraucht sein dürfte.

Zumindest von außen gefällt mir das Schiff. In die Kajüte komme ich, ohne irgendwelche Verschläge aufbrechen zu müssen. Von der Größe und der Ausstattung bin ich überrascht. Ich stehe in einem knapp zwei Meter hohen Raum. Rechts von mir der Kartentisch, dann folgt eine fast geschlossene kleine Sitzecke. Geradeaus weiter am Bug des Schiffes ist die Eignerkammer. Links sind die Pantry, sozusagen die Küche, und eine kleine Nasszelle. Und hinter dem Niedergang, der Treppe, sind noch vier Kojen. Einige Koffer und Taschen stehen auch noch da. Aber nichts deutete auf eine unmittelbare Anwesenheit an Bord nach dem Beginn der Katastrophe hin. Keine zusammengefallenen Kleidungsstücke... Vielleicht hatte die Mannschaft kurz vor dem geplanten Ablegen noch etwas an Land zu tun. Jedenfalls kamen sie nicht mehr an Bord zurück.

Dieses Schiff könnte es schon sein! In Ruhe sehe ich mir alles noch mal an. Weil es anfängt zu dämmern, muss ich die Taschenlampe zu Hilfe nehmen und finde im Lampenschein Bordbücher, Wartungs- und Reparaturanleitungen, Werkzeuge und Ersatzteile. Nach dem Logbuch war das Boot schon einmal auf Teneriffa. Dann kennt es ja in etwa die Strecke, die ich zum Teil auch nehmen werde. Erfreulicherweise hat die *Laura* auch noch einen Schiffsdiesel, den ich ohne große Mühe starten kann. Auch die Außenbordmotoren springen an. Und Diesel- und Frischwassertank sind beide randvoll, wie praktisch! Auf Deck ist auch noch ein kleines Schlauchboot, ein Dingi, festgezurrt. Was will ich mehr? Diese *Laura* wird es sein, die mich mit Sally über den Atlantik tragen soll!

Die Abenddämmerung bereitet auf die Nacht vor – meine erste Nacht auf wankenden Planken.

5. August   Donnerstag, am frühen Morgen
C u x h a v e n

Ich wache auf. Meine Tage auf dem alten Kontinent scheinen gezählt zu sein. Und auch die Nächte, die ich in einem Bett verbringe, das sich nicht ständig hin und her bewegt. An den schwankenden Boden muss ich mich noch gewöhnen.

Jetzt wird es ernst, denke ich, das wird kein gemütlicher Segeltörn wie auf den Berliner Seen. Wo ist Sally? Das Schott zum Deck stand die ganze Nacht offen.

Oben entdecke ich sie. Sie freut sich, als sie mich sieht. Schwanzwedelnd kommt sie und springt an mir hoch. Offenbar hatte sie keine Schwierigkeiten, sich von den sanften Wellen in den Schlaf wiegen zu lassen. Ich bin froh, dass sie noch an Bord ist, obwohl sie jederzeit die Möglichkeit gehabt hätte, mit einem Satz an Land zu springen, um festen Boden unter den Pfoten zu haben.

Jetzt gibt es erst mal Frühstück. Während ich noch den Tee genieße, mache ich mir über den heutigen Tagesablauf Gedanken. Zur Erweiterung des Lagerraums werde ich einige Einbauten zweckentfremden oder entfernen. In Heck des Bootes kann ich einen Teil der Solaranlagen unterbringen. Und auch im Bereich der Sitzecke muss ich Sachen deponieren, die anderweitig nicht zu verstauen sind. Die Lebensmittel, Trinkwasservorräte und das Hundefutter – alles für hundert Tage – müssen sinnvoll katalogisiert, verstaut und festgezurrt werden.

Einschließlich der Installation der Funkantennen nimmt all das etliche Stunden in Anspruch, und am späten Nachmittag muss ich feststellen, was ich schon morgens ahnte: Ich kann nicht alles auf der *Laura* unterbringen. Zurückbleiben müssen die zusätzlichen Rationen an Diesel und Benzin, wenn ich die Ladung auf dem Schiff so lasse wie geplant. Das aber gefällt mir ganz und gar nicht, denn ich würde gerne mit den Außenbordmotoren mindestens bis in die Biskaya fahren.

Dann aber habe ich eine verrückte Idee: Vielleicht könnte ich den Treibstoff auf einem zweiten kleineren Boot verfrachten und es hinter mir herschleppen oder längsseits vertäuen. Bei relativ ruhiger See wäre das die Lösung. Wenn das so klappt, hätte es den Vorteil, dass ich den auf der *Laura* gebunkerten Dieselkraftstoff als Reserve behalte, wer weiß, wofür das gut sein kann.

Die Idee mit dem zweiten Schiff, sozusagen einer »*Laura 2*«, fasziniert mich. Auch Ersatzteile oder komplette Ersatzaußenbordmotoren könnte ich mitnehmen. Wenn beispielsweise einer der Motoren wirklich schlappmacht, wird er einfach versenkt und durch einen anderen ersetzt, bevor ich irgendwelche vielleicht fruchtlosen Reparaturversuche unternehme. An gebrauchten Außenbordmotoren herrscht hier kein Mangel, da die kleineren Boote im Hafen fast alle damit ausgerüstet sind. Nagelneue sind in einem nahegelegenen Geschäft zu bekommen. Ich entschließe mich für die neuen, weil ich ein einheitliches System bevorzuge. Die Frage ist nur, wo bekomme ich genug Benzin her? Ein Problem, vor dem ich mich in Berlin erfolgreich gedrückt habe. Jetzt brauche ich mindestens tausend Liter, wenn ich mit zwei gleichzeitig laufenden Außenbordmotoren einen Betrieb von ungefähr zwei bis drei Tagen aufrechterhalten will.

Die naheliegende Idee, den Treibstoff aus abgestellten Autos abzupumpen, ist wegen der geringen Tankmenge nach der allgemeinen Treibstoffrationierung wenig sinnvoll. So komme ich nicht weiter. Während ich nach einer Lösung suche, fällt mir ein, dass in der Nähe des Hafens eine große Spedition ihren Sitz hat. Vielleicht gibt es dort eine firmeneigene Tankstelle, an der nicht nur Diesel, sondern auch Benzin getankt werden kann. Ich fahre zu der Spedition und ich habe Glück. Es gibt es die betriebsinterne Tankstelle mit Zapfmöglichkeiten für Diesel und Benzin, und außerdem herrscht an den üblichen 20-Liter-Kanistern kein Mangel. Jetzt muss ich nur noch die Tankstelle mit Strom versorgen. Auch das klappt ohne Schwierigkeiten. Nach einer Stunde habe ich zweiundneunzig Benzin- und dreiundzwanzig Dieselkanister, viel mehr, als ich erwartet hatte. Nach einer weiteren halben Stunde sind die Kanister im Wagen verladen. Eine kräftezehrende Arbeit!

Vom Geschäft mit den Außenbordmotoren hole ich zwei Stück sowie Ersatzteile und Motoröle. Wieder eine anstrengende Arbeit, weil die Motoren sehr schwer sind. Obwohl ich schon ziemlich erschöpft bin, entschließe ich mich noch, meinen Wasservorrat in Form von Mineralwasser zu besorgen. Nicht weit von hier hatte ich heute Morgen einen größeren Supermarkt entdeckt. Bei einem Verbrauch von drei Litern pro Tag in etwa hundert Tagen, Sally mit einbezogen, rechne ich mit dreihundert Flaschen. Ich hoffe, sie dort zu bekommen. Denn auf das Frischwasser an Bord möchte ich mich nicht verlassen, weil es vielleicht im Laufe der Zeit als Trinkwasser nicht mehr genießbar ist. Möglicherweise ist meine Vorsicht ja übertrieben, aber so fühle ich mich wohler. Sally wird mir schon durch Verweigerung sagen, wann das Wasser aus dem Tank nicht mehr gut ist. Und ich verlasse mich auch nicht darauf, unterwegs Regenwasser aufsammeln zu können.

Auf den Weg zum Supermarkt fällt mir auf, dass ich die Sehenswürdigkeiten in Cuxhaven, der Stadt nahe der Elbmündung, bisher kaum wahrgenommen habe. Es war, wenn überhaupt, nur ein Registrieren der »Alten Liebe« oder der »Kugelbake«. Die Ausrüstung der *Laura* steht absolut im Vordergrund. Schade, aber die Zeit wird knapp.

Schon von weitem erkenne ich, dass etwas mit dem Supermarkt, auf den ich zusteuere, nicht stimmt. Als ich näher komme, entdecke ich eingeschlagene Scheiben, obwohl die Ladeneingangstüren weit offen stehen. Vor dem Geschäft und im Eingangsbereich auf dem Boden verstreut liegen Konserven und zerbrochene Flaschen. Innen sieht es aus, als ob die Vandalen gehaust hätten. Viele Regale sind umgeworfen, leer und überall liegen Waren verstreut, zum Teil auch zertreten, herum. Ketchup ist an den Wänden verteilt. Nur bei dem fast leeren Spirituosenregal nahe den Kassenboxen sieht es einigermaßen manierlich aus.

Während ich das alles mit gemischten Gefühlen betrachte, fällt mir Sallys Verhalten auf. Sie läuft mit der Nase eng am Boden im Laden herum und schnüffelt ohne Unterbrechung. Das habe ich von ihr in einem Laden noch nie gesehen. Vor einem Regal bleibt sie stehen und bellt. Hat sie etwa eine Spur aufgenommen? Jetzt, fast eineinhalb Monate nach dem Wüten der Epidemie? Das kann es doch nicht sein! Es sei denn ...? Es sei denn, diese Spur ist ziemlich neu. Dann muss es hier Überlebende geben!

Sally hat noch immer die Nase am Boden. Bei dem Spirituosenregal schaut sie mich an, bellt und läuft wieder nach draußen. Hier schnüffelt sie etwas planlos herum und bellt wieder. Ich habe sie verstanden. Hier muss jemand vor nicht langer Zeit mit einem Fahrzeug hergekommen sein, hat sich der Spirituosen bedient und ist wieder abgefahren. Eine noch sehr flüssige Cola-Lache aus einer zerbrochnen Flasche und die Asche mehrere Zigaretten auf einer Konservenbüchse scheinen meine Annahme zu bestätigen. Es müssen mindestens zwei Leute hier gewesen sein, weil die Zigaretten auf der Konservenbüchse unterschiedlich lange Filter haben. Und noch etwas wird mir klar: Der Besuch des Ladens dürfte nicht viel länger als ein paar Stunden her sein …

Obwohl ich mich nach Gesellschaft und menschlicher Wärme sehne, schreckt mich der Gedanke an die Leute ab, die hier gewütet haben. Auch ich bin zwangsweise in etliche Geschäfte eingebrochen, aber nie habe ich einen solchen Vandalismus veranstaltet. Was müssen das für Menschen sein, die gebrauchsfähige Lebensmittel mutwillig ungenießbar machen? Sind sie alkoholabhängig geworden, so verständlich es auch sein mag, weil sie die Katastrophe nicht anders verkraften?

Je länger ich darüber nachdenke, desto mehr komme ich zu dem Ergebnis, dass ich mit ihnen nichts zu tun haben will. Von Walter und Long weiß ich, dass ich in Portland eine einigermaßen intakte Gesellschaft vorfinden werde, die ernsthaft versucht, zu überleben und einen Neuanfang zu meistern. Die Überlebenden hier verhalten sich offensichtlich nicht so.

Schnell belade ich den Wagen mit dem Mineralwasser. Dabei ist es mir jetzt egal, ob es sich um stilles oder mit Kohlensäure versetztes Wasser handelt. Mir ist nur wichtig, möglichst rasch von hier wegzukommen. Am Boot angelangt, schaffe ich eilig die Flaschen und noch zwanzig Kanister Benzin für Außenborder und Generator unter Deck. Die übrigen Kanister und die Außenbordmotoren bringe ich zu einem etwas entfernten Liegeplatz. Dort hatte ich schon eine kleinere Segelyacht gesehen, die vielleicht als »Frachtschiff« in Frage kommt. Da es dämmert, werde ich sie mir morgen früh genauer ansehen. Schließlich parke ich noch die verräterische Polizei-Wanne ein paar Straßen weiter, um nicht unnötig aufzufallen. Sie wäre doch zu provozierend für Leute, die nichts Gutes im Schilde führen.

Ein Funkkontakt mit Long und Walter bestärkt mich, so schnell wie möglich abzulegen. »Be careful, be very, very careful!«, sind die eindringlich mahnenden Worte, als wir uns nach einem kurzen Gespräch verabschieden. An diesem Abend mache ich kein Licht in der Kajüte. Ich muss so bald wie möglich auf See. Ablegen könnte ich jetzt schon. Aber ich hätte dann nicht die Fracht, die auf dem zweiten Schiff transportiert werden soll. Und den Treibstoff und die Motoren doch in die *Laura* laden und spätestens morgen früh ablegen? Unmöglich! Vom Gewicht habe ich mit Sicherheit die maximale Zuladungsgrenze erreicht. Wer weiß, ob das Schiff eine Überladung von mehr als einer Tonne aushält. Ich sollte es besser nicht versuchen.

Die Fremden, deren Spur Sally aufgenommen hatte, werden sich wahrscheinlich jetzt mit Alkohol volllaufen lassen, sodass sie bis morgen Mittag damit zu tun haben werden, ihren Rausch auszuschlafen. Bis dahin sollte ich die zweite *Laura* ausgesucht und beladen haben. Übermorgen früh müsste ich mit allen Vorbereitungen fertig sein und mit den ersten Sonnenstrahlen in See stechen können. Es sollte zeitig genug sein.

6. August   Freitag, am frühen Morgen
Cuxhaven

Im Licht der aufgehenden Morgensonne halte ich Ausschau. Nichts bewegt sich, niemand ist hier. Aber von nun an nagt die Angst an mir, und so ist eine der Polizeipistolen mein ständiger Begleiter.

Nach dem Frühstück mache ich mich auf den Weg zu der Stelle, an der ich die Kanister und die Außenbordmotoren abgeladen hatte. Meine gestrige Vermutung, dass das dort liegende Boot als Frachtschiff geeignet ist, bestätigt sich.

Es ist ebenfalls eine Segelyacht, aber kleiner und schnittiger, sodass auch sie wenig Wasserwiderstand bietet. Das Verladen des Benzins und der Außenbordmotoren ist zwar mühsam, aber in recht kurzer Zeit bin ich damit fertig. Während der Arbeit denke ich an eine andere Alternative. Wesentlich bequemer wäre es doch, die *Laura* mit Hilfe einer Motoryacht, auf die der gesamte Treibstoffvorrat geladen werden kann, in Schlepp zu nehmen und auf eine *Laura 2* zu verzichten. Im Falle eines aufziehenden Sturms wäre es jedoch schwierig, die Boote rechtzeitig zu wechseln und die Motoryacht ihrem Schicksal zu überlassen. Ab einem gewissen Seegang ist das ohne erhebliche Gefahr für Schiff und Mensch nicht mehr möglich, so steht es jedenfalls in den Lehrbüchern. In Ansätzen habe ich die Seefahrt mit dem Sicherheitsdenken schon verstanden. Deshalb bleibe ich doch bei meiner ursprünglichen Idee, die *Laura* als Hauptschiff zu benutzen. Die *Laura 2* ist eine nützliche Hilfe, auf die im Notfall verzichtet werden kann. Aber dennoch verlade ich auch auf sie einige Rationen Wasser, Lebensmittel und Werkzeuge. Man kann ja nie wissen ...

Gegen Mittag habe ich alles geschafft. Beide Boote sind einsatzbereit. Die *Laura 2* muss nur noch zu ihrem Mutterschiff bugsiert und mit ihm vertäut werden. Das wird später passieren, denke ich, wenn es dunkel wird, weil tagsüber die Bewegung der Maste weithin sichtbar ist.

Die zwei ins Auge fallenden Außenbordmotoren auf der *Laura* decke ich mit Planen ab. Nichts soll von außen so aussehen, als ob das Boot kurz vor der Abfahrt steht.

Heute ist mein letzter Tag in Deutschland, denke ich, als ich zum späten Nachmittag mit einem PKW zu einem nautischen Geschäft fahre, um noch eine Ersatzlenzpumpe zu besorgen. Sally habe ich an Bord der *Laura* gelassen, denn es ist mir zu riskant, sie mitzunehmen, wenn ich auf irgendwelche, mir nicht wohlgesonnene Leute stoße. Abgesehen davon, dass sie kein Kampfhund ist, könnte sie mich in brenzligen Situationen verraten. Hoffentlich ist sie noch da, wenn ich zurückkomme!

An einem nautischen Geschäft, an dem ich vorbeifahre, sind wie gestern in dem Supermarkt die Scheiben eingeschlagen. Aber es ist niemand zu sehen. Ich parke den Wagen um die Ecke und gehe mit gezogener Waffe und mit Taschenlampe durch die zertretene Tür in den Laden. Alles ist ruhig, nur das zersplitterte Glas knirscht unter meinen Schuhen. Hier waren offensichtlich die gleichen Leute zerstörerisch tätig wie im Supermarkt. Die Ecke mit den Schiffstauen ist in völliger Unordnung. Vieles liegt kreuz und quer verstreut. Zwar finde ich Lenzpumpen und eine richtig schöne original verpackte Schiffsglocke aus Messing, aber keine passenden Schläuche. Diese muss ich mir in einem Baumarkt besorgen. Bis dahin sind nach meiner Karte einige Kilometer zu fahren.

Die Sonne brennt auf das Wagendach und normalerweise hätte ich die Fenster geschlossen und die Klimaanlage eingeschaltet. Jetzt ist es umgekehrt. Die Fenster sind geöffnet und ich fahre untertourig die Straße entlang. Ich versuche, mich so unauffällig wie möglich mit kaum hörbarem Automotor fortzubewegen.

Endlich erreiche ich den Baumarkt. Den Wagen stelle ich neben andere dort geparkte Autos ab. Die Türen zum Markt sind nicht verschlossen, aber auch nicht aufgebrochen. Also werde ich nach der Epidemie der erste sein, der dieses Geschäft betritt. Trotzdem vergewissere ich mich, ob die Pistole noch im Halfter steckt. Innen ist alles sehr ordentlich. Nichts lässt darauf schließen, dass hier Plünderungen stattgefunden haben.

In bin gerade auf dem Weg in die verglaste Gartenabteilung, in der ich die gesuchten Schläuche vermute, als ich auf einmal das Geräusch von mehreren Motorrädern höre, die schnell näher kommen. Wie angewurzelt bleibe ich stehen, wo ich gerade bin, als plötzlich ein Feuerstoß aus einer automatischen Waffe die Eingangsverglasung in Stücke schießt. Kurz darauf ein weiterer Feuerstoß. Das Schloss der Eingangstür wird getroffen und fliegt in Einzelteile auseinander. Dann wird die Tür mit einem Schlag aufgestoßen. Motoren heulen auf, Reifen quietschen und nacheinander rasen fünf Gestalten auf ihren Maschinen den Gang entlang, kommen aber auf einer freien Fläche zum Stehen und bilden einen Kreis. Instinktiv hatte ich mich geduckt, als die ersten Schüssen fielen. Als dann das Schloss zerschossen wurde, nahm ich Deckung hinter einem überdimensionalen Blumenkübel, keine fünf Meter von der Eingangstür entfernt. Es ist kein besonders gutes Versteck, aber besser dieses als gar keines.

Die Motorradfahrer tragen keine Helme und ich sehe ihre Gesichter. Es sind junge Männer im Alter von achtzehn bis fünfundzwanzig Jahren. Der Anführer, durch seine Mimik und Gestik leicht zu erkennen, steigt als Erster von seiner Maschine und fordert die anderen mit einer Handbewegung auf, es ihm gleich zu tun.

»Wo ist Elektroabteilung? Warum sind wir hier? Sven, kannst du holen Kabel und Isolierband. Ich habe genug von Stromschlag an Maschine. Ihr doch auch, oder?«, sagt er im gebrochenen Deutsch mit unverkennbar arabischem Dialekt.

»Alles klar, Chalid«, sagt der Angesprochene, »aber fahrt nicht wieder ohne mich los.«

»Keine Sorge«, antwortet Chalid spöttisch lachend. Eine Maschinenpistole baumelt lässig über seine Schulter, »Papa wartet dich hier.« Die anderen lachen mit und Sven verdrückt sich schnell mit Taschenlampe und Einkaufswagen in Richtung Elektroabteilung. Er kommt dabei gefährlich nahe an meinem Versteck vorbei, sieht mich aber nicht. Die übrigen Mitglieder der Gang langweilen sich, lungern herum und rauchen Zigaretten. Manche spielen mit kleineren Blumenkübeln Fußball und ernten Beifall, wenn etwas zu Bruch geht. Die Verglasung der Gartenabteilung ist doch zu reizvoll. Mitten in diesem Spiel kommt Sven schnellen Schrittes aus der Dunkelheit mit einem gefüllten Einkaufswagen zurück. Er will ihn gerade Chalid zeigen, als dieser auf einmal mit einem anderen Mitglied der Gruppe lautstark in Deutsch und in Arabisch anfängt zu schimpfen.

»Ismail, was für Mensch du bist? Du hast verraten ...«, und dann folgt eine wahre Schimpfkanonade auf Arabisch. Ismail, der etwas kleiner als Chalid ist und schmächtig wirkt, versucht mehrmals, ihn zu unterbrechen. Doch der lässt das nicht zu:

»Du jetzt halten Mund, ich jetzt mit dir reden, du still ...«

So geht es ein paar Mal, bis sich auf einmal die Augen von Ismail weiten. War es bisher vielleicht nur Imponiergehabe von Chalid, so muss er jetzt etwas gesagt haben, das Ismail tödlich beleidigt hat. Denn dieser greift hinter sich und hat plötzlich ein Messer in der Hand. Chalid war offensichtlich darauf vorbereitet und stößt ihn blitzschnell zu Boden. Das Messer fällt Ismail aus der Hand, weil er sich beim Fallen abstützt. Er rappelt sich sofort wieder auf, greift nach dem Messer und will damit auf seinen Gegner losgehen. Aber in diesem Moment trifft ihn eine tödliche Salve aus Chalids

Maschinenpistole. Mit starrem Blick geht Ismail langsam zu Boden. Blut spritzt aus den Einschusswunden.

Ich fasse es nicht und kann mich im allerletzten Moment beherrschen, keinen Schrei des Entsetzens von mir zu geben. Dann wäre es vielleicht auch um mich geschehen. So ducke ich mich weiter in meinem Versteck, in der Hoffnung, nicht entdeckt zu werden. Chalid versetzt dem leblosen Körper einen Tritt:

»So ergeht es dir, weil du Schwein bist. Du wolltest mich töten, hast aber nicht geschafft. Jetzt du tot!« Dann wendet er den Blick ab und schaut unruhig in die Gesichter der anderen. »Was ihr guckt? Er mich wollte töten! Habt ihr gesehen, er zuerst Messer in Hand!« Als er kein Nicken, keine zustimmenden Gesten von seinen Leuten erfährt, schreit er sie vorwurfsvoll an: »Habe ich nicht richtig gemacht? Ich darf nicht schießen, wenn mein Leben in Gefahr?« Wieder antwortet niemand. Für ein paar Sekunden herrscht eine beklemmende Stille. Schließlich gibt Chalid das Kommando: »Wir jetzt fahren! Wir haben Kabel und Isolierband!«

Schweigend werden die Motorräder gestartet. Nach und nach verlässt ein Motorrad nach dem anderen den Baumarkt. Schockiert stolpere ich aus meinem Versteck und werfe einen Blick auf Ismail. Ihm ist nicht mehr zu helfen. Und ohne akute Selbstgefährdung hätte ich ihm auch nicht beistehen können. Aber es hätte auch anders ausgehen können, wenn Chalid nicht so schnell reagiert hätte. Dann wäre Ismail der Sieger gewesen. Was dann? Nachdenklich schaue ich den Motorradfahrern nach, die sich in südlicher Richtung entfernen. Nach einer Biegung sind sie dann nicht mehr zu sehen und zu hören.

Jetzt habe ich einen kleinen Eindruck davon bekommen, wer in Cuxhaven sein Unwesen treibt. Meine schlimmsten Befürchtungen sind weit übertroffen worden.

Warum haben ausgerechnet diese Leute die Epidemie überlebt, frage ich mich? Es wird Zeit, das Land zu verlassen! Aber bis dahin ist höchste Wachsamkeit geboten, wenngleich nur noch für wenige Stunden. Im Schein meiner Taschenlampe packe ich schnell Schläuche und Installationsmaterial zusammen und gehe zum Auto. Es dämmert bereits, und bis ich zurück im Hafen bin, wird es stockdunkel sein. Mit dem Mond ist heute nicht zu rechnen, da sich gegen Abend der Himmel zugezogen hat. Also werde ich mit Licht fahren müssen, das mich aber verraten kann. Kilometerweit wären meine Scheinwerfer zu sehen und würde die Motorradgang sofort auf den Plan rufen. Aber vielleicht dann nicht, wenn ich mit so wenig Licht wie möglich fahre.

Im Baumarkt besorge ich schwarzes Klebeband und lasse den Frontscheinwerfern jeweils nur einen schmalen Schlitz, aus denen Licht dringen kann. In den Bombennächten des Zweiten Weltkrieges wurden Militärfahrzeuge auch so verdunkelt, hatte mir mein Vater erzählt, als ich noch ein Kind war. Zum Glück ist der Weg zum Hafen nicht schwer zu finden. Es ist einfach nur eine ganz langgestreckte Gerade. Wieder mit offenen Fenstern und untertourig geht es langsam zurück, während die Nacht pechschwarz hereinbricht. Und so bin ich auf die spärliche Beleuchtung meiner abgedunkelten Scheinwerfer angewiesen. Endlich komme ich am Liegeplatz der *Laura* an.

Meine Sorge, dass Sally weggelaufen sein könnte, war unbegründet. Ungestüm begrüßt sie mich und bellt, verräterisch laut und lange! Ihre Freude, mich wieder zu sehen, kann sie einfach nicht unterdrücken. So geht es minutenlang, und ich überlege krampfhaft, wie ich sie ruhig bekomme. Es gelingt mir endlich mit Hundekuchen, mit frischem Wasser und Dosenfleisch. Das hilft. Sie frisst schnell, weil sie großen Hunger hat. Und ist hoffentlich danach still …

Mittlerweile sehe ich meine Hand vor Augen nicht mehr, so dunkel ist es geworden, aber ich mache kein Licht. Es könnte die Aufmerksamkeit der Motorradgang auf sich ziehen. Schön wäre es trotzdem, wenn ich meine Abfahrt weiter vorbereiten könnte. Es müsste nur noch die *Laura 2* von ihrem etwa 50 m weit entfernten Liegeplatz längsseits der *Laura* gebracht und vertäut werden. Dann wäre ich startklar. Und als ob Petrus mich erhört hätte, reißt der Himmel ein wenig auf, sodass der Mond den Hafen fast gespenstisch mit seinem schummrigen Licht ausleuchtet. Meinem Gefühl folgend, jetzt unbedingt handeln zu müssen, bugsiere ich mit einem Ruderboot langsam das Frachtschiff, die *Laura 2,* an ihre größere Schwester heran und vertäue sie längsseits miteinander. Ziemlich erschöpft lege ich mich nach der Arbeit in die Koje. Aber richtig schlafen kann ich nicht. Meine letzte Nacht in Deutschland hatte ich mir anders vorgestellt. Irgendwo an Land in einem frisch bezogenen Bett ohne schwankende Planken. Und im Frieden mit meinem Heimatland. Stattdessen habe ich das Gefühl, auf der Flucht – nicht nur vor der Einsamkeit – zu sein. Ein kurzes Funkgespräch mit Portland beruhigt mich auch nicht sonderlich. Walter und Long geben mir den Rat, so schnell wie möglich abzulegen. Ich verspreche es beiden für den nächsten Morgen. Sie sollen sich keine Sorgen machen. Ich werde mich wieder melden.

7. August   Samstag, am frühen Morgen
Nordsee

Irgendwie hatte ich doch eine Mütze voll Schlaf genommen, denn Sally weckt mich am Morgen auf die übliche Art durch Wegziehen der Bettdecke. Ein Blick nach draußen durch die schmalen Kajütfenster sagt mir, dass wir heute ein Kaiserwetter haben werden. Vom Deck sieht aber sieht alles ganz ruhig aus. Von der Motorradbande ist niemand zu sehen. Es würde wohl, den Umständen entsprechend, hoffentlich doch ein guter Tag werden. Nach dem Frühstück soll es dann losgehen.

Ich trinke gerade den letzten Schluck Tee, als Sally den Kopf hebt, die Ohren aufrichtet und anfängt zu knurren. Merkwürdig! Aber kurze Zeit später wird mir klar, worauf sie mich aufmerksam machen wollte: Zuerst ist es kaum wahrnehmbar, doch dann höre ich es auch. Knatternde Geräusche von Motorrädern, die unweigerlich näher kommen.

Verdammt! Bin ich entdeckt worden? Hat man mich gesehen? Zuerst will ich es nicht glauben, doch dann weiß ich, dass ich jetzt ganz schnell handeln muss. In höchster Eile springe ich an Land und löse hastig die Taue. So hatte ich mir meine letzten Schritte auf dem Boden meiner Heimat und das Ablegen nicht vorgestellt. Mit einem Bootshaken stoße ich die vertäuten Boote mit aller Gewalt vom Ufer ab und lande mit einem Sprung gerade noch auf dem Vorschiff der *Laura*. Langsam, Zentimeter um Zentimeter, wächst der Abstand zwischen Kaimauer und Schiff.

Die Motorradgeräusche kommen näher und näher. Verdammt! Woher wissen die von mir? Hat mich doch jemand gesehen oder sind sie in den Baumarkt zurückgekommen und haben mich verfolgt? Oder haben sie auf einmal die »Wanne« entdeckt? Ich kann mir keinen Reim darauf machen, aber das ist jetzt auch egal. Durch das Fernglas erkenne ich die Gangmitglieder von gestern. In weniger als dreißig Sekunden werden sie auf meiner Höhe sein …

Zwar bin ich mit den Booten mittlerweile einige Meter von der Kaianlage entfernt, zu viel, um noch von der Kaimauer auf das Boot zu springen. Aber zu wenig, viel zu wenig, wenn sie einfach ins Wasser springen und schwimmen …

Der Fahrer der ersten Maschine bremst sein Motorrad in Höhe der kleinen Gangway ab, die jetzt am Kai liegt und noch bis vor ganz wenigen Minuten die Brücke zur Laura gebildet hat. Ich erkenne ihn sofort. Es ist Chalid:

»Wo du willst hin?«, ruft er mir zu.

»Wer bist du?«, rufe ich zurück, um Zeit zu gewinnen.

»Ich bin Chalid Al Hussein, und das sind meine Freunde«, er zeigt auf die Motorradfahrer, die mittlerweile angekommen sind und sich nun mit ihren Maschinen halbkreisförmig in Richtung See aufgestellt hat, »wer bist du? Hast du Frau im Boot?«

»Mach mal die Tür zur Kajüte auf, los!«, brüllt ein anderes Bandenmitglied.

»Tür auf!«, ruft ein Dritter.

Die Situation beginnt langsam brenzlig zu werden. Zwar hat Chalid seine Maschinenpistole offensichtlich nicht dabei. Aber das heißt nicht, dass er und die anderen keine Waffen mit sich führen. Und meine Pistole liegt noch auf dem Kartentisch in der Kajüte.

»Meine Frau ist tot! In der Kajüte ist lediglich mein Hund.«

»Hast du Angst? Mach Tür auf! Sofort!« Chalid wird langsam ärgerlich, während sich die *Laura*s ganz langsam weiter vom Liegeplatz entfernen. »Wenn du nicht sofort kommst zurück, wir dich holen mit Boot! Hast du gehört?«

»Wenn du nicht sofort kommst zurück, wir dich holen mit Boot!«, wiederholt einer der Bandenmitglieder Chalids Worte wesentlich lauter, »da kannst du ganz sicher sein!«

»Nein, ich habe keine Angst vor euch!«, entgegne ich, zwar nicht ganz von mir selbst überzeugt, aber voller Hoffnung, dass die Bande meine Zweifel nicht bemerkt.

Ich habe den Eindruck, dass ich jetzt machen kann, was ich will. Bitten, mich in Ruhe zu lassen, selbstbewusst auftreten oder sie regelrecht provozieren: Diese Bande werde ich so oder so nicht mehr los! Ich kann nur versuchen, Zeit zu gewinnen. »Ich will mit euch nichts zu tun haben. Das, was mit Ismail geschehen ist, reicht doch völlig, oder?«

Damit hat Chalid nicht gerechnet. Nur mit Mühe unterdrückt er seine Neugier und brüllt zurück:

»Woher weißt du? Hast du gesehen, ja? Ismail hatte Messer. Er mich wollte töten. Hast du gesehen, ja?« Und dann macht er eine Geste, als ob er kein Wässerchen trüben könnte: »Aber warum können wir nicht Freunde sein? Kommst du bitte zum Ufer. Wir dann sprechen und Kaffee trinken zusammen.«

Fast in weinerlichem, aber doch sehr flehendem Ton und mit einem Gesichtsausdruck, der an Harmlosigkeit nicht zu überbieten wäre, wenn man Chalid nicht kennen würde, versucht er mich zu überreden. Aber darauf falle ich nicht herein. Also stelle ich ihm jetzt eine Falle.

»Sag mir doch erst einmal, warum Ismail dich töten wollte.«

»Ja, weißt du ...«, Chalid druckst entgegen seiner sonst üblichen Art herum, dann wird es ihm zu viel. Er muss schließlich sein Gesicht vor den anderen wahren: »Ach, was fragst du? Das meine Sache. Komm bitte zurück. Ich dich einladen zum Kaffee.«

Chalid wirkt unsicher, und ich nutze die Situation aus:

»Einverstanden, ich komme zurück.«

Chalids Miene hält sich augenblicklich auf, und schon gibt er seinen Leuten hastig irgendwelche Anweisungen, halblaut, damit ich sie nicht verstehen kann. Einer nimmt schon ein Tau, um es mir zuzuwerfen, damit die Boote an Land gezogen und festgemacht werden können.

»Aber«, rufe ich Chalid zu, »eines möchte ich noch wissen. Ist es nicht so, dass du Ismail und seine Familie ganz furchtbar beleidigt hast? Wollte er dich nicht deswegen töten? Das stimmt doch, oder?«

Das trifft ihn. Für einen Moment ist er völlig sprachlos, schaut seine Bandenmitglieder an, die ihn wiederum kritisch und fragend anstarren, dann brüllt er los:

»Du hast keine Ahnung von Ehre! Keine Ahnung hast du! Du willst nicht Freund sein, gut. Wir dich kriegen! Wir kommen mit Boot und du gleich Fischfutter!«

Und für mich wieder nicht verständlich, gibt er seinen Leuten Befehle. Sofort setzen sich alle auf ihre Motorräder und fahren mit quietschenden Reifen und aufheulenden Motoren davon.

Das ist noch einmal gut gegangen – bis jetzt. Die Gang ist nicht auf mich losgegangen, und auf die Idee, schwimmend mein Schiff zu entern, sind sie gottlob nicht gekommen. Aber ich werde vor diesen Leuten keine Ruhe haben! Sie kommen wieder! In der Kajüte nehme ich die Polizeiwaffe an mich. Nun habe ich zur Vorbereitung der Reise an vieles gedacht, nur nicht daran, dass ich mich gegenüber grundlosen Angriffen von anderen Menschen womöglich noch mit Waffengewalt zur Wehr setzen muss. Allein aus der Berliner Polizeiwache in Tegel hätte ich schon drei Gewehre mitnehmen können. Und an Maschinenpistolen wäre ich auch schnell heran gekommen. So bleiben mir nur die Pistolen.

Ich starte die Außenborder, gehe auf langsame Fahrt und schlängele mich gerade so an den vor der Hafeneinfahrt auf Grund liegenden Schiffen vorbei. Das ist nicht so ganz einfach, klappt aber zum Glück auf Anhieb. Nicht schlecht! Die offene See ist erreicht. Jetzt nichts wie weg! Aber kaum habe ich diesen Gedanken zu Ende gedacht, sehe ich, wie von der »Alten Liebe« aus ein Schlauchboot mit singendem Motor auf mich zukommt. Ein Blick durch das Fernglas bestätigt meine Vermutung, dass es sich um Chalid und seine Gang handelt. Kann ich entkommen? Schon habe ich den Gashebel betätigt, das Boot vibriert, die Motoren geben ihr Letztes in einer ohrenbetäubenden Lautstärke her und merklich nehmen die *Lauras* Fahrt auf.

Aber Chalids Boot ist schneller. Was kann ich machen? Panik steigt in mir hoch. Die Gedanken rasen: Zusammen mit der *Laura 2* bin ich zu langsam. Bis ich aber die Vertäuung gelöst und zusätzlich den Schiffsdiesel angeworfen hätte, wäre die Bande längst hier. Und auch ein Segelsetzen wäre in der kurzen Zeit nicht möglich. Außerdem haben wir Westwind und ich müsste dagegen auch noch ankreuzen. Aber selbst mit dem Wind in östliche Richtung zu segeln, würde nichts bringen, da der Wind viel zu schwach ist. Ein Entkommen ist unmöglich …!

Mit surrendem Motor kommt das Schlauchboot schnell bedrohlich näher. Durch das Glas sehe ich, dass auch mich die Bandenmitglieder durch ein Fernglas beobachteten, so wie es das schaukelnde Schlauchboot erlaubt. Ungefähr fünfzig Meter entfernt drohen sie mit langen Stöcken, die sie in ihren Händen halten. Also damit wollt ihr auf mich losgehen, denke ich, mich also wie einen Hund erschlagen. Das macht mich in meiner Panik wütend! Meine Herren, das wird so nicht funktionieren …! Sie rechnen offensichtlich nicht damit, dass ich über Schusswaffen verfüge. Aber ich habe Angst, sie gebrauchen zu müssen. Das Schlauchboot mit dem bedrohlich heulenden Motor kommt immer näher. Jetzt ist es nur noch wenige Meter entfernt. Schon sehe ich ihre Gesichter und erkenne, dass sie es ernst meinen. Wieder drohen sie mit den Stöcken, und im Getöse der Schiffsmotoren kann ich schon ihr Gejohle hören.

»Wir dich bringen um!«, höre ich Chalids Stimme heraus. Am Bug des Schlauchboots hat sich einer der Bandenmitglieder bereitgemacht, um von dort mit einem Satz auf die *Laura* zu springen. Gleich ist es so weit!

Ich bekomme noch mehr Panik, und ich spüre, wie sie beginnt, mich zu lähmen, als ich mit letzter Willenskraft die Waffe ziehe, durchlade und das Magazin der Pistole in Richtung des Schlauchbootes, ohne richtig zu zielen, leer schieße. Dabei muss ich meine Augen geschlossen gehalten haben, vielleicht weil ich meine Sperre, auf andere Menschen zu schießen, anders nicht habe überwinden können. Denn erst jetzt sehe ich, was in Bruchteilen von Sekunden passiert ist.

Das Schlauchboot ist langsamer geworden und hat gewendet. Einer der Angreifer liegt halb im Boot und halb im Wasser. Er muss ziemlich schwer verletzt sein. Auch Chalid scheint getroffen worden zu sein. Er hält sich mit schmerzverzerrtem Gesicht den rechten Arm und seine Schulter blutet. Schreie und Flüche dringen zu mir herüber, aber keine Drohgebärden mehr. Während einer der Bootsinsassen unaufhörlich mit beiden Händen Wasser aus dem Boot schöpft, gibt ein anderer Vollgas zurück in Richtung Hafen.

Ich habe weiche Knie und muss mich erst einmal hinsetzen. Was habe ich getan? Der Verstand sagt mir, dass ich natürlich in Notwehr gehandelt habe, aber mein Gefühl sagt etwas anderes, vielleicht wie bei einem Autofahrer, dem völlig schuldlos ein Kind vor das Auto gelaufen ist, wobei er nicht mehr rechtzeitig bremsen konnte.

Aber davon einmal abgesehen, ging diese Runde an mich. Die nächste wird, wenn überhaupt, so einfach nicht zu gewinnen sein. Wie ich Chalid einschätze, wird er nicht eher ruhen, bis er mich zur Strecke gebracht hat. Er wird mich mit allen Waffen, die er hat, angreifen. Und er weiß jetzt, dass ich bewaffnet bin. Wenn er auf Nummer sicher gehen will, braucht er sich nur eine der größeren Motoryachten zu schnappen und mein Boot damit zu rammen. Das wird es dann gewesen sein. Lange werde ich mit Sicherheit auf ihn nicht mehr warten müssen, denn das Schlauchboot ist schon im Hafen angelangt und ich sehe niemanden mehr von der Bande. Sie werden dabei sein, ein neues Boot zu suchen.

Mir gehen tausend Gedanken durch den Kopf. Soll ich irgendwo an Land gehen? Soll ich versuchen, einen Wagen zu finden und zu flüchten? Oder nehme ich die *Laura 2* in Schlepp und lasse dort das Benzin explodieren, wenn die Gang wiederkommt? Oder soll ich hoffen, dass sie aufgeben oder mich einfach nicht mehr finden? Ich kann mich nicht entscheiden. Die Idee der Bombenfernzündung ist nicht schlecht, aber ich brauche dafür eine längere Vorbereitungszeit. Zeit aber ist das, was ich jetzt am allerwenigsten habe. Aber wie wäre es denn mit einem Molotowcocktail? Vielleicht kann ich damit etwas bewirken. Dann muss der erste Wurf aber auch sitzen, vorausgesetzt, sie versuchen noch einmal meine Yacht zu entern und versenken sie nicht aus sicherem Abstand, indem sie mit automatischen Waffen Löcher in den Rumpf schießen.

Ich mache mich sofort daran, einige Benzinbomben zu bauen. Sie werden nicht zu früh fertig, als ich von Ferne ein Boot mit einem überproportionalen Außenbordmotor den Hafen verlassen und in meine Richtung fahren sehe. Es ist die Gang, jetzt mit einem Mann weniger. Chalid aber ist mit dabei. Sein rechter Oberarm ist verbunden. Alle halten wieder Stöcke in den Händen. Stöcke? Nein, dieses Mal sind es die Läufe von Waffen, die in der Sonne blitzen. Sofort fahre ich die Außenbordmotoren bis zur Leistungsgrenze hoch. Wieder ist Chalids Boot schneller. Noch sind es bestimmt fünfhundert Meter, aber der Abstand verringert sich von Sekunde zu Sekunde. In mir steigt wieder Panik auf. Was soll, was kann ich jetzt machen? Mir fällt ein, dass ich den Schiffsdiesel der *Laura* noch zuschalten könnte, um meine Geschwindigkeit zu erhöhen, und ich zögere keine Sekunde, das zu tun. Das Deck vibriert, und es ist jetzt ein höllischer Krach an Bord. Aber der Geschwindigkeitszuwachs scheint sich auszuzahlen. Oder etwa nicht?! Nach Minuten der Hoffnung stelle ich fest, dass ich doch nicht schnell genug bin. Langsamer als vorhin, aber deutlich sichtbar holt Chalids Boot auf und verkürzt den Abstand. Schon sind es nur noch dreihundert Meter!

Noch bin ich außerhalb der Reichweite ihrer Waffen, schätze ich, und kann mich an Bord frei bewegen. In einigen Minuten dürfte das aber auch vorbei sein. Es wird zum Kampf kommen, den ich wohl bei der Übermacht verlieren werde, zumal ich mit meinen Polizeiwaffen gegen Maschinenpistolen kaum etwas ausrichten kann. Schonen werden die mich auf keinen Fall. Ich habe ja gesehen, wie der Anführer mit seinen »Untergebenen« umgeht, und außerdem habe ich einen von der Bande schwer angeschossen, wenn nicht gar erschossen. Und Chalid habe ich auch eine Kugel verpasst. Das wird er mir nie verzeihen! Mir schlottern die Knie vor Angst. Warum bin ich nicht gestern Morgen ohne Zweitboot losgefahren ...? Aber für Selbstvorwürfe ist keine Zeit.

Ich überlege wieder, ob ich die Taue zur *Laura 2* kappen soll, um vielleicht dadurch schneller zu werden und die geringe Chance des Überlebens zu wahren. Doch auf einmal fällt das Boot der Verfolger zurück. Ich kann durch das Glas beobachten, dass sich dort Nervosität ausbreitet. Chalid gestikuliert unaufhörlich mit dem unverletzten linken Arm. Er scheint zu schreien und zu fluchen, vermeidet aber jeden Blick in meine Richtung. Einer seiner Kumpane bemüht sich um den Außenbordmotor. Immer wieder zieht er an der Reißleine, um den Motor zu starten, während ich Sekunde für Sekunde den Abstand zu meinen Verfolgern vergrößern kann. Ich hege schon die Hoffnung, dass ich dieser brenzligen Situation entkommen bin, doch leider ist es nicht so. Nach etwa einer Minute steigt aus dem Auspuff ihres Motors eine dunkle Rauchwolke auf und das Boot nimmt wieder Fahrt auf. Es wäre doch zu schön gewesen!

Wieder verringert sich der Abstand und meine Angst wächst. Schon sind sie bis auf hundert Meter herangekommen. Aber während sich zwei der Bandenmitglieder mit ihren Waffen beschäftigen, sie durchladen und dabei sind, auf mich zu zielen, gibt es von dort auf einmal einen Knall, der mich zusammenfahren lässt. Dann bemerke ich – und will es kaum glauben –, dass die Verfolger wieder an Fahrt verloren haben. Irgendetwas stimmt wieder nicht mit dem Motor. Chalid ist außer sich. Gespannt sehe ich durch das Fernglas, wie einer von seinen Leuten mehrmals hektisch den Seilzug zum Starten des Motors zieht. Und jetzt, ich traue meinen Augen kaum, mit einem Male, hat er ihn abgerissen. Der Motor lässt sich nicht mehr starten. Das ist die Rettung! Schnell vergrößert sich der Abstand. Und als ob Chalid glaubt, sein Unternehmen doch noch erfolgreich zu Ende führen zu können, hat er seinen Leuten offensichtlich befohlen, mich unter Feuer zu nehmen. Ich sehe noch, wie sie ihre Waffen durchladen und zielen. Sehr schnell bin ich in Deckung. Ich höre mehrere Salven krachen, doch keines der Geschosse schlägt auf meinen Booten ein. Und der Abstand wird jede Sekunde größer ... Ich bin in Sicherheit! Als Letztes kann ich noch gerade so erkennen, dass Chalids Bandenmitglieder die Gewehre als Paddel benutzen, um zurück zum Ufer zu rudern. Und dafür werden sie sehr lange brauchen, wenn sie es bei der Strömung überhaupt schaffen. Die Gefahr ist endlich vorüber!

Während das gerade Geschehene wie ein Film vor meinen Augen abläuft, lasse ich noch einige Minuten Außenborder und Schiffsdiesel mit voller Leistung laufen, um eine wirklich uneinholbare Distanz zwischen mir und den Verfolgern zu schaffen. Dann gehe ich in den Normalbetrieb über und drossele die Motoren im Glauben, dass der ganz große Steuermann einmal wieder in mein Leben eingegriffen hat. Und dafür bin ich unendlich dankbar.

Nach einer Stunde Fahrt gönne ich mir etwas Ruhe und nehme ein erfrischendes Bad. Sally traut sich nicht und bleibt lieber an Bord. Dabei bellt sie aufgeregt. Irgendwann werde ich sie auch noch dazu kriegen, mit mir schwimmen zu gehen. Nach der Badefreude gibt es erst einmal für Herrn und Hund bei mittlerer Fahrt ein ausgiebiges Mittagessen. Dann ein kurzer Funkspruch nach Portland. Walter und Long sind erleichtert zu hören, dass ich auf See bin. Wir verabreden, die Funkintervalle weiter auseinander zu ziehen, da sie in Kürze zu unserem Treffpunkt, Corpus Christi, aufbrechen werden und nicht immer am Funkgerät sitzen.

Allmählich gelange ich außerhalb der Sichtweite der Küste. Deutschland verschwindet am Horizont. Mir soll es recht sein! Das Land hat mir in den letzten Stunden und Tagen keine Freude bereitet. Werde ich es jemals wiedersehen? Ich weiß es nicht. In Gedanken daran gehe ich nach unten zum Kartentisch und lege den neuen Kurs fest. Plötzlich höre ich, wie einer der Außenbordmotoren anfängt zu stottern und dann stehenbleibt. Auch der andere hat schon Aussetzer und bleibt ebenfalls stehen. Ein Blick genügt und ich weiß, was los ist. Die Tanks sind leer. Und nun geht die Schinderei mit den 20-Liter-Kanistern, die ich zur Genüge von Berlin her kenne, wieder los. Aber dieses Mal habe ich eine elektrische Pumpe. Ich brauche sie nur in einen der Kanister zu stecken, und nach einiger Zeit ist der Tank für die Außenborder wieder voll. Mühsam und ein bisschen gefährlich ist es trotzdem, wenn ich die Kanister von der *Laura 2* zum Hauptschiff hinüberhieve. Aber dafür habe ich jetzt einen Flaschenzug. Warum ich in Berlin nicht auf diese Gedanken gekommen bin, wundert mich.

Die See ist ziemlich ruhig, und ich halte eine Rundumschau. Nur am Horizont ist genau auf meinem Kurs ein Punkt, der schnell größer wird. Nach meinem letzten Blick auf die Seekarte dürfte da nichts sein. Doch da ist etwas! Es ist eine große Motoryacht, die genau in meiner Fahrtrichtung liegt. Verdammt, denke ich, ist das doch Chalid, der mir jetzt ein Ende bereiten will? Wie konnte er nur so schnell hier sein? Welchen Kurs hat er genommen? Als ich der Yacht näher komme, steigt in mir ein Gefühl auf, dass da drüben an Bord etwas nicht stimmt. Niemand ist zu sehen. Die Maschinen sind abgestellt. Haben sich Chalid und seine Leute dort verschanzt und begrüßen mich mit Gewehr- und Maschinenpistolensalven? Ich ändere meinen Kurs nicht, denn gegen eine solche Yacht hätte ich keine Chance. Es bleibt mir nur der Überraschungsangriff. Ich habe meine Pistolen und die Molotowcocktails griffbereit. Der Abstand zwischen der *Laura* und der Yacht beträgt jetzt nur noch zehn Meter. In höchster Anspannung halte ich den schon an der Lunte brennenden Molotowcocktail zum Werfen bereit, als ich im Vorbeifahren sehe, was auf dem anderen Schiff los ist, was mich sofort veranlasst, den Cocktail einfach ins Meer zu werfen. An Deck der Yacht liegen einige Kleidungsstücke, die Asche hat der Wind schon ins Meer geweht ... Diese Bilder kenne ich nur zu gut.

Aber jetzt will ich nicht trübsinnig werden. Die See ist noch ruhig, ich fahre einen Bogen und lege an der dahintreibenden Yacht an. Vielleicht ist ja irgendetwas an Bord noch zu gebrauchen. Unten in der Kajüte ist alles sehr großzügig eingerichtet und mit Edelhölzern vertäfelt. Luxus pur. Oben auf der Brücke sind die modernsten Geräte, deren

Funktion ich zum Teil nicht kenne. Das Schiff muss sehr viel Geld gekostet haben. Neben dem Steuerrad steckt der Zündschlüssel. Ich drehe ihn um und die Instrumententafel wird beleuchtet. Ich suche die Tankanzeige und stelle fest, dass der Treibstofftank noch weit über die Hälfte voll ist. Wenn ich die Maschine gestartet bekomme, werde ich diese Yacht als Zugpferd für die beiden *Lauras* verwenden, so lange das Wetter mitspielt. In Cuxhaven hatte ich mich aus Sicherheitsgründen vehement dagegen gewehrt. Aber jetzt wische ich meine Bedenken beiseite. Ich könnte auf diese Weise wesentlich schneller vorwärtskommen. Das ist das Risiko wert. Ein Druck auf die Taste »Start Engine« genügt, um mein Vorhaben in die Tat umzusetzen. Mit einem dumpfen, aber kräftigen Geräusch kommt die Maschine in Gang. Mein »Zugpferd« funktioniert, und so vertäue ich die *Laura* links und die *Laura 2* rechts neben der Motoryacht. Dann geht es mit fast dreifacher Geschwindigkeit weiter in Richtung Westen, vorbei an mehreren Schiffen der Berufsschifffahrt, die kreuz und quer dahintreiben. Ich weiß, was sich auf ihnen abgespielt haben muss. Es ist überall das Gleiche ...

Nach einigen Stunden Fahrt bei ruhiger See, vorbei an unzähligen Bohrinseln, nähert sich die Tankanzeige auf der Motoryacht dem roten E für e*mpty*. Lange werde ich mit meinem »Zugpferd« nicht mehr fahren können. Bevor der Treibstoff gänzlich verbraucht ist, genieße ich noch einmal den Luxus einer Süßwasserdusche in der kleinen Sanitärzelle. Danach fahren wir noch eine halbe Stunde mit höchster Geschwindigkeit, bis die Maschine anfängt zu stottern und zum Stehen kommt. Die Motoryacht hat ausgedient. Weiter geht es mit den beiden *Lauras*. Auf dem Kartentisch zeichne ich die Fahrt mit der Yacht ein. Wir haben bis jetzt ein ganz schönes Stück geschafft. Längst liegt backbord von uns nicht mehr Deutschland, sondern Holland. Und der Englische Kanal vor uns. Chalid wird mich nicht mehr verfolgen. Und wenn doch, dann nur noch im Traum.

17. August   Dienstag
Atlantik

Nach Beendigung der Aktion mit der Luxusmotoryacht fing es an zu dämmern. Für mich begann die erste Nacht auf See. Beide Boote hatte ich wieder parallel vertäut, um besser steuern zu können. Die See war noch ruhig, aber ich hatte den Eindruck, dass mich die starke Strömung um Meilen zurückwerfen könnte, wenn ich mich nicht voll auf die Steuerung konzentrieren würde. Und es herrschte ein fast lebhaft zu nennender Verkehr im Kanal, weil in den letzten Stunden immer mehr dahintreibende Schiffe der Berufsschifffahrt meinen Kurs kreuzten. Diese Schiffe gaben natürlich weder Sirenensignale von sich, noch waren sie beleuchtet, wie es früher normalerweise der Fall war. Es waren im wahrsten Sinne des Wortes Geisterschiffe.

Gut, dass ich noch einen Scheinwerfer auf der *Laura* montiert hatte. Das starke Licht verhinderte nicht nur einmal eine Kollision. An Schlafen in der Nacht war also nicht im Entferntesten zu denken. Überdies sorgte auch noch der laute Generator des Scheinwerfers dafür, dass ich zu mehr als einem Sekundenschlaf nicht kommen sollte. Und ich hatte keine automatische Steuerung für die Außenborder an Bord. Immer und immer wieder musste ich den Kurs per Hand korrigieren. Hätte ich doch noch einen Hafen angelaufen, als es noch hell war, sagte ich mir immer wieder. Aber jetzt war es zu spät, denn bei der Dunkelheit kam das aus Sicherheitsgründen nicht in Frage.

Und so quälte ich mich durch die Nacht mit Cola und Kaffee. Ungefähr alle zwei Stunden hatte ich dann wieder meine Lieblingsbeschäftigung – das Betanken der Außenborder und des Lichtgenerators mit den bekannten Kanistern. Zum Glück hatte ich schon genügend davon auf das Hauptboot gebracht, sodass ich nicht in der Nacht ohne ausreichende Beleuchtung auf die *Laura 2* entern musste, um den Benzinvorrat von dort zu holen. Aber eine Schinderei war es trotzdem. Erst bei Tagesanbruch, nachdem ich endlich den nervend lauten Generator für den Scheinwerfer abschalten konnte und ich genügend Sicht hatte, gönnte ich mir eine Schlafpause von etwa einer halben Stunde.

Als ich aufwachte, weil Sally mich nervös anbellte, war ich nicht schlecht erstaunt, dass es wieder dunkel war. So dachte ich. Bis ich realisierte, dass ich einem großen Containerschiff schon so nahe gekommen war, dass es mir das Licht der aufgehenden Sonne raubte. Wie der Blitz war ich auf den Beinen und konnte nur mit äußerster Mühe einen Zusammenstoß verhindern. Sally bekam anschließend aus gutem Grund sofort ein Leckerli.

Mein Schlafproblem aber bekam ich an diesem und den folgenden Tagen nicht richtig in den Griff. Dennoch verwarf ich jeden Abend den Gedanken, einen Hafen anzulaufen, weil ich meistens von der Küste zu weit weg war und ich auch nicht wissen konnte, was mich auf dem Weg dahin alles erwarten würde. Ein in Küstennähe gesunkenes Schiff, an der Wasseroberfläche nicht erkennbar, könnte Kiel und Ruderblatt der Boote beschädigen und meiner Reise ein jähes Ende bereiten. Und bei einem Blick durch das Glas fand ich nicht nur einmal die Bestätigung meiner Befürchtung, wenn nur noch die Aufbauten eines Schiffes aus dem Wasser ragten. Selbst in einem Hafen war man nicht sicher vor irgendwelchen steuerlos dahintreibenden Schiffen. Cuxhaven war dafür ein klassisches Beispiel.

Solange ich noch nicht durch den Englischen Kanal bin, werde ich mit den unmittelbaren Auswirkungen der Epidemie auf die Seefahrt konfrontiert, dachte ich.

Die Fahrt durch den Kanal selbst nahm ich am Tage mit maximaler Maschinenkraft vor, mit den beiden Außenbordern und zusätzlich dem Schiffsdiesel. Sehr zum Leidwesen von Sally, die sich wegen des ungeheuren Lärms in den letzten Winkel an Bord verkrochen hatte. Aber anders war die Fahrt durch den Kanal für mich kaum zu schaffen. Die mir entgegentreibenden Großschiffe erforderten manchmal einen regelrechten Zickzackkurs, den ich mangels Segelerfahrung nur mit Hilfe der Maschinen vollführen konnte. Die Strömung und der aufkommende Nordwestwind hätten ihr Übriges dazu beigetragen, die Kanaldurchquerung für mich als Segelanfänger zu erschweren oder unmöglich zu machen.

Aus dieser zum Nadelöhr der Seefahrt gewordenen See-Enge wollte ich so schnell wie möglich heraus. Kaffee in Unmengen hielt mich wach. Nachdem ich es endlich geschafft hatte, den Kanal hinter mich zu bringen und in der Biskaya einen südlichen Kurs setzen konnte, nahm der treibende Schiffsverkehr schlagartig ab. Und so erlaubte ich mir in der darauf folgenden Nacht ein paar Stunden Schlaf.

In den frühen Morgenstunden weckte mich Sally, wie früher in Berlin. Dieses Mal gab es kein Schiff auf Kollisionskurs, das sie dazu veranlasste. Nach einem kräftigen Frühstück hatte ich einiges an Bord zu tun. Die beiden Außenborder waren während der »Raserei« durch den Kanal bis zur Spitze ihrer Leistungsfähigkeit in Betrieb, sodass sie jetzt ausgeleiert zu sein schienen. Jedenfalls rauchte der Backbordmotor ganz schön, wenn ich ihn mit Mühe gestartet hatte. Ein defekter Kolbenring! Also machte ich kurzen Prozess, entledigte ich mich beider Motoren durch Versenken im Meer und montierte die neuen, die ich von der *Laura 2* herübernahm. Das war eine Plackerei, weil sie verdammt schwer waren. Aber schließlich klappte es bei einer immer noch einigermaßen ruhigen See doch. Nachdem ich den restlichen Sprit auf die *Laura* gebracht hatte, löste ich die Taue, die die kleinere *Laura 2* an ihrer größeren Schwester festhielten. Sie hatte als Transportschiff ausgedient. Ungern überließ ich sie ihrem Schicksal. Ich wunderte mich ein wenig über meine Gefühle zu Schiffen. Wurde ich langsam zu einem richtigen Seemann? Warum auch nicht! Der dazugehörige Bart wuchs mir ja schon.

Nun war unwiderruflich die Zeit gekommen, die Segel zu setzen. Der Wind um Nord erlaubte eine bequeme Fahrt ohne allzu viele Manöver. Und endlich auch kein Motorenlärm, der mich bisher begleitet hatte. Für den Anfang kam ich mit der *Laura* gut klar und bekam allmählich ein Gefühl für dieses Schiff. Bisweilen machte mir das Segeln sogar Spaß. Neu, vor allen Dingen für Sally, war jetzt, dass die Schiffsplattform öfter stärkeren Neigungen ausgesetzt war. Von jetzt an hieß es für Herr und Hund, sich immer mit einer eingeklinkten Lifebelt, dem seemännischen Sicherheitsgurt, auf Deck zu bewegen.

Ich segelte von morgens bis abends. Und auch in der Nacht. Mit Hilfe der Selbststeueranlage, in dessen Funktion ich mich erst einmal einarbeiten musste, konnte ich Tag und Nacht den eingestellten Kurs halten, Wind aus der richtigen Richtung vorausgesetzt. Dennoch ersparte ich mir in der Nacht nicht die Rundumschau alle zehn bis fünfzehn Minuten. Schlafen sollte ich besser am Tag, wenn die Sicht klar ist und das Wetter mitspielt. Bis jetzt hatte ich Glück, aber wer weiß, wie lange es noch anhält.

So ging es dann im fast täglichen Allerlei an Bord durch die Biskaya bis an Portugals Küste.

Bisher war ich mit der Navigation so einigermaßen klargekommen. Jedenfalls wusste ich immer, wo ich war. Das Kartenmaterial aus den nautischen Geschäften war eine große Hilfe. Jetzt musste ich »nur« noch entlang der Küste von Portugal nach Nordafrika bis in Höhe der Kanarischen Inseln segeln. Und dann quer über den Atlantik in Richtung Golf von Mexiko.

Während der langen Nächte hatte ich einige Male Funkkontakt mit Long und Walter. Beide waren erstaunt, wie weit ich schon gekommen war. Heute erzähle ich ihnen, wie ich Chalid und seiner Bande entkommen bin. Ich ernte eindeutige Kommentare, die öfter mit dem Zusatz *My God*! verbunden sind.

Long und Walter wollten sich in Kürze auf den Weg machen. Sie hatten vor, meine Abholung mit dem Besuch von einigen Firmen zu verbinden, die Material und Maschinen für die Landwirtschaft herstellten. Sie wollten mit zwei großen Trucks voll beladen wieder nach Portland zurückfahren. Mit meiner Frage, wieso denn nur mit zwei und nicht mit drei Fahrzeugen hatten sie nicht gerechnet. Die Anregung, dass ich den dritten Truck fahren könnte, nahmen sie freudig auf. Zuerst aber sollte ich heil amerikanischen Boden betreten.

5. September   Sonntag
Atlantik

In den nächsten Tagen frischte der Wind auf. Es war zwar noch keine Sturmesstärke, aber jedes Segelmanöver musste jetzt vor der Ausführung nicht nur einmal überdacht werden. Ich setzte einen Kurs, der mich von der afrikanischen Küste wegführte. Danach würde ich die

Kanarischen Inseln nur im Norden streifen. Ich spielte schon mit dem Gedanken, dort eine Pause von ein paar Tagen einzulegen, jedoch bestand eine Notwendigkeit dafür nicht. Weder war das Boot beschädigt und brauchte eine dringende Reparatur, noch gingen meine Vorräte zur Neige. Der einzige Grund wäre, wieder einmal festen Boden unter die Füße zu bekommen, aber wie viel Zeit würde ich dafür vergeuden? In der Zwischenzeit könnte ich schon etliche Meilen westwärts meinem eigentlichen Ziel entgegen gesegelt sein. Und so verwarf ich diesen Gedanken schnell wieder.

Eine andere Sache aber begann mich zunehmend zu beschäftigen: die Navigation. Zwar hatte ich mir selbst die Grundzüge der Steuermannskunst beigebracht und wäre im Stande, mit dem GPS meine exakte Position zu bestimmen, aber das gab es nicht mehr. Ich war also auf Kompass, Sonnenstand, Mond und Sterne angewiesen. Aus dem nautischen Laden in Berlin hatte ich einen Sextanten mitgenommen, in der Eile aber die Anleitung, die ich schon in der Hand hatte, entweder dort oder zu Hause liegen gelassen. Und die Literatur, die ich jetzt noch an Bord hatte, ging entweder davon aus, dass man damit umgehen konnte oder sie stützte sich allein auf das GPS System. Nur einige ältere Bücher aus den fünfziger und sechziger Jahren gaben mir ein paar sehr dürftige Ratschläge zur herkömmlichen Navigation. Und das half mir nicht viel weiter.

Ich segelte einen südwestlichen Kurs, weil ich damit rechnete, durch den Golfstrom nach Norden abgetrieben zu werden. So war es, wie ich glaubte, möglich, die Drift zu kompensieren. Manchmal geriet ich ein wenig in Panik, wenn ich daran dachte, was wäre, wenn ich überhaupt kein Land mehr sehe würde. Überall um mich herum war ja nichts als Wasser!

Während einer Nacht, als der Wind abflaute und ich mir etwas Schlaf gönnte, wachte ich plötzlich schweißgebadet auf. Ich hatte einen Traum, dass ich immer mehr nach Norden abgetrieben wurde und um mich herum schon die Eisschollen des Packeises schwammen. Das ganze Schiff war mit einer dicken Eisschicht versehen und ich fror erbärmlich.

Die Realität war Gott sei Dank eine andere. Es war an Bord angenehm warm, und es störte mich nicht, dass der Wind auf einmal aus nordwestlicher Richtung blies. Mitten in dieser Nacht musste ich kreuzen, doch es klappte, und jedes Manöver ließ meinen Erfahrungsschatz anwachsen.

Aber die Probleme mit der Navigation blieben. Über Funk teilte ich Long und Walter meine Sorgen mit. Zuerst herrschte auch bei ihnen Ratlosigkeit. Dann erinnerte sich Walter an das ARDF, das »Amateur Radio Direction Finding«, eine Art Funkpeilung. In dem Moment war mir alles klar. Er konnte zwar nicht bestimmen, wo ich war, denn für eine Kreuzpeilung würde er mindestens zwei Stationen benötigen, aber konnte mir zumindest in etwa sagen, ob ich zu sehr vom Kurs abgekommen war. Das beruhigte mich etwas. Mir war klar, je näher ich an die amerikanische Küste herankommen würde, desto genauer würde auch die Peilung sein. Aber so weit war ich noch lange nicht. Und so segelte ich mit einem mulmigen Gefühl in der Magengrube weiter.

Es gab Tage, an denen ich kein einziges Schiff sah, an anderen Tagen, merkwürdigerweise vor allem in der Nacht, hatte ich es mit einigen treibenden Dickschiffen zu tun, denen ich manchmal nur knapp ausweichen konnte. Insbesondere an ein Ereignis werde ich mich Zeit meines Lebens erinnern:

Es war zur Abenddämmerung, der Luftdruck fiel und ich sah meinem ersten Sturm entgegen. Sally hatte ich vorsorglich in die Kajüte gescheucht. Ich war gerade mit der Sturmbesegelung fertig, als es richtig losging. Vor lauter Wellen und Gischt sah ich kaum etwas. Ich legte die *Laura* in den Wind, um ein Kentern zu vermeiden, als plötzlich wie aus dem Nichts ein riesiger Tanker ungefähr dreihunderthundert Meter vor mir auftauchte, der mit einer bedenklichen Schlagseite daherschlingerte und meinen Kurs, wenn man bei diesem Sturm noch von Kurs sprechen konnte, kreuzte. Mal sah ich ihn, mal nicht. Und wenn ich ihn sah, kam er immer näher. Ich versuchte gegenzusteuern, um dem Schiff auszuweichen, aber es gelang mir nicht. Der Tanker kam immer näher und näher und ich geriet in höchste Panik. War dies meine letzte Stunde? Muss alles jetzt so enden? Und dann war der dicke Pott auf einmal so schnell verschwunden, wie er gekommen war. Ich habe ihn nicht wieder gesehen. Warum es letztlich nicht zu einer Kollision gekommen ist, konnte ich mir nicht erklären. Außer damit, dass hier des ganz großen Steuermanns Helfer wieder am Werk gewesen sein müssen ...

Nach diesem Sturm legte sich der Wind und es konnte die übliche eintönige Bordroutine eintreten. Wenige Tage nach diesem Ereignis zog ein kräftiger Wind mit Regen auf. Da war wieder Einsatz in Ölzeug rund um die Uhr gefragt. Sally mochte den Sturm genauso wenig wie ich und blieb jetzt schon von sich aus unten in der Kajüte. Jedes Mal danach aber, wenn sich das Wetter beruhigt hatte und sie mit fast trockenen Pfoten über das Deck laufen konnte, freute sie sich wie wahnsinnig. Es war ein Bellen und ein Springen, kaum zu glauben. Erst nach langen Minuten ließ sie sich dann zum Fressen verführen.

Nach einer Wartezeit von zwei Tagen meldete sich Walter. Entgegen meiner Befürchtung, zu weit nördlich abgedriftet sein, stellte er fest, dass ich viel zu weit südlich war. Ich korrigierte meinen Kurs und steuerte nun auf die

Bahamas zu. Allerdings musste ich hier tagelang kreuzen, weil der Wind direkt von Westen kam. Zwei Tage später bekam ich eine wesentlich bessere Peilung von Walter. Und wieder zwei Tage später wusste ich anhand der Karten genau, wo ich war: bei den Bahamas, keine zweihundert Meilen von den Keys entfernt. In den nächsten zwei Tagen wollte ich Key West erreichen, doch es kam anders.

Die Randausläufer eines Hurrikans, so vermutete ich, kamen auf mich zu und ließen meine Reise nicht so verlaufen, wie ich es vorgesehen hatte. Über Stunden peitschte der Sturm über das Meer. Das Boot wurde wie noch nie geschüttelt und bekam oft eine Lage, die es fast zum Kentern gebracht hätte. Aber es richtete sich jedes Mal wieder auf, manchmal nur sehr mühsam. Auf einmal flaute der Wind mitten in der Nacht ab und der Luftdruck stieg an. Ich hatte den Hurrikan heil überstanden. Nicht aber die *Laura*. Als es am nächsten Morgen hell wurde, war die Bescherung nicht zu übersehen. Die gesamte Takelage war in einem bedauernswerten Zustand. Fast alle Wanten und Stagen, die Abspannungen des Mastes, waren gerissen, und das Tauwerk befand sich mehr im Wasser als auf Deck. Der Mast hätte vielleicht noch das Hissen einer kleineren Flagge ausgehalten, aber kein Segel mehr. Also waren einige Handwerkstage angesagt. Mit den beiden Außenbordern, die der Sturm verschont hatte, ging es dann bei schwachem Wind und kleiner Fahrt in Richtung Key West weiter, während ich die dringend notwendigen Reparaturarbeiten durchführte. Einen weiteren Hurrikan, der sich um diese Jahreszeit jederzeit entwickeln kann, wollte ich nicht mehr erleben.

Die Instandsetzungen am Boot waren schneller als gedacht beendet, und ich war im Begriff, wieder Segel zu setzen, als ich auf Steuerbord ganz weit in der Ferne eine langgestreckte Inselkette wahrnehmen konnte. Es waren unverkennbar die mit Brücken miteinander verbundenen Inseln, die Keys.

Was für ein erhebendes Gefühl, was für eine Freude! Ich habe es fast geschafft! Nach langen Wochen ist mir bis auf vergleichsweise wenige Meilen die Überfahrt in die Staaten gelungen. Ich bin erleichtert. Über Funk rufe ich Long und Walter und teile ihnen mit, wo ich bin. Ich höre ein anerkennendes »Congrats« von Walter, und ich weiß, was er damit meint. Nun kann es nur noch Tage dauern, bis wir uns in Corpus Christi sehen werden – wenn alles gut geht.

5. September   Sonntag
Key West

Durch mein Glas sehe ich die letzte der mit Brücken verbundenen Inseln. Es ist Key West mit dem südlichsten Punkt der USA, »The Most Southern Point of the USA«, wie er genannt wurde. Obwohl es in mir schmerzhafte Erinnerung hervorruft, weil ich genau an dieser Stelle schon einmal mit Lanh Anfang der neunziger Jahre gewesen war, entschließe ich mich, nach den langen Wochen auf See das erste Mal Festland, amerikanisches Festland, zu betreten. Das Wetter erlaubt mein Vorhaben, der Himmel ist wolkenlos und der Luftdruck stabil.

In gebührender Entfernung lasse ich den Anker der *Laura* in den felsigen Grund fallen und mache das Dingi zum Übersetzen klar. Sally kommt natürlich mit, und ich kann sie kaum beruhigen, so wild ist sie darauf. Die Markierung der südlichsten Stelle der USA kommt langsam näher, noch ein paar Meter, das Schlauchboot setzt auf. Sally springt ins Wasser und schwimmt die wenigen

Meter an Land. Und ich steige ebenfalls aus und ziehe das Schlauchboot auf den steinigen Strand.

Geschafft – nach neunundzwanzig Tagen! Ich setze mich auf einen großen Stein und schaue auf die *Laura*, wie sie mit gerefften Segeln vor Anker liegt. Von mir fällt eine zentnerschwere Last. Die ungeheuere Anspannung, unter der ich diese lange Seereise unternommen habe, weicht einer ungeheueren Freude. Ich bin mit meinen Gedanken so weit weg, dass ich Sally zuerst gar nicht wahrnehme. Sie beginnt, wild zu bellen und befördert mich fast ungewollt wieder in die Gegenwart zurück. Sally will das, was ihr an Bord nicht vergönnt war: spielen und rennen, schnüffeln und jagen. Und sie spielt, rennt, schnüffelt und jagt, während mich mein Weg von der Stelle, wo ich mit Lanh damals gestanden habe, in die angrenzende Geschäftsstraße mit kleinen Häusern führt. Wie nicht anders erwartet, ist auch hier alles menschenleer. Allem Anschein nach hat das Massensterben hier tagsüber stattgefunden. Die meisten Türen der kleinen Geschäfte stehen offen oder sind angelehnt. Autos stehen auf der Straße, als ob sie gleich weiterfahren wollten. Ein Blick in die Fahrzeuge und ein näheres Hineinsehen in die Geschäfte verrät mir, dass die Epidemie sich hier genauso abgespielt haben muss wie in Berlin. Wenn der Wind die Kleidungsstücke und die Asche bisher noch nicht weggeweht hat, dann liegen sie in Ecken. Irgendwelche Anzeichen von Überlebenden gibt es auch hier nicht.

In Gedanken versunken gehe ich wieder zum Strand zurück. Key West ist nicht das endgültige Ziel. Bis Corpus Christi liegt noch eine mehrtägige Reise vor uns. Und ein Hurrikan kann uns auch im Golf von Mexiko erwischen.

11. September Samstag
Corpus Christi

Von Key West nach Corpus Christi sind es gut tausend Seemeilen Luftlinie. Und die wollte ich so schnell wie möglich hinter mich bringen. Kaum nachdem ich in der anbrechenden Abenddämmerung wieder an Bord war, setzte ich bei mäßigem Wind aus West bis Nordwest Segel, warf den Generator für den starken Scheinwerfer an und segelte los. Der Kurs war eine direkte Linie von Key West nach Corpus Christi. Nach den Seekarten war mit wesentlichen Hindernissen wie Untiefen, Sandbänken, Riffs oder Inseln nicht zu rechnen. Das Einzige, was mir hätte gefährlich werden können, waren dahintreibende Schiffe. Unter diesen relativ günstigen Verhältnissen verlangte ich der *Laura* und letztlich auch mir alles ab. Es wurde wieder eine tollkühne Raserei, die vergleichbar war mit unserer Fahrt durch den Englischen Kanal. Ich wollte mit aller Macht endlich ans Ziel – wieder unter Menschen sein. Die täglichen Funksprüche genügten mir nicht mehr. Zur merklichen Beschleunigung der Fahrt startete ich den Schiffsdiesel und auch noch die Außenbordmotoren und ließ sie auf Volldampf laufen. Der Lärm an Bord war fürchterlich, genau wie Wochen zuvor im Kanal. Sally verkroch sich wieder in die hinterste Ecke der Kajüte, während ich das Dröhnen der Motoren fast als Musik empfand. So ging es stundenlang. Der Nachthimmel war klar und die Sterne wirkten noch viel eindrucksvoller und schöner als jemals zuvor. Aber mir stand jetzt nicht der Sinn danach, mich lange daran zu erfreuen und mich beeindrucken zu lassen. Ich hatte nur ein Ziel im Kopf: Corpus Christi!

Gegen Morgen bezog sich der Himmel am östlichen Horizont. Der Luftdruck sank stetig, und der Wind nahm an Stärke zu. Nach dem, was ich wusste und vor einigen Tagen erlebt hatte, waren das untrügliche Vorzeichen für einen aufkommenden Hurrikan. Ich war nur nicht sicher, ob er westwärts meiner Route folgte oder in eine andere Richtung ziehen würde. In diesen bangen Minuten, die zu Stunden wurden, bremste ausgerechnet der Treibstoffmangel für die Außenborder meine ungestüme Fahrt. Bis auf zehn Liter, die ich für den Lichtgenerator in Reserve hielt, war das gesamte Benzin verbraucht. Kaum nachdem die Motoren zu stottern anfingen und zum Stehen gekommen waren, löste ich ihre Verankerung mit dem Schiff und ließ sie ins Meer fallen. Es wurde merklich ruhiger an Bord, obwohl der Diesel nicht zu überhören war. Gegen Mittag stellte ich erleichtert fest, dass der Hurrikan mir nicht folgte, sondern sich weiter südlich verzogen hatte. Der Luftdruck stieg und stabilisierte sich zusehends. Zufrieden stellte ich fest, dass die Raserei in der letzten Nacht absolut notwendig war, um dem Hurrikan zu entkommen.

Long und Walter waren, wie sie mir gegen Abend über Funk mitteilten, unterdessen mit ihrem Truck kurz vor Corpus Christi angelangt und suchten jetzt nach zwei weiteren Fahrzeugen dieser Art und nach Treibstoff.

In der folgenden Nacht konnte ich kaum bessere Bedingungen haben, der Luftdruck blieb konstant, der Wind blies kräftig aus Nordost und es war wieder sternenklar. Von einem Hurrikan war weit und breit nichts mehr zu sehen. Die Idylle störte nur der laute Generator für den Scheinwerfer, aber darauf wollte ich nicht verzichten.

Am Freitag, dem 10. September, bat mich Walter, ab jetzt auch die VHF-Funkanlage ständig sende- und empfangsbereit zu halten, da die Kurzwelle wegen der immer kürzeren Entfernung bald ausgedient haben dürfte. In der Nacht vom 10. zum 11. September machte er den ersten Funkversuch, den er von einem Hochhaus nahe

Corpus Christi startete. Dafür quälte er sich durch ein fast nicht endendes Treppenhaus nach oben, aber so sind die Funkamateure. Sie wollen alles ausprobieren und erforschen. Und Walters Funkversuch wurde belohnt. Ich konnte ihn aufnehmen und ihn keuchen hören, aber nur sehr schwach und mit Rauschen. Auf meine Frage, ob er sich wünschte, jetzt ein Vogel zu sein und einfach herunterzufliegen, um nicht wieder das Treppenhaus benutzen zu müssen, sagte er mir, er hätte sich das schon früher gewünscht, als er gemerkt hatte, wie beschwerlich der Weg nach oben ist. Walter hatte also auch Humor, einen fast rheinischen, denn das, was er sagte, hätte auch von mir stammen können.

Im weiteren Verlauf dieser Nacht bis zum frühen Morgen begegneten mir mehrere Schiffe. Zum Teil waren es Tankschiffe, die aus den Off-Shore-Ölanlagen in den Golf abgetrieben wurden. Jetzt hieß es, wieder höllisch aufzupassen. An Schlaf war wieder nicht zu denken, obwohl ich jetzt gerne eingenickt wäre. Gott sei Dank hielt sich das Wetter und bescherte mir keinen Hurrikan.

Wir haben heute den 11. September. Ein Datum, das sich wegen der Angriffe auf das World Trade Center in New York in das Bewusstsein der Menschen eingebrannt hatte.

Aber das Gedenken an den 6. Juni, den Beginn der weltweiten Epidemie, wird dieses Datum bei den ganz wenig Überlebenden tausendmal überlagern ...

Heute wird, wenn alles gut geht, meine lange Reise auf See dem Ende entgegengehen. Als ob der Wind es ahnte, wurde er in der letzten Nacht kräftiger und trieb mich mit der *Laura* beharrlich in Richtung Westen. Wieder bildete das Firmament die dazu passende Illumination. Es war schon ein eigenartiges Gefühl, auf dem Raumschiff Erde mit einem Segelschiff zu fahren. Bewegung in der Bewegung. Welch kleine, winzige Strecke legte ich zurück, während die Erde durch das Weltall raste. Schließlich beendete die Morgendämmerung das Schauspiel.

Im Lautsprecher der Kurzwellen-Funkanlage knackt es. Long meldet, dass er und Walter jetzt in Corpus Christi angekommen sind. Noch bin ich außerhalb der gewöhnlichen Reichweite des VHF-Funks. Es wird noch ein paar Stunden bis zum Ziel dauern. Aber schon jetzt sollte der Treffpunkt vereinbart werden. Und ihn für uns zu bestimmen, wird nicht ganz einfach sein. Ähnlich wie in Florida sind der Küste in Texas schmale und langgestreckte Inseln vorgelagert. Ich muss versuchen, den Zugang zur Corpus Christie Bay bei Port Aransas zu finden. So sagen es mir meine Karten, sie gehen aber leider zu wenig ins Detail. Verpasse ich diesen Zugang, so ist der nächste ungefähr sechzig Seemeilen entfernt. Also wäre es sinnvoll, wenn Long und Walter mich genau an diesem Durchgang zwischen der nördlich gelegenen Durchfahrt zwischen Port Aransas, St. Jose und Harbour Island erwarten und bei Bedarf eine Signalrakete abschießen. An dieser Stelle auf dem Highway 361 gab es früher eine Fährverbindung von der langen Corpus Christi vorgelagerten Insel zum Festland. Und dort war einen Zugang zur Corpus-Christi-Bay möglich. Long hatte sich das alles auch schon gedacht, als ich ihn darauf anspreche, da auch er sich die entsprechenden Karten besorgt hatte. Er will mit Walter an dieser Stelle auf meine Ankunft warten. Eine Groborientierung für mich müssten die Rauchsäulen der brennenden Raffinerie in Corpus Christi sein, die wir später auf der Interstate 37 rechts sehen werden, wenn wir nach Portland fahren.

Nach diesen Informationen verabschiedet sich Long, da er und Walter noch nach einem Auto suchen müssen, um zum Treffpunkt zu gelangen. Von jetzt ab, so lässt mich Walter noch wissen, hat der Kurzwellenfunk ausgedient. Die nächste Funkverbindung wird auf VHF zustande kommen.

An Bord bereite ich mich für meinen endgültigen Landgang vor. Trotz des etwas stürmischen Seegangs finde ich die Zeit, den üppigen Seemannsbart abzuschneiden und dann den Feinschnitt zu übernehmen. So habe ich schon lange nicht mehr ausgesehen. Anschließend wird die Kajüte aufgeräumt und es gibt noch ein Mittagessen. Sally ist heute anders als sonst. Ich kann sie kaum davon abhalten, mich auf Deck zum Spielen zu verleiten. Aber es ist zu gefährlich, obwohl wir beide mit Leinen gesichert sind. Und meine Aufmerksamkeit ist gefordert, weil es hier wiederum einige herumtreibende Schiffe und kleinere Boote gibt.

Allmählich sehe ich in der Ferne eine Rauchsäule, es muss die brennende Werft sein, von der Long gesprochen hat. Am Kartentisch in der Kajüte überprüfe ich Kurs, Richtung und Geschwindigkeit. Ja, es könnte so sein. Während ich mir noch letzte Gewissheit durch das Fernglas verschaffen will, knackt es plötzlich im VHF-Funkgerät:

»Konni, I can see you now, make a right turn!"

Das war Long! Mir pocht das Herz: »You can see me already?"

«Ja, fahr direkt auf die Küste zu. Wir sehen dich!«

In mir steigt eine fast unbändige Freude auf. Es ist geschafft! Aber jetzt bloß keine schnellen und unüberlegten Manöver, sage ich mir. Es können jetzt noch einige Hindernisse auf dem Weg liegen. Versunkene Schiffe, Riffe, Sandbänke. Schnell bestätige ich mit bebender Stimme den Anruf und bitte Long um den Abschuss einer Signalrakete, der auch prompt erfolgt. Es sind noch einige Meilen bis zur Küste und ich suche mit dem Feldstecher nach den entsprechenden Bojen und Tonnen zur Markierung der Fahrrinne. Ich reffe die Segel und werfe den Diesel an. Langsam komme ich der Küste näher. Das Echolot gibt keinen Alarm. Mit dem Glas suche ich Long und Walter, finde sie aber nicht.

»Where are you now, Long?«

»We are here near the ferries, on the left side.«

Und wirklich, allmählich sehe ich zwei kleine Punkte, die immer größer werden. »I can see you too!«, sage ich über Funk. Da ist wirklich mein Schwager Long! Mir kommen die Freudentränen, die ich mir schnell wegwische. Obwohl ich aufgeregt bin, steuere ich nur mit kleiner Fahrt auf einen Anlegeplatz zu, der meinem Boot in der Höhe angemessen ist. Allmählich komme ich näher. Ich bin völlig überwältigt in diesem Augenblick und für einen Moment wird mir fast schwindlig. Aber die Fahrt ist noch nicht zu Ende! Ich reiße mich zusammen, werfe beiden ein Tau zu und gebe ihnen zu verstehen, dass sie es um einen Poller wickeln sollen. Dann gebe ich kurz Gegenschub mit dem Diesel, schalte ihn aus und springe mit einem anderen Tau in der Hand aus dem Boot, das ich an einem anderen Poller schnell befestige.

Dann drehe ich mich um. Ja, da stehen nun zwei Menschen vor mir, mit denen ich über einige Wochen nur per Funk verbunden war. Und einer ist noch dazu ein enger Verwandter, den ich kenne, den ich schätze, den ich mag und der mich mag. Wieder kommen die Tränen, aber ich schäme mich nicht dafür. Auch Longs Augen bleiben nicht trocken. Wie lange habe ich darauf gewartet, wie oft habe ich geglaubt, diesen Moment nicht mehr zu erleben. Wir gehen aufeinander zu und umarmen uns, wie es Brüder tun. Nicht weniger herzlich ist die Begrüßung mit Walter. Ich habe ihm viel zu verdanken und sage es ihm.

»Don't mention it, Konni«, ist daraufhin seine Antwort.

Ein unerwartetes Kläffen und ein an uns hochspringender schwarzer Tibet-Terrier namens Sally unterbricht diesen gefühlsbeladenen Augenblick: »Hey, what's that?«

»Das ist der Hund von meinen Nachbarn in Berlin«, erkläre ich dem etwas erschrockenen Long. Dann drehe ich mich um, während Sally mit Long und Walter beschäftigt ist. Ich kann es immer noch nicht so richtig fassen, wieder unter Menschen zu sein. Die große Freude scheint die früher vergossenen Tränen des Leids aufzuwiegen. Bei jedem von uns.

Nach ein paar Minuten sprechen wir darüber, wie es jetzt weitergehen soll. Long und Walter haben je einen der großen Peterbilt-Trucks in der Corpus-Christi-Bay, sie stehen unweit des Museumsschiffs Lexington. Zu unserem Treffpunkt sind sie mit einem Wagen gekommen, den sie von irgendwoher hatten. Den wollen sie jetzt hierlassen und mit mir auf der *Laura* in die Corpus-Christi-Bay fahren. Während der Fahrt erzählen sie mir, dass sie auf dem Weg hierher schon jede Menge Material geladen haben und an einigen Orten noch mehr Waren auf uns warten. Das Wichtigste aber ist, dass sie noch einen dritten Truck besorgen wollten, sodass wir optimal beladen zurückfahren können. Auf dem Weg in die Bay weise ich beide ein wenig in die Bedienung eines Motorboots ein. Wir alle müssen jetzt viel mehr lernen als in unserem »alten« Leben. Sie verstehen sofort, was ich meine. Wir sollten uns aber beeilen, meint Walter, denn es sieht nach schlechtem Wetter aus. Er hat recht, der Himmel zieht sich zu und von Ferne blitzt und donnert es schon. Und so übernehme ich wieder das Ruder. Nach ungefähr einer halben Stunde liegen wir sicher vertäut in der Corpus-Christie-Bay. Der aufkommende Regen schadet unserer Stimmung nicht. Ich schlage vor, an Bord erst einmal zu essen. Dann können wir uns richtig unterhalten. Die Mahlzeit hatte ich schon vorbereitet. Zwar besteht sie fast ausschließlich aus Konserven, aber das sind auch Long und Walter gewöhnt. Obst und Gemüse aus Supermärkten sind auch hier verdorben. Weltweit überall das gleiche.

»Ja, das war schlimm«, beginnt Long zu erzählen, als wir uns in der Kajüte der *Laura* niedergelassen haben, »zuerst kamen die Nachrichten aus Vietnam, und auch nur bruchstückweise. Dann überschlugen sich CCN und die anderen Nachrichtenagenturen mit den Einzelheiten. Sofort wurden bei uns im Fernsehen die Bilder gezeigt, wie die Menschen plötzlich zu Asche werden und sterben. Wir glaubten, hier in Amerika sicher vor dem Virus zu sein. Dann gab es den Anschlag auf die New Yorker Subway. Und von da an war das Land nicht mehr so richtig unter Kontrolle. Meine Familie und ich beschlossen, in dieser unruhigen Zeit eine einwöchige Kreuzfahrt auf dem Pacific von Seattle nach San Francisco zu buchen. Wir wollten von all den schlechten Nachrichten nichts mehr hören und sehen. Kaum waren wir einen Tag auf der über eintausend Passagiere fassenden *Princess of California* auf See, als uns mitgeteilt wurde, dass die ersten Viren der Epidemie in San Diego nachweisbar waren und sich rapide nordwärts ausbreiteten. Für den nächsten Tag wurden sie an der ganzen Westküste der USA erwartet. Wir würden mit ihnen auch auf See unweigerlich in Berührung kommen. Die Stimmung an Bord war bedrückend. Hinzu kam, dass wir an diesem Tag in ein Unwetter geraten waren, das wir nur mit viel Glück überleben konnten. Es donnerte und blitzte unaufhörlich, und das Schiff war für Stunden in akuter Seenot. Es gab etliche Blitzeinschläge, die zur Folge hatten, dass sich das Schiff zum Teil statisch auflud und wir ebenfalls davon betroffen waren. Funken sprangen von uns auf Metallteile über, bevor wir sie überhaupt berührt hatten, zum Beispiel wenn man die Reling anfassen wollte. Und das war äußerst schmerzhaft. Einige ältere Herrschaften haben es auch nicht überlebt. Nach dem über Stunden andauernden Unwetter war das Schiff kaum noch seetüchtig. Es war leckgeschlagen. Ausgerechnet die Maschinenräume waren davon betroffen. Weder konnte das Leck mit Bordmitteln abgedichtet noch das Wasser abgepumpt werden, sodass keine der Maschinen zur Verfügung stand. Wir trieben mit gehöriger Schlagseite mehr als zwei Wochen steuerlos im Pazifik, ohne Hilfe zu bekommen. Über tragbare Radios einiger Passagiere erfuhren wir später, dass an der Westküste die ersten Menschen an der Epidemie starben. Und wir wussten von der Zwölftagefrist. Die Angst zu sterben war ungeheuer groß ...«, Long macht eine Pause. Ihm fällt das Sprechen darüber sichtlich schwer. »Konni,« sagt er mit gebrochener Stimme, den Tränen nahe, »ich erzähle dir irgendwann später einmal, was an Bord während dieser Zeit geschah«, Long hält inne und findet dann wieder die Kraft, weiterzusprechen, »wir waren nachher bei weitem nicht mehr so viele, wie wir zu Beginn der Reise waren und Hoa ist fast wahnsinnig geworden.«

Walter nickt angesichts der Erinnerung wortlos mit ernstem Gesicht. Angesichts der Todesangst müssen sich schreckliche Szenen an Bord abgespielt haben, deute ich still Longs Erzählung. Die Menschen an Bord dieses Schiffes hatten ja keine Hoffnung, wie wir sie in Europa haben konnten, nachdem wir geimpft worden waren. Jeder einzelne muss also die Angst mindestens zwölf Tage mit sich herumgetragen haben. Bei mir waren es nur wenige Tage, bevor ich feststellte, dass ich nicht an diesem Virus sterbe. Und schon das brachte mich an den Rand des Wahnsinns. Wie schwer muss es erst für diese Menschen hier gewesen sein!

»Während dieser Zeit wurde von der Regierung immer wieder die Entwicklung eines Serum in Aussicht gestellt, doch es war, wie wir alle wissen, nicht wirksam. Und wir auf dem Schiff bekamen es überdies nie zu Gesicht. Wir waren von der Außenwelt regelrecht abgeschnitten. Die mobilen Telefone funktionierten draußen auf See nicht und die altersschwache Funkanlage war nach dem Unwetter ausgefallen. Wir hatten nur ein paar Batterieradios zur Verfügung, um damit mehr schlecht als recht Nachrichten zu empfangen. An Bord des manövrierunfähigen Schiffes waren wir völlig auf uns allein gestellt. Für eine Rettungsaktion war es zu spät. Allerdings war es Walter gelungen, die Funkanlage notdürftig zu reparieren«, Long wirft Walter einen kurzen Blick zu und fährt dann fort, »aber unsere Hilferufe wurden von den Küstenfunkstellen nicht mehr gehört, weil sie nicht mehr besetzt waren, sondern nur noch von Stationen weit im Hinterland. Sie klärten uns über die Situation an Land auf. Es gab niemand mehr, der uns hätte retten können. Nach der Zwölftagefrist, als wir merkten, dass wir weiterlebten, obwohl alle an Land starben, änderte sich die Stimmung allmählich, die Leute wurden fast euphorisch. Noch auf dem Schiff erklärten uns zwei mitreisende Wissenschaftler, dass möglicherweise die elektrischen Felder bei dem fürchterlichen Unwetter, in das wir kurz nach Ablegen in Seattle geraten waren, dafür verantwortlich waren. Jedenfalls atmete der größte Teil von uns auf, ob er nun dieser Erklärung glaubte oder nicht. Wir begannen, das Wasser und die Lebensmittel streng zu rationieren, weil wir hofften, dass wir irgendwann an Land getrieben werden würden. Nach weiteren neun Tagen war es so weit. Mit einem ungeheuren Knirschen und Bersten lief unser Schiff nachts an der Küste auf. Am nächsten Morgen wussten wir, dass wir in Höhe von Seaside, einer kleinen Stadt an der Pazifikküste, gestrandet waren. Einige von uns, und dazu gehörte auch ich, verließen über Seilwinden das Schiff und schwammen zur nahegelegenen Küste. Die übrigen Passagiere, wie Frauen, Kinder und Ältere, blieben einen Tag länger an Bord. In Seaside herrschte ein trostloses Bild. Überall waren die Spuren des Todes, Asche, Kleidungsstücke, Autos standen quer, manche hatten Unfälle ...«

»Long, ich kenne das alles, es war bei euch genauso wie bei uns. Schrecklich!«, unterbreche ich meinen Schwager. »Aber sag mal, was ist mit Son, Nguyet und den Kindern?«

Long schluckt für einen Moment. Hätte ich ihn nach seinem Bruder und seiner Familie nicht fragen sollen, denke ich, als er mir antwortet:

»Son hatte ebenfalls die Reise gebucht. Aber am Tag der Abreise erschienen weder er noch Nguyet mit den Kindern am Kai. Und auch über das Mobiltelefon habe ich ihn nicht erreichen können. Ich weiß bis heute nicht, was geschehen ist. Es wird mir immer ein Rätsel bleiben ...« Bei den letzten Worten kämpft Long mit den Tränen. Nur mit gepresster Stimme bringt er den Satz zu Ende.

»Entschuldige, Long«, sage ich sofort mit dem Gefühl, hier etwas Schlimmes angerichtet zu haben, »ich dachte ...«

»Ist okay, Konni. Es ist nicht deine Schuld, nur, wenn ich an Son denke, kommt es einfach über mich.«

»Wie ging es dann weiter bei euch?«, frage ich nach einer Weile und statt Long antwortet Walter:

»Nachdem wir alle von Bord waren, bekamen wir einen ersten Eindruck von den Auswirkungen der Epidemie. Long hat es ja gerade erzählt und Konni, du weißt es ja auch.« Ich nicke zustimmend. »Manche drehten in den ersten Tagen regelrecht durch, und einige wenige haben regelrecht den Verstand verloren. Meine Verlobte hielt es auch nicht aus. Als sie begriff, dass ihre Eltern nicht mehr waren, hatte sie wohl beschlossen, auch nicht weiterzuleben. Ich konnte ihr nicht mehr helfen, da sie völlig apathisch und in keiner Weise mehr ansprechbar war. Dann verfiel sie in einen komaähnlichen Zustand, aus dem sie nicht mehr erwachte.«

Walter leidet unendlich im seinem Innern. Ich sehe es ihm an und Long weiß es sicher auch. Dann fährt Walter fort:

»Zu schrecklich war das, was wir alle erlebt haben ... An Land versammelten wir uns in der Kirche und setzten uns mit unserer Situation auseinander. Wir kamen zu dem Schluss, dass wir in Seaside keine Zukunft haben, und beschlossen, uns erst einmal im Norden von Portland niederzulassen, wo schon mehrere von uns in einer großzügigen Wohnsiedlung ihr Zuhause hatten. Bei der künftigen gemeinsamen Verwaltung unserer Bedürfnisse, wie zum Beispiel die Herstellung einer Wasser- und Stromversorgung, waren wir uns einig, dass keiner eine Sonderstellung in unserer kleinen Gruppe beanspruchen sollte. Mit der Schiffsmannschaft zusammen waren wir jetzt rund achthundertfünfzig Leute, eine durchaus gemischte Gruppe. Wir haben einfache Arbeiter und hoch qualifizierte Techniker, aber auch Ärzte und Ingenieure und ehemalige Firmeninhaber. Und viele Kinder. – Die knapp einhundert Meilen nach Portland bewältigten wir mit Fahrzeugen, die wir in Seaside vorfanden. Auf dem Weg dahin trafen wir auf keine Überlebenden. Alles war ausgestorben. In den meisten Autos unterwegs immer das gleiche Bild ... Konni, du kennst das sicher.«

»Oh ja, ich weiß genau, was du meinst ...«

»Irgendwie gelangten wir dann zu unserem Ziel und siedelten uns in dieser recht noblen Wohngegend an. Da es uns dort natürlich an Wasser, Strom und Gas fehlte, haben wir uns darum gekümmert, die Haushalte damit so schnell wie möglich, zunächst aber nur notdürftig zu versorgen. Es fehlen uns aber frische Nahrungsmittel wie Obst und Gemüse. Das, was wir zurzeit gelagert haben, wird für uns alle den Winter über kaum reichen. Aber da müssen wir durch. Wir haben in unserer kleinen Gemeinde schnell einen Konsens gefunden, dass wir, um zu überleben, eine Arbeitsgruppe bilden müssen, die die Zukunft der übriggebliebenen Menschheit unter Korrektur der bisher gemachten und Vermeidung neuer Fehler plant. Alle Aspekte, angefangen von Wirtschaft über Produktion, Anbau von Obst und Gemüse unter umweltgerechten Verfahren bis hin zur Frage, welches politische System wir haben wollen, sollen dort behandelt werden. Die Arbeit in diesem Komitee, das wir Centralia nennen, führen die dazu berufenen Mitglieder zusätzlich zu ihren sonstigen Verpflichtungen aus, da jede Hand für das Überleben gebraucht wird. Konni, ich denke, du ahnst, in welche Richtung das gehen könnte?«

»Walter, ich weiß genau, was du meinst«, erwidere ich, »als ich in Berlin völlig alleine war, habe ich mir genau darüber Gedanken gemacht, denn auch ich wollte ja überleben. Weil wir aber schnell Kontakt bekamen, habe ich natürlich diese Projekte nicht weiter verfolgt.«

»Konni«, sagt nun Long, »ich könnte mir vorstellen, dass du an der Arbeit in unserer Denkfabrik Spaß haben könntest. Du hättest die Überfahrt nicht geschafft, wenn du nicht in der Lage gewesen wärst, deinen Verstand zu nutzen.«

»Danke Long, das höre ich gerne, aber ich hatte auch sehr viel Glück. Und ohne die Heerscharen von Schutzengeln hätte ich so manches Abenteuer nicht überlebt.«

»Ja, das mag sein«, fällt jetzt Walter ein, »aber so wie ich dich jetzt kennen gelernt habe und was ich von dir weiß, würdest du in den Kreis der Centralia-Mitarbeiter gut passen. Doch darüber habe nicht ich zu entscheiden, sondern die allgemeine Versammlung, die ungefähr alle zwei Tage abends stattfindet. Wir werden in Portland weitersehen. Wir sind ja erst am Anfang, uns zu organisieren. Im Vordergrund steht im Moment erst mal das Überleben. Wenn es deine Gesundheit zulässt, wirst auch du eines Tages hinter dem Pflug, der von zwei Ochsen gezogen wird, stehen.«

»Ochsen oder Pferde? Die Natur baut unsere ›Traktoren‹ selbst. So ging es bis vor ungefähr hundert Jahren ja auch.«

»Ich sehe, du sprichst unsere Sprache, nicht nur Englisch«, sagt Walter und wir lachen herzhaft.

»Ja, dann lasst mich mal erzählen. Wie ihr vielleicht wisst, war ich mit Lanh, meiner Schwägerin Khai und meiner Schwiegermutter in Saigon, als das Virus ausbrach. An dem Tag, als ich Vietnam in Richtung Peking verließ, fing das Sterben an«, und jetzt fällt mir das Sprechen schwerer und schwerer. Doch ganz plötzlich wird mir einiges in Sekundenschnelle klar. Das Glas Wasser, das ich gerade noch in der Hand hielt, ist mir entglitten und zerbricht mit einem Scheppern auf dem Schiffsboden. »Ich hab´s, ich hab´s!«, sage ich auf Deutsch und schaue in verständnislose, fast besorgte Gesichter. Und dann, allerdings in Englisch: »Sorry, jetzt weiß ich, warum ich, warum wir überlebt haben. Die Theorie über die elektrischen Felder oder Energien ist offensichtlich richtig: In Saigon habe ich sehr oft an dem altersschwachen Kühlschrank der Familie einen elektrischen Schlag bekommen. Georg, der irre gewordene Funker, mit dem ich in Kontakt war, hatte bestimmt auch etwas mit Elektrik zu tun. Die Chalid-Bande in Cuxhaven hat laufend von ihren Motorrädern elektrische Schläge erhalten, und ihr erzählt mir von hohen statischen Aufladungen auf eurer Kreuzfahrt. Offenbar sind wir durch die Berührung mit elektrischer Energie gegen das Virus immun geworden. Und wenn das so stimmt, und dafür spricht vieles, dann müssten meine Frau und die gesamte Familie in Vietnam noch leben!«, die letzten Worte sprudeln nur so aus mir heraus. Mich hält es nicht mehr auf dem Stuhl. Zum ersten Mal seit Monaten gehe ich nicht mehr davon aus, dass sie tot sind. Ich schöpfe Hoffnung, dass das fast Unwahrscheinliche eintreten kann, Lanh wieder in meine Arme schließen zu können.

Walter und Long sagen erst einmal nichts. Sie sind verblüfft über meinen Gedankengang. Schließlich äußert sich Walter: »Das kann schon sein«, er schaut er mich fragend an.

»Wir müssen eine Expedition nach Vietnam starten. Mit der *Laura* könnte ich sofort nach erfolgter Proviantaufnahme starten. Da der Panamakanal mit Sicherheit Schleusen hat, die nicht in Betrieb zu setzen sind, müsste ich um Kap Horn segeln. Das würde ich auch noch hinbekommen. Ich darf nicht zu spät kommen!«

»Langsam, Konni, langsam«, unterbricht mich Long, »wir müssen das genau überlegen. Dass du Lanh retten willst, verstehe ich nur zu gut! Nur das ›Wann‹ ist die Frage.«

Und Walter merkt an: »Richtig! Wenn du an die Westküste fährst und dir dort ein neues Boot aussuchst, kostet das weniger Zeit und ist weitaus sicherer als der Seeweg um Kap Horn, unterschätze den bloß nicht!«

»Und außerdem«, meint Long, »brauchst du dir keine Sorgen zu machen, was die Ernährung betrifft. Die finden schon etwas zu essen. Es wächst dort genug zu jeder Jahreszeit. Ich denke, du weißt das. Übermäßige Eile ist nicht angebracht, zumal jetzt im Herbst die Taifune entstehen.«

Die beiden schauen mich eindringlich an, während ich mir ihre Argumente durch den Kopf gehen lasse. So ganz von der Hand zu weisen ist das alles nicht, was sie gerade gesagt haben.

»Okay, wir sollten das sicher in Ruhe überlegen ... Ich bin froh, dass ihr diese Aktion nicht von vornherein für verrückt haltet.«

»Warum? Die Wahrscheinlichkeit besteht wirklich, dass es auch dort noch Überlebende gibt. Auch deine Familie!«

»Richtig, Walter«, sagt Long, und dann wendet er sich mir zu, »ich würde sogar mit dir kommen. Ich müsste Hoa klarmachen, dass ich nicht nur deine Frau, sondern zwei meiner Schwestern und meine Mutter retten würde. Ich denke, sie würde mich, wenn auch mit schwerem Herzen, gehen lassen.«

»Schön, dass du das sagst, Long. Aber darüber reden wir noch, wenn es so weit ist.«

19. September   Sonntag
Portland

Das Entladen der *Laura* und das Beladen der Trucks mit meiner mitgebrachten Solarfracht und den anderen Sachen dauerte zu dritt nicht lange. Am Nachmittag waren wir damit fertig. Danach sprachen wir noch lange über das Erlebte und schmiedeten Pläne. Ich genoss wie selten die menschliche Gesellschaft. Es war irgendwie unglaublich, dass ich jetzt hier war. Ich konnte es immer noch nicht so richtig fassen ... Den Abend beschlossen wir am Strand mit einem kleinen Lagerfeuer. Eigentlich sehr romantisch, wenn nur Lanh jetzt hier wäre. Sie lebt bestimmt! Wo mochte sie jetzt sein?

Am frühen Mittag des nächsten Tages bereitete uns Long ein Essen mit Reis nach asiatischer Art. Und nach einem letzten Bad im Golf von Mexiko erhielt ich dann eine Fahrstunde auf einem typisch amerikanischen Truck, den Walter am Vormittag noch aufgetrieben hatte. Diesen LKW sollte ich fahren, wie ich früher zugesagt hatte. Es war zwar nicht schwierig, mit dem Fahrzeug umzugehen, aber am

Anfang meinte ich, mich ständig vergewissern zu müssen, dass ich den langen Hänger noch am »Kanthaken« hinter mir herschleppte. Nach der Einweisung und einigen Runden wusste ich einigermaßen Bescheid. Es konnte jetzt auf dem Landweg in Richtung Westen weitergehen.

Noch einmal betrat ich die *Laura,* die mich treu über den Atlantik gebracht hatte. Fast hätte ich das Logbuch und die Schiffsglocke aus dem nautischen Geschäft in Cuxhaven vergessen. Die Glocke sollte mich in der Nacht durch ihre Schläge, die zwangsläufig durch die Bewegung des Bootes ausgelöst wurden, wach halten. Tatsächlich aber war es immer der laute Stromgenerator für den Suchscheinwerfer. Noch ein gedankenverlorener Blick auf den Mast und die gerefften Segel, dann eilte ich zu meinem Truck, erntete noch verständnisvolle Blicke von Long und Walter und dann ging es los. Wir fuhren natürlich im Konvoi, und jeder von uns war in seinem Fahrzeug auf sich alleine angewiesen. Nur ich hatte noch einen Beifahrer, Sally. Verbindung hielten wir untereinander über die eingebauten CB-Funkgeräte. Von Corpus Christi ging es auf der Interstate entlang dem sehr langgestreckten Gelände der zum Teil immer noch brennenden Raffinerie in Richtung St. Austin. In Dallas übernachteten wir in den bequemen Kojen unserer Trucks. Wir hatten genügend Diesel in den Tanks und konnten, wie es früher bei den Truckdrivern üblich war, die Motoren die ganze Nacht laufen lassen, um die Klimaanlagen in Gang zu halten, denn die Außentemperaturen sanken auch nachts nicht unter achtundzwanzig Grad. Texas ist ein sehr heißes Land.

Mit den ersten Sonnenstrahlen starteten wir am nächsten Morgen zu einer Firma für landwirtschaftliche Maschinen, die Long und Walter schon ausfindig gemacht hatten, luden Geräte und Ersatzteile ein und fuhren weiter. Es ging nun quer in nordwestlicher Richtung durch mehrere Staaten,

Oklahoma, Kansas, Colorado, Utah, Idaho bis Oregon. Die Fahrt bis dahin war anstrengend, weil wir bis zu vierzehn Stunden täglich am Steuer saßen. Wir wollten so schnell wie möglich nach Portland, um unsere Ladung der Gemeinde zur Verfügung zu stellen. Außerdem wartete auf Long auch seine Familie. Verzögerungen gab es nur dann, wenn wir aus anderen Trucks Diesel zapfen mussten und noch bei einigen anderen Firmen Material einluden. Long und Walter hatten das schon auf der Hinfahrt nach Corpus Christi vorbereitet. Die zu verladenden Paletten standen schon fertig auf den Rampen und mussten nur noch mit einem Hubwagen in die Trucks befördert werden. Ein Motorschaden an Walters Fahrzeug kostete uns allerdings einen ganzen Tag.

Unterwegs auf den Interstates begegnete uns das gleiche Bild wie mir in Deutschland. Mitunter standen einige PKWs ungeordnet herum, waren in Auffahrunfälle verwickelt oder waren die Böschungen heruntergefahren. Wenn es nötig war, schoben wir sie mit unseren stabilen Zugmaschinen einfach beiseite. Längere Ansammlungen von Autos, wie ich sie auf der Fahrt von Berlin nach Cuxhaven gesehen hatte, die ein Fortkommen unmöglich gemacht hätten, gab es hier nicht. Auf meine Frage nach weiteren Überlebenden sagte mir Walter, dass ich mir keine Hoffnung machen soll, noch jemand anzutreffen. Wir sind ziemlich sicher die einzigen, und damit meinte er uns und die Gruppe in Portland.

Je mehr wir uns unserem Ziel näherten, desto gespannter wurde ich. Längst hatte Walter über Kurzwelle unseren voraussichtlichen Ankunftstermin durchgegeben.

Als wir auf der Interstate 84 fahren, entlang dem beeindruckenden breiten Grenzfluss zwischen den Staaten Oregon und Washington und vorbei am Mount Hood, teilt mir Long über Funk mit, dass das nun unsere letzten Meilen sind. Wir müssen nur noch ein Stück auf der Interstate 205 in Richtung

Norden. Kaum haben wir die Autobahn verlassen, hält Walter auf einem größeren Platz, auf dem eine der typischen amerikanischen Kirchen in Holzbauweise steht, und lässt das Horn seines Trucks erschallen, um unsere Ankunft anzukündigen, obwohl das eigentlich überflüssig ist. Von überall strömen Menschen an unsere Wagen heran. Sie müssen die Motoren unserer Trucks schon von weitem gehört haben.

»We are at home! Stop engine!«, sagt er über den CB-Funk.

Ich kann es nicht fassen, so viele Menschen zu sehen. Obwohl Sally vor Aufregung immer wieder bellt, habe ich auf einmal das Gefühl, hier nicht herzugehören. Nachdenklich bleibe ich im Wagen sitzen. Ich beobachte, wie Long und Walter von der Menge freudestrahlend begrüßt werden, und erkenne auch Hoa, wie sie sich zu Long durch die Menge kämpft und von ihm liebevoll in den Arm genommen wird. In Gedanken lasse ich schon wieder den Motor an, um weiterzufahren. Meine Hand will schon zum Startknopf, obwohl es wegen der Menge der Menschen auch um meinen Wagen kaum möglich gewesen wäre, auch nur einen Meter zu fahren, als plötzlich die Fahrertür von außen geöffnet wird und ein etwa siebzigjähriger Mann mit langem weißem Haar und Vollbart mich aus gütigen tiefliegenden weisen Augen anschaut und fragt:

»Hi, are you the guy, who crossed the Atlantic from Europe to America?", seine Stimme klingt wohltuend sanft.

»Yes, Sir", sage ich nach einem kurzen Moment leise, während sich Sally an mir und dem Alten vorbeigezwängt hat, um endlich draußen herumtollen und spielen zu können.

»Please, get out of your truck. Konni, you are very welcome. My name is Michael", und er reicht mir die Hand.

Ich ergreife sie, steige aus und er umarmt mich. Ich kann es kaum fassen! Und auf einmal kommen immer mehr Leute zu uns. Dass ich plötzlich im Mittelpunkt des

Interesses stehe, ist mir zunächst sehr unangenehm. Doch dann geben mir immer mehr die Hand gebe, umarmen mich und heißen mich willkommen. Obwohl es für mich fremde Menschen sind, bin ich von der Warmherzigkeit, die mir entgegengebracht wird, überwältigt. Einfach wegzufahren ist für mich nun undenkbar geworden. Ich bin angekommen und empfinde eine selten erlebte Geborgenheit nach all der Zeit der Schrecken und Einsamkeit der letzten Wochen. Dieses Gefühl hat von mir völlig Besitz ergriffen, bis mir mit einem Male schwarz vor Augen wird.

Auf einer Pritsche unter dem Vordach eines Hauses, vor der Sonne geschützt, finde ich mich wieder: »Was ist los, wo bin ich?«, frage ich verwirrt auf Deutsch. Und dann schaue ich in besorgte Gesichter. Auch in das von Michael. Und dann kommt die Erinnerung zurück. »What happend to me?«, wiederhole ich auf Englisch.

Michaels Gesicht erhellt sich.

»Du wurdest für ein paar Minuten ohnmächtig. Die Freude hat dich wohl überwältigt. Wir kennen das hier sehr gut. Es ist nichts Schlimmes«, sagt er beruhigend und lacht dabei.

»Wo sind Long und Walter und wo ist mein Hund?«

»We are here«, höre ich Long und Walter fast wie im Chor. Und Long sagt: »Sally spielt mit den Leuten, Konni, are you okay?«

»Ja, ich denke, ja«, ich habe noch nicht ganz zu mir gefunden, »das war für mich vorhin etwas zuviel Freude nach den Wochen der Einsamkeit. Ich wusste gar nicht, dass man vor Freude ohnmächtig werden kann«, und mache ein fragendes Gesicht, während die anderen lachen. Ich richte mich auf und merke, dass mir noch ein wenig schwindlig ist.

»Langsam, langsam«, rät mir Michael. Ich nicke ihm zu. Und dann stellt mir Walter den Siebzigjährigen offiziell vor.

»Konni, ich habe dir damals in Corpus Christie von der Centralia-Denkfabrik erzählt. Michael ist einer derjenigen, die zu dieser Gruppe gehören.« Walter nickt und schaut Michael an.

»Ich habe mit Interesse von deiner Arbeit gehört, erzähl mir mehr darüber«, bitte ich ihn, wieder ganz Herr meiner Sinne. Michael schaut mich einen Moment an, und dann beginnt er mit einen kleinen Vortrag:

»Well, als wir nach Tagen und Wochen der Angst, des Leids und der Gewalt das Kreuzfahrtschiffs *Princess of California* endlich verlassen konnten, waren wir alle in einer unglaublichen Verfassung. Zum einen waren wir glücklich, der Epidemie lebendig entronnen zu sein, zum anderen aber waren wir durch die Angst und all das, was an Bord geschah, unendlich traurig und verwirrt. Es gab keinen einzigen von uns, der nicht Teile oder seine ganze Familie durch die Epidemie oder die Geschehnisse auf dem Schiff verloren hatte. Mir selbst ging es ebenso. Meine Tochter wurde nach einer Vergewaltigung wahnsinnig und sprang eines Nachts über Bord. Vor Schmerz wäre ich ihr fast nachgesprungen, wenn ich nicht in letzter Sekunde eine Eingebung gehabt hätte, dass ich am Leben bleiben soll, weil ich noch gebraucht werde!«

Long und Walter stutzen und schauen Michael fragend und erstaunt an. Michael fährt fort:

»Ich wollte das eigentlich für mich behalten, weil ich vor den Leuten nicht als etwas Besonderes erscheinen wollte. Euch aber kann ich es mitteilen, weil ich weiß, dass ihr mich versteht. Mir geht es nicht um Anerkennung, die hatte ich früher schon genug, sondern allein um das Überleben der Menschheit, das keineswegs so sicher ist, wie es erscheinen mag, und um die Vermeidung von Fehlern, die letzten Endes zu dem tragischen, schrecklichen Ende des größten Teils der Menschheit geführt haben. Bei vielen Versammlungen habe ich ganz vorsichtig Vorschläge unterbreitet, wie es mit uns weitergehen soll. Offensichtlich lag ich damit nie falsch, denn sehr schnell wurde ich bei Problemen um Rat gefragt und hatte – mit Gottes Hilfe – auch immer die richtige Antwort parat. Ich habe, ohne es zu wollen, an Autorität und Einfluss gewonnen. Manche, wenn auch nicht alle, sahen mich schon als einen Anführer. Das aber wollte ich nicht. Bis auf den heutigen Tag habe ich immer wieder darauf hingewiesen, dass wir unsere Zukunft nicht personengebunden, sondern sachgebunden entscheiden müssen. Viele von uns haben das verstanden. Die meisten Leute ehren mich aber trotzdem. Zu tief sitzt noch bei uns allen die Vorstellung, dass es bei politischen Entscheidungen auf die Person und nicht auf die Sache ankommt. Aber das war ja schon immer einer der entscheidenden Fehler der gesamten Menschheit, seitdem sie existiert. Bei einigen Tieren ist es von der Natur so vorgesehen, dass sie ein Leittier, einen Rudelführer haben. Sie werden nur von ihrem Instinkt gelenkt. Ich meine aber, der Mensch sollte sein Verhalten vorwiegend durch seine Denkfähigkeit bestimmen und für sein Handeln Verantwortung übernehmen, statt immer jemand zu suchen, der ihm sagt, was er zu machen hat. Aber lassen wir das jetzt!«

Die letzten Sätze hatte Michael sehr schnell gesprochen. Ich merke, dass er noch viel mehr darüber sagen könnte, aber er bremst seinen Redefluss. Stattdessen schaut er uns eindringlich in die Augen, um sich zu vergewissern, dass wir seine Ausführungen verstehen. Dann fährt er fort:

»Als wir uns dann hier in Portland niedergelassen haben, gründeten wir eine Art Denkfabrik, in der in einem Zentrum über die Zukunft der Menschheit nachgedacht werden soll, daher auch der Name Centralia. Die Zeit dafür habe ich.

Meine Frau lebt schon lange nicht mehr und ich bin jetzt, so gesehen, allein und frei. Die einzige geistige Verbindung, die ich seit der denkwürdigen Eingebung an Bord der *Princess of California* habe, ist mein tägliches Gespräch mit dem Herrn. Ich verlasse mich auf ihn und ich bin nicht verlassen! Aber zurück zum Thema. Die Centralia ist von außen nichts anderes als die obere Etage des kleinen Gemeindehauses mit einigen kleineren Büros, das hier gegenüberliegt.« Michael deutet mit der Hand auf ein älteres zweistöckiges Gebäude aus Stein, mit einer einheitlichen Fensterfront. »Dort machen wir uns Gedanken über die nahe und ferne Zukunft. Unsere Erkenntnisse teilen wir in den abendlichen Versammlungen mit. Die ferne Zukunft ist natürlich jetzt nicht so entscheidend. Wir müssen erst einmal sehen, dass wir durch den anstehenden Winter kommen. Aber dennoch müssen wir schon jetzt abklären, wie wir uns zukünftig ernähren, wie wir die Felder bestellen. Das ist unser größtes Problem und ich bin mir nicht sicher, wie es gelöst werden soll. Zwar haben wir ein paar Leute mit landwirtschaftlicher Ausbildung und Erfahrung, aber die sind …« Michael hält inne und macht ein besorgtes Gesicht. Walter und Long schauen ihn fragend an.

»Stimmt mit Bruce etwas nicht? Ist denn etwas während der Zeit vorgefallen, in der ich mit Long Konni abgeholt habe?«, fragt Walter und sieht Michael an.

Dieser schüttelt den Kopf und fährt leise fort: »Walter, du kennst mich. Ich mache mir immer zuviel Gedanken und sehe manchmal Gespenster, wo nun wirklich keine sind. Nein, es ist während deiner Abwesenheit nichts geschehen. Sei ganz beruhigt!«

»Okay, Michael, aber …«

»Lass mich fortfahren«, wird er von Michael, der seinem Blick ausweicht, unterbrochen, »auch die medizinische Versorgung und die Zukunft der Pharmazie stehen im Visier. Zum Glück haben wir einige Pharmazeuten der Schulmedizin und Vertreter der alten chinesischen traditionellen Heilkunde unter uns. Ebenso ist die Energiefrage für uns ein Thema, des Weiteren – wie und wo wir in Zukunft wohnen werden. Von größter Bedeutung aber ist die Frage, wie erhalten wir unser Wissen und wie vermitteln wir es unseren Kindern? Wir sind dabei, alle zu Lehrern zu werden. Das ist so wichtig! Aber nun zu dir«, und er wendet sich mir ganz bewusst zu, »ich glaube, dass du bei der Centralia mitarbeiten solltest. Von Walter habe ich schon viel von dir gehört. Er hat abends aus seinem Truck über Kurzwelle Bericht erstattet, als ihr, du und Long, schon geschlafen habt.«

Ich schaue Walter an und mein Gesichtsausdruck ist eine Mischung aus freundlicher Anerkennung und leisem Vorwurf, aber er zuckt nur leicht mit den Schultern und grinst, während Michael fortfährt: »Morgen Abend auf der Versammlung werde ich vorschlagen, dich aufzunehmen. Und vorher können wir besprechen, wie und wann du am besten deine Frau in Vietnam suchst. Du wirst übrigens der erste Ausländer ...«, Michael bricht ab, ärgerlich über sich selbst, ... »ach Gott, das spielt ja nun wirklich überhaupt keine Rolle mehr, wenn es denn je wichtig war ..., also du wirst der erste Nichtamerikaner sein, über dessen Aufnahme in die Centralia abgestimmt werden wird. Und heute auf der Versammlung stellen wir dich nach dem offiziellen Teil allen vor. Und danach werden wir feiern, wenn du dich dazu in der Lage fühlst. Probier doch mal, aufzustehen.«

Mir ist zwar noch etwas schwindlig, als würde man aus einer Achterbahn nach der Fahrt mit Loopings aussteigen, aber es geht.

»Ja, Michael, heute Abend feiern wir!«, und als ob ich Sally damit gerufen hätte, kommt sie angelaufen, springt an mir hoch und kann sich vor Freude kaum noch bremsen.

»Konni, wenn du okay bist, dann komm mit in unser Haus. Hoa hat gekocht. Walter, Michael, kommt ihr mit?«

»Danke«, sagt Michael, »sehr nett von dir, aber ich habe noch zu tun. Wir sehen uns heute Abend.«

Und auch Walter winkt ab.

»Danke, aber ich kümmere mich erst einmal um die Entladung der Trucks. Sag mal, wohnt Konni dann in dem Haus neben deinem?«

»Ja, das ist richtig«, antwortet Long.

»Dann fahre ich später seinen Truck dahin. Entladen könnt ihr dann ja heute oder morgen.«

»Danke, Walter.«

Bis zum Haus von Long sind es ein paar hundert Meter. Es ist eines der typischen amerikanischen Holzhäuser, wie sie überall anzutreffen sind. Es liegt in einer Straße, an der sich Haus an Haus reiht, manchmal mit einem Abstand von weniger als einem Meter – Amerika! Als wir die Straße entlanggehen, öffnet sich auf einmal die Tür eines Hauses auf der linken Straßenseite und zwei Kinder, Longs Tochter und Sohn, stürzen auf uns zu. Sie waren bei unserer Ankunft in Portland nicht dabei. Es ist eine herzliche Begrüßung. Für die Kinder bin ich der Onkel aus Deutschland. Auch sie haben Schreckliches auf der *Princess of California* erlebt, wissen aber noch nicht um die weiteren Zusammenhänge. Man merkt es ihnen zumindest auf den ersten Blick nicht an. Jetzt scheint es so, als ob sie in Sally einen neuen Spielkameraden gefunden haben.

Nach dem Essen zeigt mir Long das Nachbarhaus. Es ist im gleichen Stil gebaut wie seins. Als sie nach Portland in diese Siedlung kamen, erzählt Long, wurden die Häuser auf einer Versammlung aufgeteilt. Da genügend Wohnraum zur Verfügung stand, konnte er sich ein zweites für vielleicht später hinzukommende Familienangehörige reservieren. Es war übrigens die Versammlung am Tag nach unserem ersten Funkkontakt. Eingerichtet ist es typisch amerikanisch. Nicht alles entspricht meinem Geschmack, aber das sind jetzt wirklich Nebensächlichkeiten. Die Wasser- und Stromversorgung ist etwas gewöhnungsbedürftig, erklärt mir Long. Strom gibt es wegen des großen Energiebedarfs der Pumpen für die Bereitstellung von Wasser zurzeit nur unregelmäßig, und dann auch nur für Licht und nicht für stromfressende Geräte. Abends müssen dann oft Kerzen für etwas Helligkeit sorgen. Aber das soll sich irgendwann einmal ändern. Bislang ist es so, dass die Wasserversorgung nur straßenweise im Wechsel mit anderen Straßen möglich ist. Jeweils zum Nachmittag punkt vier Uhr wird für eine halbe Stunde das Wasser für unsere Straße angestellt, das wir aus dem Columbia-River pumpen. Diese Zeiten muss man kennen. Sie werden aber auch durch einen besonderen Schlag der Kirchenglocken für jede Straße angekündigt.

Das Gas zum Kochen und später für die Heizung wird noch aus Portland von einem riesigen Lager in Propangasflaschen zur Verfügung gestellt, wobei wir die Herde und Warmwasserboiler zurzeit nicht benutzen können, weil sie noch nicht auf Propangas umgestellt werden konnten. Auch dieses Problem muss in Kürze gelöst werden. So lange behelfen wir uns alle notgedrungen mit Campingkochern.

Wir sind gerade auf dem Weg nach draußen, als von dem Kirchturm, kurz hintereinander, erst drei helle Glockenschläge ertönen und dann zwei dunklere.

»Wir haben drei Uhr, erklärt mir Long, »die zwei dunkleren Glockenschläge weisen die Leute in der Nachbarstraße darauf hin, dass sie jetzt Wasser haben. Danach gibt es Wasser für eine weitere Straße und dann sind wir an der Reihe. Vier helle und zwei dunkle Glockenschläge.«

Ungefähr eine Stunde später gehe ich mit Long und seiner Familie zum Gemeindehaus, vor dem sich einige Leute versammelt haben. Walter ist auch dort. Um ihn hat sich eine Traube von Menschen gebildet, denn seine Rückkehr mit Long und mir hat sich wie ein Lauffeuer herumgesprochen. Als man uns entdeckt, kommen viele Leute auf uns zu. Wieder Händeschütteln und Umarmen. Ich werde gefragt, was heute Mittag mit mir los gewesen sei, wie es mir jetzt geht, woher ich bin und wo meine Frau ist. Ich komme mit den Antworten kaum nach, da taucht Michael auf und drängt darauf, dass nach der regulären Versammlung noch genügend Zeit sein wird, mir Löcher in den Bauch zu fragen. Wir sollten jetzt doch erst einmal hineingehen, damit wir beginnen können, und er geht voran. Die mittlerweile auf mehr als vierhundert Leute angewachsene Menschenmenge folgt ihm. Im Innern des Gemeindehauses angekommen, fällt mir im großen Saal sofort die Anordnung der Sitze auf. Es ist nicht so, wie es üblich ist, dass an einem Ende ein Tresen mit einem Podest aufgebaut ist, an dem die Gemeindevertreter vor den Bürgern erhöht sitzen, sondern hier sind die Stühle in einem Halbkreis angeordnet. Zwar ist auch hier durch die Sitzanordnung erkennbar – mehrere Tische sind in der Mitte zusammengeschoben –, wer zur Leitung der Gemeinde gehört oder zumindest Chairman einer Versammlung ist, aber es ist deutlich der Wille zu erkennen, nicht autoritär, sondern kooperativ mit allen Versammlungsteilnehmern zusammenzuarbeiten. Und so stehen vier komfortable Drehsessel mit Lehnen und hohen Kopfstützen verwaist in einer Ecke.

Michael hat bereits am Tisch Platz genommen. Dazu kommen noch vier weitere Mitglieder, zwei Männer und zwei Frauen im mittleren Alter. Long, Hoa und ich setzen uns auf der linken Seite des Halbkreises in die vorderste

Reihe. Nachdem alle ihren Platz gefunden haben, wird es ruhig. Michael erhebt sich, begrüßt die Anwesenden über ein Mikrofon und beginnt sogleich mit dem Verlesen von einigen Tagesordnungspunkten. Es geht vor allem um das Erkunden von Obst- und Gemüseanbaugebieten, der Möglichkeit der Bewässerung ohne Energie und um die Erkundung, von wo der entsprechende Samen für die Aussaat beschafft werden kann. Die Fachleute für Ackerbau werden nach vorne in die erste Reihe gebeten, die Pläne werden besprochen und die Aufgaben verteilt. Es herrscht eine beispiellose Disziplin. Niemand redet ungefragt dazwischen, aber auch niemand wird in seiner Rede abgewürgt oder unterbrochen. Einer der Spezialisten ist Bruce, dessen Name heute Mittag gefallen war, aber nichts deutet auf irgendwelche Probleme oder Unstimmigkeiten hin. Michael sorgt sich wohl zu viel – er hat es ja selbst zugegeben!

Der gesamte Verlauf wird von zwei Schreibern protokolliert, die jeweils am Kopfende der zusammengestellten Tische sitzen. Das Ganze dauert fast eine Stunde. Dann wirft mir Michael einen Blick zu und fordert mich mit einer Handbewegung auf, zu ihm zu kommen. Als ich bei ihm bin, steht er auf und legt seinen rechten Arm auf meine Schulter.

»Ladies and Gentlemen«, sagt er, »wir wollen ein neues Mitglied in unserer Mitte begrüßen. Die meisten von euch kennen ihn schon seit heute Mittag. Es ist Konni aus Deutschland.«

Michael nimmt seinen Arm von meiner Schulter und reicht mir seine Hand, in die ich sofort einschlage. Sofort wird Beifall geklatscht. Für mich ist dieser Moment unwirklich, es ist fast wie ein Traum, wieder unter so vielen Menschen zu sein. Ich muss wohl ein solches Gesicht machen, denn schon nimmt Walter das Mikrofon, sieht mich kurz an und spricht dann geraden Blicks zu den hier Versammelten:

»Ich denke, es ist heute ein Grund zum Feiern, dass Long und Walter wieder hier sind und ihn mitgebracht haben. Da die meisten von euch unser neues Mitglied nicht kennen, sollte es sich vorstellen, so wie es auch jeder von uns getan hat. Es hat uns allen immer geholfen, die schwere Zeit wenigstens ein bisschen zu verarbeiten, und hilft vor allen Dingen demjenigen, der sich uns dahingehend öffnet. Wir verstehen das auch so ein wenig als Therapie ...«, und indem er sich zu mir wendet, fragt er, »Konni, willst du das so machen?«

Als ich nicht reagiere, wiederholt er noch einmal seine Frage ohne Hast. Dann habe ich begriffen, dass das hier real ist. Und weil mir manchmal der sprichwörtliche Schalk im Nacken sitzt, führe ich das Mikrofon, das Michael in der Hand hält, etwas näher an meinen Mund und frage:

»Do I have a choice?", und versuche für einen Moment ernst zu bleiben, was mir kaum gelingt, und ich fange an zu lachen in der Hoffnung, mein Humor wird verstanden. Und er wird verstanden. Alle lachen, es ist ein befreiendes Lachen.

»Ja, dann setz dich hier mal an den Tisch und sprich in das Mikrofon. Von der Zeit her wird dir kein Rahmen gesetzt. Wenn du eine Stunde erzählen willst, kannst du das tun. Es können aber auch zwei oder drei Stunden sein. Für uns alle ist das, was du sagst, genauso wichtig wie für dich, weil auch wir die Katastrophe bisher kaum innerlich aufarbeiten konnten. Ach, und noch ein kleiner Hinweis: Wenn du in das Mikrofon sprichst, musst du immer diesen Stift hier unten drücken, sonst funktioniert es nicht. Ich weiß, es ist etwas unbequem. Morgen gebe ich es jemandem, der es reparieren kann.«, erklärt Michael und gibt mir das Mikrofon.

Ich sehe mir das kurz an und will ihn gerade noch nach einem Klebeband fragen, um das Problem für den Moment provisorisch zu lösen, da ist er auch schon aus meiner Nähe verschwunden und hat in einer der hinteren Reihen Platz genommen. Mir bleibt nichts anderes übrig, als mich mit dieser Technik abzufinden und mit meiner Erzählung zu beginnen. Und nun soll ich zu diesen vielen Menschen sprechen ... Ich bin kein guter Redner, glaube ich, schriftliche Äußerungen liegen mir mehr.

Und jetzt ist sie wieder da, die Anspannung. Ich habe Sorge, vielleicht nicht die richtigen Worte zu finden. Erschwerend kommt hinzu, dass ich mich jetzt nicht in meiner Muttersprache äußern kann. Das, was ich auf Englisch vortragen kann, wird stellenweise sehr holprig sein. Ich bin nun zwar unter Menschen, aber jetzt doch irgendwie wieder auf mich allein gestellt. Hunderte von Augenpaaren schauen mich erwartungsvoll an. Und ich schaue sie an, eines nach dem anderen. Wenn es nur nach mir ginge, könnte das minutenlang so weitergehen. Aber ich muss jetzt sprechen! Der unbequeme Mikrofonstift drückt schmerzhaft in meinen Daumen und holt mich vollends in die Gegenwart zurück. Jetzt gibt es kein Halten mehr:

»Ladies and Gentlemen ...«, und nach diesen ersten Worten überwinde ich die Hemmschwelle und ich entschuldige mich für meinen zögerlichen Beginn, weil es die Angst vor dem Sprechen vor einer so großen Zuhörerschaft war und ich die Bodenhaftung etwas verloren hatte. Und ich bitte um Nachsicht, wenn mein Englisch vielleicht manchmal nicht so ganz klar verständlich ist. Es sollte niemand zögern, sofort einzuhaken und Zwischenfragen zu stellen. Dabei sehe ich in die Augen meiner Zuhörer. Sie verstehen mich, manche nicken leicht mit dem Kopf und geben mir damit das Zeichen und den Mut, weiterzumachen.

Ich erzähle von meinem Werdegang und meiner Situation, bevor die Epidemie ausbrach, von meiner Reise an den Ort des Geschehens in Saigon, wie ich über Peking zurück nach Europa kam und was sich weiter zugetragen hatte: von der Hoffnung, dass ein wirksamer Impfstoff entwickelt werden kann, von der straffen und rabiaten Durchsetzung der Impfung durch die Behörden, die aus damaliger Sicht dennoch richtig war, von den zwölf Tagen der Angst während der Inkubationszeit, den Zweifeln an der Wirksamkeit der Impfung. Schließlich vom Tag, an dem ich das Massensterben in Berlin erlebte. Und dann von der Zeit der großen, großen Einsamkeit ... Mitunter kämpfe ich bei diesem Vortrag mit den Tränen und muss meinen Redefluss unterbrechen. Aber es gelingt mir, mich wieder zu fangen und weiterzusprechen. Meist vergesse ich dann, den Stift wieder zu drücken, merke aber, dass die Lautsprecherübertragung aussetzt und presse den Stift bis zum Anschlag in das Gehäuse des Mikrofons, obwohl mir die Daumen schon schmerzen.

Ich schildere weiter meine ersten Funkkontakte, die Vorbereitungen, mein Zuhause zu verlassen, das Besorgen des Solarmaterials, die Suche nach einem geeigneten Schiff, der dafür nötigen Ausrüstung und mein Erlebnis mit der Chalid-Bande. Dann die wilde Fahrt durch den Englischen Kanal und die endlos erscheinende Überfahrt bis Key West, die ohne Hilfe von Walter mit der Funkpeilung sicher nicht so problemlos abgelaufen wäre. Und am Ende noch der Wettlauf mit dem Hurrikan, dem ich entkommen konnte, bis zur Ankunft in Corpus Christie. Und ich erkläre, weshalb ich hoffe, dass meine Frau und die übrige Familie in Vietnam noch am Leben sein könnten. Sobald wie möglich, wenn die Herbststürme, die Hurrikans und Taifune vorüber sind, wollte ich an die Pazifikküste, ein Boot ausrüsten und meine Frau in Vietnam suchen. Ich hoffe, dass ich mit

Hilfe der Gemeinde mein Vorhaben bald durchführen kann. Damit endet mein Vortrag und ich danke für die Geduld, mir zuzuhören.

Erleichtert und erschöpft zugleich lege ich das Mikrofon aus der Hand. Meine beiden Daumen schmerzen. Anstelle von Beifall stehen die Leute auf, kommen langsam zu mir, geben mir die Hand oder umarmen mich und heißen mich als neues Gemeindemitglied willkommen. Nichts wirkt dabei gespielt. Manche haben Tränen in den Augen, die meisten aber sind gefasst, noch zu sehr in ihrem eigenen Schicksal gefangen. Schließlich kommt Michael auf mich zu. Auch er drückt mir die Hand, wohlwollend und schweigend. Dann ergreift er das Mikrofon:

»Ladies und Gentlemen, wir sollten diesen Tag feierlich beenden. Nicht alle Tage kommt jetzt noch jemand aus dem Alten Europa zu uns. Unseren fleißigen Feen haben für uns etwas angerichtet.« Er geht zu einem Vorhang und zieht ihn auf. Dahinter sind auf mehreren Tischen, wie auf einem Büffet, kleine Snacks und Obst ansehnlich angerichtet. Doch bevor ich dort hingehe, muss ich Michael noch etwas fragen. Ich habe eben beobachtet, dass er den Stift am Mikrofon nicht drückte, das Mikrofon aber doch funktionierte, als er das Büffet ankündigte.

»Ja, Konni«, antwortet er mir, »du musst den Stift nicht drücken, wenn du den verdeckten Schiebeschalter auf ON stellst, hier, sieh mal«, und er zeigt mir, was er meint » dann brauchst du nur noch ganz leicht die Sprechtaste zu drücken.«

»Und warum musste ich mir fast wunde Daumen drücken?« frage ich verwundert.

»Das hatte seinen tieferen Grund. Als wir die ersten Vorstellungen hier durchführten, sind uns die Leute reihenweise bei der Schilderung ihrer eigenen Schicksale entglitten. Wir waren ja alle traumatisiert. Aber unsere Ärzte konnten vielen glücklicherweise fürs Erste helfen. Um aber dieser Gefahr entgegenzuwirken, versuchen wir, die Leute, die sich äußern wollen, durch Schmerz in der Realität zu halten, damit sie uns nicht entgleiten und ihr Erlebtes besser verarbeiten können.« Er macht eine Pause und sieht mich fragend an, ob ich das verstanden habe. Ich nicke. »Es hat doch auch bei dir ganz gut funktioniert, oder?« Den letzten Satz sagt Michael etwas provozierend. Ich merke es, und mir fällt dazu nur ein deutsches Wort ein: »Schlingel!«

Michael wiederholt es genüsslich, aber heraus kommt dabei »Slingel«, woraufhin wir uns beide etwas herausfordernd anschauen und in ein herzhaftes Lachen ausbrechen.

Am Büffet ergeben sich viele interessante Unterhaltungen und viele Fragen an mich. Fast nach jedem Gespräch erhalte ich eine Einladung zum Essen. Ich glaube, es geschieht nicht aus einer Art Höflichkeit, sondern aus der echten Überzeugung, dass Zusammenhalt jetzt besonders wichtig ist. Alle sind sich der Situation bewusst sind, in der wir uns jetzt befinden.

Auf einmal stellt sich mir ein hochgewachsener etwa Vierzigjähriger als Erster Offizier der Princess of California vor, Juan Martinez, ein Amerikaner, dessen Eltern vor Jahrzehnten in die USA eingewandert sind.

»Also, die Erzählung über deine Seereise hat mich doch sehr berührt«, sagt er im akzentfreien Englisch, »aber in Sachen Navigation fehlt es dir noch an Wissen.«

»Ja, Juan, da hast du völlig recht, ich befinde mich hier sicher nur auf der Stufe eines blutigen Anfängers. Aber ich hatte großes Glück, dass Walter auf die Idee der Funkpeilung gekommen ist.«

»Wie ich dich vorhin verstanden habe, willst du deine Frau aus Vietnam holen.« Ich nicke zustimmend.

»Um die Strecke bis dahin auf dem Seeweg gefahrlos zu überstehen, brauchst du unbedingt grundlegende Navigationskenntnisse. Mit soviel Glück wie bei deiner Atlantiküberquerung kannst du nicht noch einmal rechnen. Ich mache dir einen Vorschlag. Ich bringe sie dir bei, und auch den Umgang mit einem Sextanten. Ich würde dich ja gerne nach Vietnam begleiten, aber meine Familie braucht mich hier, jetzt dringender als je zuvor.«

»Juan, das finde ich großartig von dir, lass uns damit in einer Woche anfangen, wenn ich mich hier ein etwas eingelebt habe.«

»Einverstanden, aber jetzt muss ich nach Hause. Gute Nacht!«

»Gute Nacht, Juan, und vielen Dank.«

»Jetzt bekommst du noch echten Seemannsunterricht«, sagt Long, der mit Hoa, den Kindern und Sally herangekommen ist und noch die letzten Worte von mir und Juan mitgehört hat.

»Ja, so sieht es aus. Ich werde ihn wohl auch brauchen, denn die Strecke von hier über den Pazifik bis Vietnam ist mindesten doppelt so weit wie die Fahrt von Deutschland nach Corpus Christi.«

»Konni, du hast eine lange Reise vor. Dabei möchte ich dich begleiten!«

Ich schaue zuerst Long, dann Hoa an. Sie verzieht keine Miene. »Und du lässt deinen Mann wirklich gehen?«, frage ich sie vorsichtig.

»Ja, es geht ja um die Familie. Sie bedeutet für ihn und auch für mich sehr viel«, antwortet Hoa. Ich finde das bewundernswert, muss sie doch damit rechnen, dass ihr Mann gefährlichen Situationen ausgesetzt sein wird und sie ihn vielleicht für immer verliert.

»Ich danke dir für deine Bereitschaft, Long. Aber ich fahre frühestens in einem Monat. Wir werden dann sehen.« Dabei schaue ich ihn an. Ich möchte nicht sein Leben aufs Spiel setzen. Es reicht, wenn ich das mit meinem mache, denke ich und habe wohl auch einen entsprechenden Gesichtsausdruck. Jedenfalls sagt Long nichts dazu, und dieses Thema wird an diesem Abend nicht mehr angeschnitten. Auch nicht von Walter, der irgendwie von dem Gespräch mit Juan erfahren hat. Als er mich sieht, bemerkt er lakonisch, dass wir ja bald wieder in Funkkontakt treten werden.

»Es sieht fast so aus. Aber frühestens in einem Monat, wenn die Herbststürme vorbei sind und wenn mir Juan diese verdammte Navigation beigebracht hat. Ich wollte nie segeln, und jetzt werde ich noch zu einem echten Seebären gemacht«, ich schüttele den Kopf, »mir ist zwar mit viel Glück die Überfahrt über den Atlantik gelungen und ich habe unzählige Erfahrungen gemacht. Dass ich aber mein ganzes Herz an die Seefahrt verloren habe, kann ich nun wirklich nicht sagen.«

»Bist du dir da so sicher?«, fragt Walter und schaut mich prüfend an, »Konni, es wird noch schlimmer für dich. Wenn du zurückkommst, wirst du mit Sicherheit andere von uns im Segeln unterrichten, damit dein Wissen und deine Erfahrungen nicht verloren gehen. Und vielleicht bist du in deinem Innern mit der Seefahrt doch enger verbunden, als du es wahrhaben willst. Ich habe dich genau beobachtet, als du dein Boot das letzte Mal betreten hast.«

»Meinst du das wirklich ...?« Sein letzter Satz hat mich nachdenklich gemacht und mir in Erinnerung gerufen, wie ich damals für einen Moment der kleinen *Laura 2* nachgetrauert habe, als ich die Taue löste, nachdem ich sie nicht mehr brauchte. So ganz unrecht hat er wohl nicht. Irgendwie fühle ich mich inzwischen doch mit dem Wasser und der Schifffahrt verbunden. Ich wollte es nur nicht wahrhaben. Und nach einer Weile des Nachdenkens komme ich zu der Erkenntnis, dass das Weitergeben meiner Erfahrungen sehr wichtig für zukünftige Generationen ist, die dann vielleicht keinen Treibstoff für Motoren mehr haben und auf Segelschiffe angewiesen sein werden:

»Ja, Walter, wahrscheinlich wird das notwendig sein. Die Erfahrungen, die ich gemacht habe, dürfen nicht verloren gehen, und dann werde ich eben Segellehrer, wenn es unter euch keinen Besseren gibt.«

»Und wenn du dich schon mit Winden auskennst, dann ist die Meteorologie und die Gestaltung und Aufstellung von Windkrafträdern, die wir in Zukunft brauchen, thematisch auch nicht sehr weit davon entfernt. Ich sehe schon, das ist dein Weg.«

Walter kennt mich offensichtlich schon ganz gut. Das könnte meinem Naturell entsprechen.

21. September Dienstagmorgen
Portland

Auf Michaels Anraten hatte ich mir tagsüber die Siedlung angesehen. In Gespräche mit unzähligen Leuten spürte ich die Sorge darüber, wie es in Zukunft weitergeht. Mütter beklagten beispielsweise, dass es bald keine Milch mehr für die Kinder geben würde, weil ihre Haltbarkeit begrenzt ist, von frischem Gemüse und Obst in ausreichender Menge einmal ganz abgesehen. Die Ernährung aus Konserven sollte so schnell wie möglich beendet und durch vollwertige Lebensmittel ersetzt werden, auch deshalb, weil der Verzehr wegen der beigefügten chemischen Inhaltsstoffe nicht gerade gesund war. Das hörte ich immer wieder. In den letzten Tagen habe man sich in den Versammlungen ernsthafte Gedanken gemacht, spätestens ab dem nächsten Jahr Farmen und Betriebe, die bäuerliche Produkte verarbeiten, zu errichten.

Mir wurde klar, dass die Frage unserer Ernährung absolut im Vordergrund stand. Die baldige Erstellung und Umsetzung umfassender Pläne wird für uns lebenswichtig sein! Unwillkürlich erinnerte ich mich an meine eigenen Überlegungen dazu, als ich noch in Berlin war. Damals gab ich mir nicht viel mehr als eine Überlebenszeit von zwei Jahren. Ich war allein. Doch hier liegen die Dinge anders ...

Am Abend, als die Versammlung stattfand, machte es Michael ein bisschen spannend. Natürlich lief die Wahl in die Centralia reibungslos ab. Er konnte die Anwesenden auch davon überzeugen, mich für die nächsten zwei Wochen von anderen Tätigkeiten freizustellen. In dieser Zeit sollten die Centralia-Mitarbeiter einen Entwurf für unser zukünftiges gemeinschaftliches Leben erstellen. Unmittelbar danach sollte dieser in die Versammlung eingebracht, diskutiert und beschlossen werden. Und weil ich aus einer anderen Kultur stamme, sollte ich genau die kulturellen Eigenarten und Ansichten meines Heimatlandes in mein Konzept einarbeiten. Von Marlies Hogan, die ich noch nicht kannte, würde ich über Näheres informiert.

Sosehr ich auch auf die auf mich zukommende Arbeit gespannt war, erstaunte mich doch, dass die Aufarbeitung der Vergangenheit – die Gründe, warum es zu der größten Katastrophe seit Menschengedenken gekommen war – mit keinem Wort erwähnt wurde und in den zu erstellenden Konzeptionen offensichtlich keine Rolle spielen sollte. Ich konnte das zunächst nicht verstehen. In einer Pause fragte ich Michael, warum dieser Themenbereich so strikt gemieden wurde.

»Ja, Konni«, sagte er bedächtig, »ich denke, wir wissen alle, warum es so gekommen ist. Es war die unbändige Gier nach Profit in einem dem denkenden Mensch nicht gerecht gewordenen System; das ist uns jetzt erst so richtig klar geworden. Anfangs haben wir deshalb unseren Aggressionen Luft gemacht. Nur – jetzt gibt es niemanden mehr, den wir zur Verantwortung ziehen können. Und die Beschäftigung mit den Ursachen hilft uns momentan im Kampf ums Überleben auch nicht weiter. Geblieben aber ist bei uns allen eine unendliche Trauer über das, was wir verloren haben und wie es gekommen ist. Die Vergangenheit ist vielleicht irgendwann in späterer Zukunft noch einmal von Bedeutung, doch jetzt nicht!«

Ich verstand Michael. Was hätte ich dagegen sagen können? Und noch etwas fiel mir auf: Nichts von der früher üblichen amerikanischen Arroganz war hier zu verspüren, nichts von dem übersteigerten Nationalbewusstsein. Gerade unter den Mitarbeitern der Centralia war man sich offensichtlich bewusst, dass man ganz unten, sozusagen bei null anfangen musste, die Gesellschaft neu zu ordnen. Besonders fiel mir eine ungefähr sechzigjährige Frau durch ihr offenes Wesen und ihre engagierte Art auf. Es war, wie sich an diesem Abend herausstellte, Marlies Hogan. Sie bot mir an, mich in die Problematik einzuweisen, und machte den Vorschlag, dass ich meine Arbeit nicht unbedingt in der ersten Etage des Gemeindehauses in den Büros erledigen müsste, sondern selbst entscheiden sollte, wo ich meine Gedanken zu Papier bringe.

Nach der Wahl in die Centralia beglückwünschten mich Michael und die übrigen Mitarbeiter. Ich dankte allen für das Vertrauen und versprach, den Erwartungen, die in mich gesetzt werden, gerecht zu werden. Mit Marlies hatte ich mich schon für morgen früh verabredet. Als die

Versammlung beendet war und ich im Begriff war, nach Hause zu gehen, traf ich zufällig Walter in der Nähe des Gemeindehauses. Er freute sich genauso wie ich, dass die Wahl erfolgreich verlaufen war. Weil ich ihn aber auch gerne in der Centralia gesehen hätte, fragte ich, warum er nicht dort mitarbeitet.

»Weißt Du«, sagte er leise, mit fast trauriger Stimme, »ich gehörte mit Michael und Peter Hagen zu den Gründungsvätern der Centralia, wenn ich das einmal so sagen darf. In der ersten Woche ging alles gut. Wir kümmerten uns zunächst um das Nötigste. Für die Entwicklung von Visionen einer zukünftigen Gesellschaft hatten wir anfangs keine Zeit. Viel wichtiger war es, herauszufinden, wo wir Generatoren, Pumpen, Schläuche und sonstiges Material herbekamen, um unsere Trinkwasserversorgung aus dem Columbia River sicherzustellen. Während andere wahllos durch die Städte fuhren, um sich mit irgendwelchen Luxusartikeln einzudecken, waren wir so ziemlich die Einzigen, die das Wasserprojekt von A bis Z durchführten. Aber schon nach wenigen Tagen wurde ich krank. Ich konnte einfach nicht mehr durch die trostlosen, menschenleeren Straßen fahren und mir abends noch Gedanken machen, wie wir unsere Zukunft gestalten sollten. Welche Zukunft hatte ich denn ohne meine Verlobte? Ich wachte fast jeden Tag mit Alpträumen auf. Jede Nacht liefen vor meinen Augen die Ereignisse auf der *Princess of California* und die Zeit danach ab. Daraufhin habe ich Michael und Peter gebeten, mich von der Arbeit bei der Centralia freizustellen.«

»Walter, du hast mich doch zusammen mit Long abgeholt und musstest unterwegs auch durch entvölkerte Städte und Straßen fahren, und bist offensichtlich nicht davon krank geworden«, entgegnete ich.

»Ja, das stimmt. Aber glaub mir, der Entschluss, Long zu begleiten, fiel mir nicht leicht. Als wir dann auf den verlassenen Interstates waren, kam die Vergangenheit natürlich wieder hoch. Aber es war nicht mehr so schlimm. In der ersten Nacht außerhalb Portlands träumte ich zwar wieder von früher, aber auch von einer Zukunft. Ich sah nicht nur die schrecklichen Bilder wie in einem Film, sondern auch das, was wir inzwischen an Überlebensmaßnahmen getroffen hatten. In den Nächten danach hatte ich keine Träume mehr. Du wirst dich jetzt natürlich fragen, warum ich noch nicht in die Centralia zurückgekehrt bin. Nun, ich meine, wieder ein gewisses Gleichgewicht gefunden zu haben, aber ich befürchte, dass ich es nicht erhalten kann, wenn ich mich jetzt schon zu sehr mit all dem beschäftige. Jeder Tag, jede Stunde denke ich an das, was einmal war. Nein, ich bin noch nicht so weit, dort wieder mitzuarbeiten. Lass mir noch Zeit.«

»Ist schon gut«, antwortete ich verblüfft. Das hatte mir Walter vorher nicht gesagt, obwohl wir auf der Reise von Corpus Christi nach Portland Gelegenheit genug gehabt hatten, uns dabei doch so nahegekommen waren und darüber hätten sprechen können. Die Todesepidemie hat eben gewaltige seelische Auswirkungen bei uns allen hinterlassen.

»Ist schon gut, Walter. Ich wusste nicht, dass es so in dir aussieht. Dennoch glaube ich, du wärst ein wichtiger Mann für uns. Und ich glaube, du weißt das auch.« Walter versuchte zu lachen und sah mich an:

»Sicher, nur jetzt noch nicht. Aber wenn du in deiner zukünftigen Arbeit Probleme siehst, sprich mich ruhig darauf an. Wenn ich mich stark genug fühle, werde ich dir helfen.«

»Schön von dir, dass du das sagst. Ich komme bei Bedarf auf dich zurück. Aber sag mir doch mal, was mit

Bruce los ist. Michael hatte ihn doch an dem Tag, als wir hier in Portland ankamen, erwähnt. Und ich habe die ganze Zeit den Eindruck, dass etwas nicht stimmt und irgendetwas verheimlicht werden soll, was mit ihm zu tun hat. Liege ich hier richtig oder ... »

»Konni«, unterbrach mich Walter, »dein Gefühl trügt dich nicht. Ich hätte das Thema nicht angeschnitten, wenn du nicht selbst darauf gekommen wärst. Ich habe Michael zwar versprochen, darüber nicht zu reden, aber da du ja selbst schon misstrauisch geworden bist, sollten wir ehrlich miteinander sein. Also, mit Bruce ist Folgendes: Er und Michael gerieten schon auf der *Princess of California* aneinander, als es kurz vor unserer Landung bei Seaside darum ging, wie die Lebensmittel an Bord rationiert werden sollen. Michael, der weitaus Ältere von beiden, war der Ansicht, dass das Trinkwasser streng rationiert werden müsse, während sich Bruce in keiner Weise daran halten wollte. Nachdem er mit Gewalt daran gehindert wurde, mehr Wasser für sich in Anspruch zu nehmen, als ihm zustand, brach er mit einigen Leuten, die mittlerweile zu seinen Freunden zählen, die Vorratskammern auf und stahl an alkoholischen Getränken, was er bekommen konnte. Es begann eine Sauforgie größten Ausmaßes. Niemand an Bord billigte sein Verhalten, aber es war noch harmlos im Gegensatz zu dem, was Tage vorher an Bord geschah, und so ließ man ihn und seine Freunde gewähren. Als schließlich das Schiff auf Grund lief und alle das Schiff verließen, blieben er und Michael bis zum Schluss an Bord. Es muss wohl eine längere Aussprache zwischen den beiden stattgefunden haben. Michael deutete einmal an, dass er Bruce nur mit aller Mühe klarmachen konnte, dass es ihm nie darum ging, sich selbst in den Vordergrund zu stellen, sondern allein nur um die Sache. Bruce muss das verstanden haben.

Jedenfalls gab es seit dieser Zeit zwischen ihm und Michael kein einziges Mal Streit.«

»Und was ist jetzt so interessant daran? Hier sind zwei Menschen, die unterschiedliche Ansichten und Charaktere haben. Sie haben sich ausgesprochen und verhalten sich beide normal ...«

»Konni, du weißt noch nicht alles. Über Dritte habe ich erfahren, dass Bruce die Aussprache auf der *Princess of California* nicht verwunden hat. Sein Ansehen hatte sowieso schon durch sein Verhalten auf dem Schiff gelitten, und deswegen erhielt er auch noch von Michael eine Standpauke. So dachten alle und machten vor ihm daraus auch kein Geheimnis ...«

»Ja, gut«, unterbrach ich Walter, »dann wird es zwischen den beiden noch mal zu einem Knall kommen und sicher wird die Mehrheit auf der Seite von Michael stehen. Befürchtest du etwa einen Racheakt von Bruce?«

»Nein, das nicht. Und das ist auch nicht der Punkt, um den es sich hier dreht: Bruce ist der Einzige von uns, der sich mit Landwirtschaft auskennt. Seine Eltern hatten eine große Farm im Norden von Idaho, wo er von der Pieke auf das Handwerk des Landwirts erlernte. Sonst ist niemand unter uns, der sich auch nur im Entferntesten mit Ackerbau und Viehzucht auskennt.«

»Verdammt, das wusste ich nicht! Dann sind wir ganz schön abhängig von ihm!«

»In gewisser Weise schon. Landwirtschaft ertragreich zu betreiben ist sicher erlernbar, aber zum Experimentieren haben wir keine Zeit, in unserer Situation muss der Anbau auf Anhieb klappen und im wahrsten Sinne des Wortes Früchte tragen. Dafür brauchen wir das Fachwissen von Bruce, niemand sonst kann Roggen von Weizen oder Mais unterscheiden. Aber Michael will unsere Schwäche ihm gegenüber natürlich nicht eingestehen. Und noch scheint sich Bruce damit zu begnügen, dass er als Experte zukünftiger landwirtschaftliche Projekte immer wieder an den Beratungen über Projekte für das nächste Jahr herangezogen wird.«

»Und du denkst, dass Bruce uns alle im nächsten Frühjahr, wenn es um die Verwirklichung der landwirtschaftlichen Projekte geht, spüren lässt, dass wir von seinem Wissen abhängig sind? Will er möglicherweise bestimmen, wie es weitergehen soll?«

»Konni, das kann schon sein. Diesem Bruce, ich kenne ihn ja schon länger, geht es nur um die Verwirklichung seiner eigenen Ziele. Er und die Leute, die sich um ihn scharen, haben aus der großen Katastrophe nichts gelernt. Schlimmer noch, sie sind in keiner Weise belehrbar.«

»Ja, aber sollten wir nicht versuchen, uns von der Abhängigkeit von Bruce zu lösen, indem wir selbst schon – auch mit Unterstützung von Bruce – Wissen über Landwirtschaft aneignen? Jetzt im Winter hätten wir doch dafür genügend Zeit dafür«, gab ich Walter zu bedenken, aber er winkte ab:

»Die Idee hatte ich auch schon und ich habe Bruce gefragt, ob er uns nicht unterrichten wolle, doch er weigerte sich mit der Begründung, Unterricht sei zu theoretisch, er wolle die Ausbildung lieber nächstes Jahr an Ort und Stelle, nämlich in der Natur, vornehmen. Hoffentlich macht er das nicht so, dass wir dann zu seinen Arbeitssklaven auf den Feldern werden.«

Walter lachte gequält bei seinen letzten Worten.

»Denkst du denn, dass es so schlimm kommen kann?«

»So, wie ich Bruce einschätze, könnte er dazu fähig sein. Er hat sich nicht immer in der Gewalt. Auf dem Schiff fiel er zum ersten Mal auf und auch auf den Versammlungen erlaubte er sich schon mehrere Male, sturzbetrunken zu erscheinen. Zurzeit beherrscht er sich, vielleicht, weil er spürt, dass er auf uns jetzt zum Winter nicht verzichten will, aber in ein paar Monaten wird sich das ändern, fürchte ich. Und er hat schon einige Leute um sich geschart, die zu ihm halten.«

»Das sind ja keine rosigen Aussichten! Ich hatte gehofft, dass wir alle hier an einem Strang ziehen, und nun das!«

»Konni, das alles habe ich dir, bevor du nach Amerika aufgebrochen bist, nicht gesagt, weil ich die Hoffnung hatte, dass sich das Problem irgendwie von selbst erledigt. Leider ist es nicht so. Wärst du trotzdem gekommen, auch wenn du das alles schon vorher gewusst hättest?«

Ich musste keinen Augenblick darüber nachdenken:

»Ja, natürlich! Vielleicht aber mit etwas weniger Enthusiasmus.«

»Das kann ich verstehen, wo doch die Frage unserer zukünftigen Ernährung auf dem Spiel steht ... Aber jetzt etwas anderes. Du hast doch morgen ein Treffen mit Marlies Hogan?«

»Ja, um acht Uhr.«

»Dann sprich bitte mit ihr nicht über das, worüber wir uns gerade unterhalten haben. Und auch zu keinem anderen ein Wort darüber. Sie können es nach all dem, was wir alle bisher erlebt haben, nicht verkraften, jetzt möglicherweise wieder in eine lebensbedrohliche Situation zu geraten.«

»Ja, Walter, ich verstehe dich. Ich werde darüber schweigen wie ein Grab.«

An diesem Abend sprachen wir noch lange miteinander. Hin und wieder gesellten sich noch einige Leute hinzu und wir hatten auch manchmal ein wenig Spaß dabei, aber wir kehrten immer wieder auf das Thema »Bruce« zurück und verabschiedeten erst spät. Zu Hause dachte ich noch lange über das Gespräch mit Walter nach und wälzte mich im Bett, bis ich dann schließlich doch für ein paar Stunden Schlaf fand.

Nach dem Glockenschlag zu urteilen, muss es jetzt acht Uhr morgens sein, als ich mich vor dem Gemeindehaus einfinde. Von Marlies Hogan ist nichts zu sehen. Na, sie wird gleich kommen, denke ich und setze mich auf die Bank neben dem Eingang des Gemeindehauses. Während ich warte, höre ich auf einmal eine Stimme von oben:
»Konni, get upstairs please, the door is open. Tea is ready!«
Erstaunt schaue ich nach oben und sehe Marlies am Fenster.
»Ich komme!«, antworte ich erfreut und haste ich durch das schmale, dunkle Treppenhaus in den ersten Stock. Oben angekommen, betrete ich einen langen Flur, von dem fünf Türen abgehen. Aus der hintersten tritt Marlies hervor, begrüßt mich und wiederholt:
»Tea is ready!«
Das Zimmer, in das wir jetzt eintreten, ist ein typisches Büro, wie fast überall auf der Welt. In den knapp fünfzehn Quadratmetern stehen sich in der Mitte zwei Schreibtische gegenüber. Darauf befinden sich Ablagekörbe, Telefone, eine Computertastatur und ein Flachbildschirm. Die Kerzenleuchter mit jeweils drei zum Teil schon abgebrannten Kerzen passen vom Stil hier nicht so recht hierher. Als Marlies die leichten Zweifel in meinem Blick sieht, sagt sie:
»Wir haben nicht immer Strom für unsere Arbeit. Manchmal, gerade in der Anfangszeit, haben wir nur mit Kerzenlicht gearbeitet.«
Ich nicke, weil ich mir aus eigener Erfahrung genau vorstellen kann, wie es gewesen sein muss. Mein Blick fällt auf einen alten Rollschrank in der Ecke neben der Tür. Er ist wahrlich ein Schmuckstück, fein gearbeitet und auf den Seiten

mit Intarsien versehen. So etwas hätte ich hier nicht erwartet. Dagegen ist das Fenster des Raumes für meinen Geschmack ein wenig zu klein.

»Ja, so sehen alle Räume hier oben aus. Aber lass uns erst einmal Tee trinken«, sagt Marlies einladend, »setz dich einfach an den anderen Schreibtisch.«

Während wir den Tee zu uns nehmen, erzählt sie mir, dass sie seit der Epidemie nachts nicht mehr richtig schlafen kann und sich in der letzten Zeit oft schon im Morgengrauen auf den Weg zum Gemeindehaus macht, um hier zu arbeiten. Sie ist sehr oft morgens die Erste, die die schwere Eingangstür aufschließt. Tagsüber betreut sie manchmal die Kinder von jungen Familien, deren Eltern beschäftigt sind. Auch kümmert sie sich in Zusammenarbeit mit den Ärzten um die Organisation von dringend benötigten Medikamenten, die aus den verwaisten Supermärkten oder aus den Apothekenbereichen, die den Geschäften angegliedert sind, herausgeholt werden. Sie ist – dessen ist sie sich bewusst – »Mädchen für alles«. Aber sie macht den Eindruck, als ob ihr das gefällt. Vielleicht lenkt genau diese Rolle sie von den quälenden Gedanken und Erinnerungen ab ...

Michael erzählte mir gestern, wie grausam die Epidemie in Marlies' Schicksal eingegriffen hatte. Er bat mich, sie auf gar keinen Fall darauf anzusprechen, um ihre mühsam errichteten Dämme gegen den Schmerz nicht wieder einzureißen. Wie die meisten von uns hatte auch Marlies Familienangehörige und Freunde verloren. Die Umstände, unter denen diese Menschen starben, waren jedoch besonders tragisch. Hinzu kam, dass sie durch ihre offene und warmherzige Art keinen Schutz gegen die übermächtigen Gefühle der Hilflosigkeit und der Vernichtung hatte. Den Verlust ihres Ehemannes Tim – er überlebte die Seefahrt, starb aber an einem Herzinfarkt, noch bevor der Treck Portland erreicht hatte – konnte sie beinahe nicht verkraften. Es ging ihr sehr schlecht und es wurde schon das Schlimmste befürchtet. Aber schließlich gelang es ihr, sich mit dem Tod ihres Mannes abzufinden, und sie erholte sich, dem äußeren Anschein nach zu urteilen, sehr schnell. Aber wirklich nur dem äußeren Anschein nach, hatte Michael mir eingeschärft.

»So, Konni, mit unserem Tee sind wir fertig. Jetzt wird es ernst«, sagt sie mit gewichtiger Stimme, allerdings mit einem verbindlichen Unterton, »wir befassen uns auf sehr vielfältige Weise mit der nahen und fernen Zukunft. Wir hoffen, dass die Menschheit durch unsere kleine Gruppe, die derzeit weniger als tausend Seelen umfasst, eine reelle Chance hat, zu überleben. Es geht um die grundsätzlichen Fragen, welche kurzfristigen und welche langfristigen Ziele wir in Angriff nehmen müssen: In welchem Rahmen wird die seelische Aufarbeitung von dem, was wir erlebt haben, weiter stattfinden können? Oder, werden wir später Traktoren oder Pferde vor die Pflüge spannen? Was bauen wir an? Wie verhindern wir in Zukunft im Bereich Wirtschaft und Politik die Fehler, die die Menschheit an den Rand der völligen Vernichtung gebracht haben? Wie gehen wir mit den Ressourcen um, die uns zur Verfügung stehen – um nur einige Beispiele zu nennen.«

»Ich verstehe, aber von welchen Ressourcen sprichst du?«

»Konni, der Begriff der Ressourcen umfasst nach unserer Auffassung nicht nur die Rohstoffe wie im althergebrachten Sinne, sondern vor allem erst einmal alle vorhandenen gebrauchsfähigen Güter. Du hast sicherlich in Europa und auch hier die Erfahrung gemacht, dass nun alle materiellen Güter im Überfluss vorhanden sind.«

»Ja, jeder kann sich aus dem Vollen bedienen. Aber das meinst du doch nicht?«

»Doch, aber in Verbindung damit erhebt sich die Frage, wie lange wir uns an den gebrauchsfähigen Gütern noch erfreuen können. Ein Techniker hat mir vor kurzem erklärt, dass gerade elektronische Geräte wegen der begrenzten Haltbarkeit der einzelnen Bauelemente auch durch bloßes Herumstehen, also ohne ihre Nutzung, nach Jahren ihren Dienst versagen. Das gilt im Prinzip für jede Technik, und gerade weil viele der technischen Geräte im Laufe der Zeit nicht mehr gebrauchsfähig sind, wird unser Lebensstandard zwangsläufig sinken ...«

»... und dann wird es vielleicht einen Kampf um die zur Neige gehenden funktionsfähigen Geräte geben. Meinst du das?« Marlies nickt, und ich fahre fort, »so habe ich das noch nicht gesehen, weil ich ja in Deutschland niemand mehr hatte, mit dem ich hätte teilen müssen.«

»Und das würde zwangsläufig zu einer Form des Egoismus führen, wie wir ihn nicht mehr wollen. Wie können wir das alles unseren Kindern erklären, wenn wir sie vernünftig erziehen wollen? Gerade um ihretwillen müssen wir den Lebensstandard sofort drastisch senken, weil ..., aber ich will hier nicht irgendwelchen Gedanken vorgreifen, auf die du vielleicht auch kommen wirst. Du siehst, es sind viele große Themenbereiche in Angriff zu nehmen.« Sie blickt auf, und ich nicke ihr zustimmend zu. »Bevor du in die Centralia aufgenommen wurdest, haben wir darüber beraten, welches deine Aufgaben sein könnten. Wir sind übereingekommen, dass deine Arbeit als neu Hinzugekommener, zumal aus einem anderen Kulturkreis, darin bestehen wird, sich mit diesem gesamten Themenkomplex alleine zu beschäftigen«, sie schaut mich prüfend an, sieht meinen skeptischen Blick und fährt fort, »aber das wird für dich kein Problem sein, weil du noch nicht in die praktische Arbeit der Gemeinde eingebunden bist. Lass dich dadurch nicht irritieren, dass wir an diesem Thema schon länger arbeiten. Du hast Zeit genug und wirst dir mit Sicherheit über die eine oder andere Frage auch schon den Kopf zerbrochen haben. Innerhalb der nächsten zehn Tage machst du nichts anderes, als dich nur um diese Sache zu kümmern, okay?« Ich nicke und Marlies fährt mit ihrem Vortrag fort: »Jeder von uns erstellt, auch wenn mehrere Leute zusammen an einem Thema arbeiten, eine völlig eigenständige Konzeption, die im kleinen Kreis und später dann im gesamten Centralia-Mitarbeiterstab besprochen wird. Mehr wäre dazu eigentlich nicht zu sagen.«

»Gut, aber gibt es für mich hier einen Arbeitsplatz, wenn ich wider Erwarten feststellen sollte, dass ich zu Hause nichts aufs Papier bekomme?«

»Du kannst dich im Zimmer nebenan an den noch freien Schreibtisch setzen. Tagsüber wirst du ziemlich alleine sein. Manche von uns kommen nur hierher, um ihre Notebookbatterien aufzuladen. Hier gibt es öfter Strom. Ach so, hast du ein Notebook?«

»Keine Sorge, ich habe mir einige aus Deutschland mitgebracht, weil ich unsere Tastatur gewohnt bin. Das Problem mit den ständig leeren Akkus kenne ich zur Genüge. Es ist gut, dass es hier Abhilfe gibt. Aber sag mal, woran arbeitest du eigentlich?«

Als ob sie diese Frage erwartet hätte, kehrt sie scheinbar ganz nebenbei sofort zu dem leidigen Akkuthema zurück:

»Ich weiß nicht, wie lange wir heute Strom haben. In den nächsten Tagen soll ein neuer Hauptgenerator installiert werden. Deshalb solltest du dich beeilen und gleich deine Akkus und Ladegeräte mitbringen.«

Nach einer Viertelstunde bin ich wieder zurück. Marlies sitzt am Schreibtisch und notiert etwas. Als sie mich sieht, steht sie auf und zeigt mir die Steckdosen.

»Hier kannst du deine Ladegräte anschließen. Strom haben wir heute ungefähr bis Mittag. Das müsste reichen. Ach, und noch etwas. Deine Aufzeichnungen kannst du zuerst in Deutsch anfertigen. In einer Woche setzen wir uns dann zusammen und ich helfe dir dabei, sie ins Englische zu übersetzen. So wirst du nicht von Übersetzungsproblemen gebremst.« Sie kann offensichtlich meine Gedanken lesen.

»Schön, dass du das sagst. Ich weiß deine Hilfe zu schätzen. Das hält mir jetzt wirklich den Rücken frei«, entfährt es mir erleichtert, denn im Hinterkopf sah ich schon das Problem, zuviel mit dem Wörterbuch herumhantieren zu müssen, »bis die Batterien geladen sind, vergeht noch einige Zeit. Vielleicht sollte ich mir erst einmal Klarheit verschaffen, wie weit die anderen mit ihren Arbeiten gekommen sind. Hier lag doch vorhin schon eine Zusammenfassung, so wie ich mich ...«

Marlies fährt mir ins Wort: »Tu das bitte nicht, lies es nicht und auch nicht die Manuskripte der anderen. Du würdest dadurch zwangsläufig beeinflusst und in deren Fahrwasser geraten. Du bist glücklicherweise aus einem anderen Kulturkreis, das sagte ich dir schon. Sicher sind unsere Kulturen einander nicht ganz fremd, aber es gibt doch genügend Unterschiede. Mach dir bitte deinen eigenen ›europäischen‹ Gedanken, lass Eigenarten deines Landes und deiner Kultur mit in deine Arbeit einfließen. Sollte es später zu amerikanisch werden, eben wie in der Vergangenheit, dann sei ein Korrektiv. So hilfst du uns am besten. Kannst du verstehen, wie ich das meine?« Sie schaut mich fragend an, und ich erkenne sofort, dass sie recht hat.

»Ja, ich habe dich schon verstanden.« Aus dieser Perspektive habe ich vor unserem Gespräch meinen persönlichen Beitrag in der Denkfabrik noch nicht gesehen. »In diesem Zusammenhang ist es wohl wirklich besser, wenn ich in den nächsten Tagen nicht an den Versammlungen teilnehme«, Marlies schaut mich erleichtert an, »und jetzt weiß ich auch, warum du mir nicht sagen wolltest, woran du arbeitest. Stimmt's?«

Sie nickt, fast etwas beschämt, doch dann lachen wir beide.

»Es freut mich, dass du selbst darauf gekommen bist. Jetzt bin ich überzeugt, dass deine Arbeit ein Gewinn für uns sein wird. Konni, das heißt aber nicht, dass du mich nichts fragen darfst. Einsamkeit hattest du in den letzten Wochen genug. Vielleicht wirst du gerade am Anfang Probleme haben, die du selbst nicht lösen kannst. Sprich mich bitte jederzeit daraufhin an!«

»Danke für den Vertrauensvorschuss. Wenn ich Fragen habe, wende ich mich gern an dich.«

Marlies nickt zustimmend, aber kaum merklich:

»Keine Sorge«, sagt sie bestimmt, »du bist hier nicht allein. Selbst wenn du merken solltest, dass du diese Arbeit nicht machen kannst oder nicht mehr weitermachen willst, wird niemand dir einen Vorwurf machen.«

»Danke, ich weiß. Es tut gut, so etwas zu hören.«

Marlies wird wieder sachlich: »Du kennst die Grundideen, auf denen die Arbeit unserer kleinen Denkfabrik beruht«, sagt sie ruhig und schaut mich an, »orientiere dich am besten an dieser Vorgabe.«

»Okay, ich werde zunächst zu Hause anfangen zu arbeiten. Ich habe mir schon seit langem etliche Gedanken dazu gemacht und auch einige Bücher, die diese Themen betreffen, aus Deutschland mitgebracht. Ich muss jetzt nur noch warten, bis die Batterien geladen sind. Und wann sehen wir uns wieder?«

»Wenn du Zeit hast, am besten abends nach den allgemeinen Versammlungen. Spätestens aber in acht Tagen, wie versprochen, zur Übersetzung, zur Vorbereitung und Präsentation deines Beitrages im Rahmen der Centralia-Versammlung. Viel Glück!«

29. September   Mittwochabend
Portland

Die Arbeit in den letzten acht Tagen hatte mich nur sehr wenig schlafen lassen. Zwar sah es am Anfang so aus, als ob ein kurzes Niederschreiben meiner Gedanken ausreichen würde. Aber das stellte sich dann sehr schnell als ein Irrtum heraus. Es waren nicht nur die Gedanken und Einfälle zu ordnen, die ich seit Ausbruch der Epidemie schon in Berlin hatte, sondern ich musste zum Teil auch konkrete Schritte planen. Hinzu kamen neue Erkenntnisse und Ideen, die erst in den Tagen auf See und später in den USA entstanden waren. Hier ist doch manches etwas anders als in Deutschland. Und es fiel mir auch deswegen nicht ganz leicht, weil immer wieder schmerzhafte Erinnerungen wach wurden und mich zeitweise am Fortgang der Arbeit hinderten. Ich war manchmal kaum motiviert, weil mich die Ungewissheit, ob Lanh noch lebte und ob ich sie je finden würde, immer wieder quälte. Hoa stand mir in dieser Zeit bei. Sie schaffte es fast immer, mich wieder aufzurichten, wenn ich mittags bei ihr zum Essen eingeladen war. Und auch Long tat ein Übriges, um mich aufzumuntern.

»Es gibt doch Hoffnung, das hast du selbst gesagt. In wenigen Wochen wirst du in See stechen und ich werde dich begleiten.«

Es tat gut, so etwas zu hören, obwohl ich ihn mit Sicherheit nicht auf diese Reise mitnehmen wollte. Sein Platz war bei seiner Familie!

Und noch etwas beschäftigte mich, kaum hatte ich meine Arbeit begonnen: Bruce! War er wirklich dieser unbeherrschte Egoist, ein Trunkenbold, wie ihn Walter beschrieb? Warum hatte mir sonst niemand etwas von ihm erzählt? Ich führte schon viele Gespräche mit den Mitgliedern unserer kleinen Gemeinde, aber niemand hatte sich über Bruce beschwert. Wurde er deswegen nicht erwähnt, weil er sich durch sein Verhalten schon außerhalb der Gruppe gestellt hatte und nur der Schein nach außen gewahrt wurde, damit nach wie vor Harmonie in der Gruppe bestand? Oder waren die meisten nach der Katastrophe einfach zu müde, sich mit ihm und seinen angeblichen Exzessen auseinanderzusetzen? Oder spielten sich hier unter der Oberfläche Machtkämpfe zwischen ihm und Michael ab, von denen ich nichts ahnte? Auf all das hatte ich keine Antwort. Bisher jedenfalls war mir Bruce in keiner Weise negativ aufgefallen. Im Gegenteil: Als ich vor einigen Tagen nach einem Treffen mit Marlies vom Gemeindehaus nach Hause gehen wollte, kreuzte er meinen Weg. Wir kamen sofort ins Gespräch und er war brennend daran interessiert, Näheres darüber zu erfahren, wie ich die Überfahrt mit der Segelyacht geschafft hatte. Wenn er Zeit hätte, würde er mich sogar auf der Suche nach meiner Familie in Vietnam begleiten wollen, sagte er, aber die zukünftigen Aufgaben auf dem landwirtschaftlichen Sektor und der damit verbundenen Verantwortung würden ihn unabkömmlich machen. Und das meinte er wirklich ernst.

Nach diesem Gespräch war ich total verwirrt und wusste nicht mehr, wem ich glauben sollte. So, wie er mir geschildert wurde, verhielt sich er sich nun wirklich nicht. Nach reiflicher Überlegung kam ich zum dem Schluss, mich in dieser Angelegenheit neutral zu verhalten und von dem Gespräch mit Bruce und dem Eindruck, den ich von ihm gewonnen hatte, niemand etwas zu erzählen.

Und noch etwas ereignete sich während meiner Arbeit für die Centralia. Walter hatte seine Funkstation in Betrieb und sendete stündlich den »Anruf an alle«, so, wie ich es früher in Berlin gemacht hatte. Und er hatte damit Erfolg – es meldete sich auf der Kurzwelle ein U-Boot, die *USS Kensington*, die auf dem Weg von Südostasien zur Westküste der USA war. Am Bord des Bootes war man sehr überrascht, dass es noch eine Gruppe Überlebender in Portland gab. Die Mannschaft glaubte, niemand hätte die Katastrophe überlebt. Sie berichteten zu unserer Überraschung, dass sie vor Wochen vom Präsidenten persönlich den Befehl erhalten hatten, die in Vietnam gefangenen Mitarbeiter der CEI zu befreien.

Walter wollte gerade seinen Gesprächspartner fragen, ob das denn auch gelungen sei, als der Funkkontakt abbrach. Er rief die *USS Kensington* wieder und wieder und überwachte Tag und Nacht die Frequenz, auf der der Kontakt zustande gekommen war. Doch vergeblich. Sie meldete sich nicht mehr. Wieder ein Bangen und Hoffen … Sollte sie jemals hier ankommen, kam es mir in den Sinn, wird es vielleicht möglich sein, mit diesem hochseetüchtigen Boot noch einmal nach Vietnam zu fahren, um Lanh und die Familie zu suchen. Es wäre wesentlich einfacher und schneller als mit einer Segelyacht. Welchen anderen Zweck sollte das U-Boot sonst noch haben?

Meine schriftliche Konzeption für die Zukunft wurde schließlich umfangreicher als gedacht, und im Lauf der Zeit war ich mehr und mehr davon überzeugt, eine einigermaßen vorzeigbare Arbeit angefertigt zu haben. Allerdings ließen sich wegen der Vielschichtigkeit der Probleme Wiederholungen nicht immer vermeiden, weil der eine oder andere Punkt oft unter verschiedenen Aspekten zu beleuchten war.

Während ich nun auf Marlies, mit der ich mich zur Vorbesprechung und der gemeinsame Übersetzungsarbeit verabredet hatte, im Büro des Gemeindehauses warte, überfliege ich etliche Seiten in meinem Ordner.

Kurze Zeit später, ich muss wohl über der Lektüre eingenickt sein, öffnet sich die Tür mit einem Knarren, das mich hochschrecken lässt. Marlies ist gerade gekommen. Sie sieht müde und mitgenommen aus.

»Hi, Marlies, du siehst gar nicht gut aus.«

»Ja«, sagt sie, »ach weißt du, die letzten Tage waren für mich sehr hart. Aber du bist auch nicht gerade munter!«

»Mir ging es nicht viel anders. Ich will gar nicht mehr daran denken«, nicke ich ihr zu, »aber ich habe mich durch diese Problematik, so gut es ging, durchgekämpft und denke, dass ich das, was ich zu Papier gebracht habe, auch gut vertreten kann. Ich bin zum Beispiel überhaupt nicht sicher, ob wir hier in Portland bleiben sollten.«

Marlies sieht mich überrascht an. Die Müdigkeit ist plötzlich von ihr gewichen: »Wie meinst du das? Gefällt es dir hier nicht? Ist es nur deine subjektive Sicht oder gibt es triftige Gründe, Portland zu verlassen?«

»Ja, es gibt wichtige Gründe, die dafür sprechen«, entgegne ich, wohl wissend, dass hier ihre Heimat ist, die sie liebt, »aber nur, weil sie nach meiner Ansicht so schwerwiegend sind, würde ich dazu raten. Es hängt vor allem mit dem Klima hier oben in Oregon zusammen. Ohne Heizung kommen wir nicht durch den Winter. Und wie du auch von einer der Versammlungen weißt, ist das Thema Energie eines unserer Hauptprobleme. Haben wir nicht alle vor unseren Häusern eine Unmenge von Gasflaschen für unsere Heizungen? Was machen wir, wenn wir keine neuen mehr finden? Gas können wir nicht herstellen!« Sie denkt einen Augenblick nach, nickt, wiegt aber dann den

Kopf hin und her. Der Gedanke, aus Portland wegzuziehen, gefällt ihr ganz und gar nicht. Aber dann zuckt sie mit den Schultern und scheint sich damit abzufinden.

Für mich ist es das Signal, das Thema zu wechseln:
»Marlies, für heute Abend hat mich mein Schwager zum Essen eingeladen. Dich übrigens auch! Es gibt gute vietnamesische Küche. Do you like it?« Sie überlegt kurz und nickt zustimmend mit dem Kopf:
»All right, let's go!«

3. Oktober   Sonntag, am späten Nachmittag
Portland

Heute ist der 3. Oktober, der Tag der Deutschen Einheit, an dem 1990 West- und Ostdeutschland wiedervereinigt wurden. Ein Datum, das neben dem 9. November – dem Beginn des spektakulären Zerfalls der DDR – in den meisten Köpfen der Menschen in Deutschland verankert war. Jetzt aber hat es keine Bedeutung mehr ...

So ein bisschen wehmütig werde ich schon, wenn ich mich an diese Zeit erinnere. In der Nacht vom 2. zum 3. Oktober war ich mit Lanh in einer riesigen Menschenmenge in der Nähe des Brandenburger Tors, um die Wiedervereinigung zu feiern. Als es dann nur noch wenige Sekunden bis zum Anbruch des neuen Tages waren, begann die Menge rückwärts zu zählen. Bei null gab es einen großen Jubel, und ein imposantes Feuerwerk erleuchtete den Himmel. Meine ersten Worte im wiedervereinigten Deutschland waren: »Es war einmal eine Deutsche Demokratische Republik ...« Es klang wie der Beginn eines Märchens. Aber nach Jahren geschah dann ungefähr an gleicher Stelle im Gegensatz zu dem Geschehen am

3. Oktober 1990 etwas völlig Unfassbares, was man kaum in Worte fassen kann. Es war das große Fest mit dem unbegreiflichen Ausgang, das ich damals über den Bildschirm verfolgte, als wir alle das Virus endgültig überwunden zu haben glaubten ... Und nun bin ich der einzige Überlebende meiner Nation. – Ach ja, es gibt ja vielleicht auch noch den Chalid und seine Gang in Cuxhaven. Chalid!

So in Gedanken versunken sitze ich auf der Bank vor dem Gemeindehaus. Inzwischen ist es nicht mehr so warm wie noch vor drei Wochen, als ich hier ankam. Die Nächte sind schon empfindlich kalt. Und in den Häusern tragen wir dicke Pullover, weil die Heizungen mit dem Flüssiggas nicht so richtig funktionieren.

Die Kirchenglocke läutet zum baldigen Beginn der Versammlung und reißt mich aus meinen Gedanken. Gleich wird es ernst mit der Präsentation unserer Arbeit vor der Versammlung. Marlies hatte mir zwei Tage lang geholfen, meine Ideen ins Englische zu übersetzen. Und gestern haben wir Centralia-Mitarbeiter den ganzen Tag versucht, alle von uns zu Papier gebrachten Gedanken zu ordnen und in ein bestimmtes System zu bringen. Es wurde viel diskutiert, geschrieben und erstaunlicherweise sehr wenig gestritten. Persönliche Angriffe unterblieben ganz. Offensichtlich waren wir uns alle bewusst, worum es hier geht. Es herrschte eine Atmosphäre der Vernunft, Sachlichkeit und sogar Harmonie. In den meisten Punkten konnten wir uns einig werden. Und am Abend waren wir alle froh, für die Versammlung am nächsten Tag gut durchdachte Leitlinien vorgeben zu können. Viel Überzeugungsarbeit werden wir wahrscheinlich nicht leisten müssen.

Während ich noch auf meiner Bank sitze, kommen allmählich die ersten Leute. Die meisten kenne ich inzwischen schon, und wir begrüßen uns herzlich. Einige fragen, warum man sich so selten auf den Versammlungen sieht. Während ich meine Abwesenheit mit der intensiven Arbeit an meinem Konzept erkläre, nähert sich Walter dem Gemeindehaus. Als er mich entdeckt, stürzt er fasst auf mich zu.

»Hi, Konni, dich sieht man ja überhaupt nicht mehr! Wie geht es dir? Mir scheint, der Platz in der Centralia war der richtige Ort für dich. Offenbar warst du sehr beschäftigt!«

»Walter, ich freue mich, dich zu sehen. Ja, die Arbeit in den letzten Tagen war genau das Richtige für mich. Ich hoffe nur, dass ihr auch mit meiner Arbeit zufrieden seid.«

»Ich denke schon«, brummt Michael, der zu unserer kleinen Gruppe gestoßen ist, ohne dass ich ihn wahrgenommen hatte.

»Hi, Michael, schön, das zu hören, aber die Versammlung ist sozusagen unser Richter. Bei uns in Deutschland sagt..., nein – sagte man, dass man auf See und vor Gericht in Gottes Hand ist. Ersteres kann ich wirklich bestätigen, vor Gericht kann das sein und jetzt müsste man noch die Versammlung dazuzählen.«

Michael nickt, schaut mich zwei, drei Sekunden an: »Konni, das hätte von mir stammen können«, er lacht und richtet seinen Blick auf uns, »ja dann lasst uns mal in die Höhle des Löwen gehen.«

Während sich Michael schon setzt und mir einen Platz am langen Tisch zuweist, sehe ich Long und Hoa. Sie setzen sich in meiner Nähe.

»Hi, Hoa! Hi, Long, schön dass ihr gekommen seid.«

»Hi, Konni, heute hast du einen großen Tag!« Long sieht mich etwas fragend an.

»Ich weiß nicht, ob er so großartig ist. Ich hatte in den letzten zehn Tagen viel zu tun und habe nicht allzu viel über

meine Arbeit erzählt, wenn ich bei euch war. Der Erfolg hängt allein davon ab, dass wir eine gemeinsame Marschrichtung für die Zukunft finden. Nur das ist wichtig. Ich hoffe, es wird ein guter Tag für uns alle. Und ich danke euch für die Unterstützung während der letzten Tage. Es war sehr wichtig für mich, weil ich manchmal ziemlich down war.«
Long und Hoa verstehen, was ich meine. Und Walter, der gerade gekommen ist und Long und Hoa begrüßt, nickt.

»Sag mal, Walter, hast du noch etwas von dem U-Boot gehört? Hat es sich noch mal gemeldet?« frage ich.

»Nein, nichts. Seit dem Kontakt habe ich laufend die Frequenz auf dem 20-Meter-Band überwacht. Einmal, so meinte ich, habe ich für einen Moment einen Träger feststellen können, weil sich die Nadel des Feldstärkemessinstruments für zwei, drei Sekunden auf den Wert S 6 bewegt hatte. Es können aber auch atmosphärische Störungen gewesen sein. Sicher bin ich mir aber nicht.«

»Und sonst hat sich auch niemand gemeldet, nicht von Fernost, Europa, Australien, Afrika oder Südamerika?«

»Nein, niemand sonst. Wir scheinen die einzigen Überlebenden zu sein«, er macht eine Pause, sieht mich nachdenklich an, »Konni, ich fürchte, wir sind die Einzigen!«

»Verdammt, das ist dann wohl so«, kommt es mir nur langsam über die Lippen, »manchmal erscheint mir das alles wie ein böser Traum!«

»Ja, das kenne ich nur zu gut! Wir können uns darüber noch später unterhalten. Setzen wir uns jetzt, denn Michael wird in ein paar Minuten loslegen. – Da hinten ist übrigens Bruce!«

Ich drehe mich um: »Tatsächlich. Ich hatte ihn ein paar Tage nach unserem letzten Gespräch zufällig getroffen und mich mit ihm unterhalten ..., jetzt hat er mich gesehen!«, und ich winke ihm zu.

Während Bruce sichtlich gut gelaunt auf uns zukommt, um uns zu begrüßen, ist auf einmal von draußen ein näher kommender Motorenlärm zu hören, der aber schnell wieder verstummt. Das ist um diese Zeit kurz vor der Versammlung sehr ungewöhnlich, zumal sich die meisten Leute schon zur Versammlung hier eingefunden haben. Autotüren klappern, Stimmen sind zu hören. Walter will schon aufstehen und nachsehen, was draußen los ist, als plötzlich die Tür aufgeht. Ein etwa vierzigjähriger Mann in der weißen Uniform eines Seeoffiziers kommt langsam herein und schaut uns ungläubig an. Weder er noch wir bekommen zunächst einen Ton über die Lippen, denn wir sind genauso erstaunt. Walter ist der erste, der seine Stimme wieder findet und die Sprachlosigkeit beendet:

»Hi, how are you doing? Where are you from?«

»Hi there, ich bin Captain der *USS Kensington*. Mein Name ist Arthur Clark. Ist das hier die Gruppe von Überlebenden, mit denen wir vor Wochen Funkkontakt hatten?«

»Ja, das sind wir!«, antwortet Walter aufgeregt, »wir haben miteinander über Funk gesprochen.«

»Ich kann Ihnen gar nicht sagen, wie erleichtert ich bin, Sie alle gefunden zu haben. Sind Sie hier die einzigen Überlebenden?«

»Ja«, antwortet Walter, »wir sind hier rund achthundertfünfzig Leute. Schauen Sie sich bitte um. Wir wollten heute eine Versammlung abhalten ...« Der Rest von dem, was Walter sagt, geht in lauten Willkommenbekundungen unter. Doch dann herrscht wieder eine gespannte Stille.

»Gott sei Dank, dass wir Sie gefunden haben!«, wiederholt Arthur Clark freudestrahlend, aber dennoch gefasst, «wir hätten Sie ja gerne über Funk informiert, dass wir kommen, aber nach dem kurzen Gespräch mit Ihnen fielen auf unserem Boot die Kurzwellengeräte aus.«

»Captain Clark, darf ich Sie etwas fragen? Haben Sie unsere Jungs aus Saigon gefunden?«

Der Kapitän schaut Walter an und wendet sich an uns alle: »Ladies and Gentlemen! Lassen Sie mich berichten, wie es uns ergangen ist. Wir hatten vom Präsidenten den Befehl, nach Hanoi zu fahren, um die Mitarbeiter der Saigoner CEI-Düngemittelfabrik in einer Nacht-und-Nebelaktion zu befreien, nachdem alle diplomatischen Bemühungen ins Leere gelaufen waren. Wir waren uns ziemlich sicher, sie in Hanoi anzutreffen. Aber als wir dort ankamen, lebte längst niemand mehr. In dem Gefängnis, in dem wir sie vermuteten, gab es keine Hinweise auf ihren Verbleib. Wir fanden lediglich eine Notiz, dass ab Mitte September mehrere Zellen für ausländische Gefangene freigehalten werden sollten. Wir glaubten, dass sie noch in Saigon sein mussten. Da wir keinen Funkkontakt mehr nach Washington bekamen, um unsere Vorgehensweise mit der Regierung abzustimmen, beschlossen wir, auf eigene Faust dahin zu fahren. Wir fanden dort eine kleine Gruppe von Überlebenden, die sich – warum auch immer – nicht mit dem Virus angesteckt hatte. Ein Mitglied dieser Gruppe konnte uns sogar zum Stadtgefängnis führen. Aber wir mussten feststellen, dass die CEI-Leute das Schicksal von fast allen Einwohnern Saigons geteilt hatten. Wir konnten nur noch die sterblichen Überreste mit an Bord nehmen.« Arthur Clark unterbricht kurz seinen Vortrag, schaut uns an und fährt fort: »Auf der Fahrt von Südostasien hierher – in Hawaii mussten wir die Fahrt wegen einer Reparatur am Boot für einige Zeit unterbrechen – haben wir dann erfahren, dass das Massensterben weiterging und die Menschen Europas und der USA trotz der Impfungen nicht verschonte. Wir alle haben Eltern, Frauen und Kinder verloren. Es war sehr hart«, Captain Clark macht eine nachdenkliche Pause und kämpft mit seinen Gefühlen, »aber Gott sei Dank sind meine Leute verschont geblieben. Hier ist ein Teil meiner Crew«, er weist auf die Gruppe uniformierter Menschen im Gemeindesaal, die während seiner Erzählung hinter ihm den Raum betreten haben, »die anderen und unsere Gäste an Bord kommen gleich.«

»Ladies and Gentlemen«, richtet sich der Kapitän an seine Mannschaft, »wir sind am Ziel. Wir haben die Überlebenden gefunden!«

Verhaltener Beifall ist das Ergebnis dieser Bemerkung. Keiner von uns kann richtig begreifen, was sich gerade hier vor unseren Augen abspielt. Auch manchem der U-Boot-Mannschaft ist anzusehen, dass er das alles noch nicht recht fassen kann.

Durch die Fenster sehe ich einen zweiten Kleinbus vor dem Gemeindehaus anhalten. Die Bremsen quietschen. Wieder kommen einige Uniformierte in den Saal. Und dann höre ich eine weibliche Stimme, die ich in meinem ganzen Leben nicht vergessen werde. Das ist doch nicht etwa ...? Nein! Aber ich bin mir trotzdem nicht sicher. Ich drehe mich zu Long und frage ihn vorsichtig:

»Hast du diese Stimme auch gerade gehört? Kennst du diese Stimme ...?«

Long schaut mich ungläubig an, als hätte er nicht verstanden. Aber da ist die Stimme wieder. Ganz deutlich hören wir mit vietnamesischen Akzent »Thank you!«. Longs Gesicht wechselt im Bruchteil einer Sekunde von Ungläubigkeit zu Erstaunen und wieder zu Ungläubigkeit und wieder zu Erstaunen. Und bevor ich mich versehe, ist er aufgestanden und bahnt sich einen Weg durch die Menge. Er ist nicht mehr zu bremsen! Auch ich bin aufgestanden. Das ist doch ..., aber das ist völlig unmöglich! Hoa, die bei mir geblieben ist, schaut mich fragend an. Gespannt und ratlos zugleich zucke ich mit den Schultern. Und dann höre ich Long laut aufschreien:

»Ma! Ma! Ma!«

Ich bin wie versteinert. Mir stockt der Atem, ich kann es kaum fassen. Und dann, nach einer endlos langen Sekunde höre ich es: »Konneii!!!«

Und schon kommt Lanh auf mich zugeflogen. Sie scheint jegliche Form asiatischer Zurückhaltung vergessen zu haben. Ich kann es kaum glauben, aber es ist wahr! Es ist Lanh – sie lebt! Ich habe meine Frau wieder! Wir haben beide nicht für möglich gehalten, uns noch einmal wiederzusehen. Als wir uns voneinander lösen, sind Ma, Khai, Nguyen, Di Hang, Yen und Hanh bei uns, natürlich auch Long und Hoa. Sie alle haben strahlende, mit Freudentränen bedeckte Gesichter.

Nach einer Weile frage ich Lanh, wie sie und die anderen überleben konnten und wieso sie jetzt plötzlich hier sind. Sie will gerade anfangen zu erzählen, als hinter uns eine Stimme laut, aber freundlich sagt: »English, please!«

Ich stutze, aber dann finde ich die Lösung: »Lanh, du sprichst vietnamesisch und Long übersetzt ins Englische, okay?«

Und Lanh beginnt zu erzählen:

»Nachdem mein Mann am 6. Juni in Saigon zum Flughafen Tan Son Nhat gefahren war, ereigneten sich in der Stadt merkwürdige Dinge. Ungefähr eine Stunde nachdem er weg war, fing es an: Ich hatte gerade meine Tante gebeten, für mich ein Taxi zu bestellen, weil ich in die Stadt fahren wollte, als es vor dem Haus auf einmal wie wild hupte. Bremsen quietschten, Schreie ertönten und dann krachte es fürchterlich. Ein Linienbus aus Cholon in Richtung Zentrum hatte aus unerklärlichen Gründen seine Spur verlassen, kreuzte den Gegenverkehr, stieß mit mehreren Honda-Fahrern und einem Cyclo zusammen und fuhr dann mit aller Gewalt gegen den Baum, der vor unserem Haus stand. Der

Bus fing im hinteren Teil sofort Feuer und die Fahrgäste, zum Teil mit blutüberströmten Gesichtern gerieten in Panik. Einige aus der immer größer werdenden gaffenden Menschenmenge fassten sich ein Herz, nahmen, was sie bekommen konnten, schlugen die Scheiben des Busses ein und öffneten mit Gewalt die Türen. Keine Sekunde zu früh, denn Feuer und dunkler Qualm breiteten sich im Fahrgastraum aus. Nach dem, was ich zu diesem Zeitpunkt sehen konnte, wurden alle Passagiere gerettet, bis auf den Fahrer, der sich in Luft aufgelöst zu haben schien. Die Schwerverletzten wurden in die benachbarte Pagode gebracht. Andere Leute schafften mit vereinten Kräften die nun zu Schrott gewordenen Motorräder von der Straße. Irgendjemand musste die Ambulanz gerufen haben, jedenfalls ertönten schon nach ganz kurzer Zeit die Sirenen mehrerer Rettungswagen, die sich mühsam durch den entstandenen Stau vorarbeiteten. Schließlich wurde über Lautsprecheransagen mitgeteilt, die Menschenmenge solle sich sofort auflösen, sonst sei mit drakonischen Strafen zu rechnen. Die Polizei war mit zwei Fahrzeugen angekommen und riegelte die Ngo-Gia-Tu-Straße an zwei Stellen ab. Die Rettungskräfte begannen ihre Arbeit. Einige Polizisten versuchten vergeblich, das Feuer im Bus zu löschen und riefen schließlich über Mobiltelefon die Feuerwehr. Weil ein leichter Wind wehte, der den Rauch in Richtung der Straße lenkte, waren unser Haus und die Pagode nicht gefährdet. Dann fragte die Polizei nach dem Verbleib des Fahrers. Niemand wusste etwas. Nguyen und ich aber hatten ganz deutlich nach dem Unfall gesehen, dass auf dem Fahrersitz Kleidungsstücke mit dunkler Erde oder so etwas Ähnlichem vermischt lagen. Wir dachten zunächst, dass irgendjemand Pflanzen mit in den Bus genommen hatte, deren Töpfe durch den Aufprall zersprungen waren, und brachten das alles mit dem verschwundenen Fahrer nicht im Zusammenhang.

Während wir den Fortgang der Rettungsarbeiten verfolgten, ereignete sich ein weiterer Unfall: Ein Polizist, der offensichtlich als Melder zwischen den zwei Straßenabsperrungen mit seiner Honda unterwegs war und mehrmals hin- und herfuhr, kippte plötzlich bei voller Geschwindigkeit mit seinem Gefährt um. Während die Honda mit jaulendem Motor über den Asphalt schlitterte und erst durch einen Aufprall auf einen am Straßenrand stehenden Ambulanzwagen abrupt gebremst wurde, fiel der Polizist auf den Asphalt, rollte noch ein paar Meter und blieb auf dem Rücken liegen. Ein Aufschrei der Menschenmenge erschallte, dann noch einer und noch einer, aber die letzten wesentlich lauter. Und dann setzte Panik ein. Was die Polizei nicht geschafft hatte, geschah innerhalb von Sekunden von ganz alleine. Die Menschen stoben auseinander und liefen fort, als ob es um ihr Leben ginge.

Was war geschehen? Der Körper des regungslos am Boden liegenden Polizisten veränderte sich in Sekunden. Sein Gesicht wurde von einer Sekunde zur anderen aschfahl, auch seine Hände. Und das Ganze von einem Knistern begleitet. Dann zerfiel der Körper zu einem konturenlosen kleinen Häufchen aus einer grauen Masse.

Ein Ambulanzhelfer in rotweißer Uniform, der sofort seinen Notfallkoffer geschnappt hatte, als er den Polizisten vom Motorrad stürzen sah, erreichte diesen, unmittelbar nachdem er auf dem Rücken zum Liegen gekommen war. Er kniete sich hin, öffnete seinen Koffer und suchte nach Verbandszeug. Plötzlich hielt er inne ..., und auch er zerfiel Sekunden später. Von ihm übrig blieb nur ein Bündel Kleidung mit dieser grauen Masse vermischt. Die Umstehenden schrien vor Entsetzen und Angst. Ich auch. Wir flüchteten in unser Haus. Nguyen schloss hinter uns hastig das Scherengitter, obwohl noch etliche Möbelstücke zum Verkauf vor dem Haus standen. Das war jetzt nicht mehr wichtig. Wir hatten unbeschreibliche Angst. So etwas hatten wir noch nie erlebt, und es gab keine Erklärung dafür. Wir gingen nach oben in den ersten Stock auf den Balkon und schauten auf die Straße. Aber es war kaum noch jemand zu sehen. Durch den Rauch des immer noch brennenden Busses auf der Straße konnten wir nur mit Mühe überall unförmige Kleiderstücke erkennen.

Rechts von uns, keine zwei Meter entfernt, kam die Nachbarin auf den Balkon ihres Hauses und schaute ebenfalls entsetzt nach unten. In dem Moment, wo sie uns bemerkte und ihren Kopf in unsere Richtung drehte, hielt sie plötzlich in der Bewegung inne. Sie fiel in sich zusammen und war hinter der Balkonbrüstung verschwunden. Wieder schrien wir, flüchteten ins Zimmer, setzten uns auf den Boden und hielten uns an den Händen. Ich weiß nicht, wie lange wir so verharrten. Nach Minuten oder Stunden kam Nguyen auf die Idee, den Fernseher anzuschalten, um herauszufinden, ob es irgendwelche Erklärungen für diese Geschehnisse gab. Er ging nach unten, wo der Fernseher stand. Nach ungefähr zehn Minuten kam er mit bleichem Gesicht zurück und erklärte uns, dass er gerade gesehen hatte, wie dem Nachrichtensprecher vor laufender Kamera dasselbe passierte wie allen um uns herum. Gerade hatte er noch von einer »rätselhaften Krankheit« berichtet, die ganz Vietnam erfasst habe. Dann war auf einmal nichts mehr zu sehen. Der Sender wurde abgeschaltet. Andere Programme waren auch nicht mehr zu empfangen. Nguyen versuchte es mit dem Radio. Auf UKW war alles tot. Nur auf Mittelwelle war noch eine Station zu hören, aber nicht sehr laut. Eine männliche vietnamesische Stimme mit starkem mittelvietnamesischem Akzent rief immer wieder nach Hilfe. Er schilderte, dass in Da Nang die Menschen grau werden und in sich zusammenfallen. Er konnte sich das – wie alle Leute in seiner Stadt – nicht erklären. Plötzlich aber stoppte er mitten im Satz, ein Knistern war zu hören und dann verstummte auch dieser Sender. Wir bekamen Angst, weil wir nun wussten, dass eine Krankheit die Menschen dahinraffte. Je mehr Zeit verstrich, desto mehr fragten wir uns, wieso wir noch lebten. Manchmal schauten wir vom Balkon nach unten. Kein Auto, kein Bus, keine Hondas, keine Radfahrer, niemand war zu sehen auf der sonst so belebten Straße. Nguyen kam auf die Idee, Bekannte und Freunde anzurufen, und Khai wollte Vinh in Berlin fragen, ob er über die Nachrichten gehört hat, was hier los ist. Aber die Leitung war tot. Während wir uns völlig verängstigt noch immer in dem Zimmer zum Balkon aufhielten, dämmerte es und nach ungefähr zwanzig Minuten brach die Nacht herein. Sie verschluckte alles mit ihrer Dunkelheit. Die Straßenbeleuchtung funktionierte nicht mehr und auch im Haus gab es keinen Strom. Wir behalfen uns, so wie wir es aus der Vergangenheit her kannten, mit Öllämpchen. Irgendwie haben wir die Nacht mit Beten und Meditieren herumbekommen. Geschlafen hat keiner von uns. Als dann die Morgendämmerung anbrach, war immer noch alles ruhig. Auch die allmorgendliche Versammlung der Mönche in der Zeit von vier bis fünf Uhr in der benachbarten Pagode fand nicht statt. Wir hätten sonst die Gongschläge und den Sprechgesang des Rezitierens der Sutras hören müssen. Nichts von all dem geschah! Warum lebten wir noch? Wir hatten keine Erklärung dafür. Als es dann hell geworden war, trauten wir uns zunächst kaum aus dem Haus. Aber es musste sein, weil wir kaum noch etwas zu trinken hatten. Im kleinen Restaurant gegenüber wurde Mineralwasser verkauft. Nguyen ging hinüber und kam wenig später mit einigen Flaschen zurück. Auch da ist niemand mehr, ich musste sie stehlen, sagte er resigniert.

An diesem Tag blieben wir noch im Haus und auf dem Balkon. So richtig trauten wir der Situation nicht über den Weg. Wir verbrachten die Zeit tagsüber und auch in der Nacht wieder mit Beten und Meditieren. Für einige Stunden konnte ich sogar schlafen. Am nächsten Tag besannen wir uns darauf, aktiv zu erkunden, was eigentlich los war. Das Grübeln half uns ja nicht weiter. Nguyen ging los und kam wenig später mit einem Auto zurück. Es stand am Straßenrand, sagte er. Mit diesem Wagen fuhren wir dann nach Lai Thieu, einem Vorort von Saigon. Gespenstisch leer waren die Straßen. Am Ziel angekommen, suchten wir die Häuser von meinem Onkel und den Tanten auf. Auch da war niemand mehr.

Allmählich setzte sich die schreckliche Erkenntnis durch, dass wir alleine waren, zumindest in Vietnam. Abends konnten wir im Radio auf Kurzwelle ausländische Sender hören. Wir versuchten, auf BBC das vietnamesische Programm zu empfangen, bekamen es aber nicht herein, oder es wurde nicht mehr gesendet. Wir waren auf andere Sender angewiesen. So weit unsere geringen Englischkenntnisse reichten, konnten wir verstehen, dass in den Nachrichtensendungen über die Epidemie in Südostasien berichtet wurde. Zwischen den Nachrichten gab es zum Teil auch Musiksendungen, so, als ob nichts geschehen sei. Wir schlossen daraus, dass sich die Krankheit vielleicht nur in Asien ausgebreitet hatte.

Bei meinen Verwandten setzte sich sehr schnell die Einsicht durch, dass sie jetzt nicht mehr in Vietnam bleiben konnten. Ich schlug ihnen vor, später, wenn es für uns alle eine Gelegenheit gab, Vietnam zu verlassen und mit nach Deutschland zu kommen.

In den nächsten Tagen waren wir hin- und hergerissen und überlegten, was wir jetzt tun sollten. Dass jetzt eine Fahrt über das Meer, wie es damals die Boatpeople machten, der geeignete Weg war, fanden wir sehr fraglich, da wir nicht wussten, ob es hier überhaupt noch eine Berufsschifffahrt gab. Also blieb als Alternative nur Abwarten übrig. Am besten wäre es, an einem markanten Platz, der vor allen

Dingen Fremden als Anlauf- und Orientierungspunkt diente, auf mögliche Ausländer zu warten. Dafür würde sich das Zentrum von Saigon eignen. Nach einer weiteren Nacht des Überlegens zogen wir am nächsten Tag um. Nguyen besorgte wieder einen Wagen. Wir zogen ins »Rex Hotel«. Wenn wir baden wollten, fuhren wir die Nguyen-Hue-Straße entlang zum Saigon-Fluss. Lebensmittel, Reis und Obst besorgten wir uns aus dem Hotel, aus Geschäften und aus den vielen Gärten in Lai Thieu. Im Hotel hielten wir uns meistens auf der Dachterrasse auf, weil unter den Schirmen die Hitze des Tages einigermaßen erträglich war.

Wir wohnten schon einige Zeit im »Rex Hotel«, als wir an einem frühen Nachmittag plötzlich das Motorengeräusch eines Propellerflugzeuges hörten. Es muss eine sehr kleine Maschine gewesen sein, denn ich konnte sie kaum sehen. Sie kreiste einige Male in großer Höhe über dem Stadtzentrum und verschwand dann so schnell, wie sie gekommen war. Das gab uns Hoffnung. Wir sollten recht behalten.

Am nächsten Morgen, als wir auf der Dachterrasse gerade beim Frühstück saßen, bekamen wir Besuch. Vier Männer in gelben Schutzanzügen mit geschlossenen Gesichtsmasken und Sauerstoffflaschen betraten die Terrasse. Sie waren bewaffnet. Sofort bekamen wir Angst und wollten weglaufen. Aber die Männer hinderten uns daran. Dann wurden wir vietnamesisch angesprochen. Sie stellten sich als Besatzungsmitglieder eines amerikanischen U-Bootes vor, die auf der Suche nach verhafteten amerikanischen Bürgern seien. Gefunden hatten sie uns gestern, als sie das kleine ferngesteuerte Flugzeug mit Infrarotkamera, eine sogenannte Drohne, über Saigon kreisen ließen. Sie fragten uns, ob wir hier die einzigen Überlebenden seien. Wir bejahten das, konnten es aber nicht erklären. Schließlich erzählten sie uns, was vorgefallen war, von der Entstehung des Virus und warum sie diese Schutzanzüge trugen. Dann fragten sie uns, ob wir bei der Suche nach den amerikanischen Gefangenen helfen könnten. Nguyen bejahte das, denn er wusste aus eigener leidvoller Erfahrung, wo sich das Stadtgefängnis in Saigon befand. Während er mit einem der Männer nach unten ging und losfuhr, erzählten uns die anderen, dass nach letzten Informationen die Impfung gegen das Virus in Europa abgeschlossen sei. Wenigstens eine gute Nachricht, dachte ich. Auf meine Frage, ob wir mit nach Amerika fahren können, wurde uns gesagt, dass wir sogar mitfahren müssten, weil man mit unserer Hilfe einen noch wirksameren Impfstoff entwickeln wollte. Dazu müssten wir einige Untersuchungen über uns ergehen lassen. Das fand ich zwar nicht so gut, aber wenn es nicht anders ging, dann musste es so sein. Zwischenzeitlich kam ein zweites Fahrzeug und die Marines drängten uns zur Eile. Schnell hatten wir das Nötigste zusammengepackt und wurden zu einem im Hafen liegenden U-Boot gefahren. Hier wurde uns erklärt, dass wir zunächst für zwei Wochen in einem abgeschlossenen Bereich bleiben müssen, sozusagen in Quarantäne. Danach würde die Isolation aufgehoben. Nguyen kam zwanzig Minuten später zu uns. Die Marines hatten gefunden, was sie suchten ... Urnen wurden ins Schiff getragen. Danach ging alles sehr schnell. Wir hörten ein Zischen, Luken wurden geschlossen und das Boot erzitterte. Wir legten ab.

Untergebracht waren wir in zwei ineinander übergehenden kleinen Räumen. Auch ein Fernseher war vorhanden. Die schwere Eingangstür war von innen nicht zu öffnen, sie hatte ein kleines ovales Fenster aus dickem Panzerglas. Es dauerte nicht lange, da erschien jemand an diesem Fenster und stellte sich als der Kapitän vor.

Er wiederholte über Lautsprecher mit Hilfe eines vietnamstämmigen Marinesoldaten genau das, was man uns schon im »Rex Hotel« gesagt hatte, und erklärte, dass die

Mannschaft versuchen würde, uns den Aufenthalt an Bord so angenehm wie möglich zu machen. In die Staaten würden wir in ungefähr drei Wochen gelangen.

Das Leben an Bord war ziemlich langweilig, weil wir nichts zu tun hatten. Außerdem waren wir dort regelrecht eingeschlossen und konnten nicht an die frische Luft. Die einzige Abwechslung waren das Essen, das uns sehr oft nicht schmeckte, und die Nachrichten des bordeigenen Fernsehens. Wir waren vielleicht zehn Tage an Bord, als wir erfuhren, dass die Impfaktion in Europa und in Amerika die schrecklichen Auswirkungen des Virus nicht verhindert, sondern lediglich verzögert hatte. Alle Hoffnung, unsere Angehörigen und Ehepartner noch einmal wiederzusehen, waren mit einem Mal zunichtegemacht worden. Wir waren niedergeschlagen und sahen keine Zukunft mehr für uns. Ich dachte an meinen Mann, den ich nie wieder sehen würde ... Meine Schwester Khai konnte den Verlust von ihrem kleinen Sohn und Vinh kaum überwinden. Tagelang schaute sie uns nur mit unbewegter Miene an und war nicht mehr ansprechbar. Wir hatten schon befürchtet, dass sie vor Schmerz wahnsinnig geworden war. Erst später besserte sich allmählich ihr Zustand. Ihre Traurigkeit aber blieb. Wir alle fragten uns: Waren wir jetzt die einzigen Überlebenden? Können wir jemals wieder lachen oder echte Freude empfinden? Zwei Tage später nach einer Zeit der Verzweiflung teilte uns der Kapitän mit, dass er Funkkontakt zu einer Gruppe von Überlebenden in Portland in Oregon hatte, der Kontakt aber leider abgebrochen sei. Wir würden aber jetzt direkt dort hinfahren. Und in vier Tagen würde unsere Quarantäne aufgehoben.

Es kam aber anders. Wegen eines technischen Defekts am Boot mussten wir in Hawaii einen längeren Stop einlegen. Wir konnten zwar jeden Tag schwimmen und in die verlassenen Kaufhäuser »einkaufen« gehen, aber rechte Freude kam dabei nicht auf. Zu sehr lastete auf uns der Verlust der Familien und auch das, was wir dort sahen. Menschenleere Straßen ... Dann ging es endlich weiter. Und nun sind wir hier!«

Kaum hat Long die letzten Worte übersetzt, bricht Beifall aus, Umarmungen, Händeschütteln und Glückwünsche. Insgesamt vierundsechzig Leute sind zu unserer Gemeinde hinzugekommen. Heute ist an eine ordentliche Versammlung nicht mehr zu denken. Michael, der zwischenzeitlich gekommen ist, ergreift trotzdem das Wort, heißt alle willkommen und setzt die Versammlung auf den morgigen Tag an.

Dann möchte Lanh meine Geschichte hören. Long schlägt vor, den Abend bei ihm zu verbringen. Eine gute Idee, finde ich.

In Longs Haus sehen die Kinder von Long und Hoa zum ersten Mal die Verwandten aus Vietnam. Hoa, Lanh und Khai machen in der Küche schnell etwas zu essen. Sally bekommt zur Feier des Tages einen extra großen Hundeknochen. Dann erzähle ich meine Geschichte. Als ich damit zu Ende bin, schaut mich Khai unglücklich an. Ich ahne, dass sie sich Vorwürfe macht, ohne ihren Mann und ihren Sohn nach Vietnam gefahren zu sein:

»Dich trifft keine Schuld. Mach dir keine Vorwürfe. Wenn du nicht nach Vietnam gefahren wärst, wärst du auch schon längst nicht mehr unter den Lebenden. Uns haben die ständigen Stromschläge des Kühlschranks im Haus von Di Hang vor dem Virus geschützt. Nachdem die Epidemie in Berlin ausgebrochen war, bin ich einmal in deine Wohnung gegangen. Ich habe Vinh und Ronni oder besser das, was von ihnen übrig war, gesehen. In eurem Bett waren ein kleiner und ein großer Schlafanzug miteinander verschlungen ... Sie sind jetzt in einer besseren Welt! Khai, wir müssen jetzt neu anfangen!«

»Ich weiß«, sagt sie kaum hörbar und lächelt etwas dabei.

4. Oktober   Montag, am späten Nachmittag
Portland

Den gestrigen Tag kann ich mit Fug und Recht als einen der schönsten in meinem Leben bezeichnen. Ich habe Lanh wieder! Aber auch die anderen sind überglücklich, und so nahm die Unterhaltung meiner Verwandten überhaupt kein Ende. Die meisten konnten vor Freude und Glück kaum ein Auge zumachen. Aber auch das Diskutieren der Frage, wie es nun weitergehen wird, hielt sie wach. Obwohl ich von der Unterhaltung nicht viel verstand, blieb auch ich länger auf als sonst. Schließlich aber zwang ich mich, doch noch ein paar Stunden zu schlafen, weil ich für die Versammlung am nächsten Tag einigermaßen ausgeschlafen sein wollte.

Gestern hatte ich noch erwartet, dass zum ersten Mal auch die Leute vom U-Boot daran teilnehmen würde, aber der Kapitän beorderte seine ganze Mannschaft auf die *USS Kensington* zurück. So wie er sagte, mussten an Bord einige Maßnahmen durchgeführt werden. Sicherheitshalber sollte der Reaktor heruntergefahren werden, da das Boot voraussichtlich in der nächsten Zeit nicht mehr benötigt werde. In spätestens einer Woche aber würden sie alle nach Portland zurückkommen.

Und auch von der Familie einschließlich Long würde niemand zur Versammlung gehen. Zu sehr waren sie alle noch miteinander beschäftigt. Ich sollte sie entschuldigen.

Der Gemeindesaal hat sich mittlerweile gut gefüllt, aber noch hat Michael keine Chance, die Versammlung zu eröffnen. Noch immer kommen Leute. Sicherlich sind es mehr als fünfhundert Menschen, die im Gemeindesaal Platz suchen. Ständig werden Stühle gerückt, verbunden mit einem Gewirr von Stimmen. Jeder will, so scheint es, dem anderen mitteilen, sofern es nicht schon bekannt war, dass hier gestern noch Überlebende eingetroffen sind. Und erst nachdem alle sitzen und das Gemurmel allmählich verstummt ist, beginnt Michael mit der Eröffnung der Sitzung. Er begrüßt die Anwesenden und kommt gleich auf das gestrige Ereignis zu sprechen. Er teilt uns mit, dass er gestern noch mit dem Kapitän gesprochen habe und dieser mit seiner Mannschaft in wenigen Tagen wieder eintreffen wird, um sich hier niederzulassen. Aber jetzt sollten wir die ausgefallene Versammlung konzentriert nachholen, da entscheidende Fragen zu behandeln sind. In wenigen Worten erläutert Michael die Tagesordnungspunkte.

Zunächst müssen einige Themen besprochen werden, die das tägliche Leben betreffen. Danach sind Vorschläge zu unterbreiten, wie wir langfristig mit unserer Situation zurechtkommen. Dazu werden Themenlisten verteilt und Zeile für Zeile die dort aufgeführten Punkte abgearbeitet und beschlossen. Und wenn eine Entscheidung gefallen ist, werden die entsprechenden Gruppen für die Mitarbeit zusammengestellt.

Beim Tagesordnungspunkt Umzug in eine klimatisch günstigere Zone wird überraschend schnell festgelegt, dass wir im nächsten Frühjahr Portland verlassen sollten. Ich sehe Marlies an, dass sie darüber nicht glücklich ist, aber sie versteht es und ich werfe ihr einen tröstenden Blick zu. Dankbar nickt sie zurück.

Als wir uns gerade der Frage nähern, wie wir am sinnvollsten mit unseren Ressourcen umgehen, meldet sich plötzlich Bruce zu Wort. Umständlich steht er auf. Er scheint betrunken zu sein:

»Euer Konzept ist viel zu engstirnig!«, lallt er mehr, als er spricht, »wir haben keine Lust, für eine Zukunft zu arbeiten, die es vielleicht nicht mehr gibt. Jetzt können wir endlich das nehmen, was uns gefällt und was wir schon immer haben wollten. Wir wollen jetzt endlich den Luxus genießen, den wir uns früher nicht leisten konnten!«

Bruce treffen viele böse Blicke. – Verdammt, es stimmt doch, was Walter mir über ihn erzählt hat!

Michael gelingt es zwar, ihn zu beruhigen und das Thema für einen Moment auszuklammern, um in der Bewältigung der Themenliste weiterzukommen. Aber beim Punkt, wie wir die Fehler, die zu dieser Epidemie geführt haben, in Zukunft vermeiden wollen, geht die Diskussion wieder los. Bruce und einige andere bestehen auf ihrer Ansicht und sind in keiner Weise kompromissbereit, noch scheinen sie wirklich zu verstehen, was sich hinter der Problematik der Ressourcen verbirgt. Die Stimmung spitzt sich zu, es wird lauter und kommt fast zu einem Streit.

Da erhebt sich Michael. Ihm ist die Verzweifelung und Resignation ins Gesicht geschrieben. Er wendet sich direkt an Bruce und seine Gruppe:

»Wollt ihr überhaupt mit uns an einem Strang ziehen? Es geht doch um die Zukunft …«

»Nein, das wollen wir nicht«, unterbricht ihn Bruce und lallt, »wir sind es leid, von dir wie Kinder behandelt zu werden. Michael, deine Selbstherrlichkeit hat mich schon lange angekotzt! Jetzt ist Schluss damit!,« und als wolle er seine Worte bekräftigen, wirft er ihm seine Arbeitsblätter vor die Füße, »Leute, wir gehen! Morgen sind wir nicht mehr da.« Und schon erheben sich mehrere Leute und gehen zum Ausgang.

»Können wir uns denn wirklich nicht einigen?«, ruft Michael mit einem bittenden Unterton der Gruppe nach, »Jack, William, ihr wart doch von Anfang an für unseren Plan!«

Die beiden schauen auf Michael, zucken hilflos mit ihren Schultern, deuten kurz auf Bruce und verlassen mit den anderen den Saal. Zunächst herrscht Totenstille. Aber dann ertönt aus der letzten Reihe eine Frauenstimme, mehr fragend als feststellend:

»Aber wir bleiben doch zusammen?!« Auch danach wieder Stille. Dann sagt jemand:

»Ja, Rita, wir bleiben zusammen!« Und aus vielen Kehlen gibt es Zustimmung und Beifall.

Michael ergreift wieder das Wort und spricht langsam und eindringlich:

»Wir wollen niemanden zwingen, bei uns zu bleiben, auch wenn jeder, der geht, einen Verlust für uns bedeutet«, er macht ein nachdenkliches Gesicht, dann fährt er fort, »es gibt so manche amerikanischen Querköpfe, die immer noch nicht gelernt haben, dass wir von nun an vieles einfach besser machen wollen als in der Vergangenheit Solche Träume, wie sie Bruce und die anderen vorschweben, haben uns in diese Katastrophe geführt. So mancher träumt noch den großamerikanischen Traum, uns Amerikanern müsse alles möglich sein. Und gerade jetzt, wo es einen bestimmten Luxus für eine gewisse Zeit gibt, wollen so manche nicht vernünftig werden. Sie fahren beispielsweise einen *Hummer*, der fünfmal so viel verbraucht wie ein normaler Van. Der Abstieg wird für diese Leute furchtbar sein. Und für uns vielleicht auch, weil wir uns vor diesen Leuten schützen müssen«, Michael schaut ernst in die Gesichter der hier Versammelten, dann fährt er fort, »wir müssen sie gehen lassen. Vielleicht werden sie eines Tages geläutert wiederkommen, wenn sie verstanden haben, worum es uns geht, was wirklich wichtig ist, nämlich das Überleben der Menschheit zu sichern, oder was davon noch übrig ist. – Wir wollen mit der Tagesordnung fortfahren ...«

4. Oktober   Am späten Abend
Portland

Michael hatte die Versammlung noch vor Mitternacht geschlossen. Trotz des Zwischenfalls konnten alle wichtigen Punkte abgehandelt werden.

Nach der Versammlung blieben Walter, Michael und ich noch zusammen und versuchten, ein kurzes Resümee zu ziehen. Dabei drehten sich unsere Gedanken immer wieder um die Frage, ob wir einen Fehler gemacht haben, als wir die Gruppe von Bruce ziehen ließen, und ob wir unbedingt auf unseren Ansichten bestehen mussten. Michael vertrat seine Auffassung vehement und sagte: »Es ging wirklich nicht anders. Wir mussten im Namen der nachfolgenden Generationen so handeln. Jetzt nach dieser Katastrophe sind die meisten noch bereit, einen völligen Neuanfang zu wagen und die Zukunft aktiv zu gestalten. In ein paar Jahren wären die meisten nur noch damit beschäftigt, sich dem vermeintlichen Luxus hinzugeben, indem sie durch die Shopping-Malls auf der Suche nach noch funktionierender Elektronik und modischer Kleidung jagen. Dann aber wird vieles nicht mehr funktionieren, unbrauchbar oder von Motten zerfressen sein. Und um das Wenige, das vielleicht noch zu gebrauchen wäre, würden Kämpfe ausbrechen. Und was haben wir dann? Letztlich genau das Gleiche wie bisher. Dann hätten wir nichts aus der Katastrophe gelernt.«

Michael hatte im Grunde genommen recht. Aber es beruhigte mich nicht nachhaltig. Mit diesem Widerstand hatte ich nicht gerechnet. Das Verweilen auf einem niedrigen Lebensstandard, obwohl der Luxus vor unserer Tür liegt und wir eigentlich nur zugreifen müssten, wird zu einem Problem werden. Es wird nicht damit getan sein, Michaels Worte gebetsmühlenartig zu wiederholen. Wir müssen einen sinnvollen Weg finden, der einerseits im beschränkten Maße Luxus erlaubt, andererseits aber auch unserer beschlossenen Grundrichtung entspricht.

Aber neben diesem Problem, so sagte Michael, haben wir ein weitaus größeres. Mit Bruce haben wir den einzigen Fachmann verloren, der sich mit der Landwirtschaft richtig auskennt. Unsere Ernährung steht auf dem Spiel. Zwar können wir uns noch über Monate, vielleicht auch noch für Jahre von den Konserven der Supermärkte ernähren. Doch ist deren Haltbarkeit begrenzt. Spätestens dann müssen selbst Getreide anbauen und die Viehzucht beherrschen. Es ist zu hoffen, dass wir bis dahin soviel Wissen und Erfahrung haben, dass wir das auch können. Nur dann – und nur dann – haben wir eine echte Chance zu überleben.

Mit diesen Gedanken gehe ich nun die wenigen hundert Meter im Schein meiner Petroleumlampe nach Hause. Mir ist in Bezug auf unsere Zukunft überhaupt nicht wohl.

Unwillkürlich fällt mir ein, wie ich gestern versucht hatte, meine Schwägerin aufzumuntern. »Khai«, hatte ich gesagt, »wir müssen jetzt neu anfangen.« – »Ich weiß«, hatte sie geantwortet und dabei schwach gelächelt.

Wird sie es je schaffen? Werden wir alle es je schaffen …?

* * *

Ich wachte auf, weil mich Lanh wachrüttelte.

»Sind wir denn schon da?«, fragte ich verschlafen mit halb geöffneten Augen.

Sie nickte: »Du musst dich jetzt anschnallen, wir landen gleich!" Die Maschine schaukelte bisweilen heftig und bestätigte Lanhs Ankündigung. Auch die Zeichen zum Anschnallen über unseren Köpfen leuchteten auf.

»Ja, mach ich sofort!«, antwortete ich und dann erinnerte ich mich daran, dass ich ziemlich intensiv geträumt hatte.

»Weißt du, was ich gerade geträumt habe?«

»Nein, erzähl es mir schnell, bevor wir landen.«

»Also, es war komisch«, das Flugzeug setze auf der langen Rollbahn des Flughafens Tan Son Nhat auf und sofort bremste der Pilot die Maschine ab, es wurde für einen Moment laut und wir spürten, wie das Flugzeug sehr schnell langsamer wurde, »weißt du, es war wirklich seltsam. Ich habe geträumt, dass wir alle heute nach Saigon fliegen und dass hier ein Virus freigesetzt wird, das die ganze Menschheit bedroht ...«

Lanh schaute mich zuerst fragend an, dann lachte sie: »Konni, du hast manchmal merkwürdige Träume.«

»Ja, da hast du vollkommen recht«, das Quietschen der Bremsen unterbrach mich, es gab einen Ruck und das Flugzeug rollte langsam auf einen Flugsteig zu, »ich weiß auch nicht, wie ich dazu komme, so etwas zu träumen.«

Lanh schüttelte leicht den Kopf und wollte mir gerade einen Kuss geben, als sie für einen Moment an mir vorbeisah und wie gebannt aus dem kleinen Flugzeugfenster schaute:

»Konni, schau mal, da werden Leute verhaftet.«

Und wirklich! Soldaten hielten ihre Waffen im Anschlag und zwangen mehrere Leute, einen alten zerbeulten amerikanischen Armeelastwagen zu besteigen. Es waren bis auf eine offensichtlich schwangere vietnamesische Frau alles Weiße, Europäer oder Amerikaner. Als sie auf die Ladefläche des Wagens geklettert waren, gab der Kommandant dem Fahrer das Zeichen loszufahren. Er selbst ging zu einem Jeep und ließ sich neben dem Fahrer nieder, dem er ebenfalls bedeutete abzufahren – mehr konnten wir nicht sehen, da das Flugzeug weitergerollt und am Flugsteig angelangt war.

Es war kurz nach halb zwei in Ho-Chi-Minh-Stadt, am 23. Mai.

Glossar

Bac Ho	liebevolle Bezeichnung für Ho-Chi-Minh, direkt übersetzt heißt es »Onkel Ho«
Banh Mi	vietnamesisches Brötchen
Beech King	kleines zweimotoriges Flugzeug für Geschäftsreisen
Beijing	Peking, die Hauptstadt von China, die von offizieller chinesischer Seite als »Beijing« bezeichnet und so in lateinischer Schrift geschrieben wird. Es dürfte der chinesischen Aussprache wesentlich eher entsprechen. »Beijing« hat sich international noch nicht durchgesetzt. Der internationale Code im Flugverkehr ist (immer noch) PEK.
Cafe Sua Da	vietnamesisch: Eiskaffee
Callbook	Verzeichnis von lizenzierten Funkamateuren mit Rufzeichen, Name und Anschrift
Canh Sat	vietnamesisch: Polizei
CDC	Centers of Disease Control = Behörde in den USA mit Hauptsitz in Atlanta, GA, zur Früherkennung und zum Ergreifen von Gegenmaßnahmen beim Auftritt von Seuchen und Epidemien
Cho Ben Thanh	bekannte Markthalle im Herzen von Ho-Chi-Minh-Stadt
Cong An	vietnamesische Staatsicherheit

Cong Ty	vietnamesisch: Firma
Cyclo	Früher weit verbreitete Fahrradrikscha, auf der sich der Fahrer, im Gegensatz zu den chinesischen Rikschas, hinter den Fahrgästen befindet und diese wie wie auf einem Präsentierteller vor sich herschiebt. Diese Cyclos gibt es vereinzelt auch motorgetrieben. Durch Taxis werden sie aber immer mehr aus dem Straßenbild verdrängt und verlieren so zunehmend an Bedeutung.
Durian	Grüne, mit langen großen Stacheln und einer überaus robusten Schale versehene Frucht, etwa so groß wie ein »American Football«. Im Innern befindet sich um dicke Kerne herum goldgelbes Fruchtfleisch. Spätestens nach dem Öffnen entweicht ihr ein recht penetranter Geruch.
Ho Chi Minh	Lebte 1890 – 1969, Gründer der KP Vietnams und Präsident seit 1945. Unter seiner Führung wurde die französische Kolonialmacht vertrieben, das Land aber geteilt. Es war ihm nicht mehr vergönnt, die Wiedervereinigung des Landes, wofür er sich unermüdlich eingesetzt hatte, zu erleben.
Honda	In Vietnam werden Mopeds als Honda bezeichnet, weil es früher fast nur Mopeds von dieser Firma gab.
Hummer	Schweres amerikanisches geländefähiges Fahrzeug, das als Nachfolger des legendären Jeeps seit den achtziger Jahren bei der US-Armee im

Einsatz ist. Es ist auch in Zivilversionen erhältlich. Besonderes Merkmal ist der enorme Treibstoffverbrauch, etwa 50 Liter Diesel und mehr auf 100 Kilometer.

Impeachment — Verfahren zur Amtsenthebung eines US-Präsidenten

IRS — Internal Revenue Service, amerikanische Finanzbehörde

Learjet — kleines Düsenflugzeug für Geschäftsreisende

Ma — vietnamesisch: Bezeichnung und Anrede der Mutter

Nhan Dan — Parteiorgan der Kommunistischen Partei Vietnams

NSA — National Security Agency
Bis in die neunziger Jahre des letzten Jahrhunderts vor der Öffentlichkeit äußerst geheim gehaltener Geheimdienst in den USA, der nach wie vor völlig im Verborgenen arbeitet. Manche meinen auch, dass »NSA« auch für *Never say anything* stehe.

Saigon — Nach 1954 und der faktischen Teilung von Vietnam wurde Saigon die Hauptstadt der Republik Südvietnam. Nach Übernahme der Stadt am 30.4.1975 durch das kommunistische Nordvietnam wurde sie in Ho-Chi-Minh-Stadt umbenannt.
Konservative Kreise, vor allem auch ehemalige Flüchtlinge bezeichnen die Stadt nach wie vor als »Saigon«. Auch wegen der Kürze wird heute die frühere Bezeichnung bevorzugt.

Der internationale Code im Flugverkehr ist (immer noch) SGN.

S–Meter   Ein geeichtes Instrument. »S« steht für »Strength«, das in einem Funkgerät anzeigt, wie stark das Signal einer Gegenstation einfällt. Es ist in der Regel auch in jeder besseren Stereoanlage eingebaut. In früheren Röhrenradios war es unter der Bezeichnung »Magisches Auge, Band oder Fächer« bekannt.

Tylenol   bekannte amerikanische Tabletten in verschiedenen Darreichungsformen gegen fiebrige Infekte und Begleiterscheinungen